性善何以行不善
——孟子论道德失败

Mencius on Moral Failure

刘旻娇 著

图书在版编目(CIP)数据

性善何以行不善：孟子论道德失败/刘旻娇著.—北京：中国社会科学出版社，2020.7
ISBN 978-7-5203-6209-2

Ⅰ.①性… Ⅱ.①刘… Ⅲ.①孟轲(约前372-前289)—哲学思想—研究 Ⅳ.①B222.55

中国版本图书馆CIP数据核字（2020）第054994号

出 版 人	赵剑英
责任编辑	郝玉明
责任校对	张爱华
责任印制	张雪娇

出　　版	中国社会科学出版社
社　　址	北京鼓楼西大街甲158号
邮　　编	100720
网　　址	http://www.csspw.cn
发 行 部	010-84083685
门 市 部	010-84029450
经　　销	新华书店及其他书店
印　　刷	北京君升印刷有限公司
装　　订	廊坊市广阳区广增装订厂
版　　次	2020年7月第1版
印　　次	2020年7月第1次印刷
开　　本	710×1000 1/16
印　　张	23.75
插　　页	2
字　　数	329千字
定　　价	148.00元

凡购买中国社会科学出版社图书，如有质量问题请与本社营销中心联系调换
电话：010-84083683
版权所有　侵权必究

出 版 说 明

为进一步加大对哲学社会科学领域青年人才扶持力度，促进优秀青年学者更快更好成长，国家社科基金设立博士论文出版项目，重点资助学术基础扎实、具有创新意识和发展潜力的青年学者。2019年经组织申报、专家评审、社会公示，评选出首批博士论文项目。按照"统一标识、统一封面、统一版式、统一标准"的总体要求，现予出版，以飨读者。

全国哲学社会科学工作办公室

2020年7月

摘　　要

　　对于《孟子》研究而言，一个最常见的问题是，一个本性善良的人何以会做出不善的行为来？我们把这些"行不善"的现象称作"道德失败"。孟子学说以性善论作为其最重要的理论标识。在孟子看来，人皆有"仁义礼智"四端之心，此乃"天之所与我者"，也是人所以异于禽兽的"几希"，若就此栽培浇灌，存养推扩，则可成就圣贤人格，达到"上下与天地同流"。对性善之人何以会做出不善的行为，一般而言其原因也不外乎主、客观两个方面，如在主观方面谓"心之官则思，思则得之不思则不得"，"从其大体为大人，从其小体为小人"；又在客观方面则云"富岁，子弟多赖；凶岁，子弟多暴。非天之降才尔殊也，其所以陷溺其心者然也"（《孟子·告子上》）。从理论来看，孟子所揭示的原因无疑圆实周洽，理具条贯。

　　然而，具体地说，从儒家对人之德行要求的多面性与道德失败之复杂性来看，上述原则性的说明却难以全面细致地对《孟子》一书中大量出现的道德失败案例做出完整解释。例如：孟子如何揭示"不仁""不义""无礼""不智"的道德失败现象？"心之官"何以"不思"？人又为什么会"从其小体"？欲望与道德动机无力的关系是什么？杨朱、墨子、告子、陈仲、白圭等人道德失败的原因究竟何在？如此等等，构成了本书的问题意识，同时也在大体上铺排了本书的纲纬脉络。

　　《孟子》一书讨论道德失败的案例极为繁杂，道德失败的类型与原因在不同文本、不同的个体与事件中往往彼此交错。为此，在目标上，我们将以《孟子》的道德理想之德目为纲要；在进路上，我们将以现代德行论及其相关的问题为线索；在方法上，我们将以道德哲学和道德心理分析为依托；在取材上，我们将以《孟子》文本中出现的道德失败的案例和评论为素材，并围绕以下论题来展开：孟子的伦理理想及德行论述、人的德行及其相对应的道德倾向和能力、修身成德的方法等。鉴于此，本书将从三个方面来具体讨论《孟子》一书中出现的道德失败现象：（1）观念的偏差，孟子论"淫辞邪说"；（2）德行的缺失，孟子论"不仁""不义""无礼"和"不智"；（3）修身不善，孟子论养心、养气等德行修养方法。经由分析，我们发现，《孟子》一书中的道德失败问题呈现出原因和结果相互关联交叉的情况，难以参照某种固定的标准进行直接的归因，观念的偏差、德行的缺失和修身不善常常相互交织在一起。如是，克服道德失败的方法除了通常所说的功夫之外，更需要人的心灵和动机系统的整体调适和培养，借此使人的心灵逐渐得以美化，并在获得更为充沛的动机力量的同时，做出正确、恰当的道德判断。

关键字：孟子；性善；道德失败；道德动机；德行修养

Abstract

Mencius argues that "man's nature is good". If so, then why do people still do bad behaviors? This is a common problem confusing researchers who study Mencius ethics. The most famous claim made by Mencius is that "man's nature is good". According to Mencius, people have four moral sprouts (benevolence, righteousness, propriety, and wisdom). Mencius argues that they are given by heaven (Tian, 天) and it is having them that makes us different from animals. If one cultivates the four sprouts, one could become a sage (ShengRen, 圣人) and be in accordance with heaven. In general, there are two aspects for explaining why humans with good nature do bad things usually: internal causes and external causes. According to the explanation referring to internal causes, it is because one does not reflect (BuSi, 不思) or one follows the part which is little (CongQiXiaoTi, 从其小体). The external causes involves the environmental issues. As Mencius said, "in good years the children of the people are most of them good, while in bad years the most of them abandon themselves to evil" and "the abandonment is owing to the circumstances through which they allow their hearts to be ensnared and drowned in evil."

However, in particular, because of the multi-aspect requirements of virtuous actions in Confucian ethics and the complexity of the problems of moral failure, the general causes listed above cannot explain all moral failure cases in Mencius. If so, we still need to analyze the moral failure cases in detail from the perspectives of moral philosophy and moral psychology. This research approach does not get enough attention in previous studies. There are still many questions that need to be answered. For example, how does Mencius explain people's lack of virtues of benevolence, righteousness, propriety, and wisdom? Why do the four hearts (SiXin, 四心) lose their function to reflect? Why do Yangzhu, Mozi, Chenzhong and Baigui advocate wrong teachings? The major goal of this dissertation is to answer these questions.

The moral failure cases in Mencius are very complicated. The types and causes of moral failures exist in different passages, and interweave among different historical figures and events. For this reason and my research purpose, this paper will comprehensively and systematically discuss moral failure phenomenon in Mencius. I open up the discussion by referring to the theories of contemporary virtue ethics and irrelevant issues. In terms of methodology, I rely on the analysis of moral philosophy and moral psychology. As for study materials, I mainly focus on the moral failure cases in Mencius. I mainly pay attention to several ethical questions as followed: what are Mencius's ethical ideas and how does Mencius discuss virtues? what are the human inclinations and abilities for achieving virtues? how should human cultivate themselves in order to be virtuous. In general, this dissertation will discuss moral failure cases in three parts. The first part is about the wrongness of teachings. In this part, I explain Mencius's ethical ideas by focusing on his debates with his different philosophical rivals. The second part is about lack of virtue. In this part, I focus on moral psychological abilities for achieving virtues, and analyze of the causes for moral failure cases involved. The third part is about wrong ways of self-cultivation. In this part, I discuss how people can achieve virtue in Mencius's theory. I conclude that in Mencius, moral failure is caused by lack of virtue, so the best way to overcome failures is to comprehensively cultivate human mind and motivation, through which people can finally achieve beautiful mind, get enough motivational force and make proper moral judgement.

Key Words: Mencius; Human Nature is Good; Moral Failure; Moral Motivation; Moral Cultivation

目　录

导　论 ………………………………………………………… (1)
  第一节　论题意义 ………………………………………… (1)
    一　研究意义 …………………………………………… (1)
    二　问题说明 …………………………………………… (5)
  第二节　孟子伦理思想的形态 …………………………… (9)
    一　孟子与"境界形上学" …………………………… (10)
    二　孟子与道德情感主义 ……………………………… (17)
    三　孟子与美德伦理学 ………………………………… (25)
  第三节　文献与思路 ……………………………………… (31)

第一章　理念差异：孟子论"淫辞邪说" ………………… (38)
  第一节　"天下之言，不归杨，则归墨" ………………… (40)
    一　杨朱与墨子 ………………………………………… (40)
    二　陈仲与许行 ………………………………………… (48)
    三　白圭与宋牼 ………………………………………… (61)
  第二节　"孟告之辩" ……………………………………… (66)
    一　"性无善无不善" …………………………………… (67)
    二　"仁内义外" ………………………………………… (82)
    三　"不动心" …………………………………………… (100)

第二章 德行缺失：孟子论"不仁""不义""无礼""不智" ……………………………………………………（122）

第一节 "仁"与"不仁" ……………………………………（122）
一 孟子论"仁"："恻隐"与"推恩" ………………（124）
二 齐宣王的"有疾"与"不为" ……………………（142）
三 梁惠王的"不仁" …………………………………（147）

第二节 "义"与"不义" ……………………………………（153）
一 孟子论"义"："羞恶"与"敬" …………………（155）
二 君臣关系中的"不义"之罪 ………………………（159）
三 "不义"与"无耻" …………………………………（171）
四 利害于"义" ………………………………………（175）

第三节 "礼"与"无礼" ……………………………………（182）
一 孟子论"礼"："辞让"与"恭敬" ………………（184）
二 君臣关系中君王的"无礼" ………………………（188）
三 "无礼"与"非礼" …………………………………（193）
四 "礼"的根据与违礼的界限 ………………………（200）

第四节 "智"与"不智" ……………………………………（206）
一 孟子论"智"："是非""中""权" ………………（208）
二 圣人之过与孔子的"时中" ………………………（212）
三 "执中"与"执一" …………………………………（224）
四 "不知务"与"不知类" ……………………………（230）

附论 孟子论"勇德"与"小勇"的道德失败…………………（240）

第三章 修身不善与孟子论德行修养 ……………………………（263）

第一节 "心"与修养目标偏差 ……………………………（263）
一 "放失良心"与"以小害大" ……………………（264）
二 "寡欲"与"养心" …………………………………（269）
三 "尽心"与"学" ……………………………………（271）

第二节 "欲"与道德动机无力 ……………………………（274）

一　"心"好"理义"之欲 …………………………………… (276)
　　二　"食色"与"大欲" …………………………………… (280)
　　三　"好战"与"斗狠" …………………………………… (286)
第三节　"好"与德行修养层级 ……………………………… (289)
　　一　"好名"与"好为人师" …………………………… (290)
　　二　德行修养的层级性质 ……………………………… (302)
第四节　"气"与德行修养方法 ……………………………… (308)
　　一　孟子论"养气" …………………………………… (308)
　　二　"自暴自弃""一曝十寒""揠苗助长" ……………… (315)
　　三　"无恒心"与环境的影响 …………………………… (320)

结　语 ……………………………………………………… (324)

参考文献 …………………………………………………… (346)

索　引 ……………………………………………………… (357)

后　记 ……………………………………………………… (361)

Contents

Introduction ··· (1)
    Section 1   The Significance of the Thesis ················ (1)
      1   The Significance of Moral Failure Study ············ (1)
      2   The Issues ··· (5)
    Section 2   Mencius Ethics ································ (9)
      1   Mencius and Metaphysics of Moral Spiritual Realm ······ (10)
      2   Mencius and Moral Sentimentalism ··················· (17)
      3   Mencius and Virtue Ethics ·························· (25)
    Section 3   Literature Review and Outline of Chapters ········ (31)

Chapter 1   The Wrong Teachings ······················· (38)
    Section 1   Erroneous Teachings Related to Yangzhu
                 and Mozi ·· (40)
      1   Yangzhu and Mozi ································· (40)
      2   Chenzhong and Xuxing ····························· (48)
      3   Baigui and Songkeng ······························· (61)
    Section 2   The Debate Between Mencius and Gaozi ·········· (66)
      1   "Human Nature Is Neither Good or Evil" ············ (67)
      2   "Benevolence Is Internal and Righteousness
         Is External" ······································· (82)
      3   "Unmoved Heart" ································· (100)

Chapter 2　The Missing Virtues ……………………………（122）

　Section 1　Benevolence and Deficiency of Benevolence ………（122）

　　1　Mencius on Benevolence: The Mind-Heart
　　　　of Commiseration and Its Extension …………………（124）

　　2　The Failing of The King Xuan of Qi ………………（142）

　　3　The opposite of Benevolent Was The King
　　　　Hui of Liang ………………………………………（147）

　Section 2　Righteousness and Deficiency of Righteousness …（153）

　　1　Mencius on Righteousness: The Mind-Heart
　　　　of Shame and Dislike ……………………………（155）

　　2　The Sin of Unrighteousness in The Relationship
　　　　between Minister and Lord ………………………（159）

　　3　"Unrighteousness" and "Shameless" ………………（171）

　　4　"Profit" and "Righteousness" ………………………（175）

　Section 3　Propriety and Deficiency of Propriety ……………（182）

　　1　Mencius on Propriety: The Mind-Heart of
　　　　Modesty and Compliance ………………………（184）

　　2　The King's Deficiency of Propriety ………………（188）

　　3　Actions of Propriety Which Are Not Really Proper ……（193）

　　4　The Foundation of Propriety and Its Boundary …………（200）

　Section 4　Wisdom and Deficiency of Wisdom ………………（206）

　　1　Mencius on Wisdom: The Mind-Heart of
　　　　Approving and Disapproving ……………………（208）

　　2　Mistakes of The Sage and The Godden
　　　　Mean of Confucius ………………………………（212）

　　3　"Holding The Mean" and "Holding One Point" ………（224）

　　4　"Ignorance of Importance" and "Ignorance
　　　　of Relevance" ……………………………………（230）

　Appendix　Mencius on Courage ………………………………（240）

Chapter 3 The failures During Moral Cultivation .... (263)

　Section 1   Mind-Heart and Incorrect Cultivation Aims .... (263)

　　1 "Losing The Mind-heart" .... (264)

　　2 Failing to "Nourishing The Mind-heart" .... (269)

　　3 Failing to Learn Morality .... (271)

　Section 2   Desires and Weak Moral Motivation .... (274)

　　1 The Desire of Righteousness .... (276)

　　2 The Basic Desires and The Great Desires .... (280)

　　3 Violent Desires .... (286)

　Section 3   Fondness and Cultivation Process .... (289)

　　1 Fondness of Reputation and Improper Fondness
　　　to Be Teachers of Others .... (290)

　　2 Stages in Moral Cultivation .... (302)

　Section 4   Vital Energy and Cultivation Methods .... (308)

　　1 Mencius on Vital Energy .... (308)

　　2 Improper Ways to Nourish Vital Energy .... (315)

　　3 "Lack of Fixed Heart" and The Influence
　　　of Environment .... (320)

Conclusion .... (324)

References .... (346)

Index .... (357)

Postscript .... (361)

导　　论

第一节　论题意义

一　研究意义

众所周知，"性善论"为孟子伦理思想的核心，"人无有不善，水无有不下"（《孟子·告子上》）。孟子以为人性之善犹如水之就下，人们对德行的向往与倾向是普遍必然的。然而，这一性善说也不免引起人们的质疑：既然人性本善，为什么在现实生活中道德经常无力，人们难免行差踏错，流于各种不善呢？这一问题以更简明醒目的方式发问即是性善何以行不善？本书即旨在通过对《孟子》中有关道德失败的案例与现象的研究来进一步阐发与回应这一问题。

研究《孟子》中的道德失败案例有着很重要的理论意义。性善何以行不善？首先，这一问题切中了性善说现实应用的要害。从现实层面来讲，儒家学说是高度伦理化的，而伦理学不能仅满足于对什么是"善"或"好"的证明，更需要指向实践问题。"性善"最终是向人们提出实践的要求，它必须具有规范性的力量，即要求人们真正地去培养这种德行或践行相应的规范。因此，在现实生活中，人们的不仁不义、犯法乱礼的现象就需要得到充分的研究和解释，并由此提出对治手段。这样才能使得孟子的学说具有完整的实践价值。

其次，这一问题也是传统儒学的核心问题，困扰了历代的孟子诠释者。历史上的诠释者为了调和"性善说"和现实中的不善的现象做过许多理论上的尝试与努力，比如：朱熹的"天理人欲说"，王阳明的"良知遮蔽说"，王夫之的"清气浊气说"，戴震的"自然之欲"与"私欲"的区分等。这些都是学者在坚持"性善说"的基础上为道德失败现象提出解释的理论。这些前辈学者在相关问题上都有所关注，可见此一问题在传统孟子研究中的重要地位。然而，这些关于道德失败的诠释又普遍呈现出一些研究上的困难。一方面，这些学者往往先进行"性善论"的证成工作（特别是宋明的学者更偏重于形上学的证明），然后再寻求道德失败问题的解释。证明工作在先，而解释工作在后，不能做到以道德失败为中心的全面而详尽的考察，有时难免顾此失彼。关于道德失败的解释高度依赖于诠释者本身的理论系统更甚于《孟子》本身。[①] 另一方面，当代的学者也往往对于这些传统诠释者所提出的道德失败的解释不甚满意。比如黄俊杰就认为，朱子的理论无法完满解释"恶如何可能"的问题[②]；与黄俊杰更拥护阳明学不同，信广来认为阳明的"良知说"也存在对道德失败问题的解释麻烦[③]。总体看来，道德失败问题是传统孟子研究中的核心问题，普遍受到历史上孟子诠释者的重视，但这一问题至今仍然困扰着当代的孟子诠释者。

---

① 基于这一原因，笔者并不打算从分别总结经典诠释关于道德失败的看法开始研究，以避免牵扯过多对于这些儒者本身思想问题的辨析，从而远远偏离本书的主题。然而在后述具体的讨论中，我们会时有穿插这些经典诠释者对文本理解的异同，并尽量基于文本给出更有说服力的诠释理解。本书通过这一种方法将以往经典道德失败的诠释纳入研究之中，就不在这里过多重复论述了。

② 参见黄俊杰《中国孟学诠释史论》，社会科学文献出版社2004年版。

③ 信广来认为，"对于王（阳明）来说，既然我们生而具有完全的德行，任何道德失败都需要特别的解释"。虽然王阳明通过私欲遮蔽良知来解释道德失败，然而面对不具有道德倾向或良知的人来说，很难说服他有理由地去实践道德行为，如此道德失败的对治又难以落实。Kong-Loi Shun, "Moral Reason In Confucian Ethics", *Journal of Chinese Philosophy*, Vol. 16, No. 3–4, 1989.

孟子身居乱世，对于不善的事例所见所闻尤甚，孟子的"性善论"不仅从理想的理论构建来证成，更是在对各种行不善的理解与分析之上完善。理解孟子的伦理思想，仅从正面的叙说出发难以获得全面的把握。只有深入《孟子》文本中大量道德失败的案例，并由此进行有效的分析与解释，才能对孟子的伦理思想有更全面深刻的认识和理解。

关于孟子"性善说"的研究普遍关注两段著名的论述，就这两段对"性善"的具体论述而言，"性善"相对于行不善而论，甚至可以说"性善论"由性善和行不善两方面共同构成。孟子认为人皆有善性，此善性表现在"四端"与"四心"。孟子说：

> 恻隐之心，仁之端也；羞恶之心，义之端也；辞让之心，礼之端也；是非之心，智之端也。人之有是四端也，犹其有四体也。有是四端而自谓不能者，自贼者也；谓其君不能者，贼其君者也。凡有四端于我者，知皆扩而充之矣，若火之始然，泉之始达。苟能充之，足以保四海；苟不充之，不足以事父母。（《孟子·公孙丑上》）

又说：

> 恻隐之心，人皆有之；羞恶之心，人皆有之；恭敬之心，人皆有之；是非之心，人皆有之。恻隐之心，仁也；羞恶之心，义也；恭敬之心，礼也；是非之心，智也。仁义礼智，非由外铄我也，我固有之也，弗思耳矣。（《孟子·告子上》）

人有"四端"，就有"自贼"与"不充"之人；人有四心，就有"弗思"而不觉之人。善端和善心需要人们用心思索体察，保养而不去损害，扩而充之才能得以成全。只有通过对行不善问题的清醒认识和不断克服，经过人们的主观努力和良好的客观环境等多方因素的综合帮助，人们才能力行成善。通过对行不善问题的研究，我们能够对这些重要的论述"性善"的问题有更加全面深刻的认识。

虽然孟子始终高举"性善论"的旗帜，但在奔波游说于各诸侯王国的过程中，对于各种有违仁义的现象有着十分深刻的认识和警醒，所以《孟子》一书中存在大量有关道德失败案例的讨论，比如，孟子开篇与梁惠王的对话直击梁惠王心理，告诫王追逐私利之害；在评论统治阶级时，直接披露同时代的诸侯与大夫的罪与恶，"今之诸侯，五霸之罪人也"，"今之大夫，皆逢君之恶，故曰：今之大夫，今之诸侯之罪人也"（《孟子·告子下》）；孟子清楚地看到战争年代各诸侯的残暴，以为只要有不好杀人的诸侯出现，就能够得到人民的拥护，"今夫天下之人牧，未有不嗜杀人者也，如有不嗜杀人者，则天下之民皆引领而望之矣"（《孟子·梁惠王上》）；等等。上至诸侯无礼，臣子失职，下至学者失言，百姓失教，各个阶层、身份的人所出现的道德失败现象都在《孟子》一书中有所论述。针对这些论述，学者往往只是作为现象记录下来，或只是作为孟子言性善的背景资料给予复述或呈现，却没有在道德理论或道德心理的角度给予有效的、较充分的解释。尽管现今关于孟子道德形上学的研究在中国哲学界已经十分丰富，关于孟子道德心理的研究也普遍受到英美学者的重视，但是全面而详尽地考察《孟子》一书中大量道德失败案例的研究还远远不足。这其中的主要原因可能在于人们往往仍然习惯于延续前辈学者的研究路径，侧重于从正面阐述孟子的"性善论"思想，而还未开始重视《孟子》中有关道德失败的"细枝末节"。这种研究的路径事实上也造成一种经典诠释的"隧道效应"①。孟子伦理思想中的某些正面叙述，比如"四端"与"四心"、"尽

---

① 参见黄俊杰《中国孟学诠释史论》，社会科学文献出版社2004年版。黄俊杰认为，诠释学的"隧道效应"就是把"经典原来多面而复杂的内涵，加以狭窄化、简单化"。这可能是学科区隔等多种因素造成的。在这里笔者以为某些哲学热点的集中讨论也可能造成某些文本被重复诠释，而忽略了另一些，从而造成将经典文本被"狭窄化"诠释的效应。

心"与"尽性"、"知言"与"养气"等章节被反复密集地讨论，而许多反面的案例并未得到充分的重视和整全性的思考，这些案例又构成了《孟子》文本篇幅将近六成的内容。研究这些案例及孟子的评述，不仅可以帮助我们重新审视那些被研究者重视的核心段落，而且还可以推进孟子研究使其趋于完整，并且为道德失败问题提出充分的研究线索和考察依据。

二 问题说明

不过如果未经过确切的说明，行动不善或行为不善并不能完整概括《孟子》中有关不善的案例。对于孟子而言，行为举止有违"仁""义""礼""智"的具体要求自然不值得提倡，但同时孟子也是一个动机论者[①]。比起仅关注行为的结果而言，孟子更在意行为者的动机。也就是说，即使一个行动在表面上符合儒家伦理的要求，但如果行动者的动机并非出于善的意愿和心态，那么仍然不能算作一个善的行为。一个完善的德行必须出于心，践于行，布乎四体才能得以圆满。所以我们说行善与不善都不仅是就单个的行为表现而言的，而涉及行动者的一贯的心理状态和意愿动机，如此，事实上

[①] 这里所说之动机论是指相较于具体行动效果而言的，更强调行动者的道德动机的理论，而不是说在整体的行动者一系列的行动中完全不考量任何目的。关于这一问题有学者讨论，比如李明辉借用谢勒的术语，将《孟子》归作"存心伦理学"，而非"功效伦理学"。（参见李明辉《儒家与康德》，台北：联经出版事业股份有限公司1997年版）但需要注意的是，孟子尽管对道德动机十分看重，但也许并不鲜明地区分动机与事功，因而片面地强调动机而忽略结果，甚至与目的直接呈现出某种二分对立，可能也不是对《孟子》的全面看法。比如杨国荣在论述董仲舒对孟学的继承时就提道："道德上的善恶似乎仅仅与动机是否合乎义相关，而完全与现实的功利结果无关。这种观点，可以看作是孟子'唯义所在'之说的片面引申。"（杨国荣《孟子的哲学思想》，华东师范大学出版社2009年版，第142页）这种看法值得借鉴。同时，这里所论之动机论也不是直接指向康德式的义务论。就孟子而言，一个人按照自己的良知本心去做，有时必须克服一些不利的后果，仅在这时，可以说孟子是偏重道德动机甚于行为后果，但良知本心难以直接等同于普遍道德法则。因而，说孟子是动机论者，确切来说，是指人应该顺从道德良心去行动。

"性善何以行不善"可以说是在讨论整个德行理想的实践问题。在这个意义上的"行不善",笔者将之称作道德失败。因此,在《孟子》中出现的道德失败现象与案例,不仅包括行为不当,还包括行动者的情感、欲求、意愿、态度等动机状态不符合"仁""义""礼""智"之"四德"的要求。孟子有时将"仁"或"义"作为总体的理想伦理观念,那么我们也可以将孟子中的道德失败简述为有违"仁义"要求的人与事。又由于比之列举出各种事件的具体做法而言,孟子更在乎培养君子之德,因而在讨论"行不善"与道德失败的案例之中,也应更关注行动者的德行缺失与相应的修养对治方法。①

接下来,在进入正题之前,还需要简单论述孟子所论"性善"的意义,并在此基础上申明与道德失败之相互关系,以免引起不必要的误解与争议。总体来说,"性善"可以从规范性和描述性两个方面理解,这构成了问题的不同方面。从规范性来讲,"性善说"涉及善的来源,善的规范性内容,以及为什么儒家之善是普遍必然的等相关问题。从描述性来讲,"性善"讨论人们可以达成"善"的要求所具有的倾向和能力,也就是"乃若其情,则可以为善"(《孟子·告子上》)。

科尔斯戈德(Christine Korsgaard)在《规范性的来源》一书中如此定义规范性的问题:"如果你想知道哲学家的规范性理论是什么,你就必须使自己置身于道德对他提出了严苛的要求那个行为者的地位,然后问这个哲学家:我真的必须做这件事情吗?为什么必

---

① 这里关于道德失败的定义,需要结合孟子伦理思想的总体特征。在以行动为中心的考察下,道德失败也可以被理解为有行善的判断或意愿,但仍然失败的情况。但在以行动者为中心的视野下,孟子认为成德乃为人之一生自我实现的事业,是活动的生命过程,因而重点还不仅在个别行动,而在诸多行动的集成,尤其是这些失败对行动者德行养成的影响。因而,道德失败的发生,也就不仅指某个行动违背理性或违背良知,还包括了对整体成德活动或品格塑造的影响。并且,对于孟子而言,由于"性善论"的设定,人皆有成德倾向与能力,如是,道德失败就是发生在这一向善趋势中的挫折。基于上述原因,我们将道德失败定义为一种德行养成的失败,也就是未达"仁""义""礼""智""四德"要求的各种外在表现与内在原因。

须这么做呢？他的回答就是他对规范性问题的解答。"① 如果用科尔斯戈德的问题来向孟子发问，我们真的必须要按照"仁义"的要求来生活吗？孟子可能会回答"是"，因为"君子所性，仁义礼智根于心"（《孟子·尽心下》），培养和完善"四心"，按照"仁义"的要求生活就是实现自我的"人性"。如果我们进一步追问为什么必须这么做，孟子也许会追溯到"性"与"天"的贯通联系："尽其心者，知其性也。知其性，则知天矣。存其心，养其性，所以事天也。夭寿不贰，修身以俟之，所以立命也。"（《孟子·尽心上》）通过"天"来为实现"性"做进一步的规范性说明。至于孟子口中的"天"是形上的道德基础，还是宗教上的精神寄托，诸如此类的问题都可以在"性善"的规范性问题中做进一步引申讨论。②

孟子的"性善"论同样有许多经验性质的描述内容，并据此指向具体的道德修养方法。换句话说，从有关描述性的"性善"的论述中，我们可以获得有关人如何能够成就德行的哲学人类学或心理学的说明。从这个层面来讲，"性善说"涉及人类天赋、才情、能力等问题的讨论。具体来说，比如，"性善"的表现在"四端"与"四心"，而"四端"与"四心"都有关人的感性的倾向、能力。"恻隐""羞恶""辞让""是非"具有经验性质，是兼具认知与动机要素的道德倾向。"四端"的发展不仅需要人们的反思体悟，还需要与各种身心状态相调和统一，才能成全"四德"。通过培养这些道德倾向，人们能获得仁德智慧。人们有"性善"的倾向能力，自然也就有行不善的选择自由和现实问题。取相关的描述性内容来看，"性善"强调人成善的倾向性与可能性而非必然性。道德失败的现象同样是普遍的，需要得到人们的重视与解释。这里的"性"指向经验世界中人的道德偏好与能力，在这一基础上，通过"四端"来发

---

① ［美］科尔斯戈德：《规范性的来源》，杨顺利译，上海译文出版社2010年版，第17页。
② 关于孟子论"性善"的更多诠释解读也可参考本书第一章第二节"孟告之辩"中孟子驳斥告子"性无善无不善"的相关讨论。

展"性"、陶冶身心，人们才能走向成善之路。

"性善说"的规范性证明和描述性说明有侧重点的不同，并不代表彼此是互相矛盾而绝不能相容的。它们共同存在于《孟子》的文本中，构成完整的"性善论"。事实上，孟子应对不同的辩论对手与劝说对象，他必须为儒家的仁义学说提供这两方面的保障。他既需要证明何以实践仁义是"应当"的，也需要说明人们具有材质和能力去践行仁义，而这两个问题都汇聚在"性善论"之中。虽然我们可以从这一理论中拆分出不同的问题层次，但做出这一拆分并不意味着两者相互矛盾。事实上，正是因为"性善说"的经验性内容，使得成德成善值得向往且可能实现。我们在规范的"性善"和描述的"性善"这两个层面上能够更清晰地理解孟子而不造成矛盾。规范性和描述性的内容可以互相成全，使得孟子的伦理学更加完整丰富。

在"性善"的规范性证明的层面，人们实践仁义的根据被"性"所规定，学者还可以进一步地追问天道性命的问题来加强儒家之善的规范性根据的普遍性依据。在这一层面上说，"性善"并不必然涉及"行不善"的问题。简单说来，我们根据"性"了解到"有必要"或者"应当"去实现善，这并不等于要求我们有能力，或者必然会按照这一"应当"去行动。从"性善"的描述性层面看，人们具有材质和能力，甚至普遍的道德倾向去实践"仁义"，这些都是人类的经验性的心理机能，尽管这些心理机能为德行修养提供了理论依据，然而人们同时也有自由和可能去违背"仁义"，因此造成道德失败。在经验性描述的层面，"性善"与"行不善"并不存在逻辑矛盾，但仍然是一个重要的实践难题。克服道德失败是实践工夫所必须予以说明并寻求解决治疗方法的问题。

尽管澄清上述问题并不困难，但是在《孟子》的文本中，它们并不是清晰地摆在那里分别处理的。而又由于这两方面的问题同时出现在"性善说"当中，这使得孟子伦理学呈现出不同的诠释可能。可是，在未经详细分辨之前，做出论断舍弃谈论"经验"，谈论道德情感、倾向、欲求之实践成德之基础，将无法直面"性善说"文本所依据的两种面向。虽然这并非本书要重点处理的问题，但需要强调，在心理经验的层面去理解道德之"性"的问题本身和"性"作为道德的普遍根据之间并不是非此而彼，而毋宁说是可以相辅相成而有待进一步考察的问题。

我们讨论道德失败有时不仅需要处理具体的实践困难，还需要反过来看行动者的思想错误。而由于孟子伦理学的特征，致使他认为行动者对"应当"的道德学说的认识偏差也同时是由于修养不佳所导致，于是这两个层面的问题就在道德失败案例中纠缠在了一起。在道德失败案例的分析当中，我们也可以反过来看到孟子对儒家"仁义观"的规范性证明和道德倾向之能力间的某种特殊关系，这种特殊关系构成了孟子伦理学的一大特征，这一方面的分析或许也可以在上述两方面的问题中对孟子伦理思想做出进一步的补充说明。

总体来说，"性善"与"行不善"虽然并不是逻辑矛盾的，但仍然是实践的难题。通过对这一实践问题的详细分析，不仅可以为《孟子》中的道德失败现象提出一套更为完整的理论上的解释，还可以为我们在孟子伦理学研究中给出一些富有参考价值的研究线索。

第二节 孟子伦理思想的形态

摩尔（G. E. Moore）在《伦理学原理》中将道德哲学家们研究的问题分为两类："第一类问题可以这种形式来表达：什么样的事物应当因其自身而存在？第二类问题可以这种形式来表达：我们应当采取什么样的行为？"[1] 简而言之，伦理学回答这两个方面的问题：什么是我们行动的目的，以及什么是达成这一目的的手段。在这里，尽管我们并不去追溯"善"是否单纯，以及是否存在一种直觉去抵达它，但这两个方面的问题仍然是我们研究一个思想家时所依循的

---

[1] ［英］摩尔：《伦理学原理》，陈德中译，商务印书馆2017年版，第2页。

可靠线索。孟子的"仁义"理想总体来说可以分成两个大的方面：仁政和君子，仁政又以仁德之君子为先决条件，因而，可以说何以成德成人而为君子是孟子伦理思想的核心问题。那么在这一问题下，君子就是目的，德行修养就是达到这一目的的方法。道德失败的产生也相应地在实践中出现了这两方面的错误，或者目的方向出现偏差，或者手段方法采用不当。① 接下来，笔者将简要叙述孟子如何看待道德理想及成德方法，并且以道德目标和实现手段这两方面来说明孟子伦理思想具有显著的德行论特征。在《孟子》一书中，道德失败的种类虽然繁杂，但总体说来都是由于德行修养不佳造成的，而这种德行的欠缺并不仅指行为者在某个行为上处理错误，而是行动者主体的整体心理动机状态发展畸形。简而言之，行动者主体的心理与性格缺陷是一切道德失败的最终原因。克服这种道德失败的关键方法就是通过一种心理的调试与治疗。从第二章开始，本书将详细展开各种道德失败的案例分析，从而证明关于孟子道德失败研究的结论。

一　孟子与"境界形上学"

对孟子而言，儒家伦理的理想体现在"内圣"与"外王"两个方面，具体落实为"君子"与"仁政"。"君子"是承担"仁政"的主体，所以，"外王"建立在"内圣"的基础上，由此研究《孟子》并将"内圣"之学作为研究的根本任务也是恰当合理的。牟宗三曾经提

---

① 注意，这里我以目的与手段来分析孟子伦理思想，特别是分析在德行修养中，作为目的的君子理想与道德修养方法的问题，不等同于孟子认为道德判断是基于这样一种目的手段的论证方式。这里牵扯两个问题，观察一个德行修养的理论，我们会看到一个人成长的目标与完善性格的培养方法，这更多是在谈论个人在自我反省与自我调适时去修建自身状态的一种思想活动。而道德判断或道德思虑，是指个人在面对具体情境时如何做出应当如何行动的判断。这两种思维过程尽管在个人的具体行动中会互相作用以发生关系，但仍然存在区别。在这里我们首先是将孟子伦理视作一种有关成德目的与方法的理论学说，在之后的讨论中我们也会聚焦于个体的人，讨论他关于自身修养的认识判断如何参与到具体行动的判断之中。

到中国哲学的特质就在于重视主体性与道德性①，而另一位"新理学"的新儒家学者冯友兰则同样认为"内圣"之学是儒学的根本。"内圣"之学总体来说即阐发儒学的君子理想与成德成人之道。这种君子理想显然具有普遍的道德意义，它必须是能够被人所普遍接受的一种理想目标，这一理想目标构成了孟子伦理思想中的善的目的。君子理想的普遍价值通过何种形式来体现呢？冯友兰的境界形上学和牟宗三的道德形上学可以说是两种具有典型性的代表学说。

冯友兰早在 1926 年出版的《人生哲学》中就提到了儒学的"精神境界"的问题，而在后来一系列的研究中反复论述中国哲学的最具价值的思想就是"境界"理论。这一中国哲学的"真精神""对于人类精神境界的提高，对于人生中的普遍问题的解决，是有所贡献的"②。研究境界问题，切入问题的角度首先就是关注道德修养的人——也就是道德的主体，因此冯友兰也认为哲学的根本任务是为人寻找"安身立命"的依据。由"安身立命"出发，进一步思考人与自然、人与群体、人与天地的关系问题。冯友兰所提出的四种境界划分：自然境界、功利境界、道德境界和天地境界，正是以"人"为主体视角，来逐渐地实现并最终寻求不断超越而达至天人合一的目的。人的"安身立命"尽管出于人性，但境界的问题就人而言是普遍的。"人类有相同的本性，也有相同的人生问题。"③ 通过道德修养境界的层级上升而最终走向超越的终极目的，我们可以将这种为善的理想所做出的阐发理论称为"境界形上学"。

牟宗三也注意到中国哲学的"境界"理论的特殊价值，但是按照他的区分，有显著"境界形上学"思想的是道家哲学而非儒家哲学，相对应，儒家哲学的形上学形态应该属于"道德的形上学"或

---

① 参见牟宗三《中国哲学的特质》，吉林出版集团有限责任公司 2010 年版，"中国既然确有哲学，那么它的形态与特质怎样？用一句最具概括性的话来说，就是中国哲学特重'主体性'（Subjectivity）与'内在道德性'（Inner-morality）"。
② 冯友兰：《三松堂自序》，东方出版中心 2016 年版，第 381 页。
③ 冯友兰：《三松堂自序》，第 374 页。

者说是"实有的形上学"。之所以会存在这样一种区分,和牟宗三对于"境界形上学"和"实有形上学"的定义不无关联。"实有形态的形上学就是依实有之路讲形上学。但是境界形态就很麻烦,英文里面没有相当于'境界'这个字眼的字。或者我们可以勉强界定为实践所达至的主观心境(心灵状态)。这心境是依我们的某种方式(例如儒、道或佛)的实践所达至的怎样的心灵状态。"① 由于这样一种定义上的区分,牟宗三认为,儒家哲学不同于道家哲学,关键在于实践精神价值的最终归属不是"自由自在""无待逍遥"的解脱,而是客观的"道德实在"。"道德形上学"或"实有形上学"与"境界形上学"的差别并不在于是否关注主体的心灵状态,而在于这种境界或曰心灵状态最后是否会落在某种"道德实在"之上,也就是牟宗三所强调的儒家的"宇宙秩序"与"道德秩序"的统一。

  针对上述差异,蒙培元详细地分析了"境界论"与"实体论"两种有关儒学的形上学的备选理论,并且提出了一些对牟宗三"实体论"的进一步的驳斥。蒙培元如此理解牟宗三的"实体论":"牟宗三先生就是以实体论观点建构其道德形上学的。'消化康德而归于儒圣',这是他的哲学宗旨,但他在'消化'康德的同时,也就吸收了实体论思想,并以此来解释中国的儒家哲学,其结果是,把康德的'物自体'说成是道德本体,同时又是宇宙本体,而本体就是实体。……这形而上的实体就是一切道德之源。"② 总体来说,蒙培元的批评也就是围绕着牟宗三将康德引入儒家而导致的种种"消化"不良或难以"消化"的问题而展开的。在蒙培元看来,康德哲学与儒学有着以下一些根本性的分歧,而这些分歧都是逻辑连贯下来而难以拆解的。首先,儒学承认自然目的论,"儒学有目的论思想,但主张道德目的与自然目的的统一"③,而康德则是否定的。其次,

---

① 牟宗三:《中国哲学十九讲》,吉林出版集团有限公司2010年版,第115页。
② 蒙培元:《心灵超越与境界》,人民出版社1998年版,第406页。
③ 蒙培元:《心灵超越与境界》,第412页。

"康德认为，作为本体的人与作为现象的人，就如同'物自体'与现象界一样，是决然对立的，是不能相通的"①，而儒学认为本体的人和现象的人是能够统一且必须统一的。最后，康德否定情感的道德价值，康德认为道德的根据和动机都不与一般情欲发生关联，"康德把情感限制在现象界，因而永远不能进入本体界"，而"中国哲学的特质，就在于对情感的关注，对情感的肯定"②，儒学承认道德情感的重要意义和价值。

按照蒙培元的上述思路来看，每一步的分歧都并不是孤立的，而是彼此联结构成各自统一的逻辑系统和结构，当然这并不是说这两种思想的各个方面都绝对不能统一，但是这些分歧所造成的进一步的理论差异都是可以预料的，也因此得出结论，儒家伦理和康德有所不同并且有其独特的哲学体系应该也是较为合理的。尽管如此，蒙培元的批评更多指向牟宗三将康德引入儒家的尝试，但这一批评对牟宗三也并非完全客观。因为在引入康德的过程中，牟宗三同时从事了大量对康德理论的进一步改造和超越，以期待最终回到儒学。比如关于道德目的与自然目的的隔绝问题，牟宗三试图通过道德主体的心性反过来从道德目的抵达自然目的，最终寻求两界的统一而非隔绝。"通过道德性的性体心体之支持而贞定住其道德性的真正创造之意义，它始打通了道德界与自然界之隔绝。这是儒家'道德的形上学'之彻底完成。"③

黄慧英在《儒家形上学形态的再思——境界形上学？实有形上学？》一文中，站在牟宗三对这一问题阐发的基础上指出，"儒学的形上学不只有境界，它也有实有意义"④。反过来说，儒学并非不讲境界，只是这一境界最终需要指向"道德实体"，并进一步和天道为一。而儒学讲"实有"，也不是讲康德形式化的实有，而是存在性

---

① 蒙培元：《心灵超越与境界》，第 411 页。
② 蒙培元：《心灵超越与境界》，第 422 页。
③ 牟宗三：《心体与性体》，吉林出版集团有限责任公司 2013 年版，第 158 页。
④ 黄慧英：《儒家伦理：体与用》，上海三联书店 2005 年版，第 117 页。

的、创造的、生生不已之"真几"。黄慧英以为在这样的理解下，儒学既可以说是"境界形上学"，也可以说是"实有形上学"，"倘若说其是境界形上学，则断不是偏枯的境界形上学；倘说其是实有形上学，则亦非静态之实有形上学"①。黄慧英因此提出儒学的特性在于，"即工夫即本体，即本体即工夫；即活动即存有，即存有即活动；即用即体，即体即用"②。

按照这种"即体即用"的说法，"道德形上学"与"境界形上学"之间的争议似乎被完美弥合了，可是两者的进路如此不同，他们之间的争议是否确实能够就此消除？这一争议是否还能给我们带来一些重要的对儒学特别是孟子伦理思想研究的进一步线索？笔者以为通过上述简要的分析，"境界形上学"和"道德形上学"之所以引发争议，主要有三方面原因。

（1）儒家伦理所关注的是客观的道德法则还是主体的道德品质——成德的目标与目的。关注主体的道德品质使得道德成为一个存在的、活动的、不断创造的过程，而关注客观的道德法则使得道德判断成为依照一种静态的原则进行推论演绎的思辨活动。儒家更为关注的不是静态的普遍法则的思辨论证，而是道德主体的自觉的道德实践活动与过程。这就造成了"境界形上学"对"道德形上学"的批评，担心"道德形上学"将康德式的普遍道德法则引入儒家而成为道德实体，使得儒家的伦理理想变成了一种形式化的法则，而不是活动的存有目的。

（2）成德的活动必须作用于个人的心灵状态，无论是思辨活动还是情感状态都必须指向儒家伦理的特定目标。在儒家伦理中，一个人成为君子不仅需要习得某种法则并努力去做，而且他的身心状态必须一致地指向"仁义"的目标。特别是对于孟子而言，"恻隐"之发动就成为践行仁政的契机，就如齐宣王见牛不忍"是心足以王矣"（《孟

---

① 黄慧英：《儒家伦理：体与用》，第127页。
② 黄慧英：《儒家伦理：体与用》，第127页。

子·梁惠王上》)。儒学不排斥道德情感,甚至不排斥意愿、欲求、态度等一切相关的心理活动与动机在道德实践中的积极作用。因此,"境界论"者也担忧康德式的道德形上学排斥现象的人、心理的人的情欲状态,而与儒学背道而驰。

(3) 人的"心灵活动"一般被认为是"主观"的,而缺乏道德之"普遍性"要求的保障。尽管蒙培元对于牟宗三的批评并非全部公正,但是蒙培元确实注意到牟宗三所受的康德哲学的影响。牟宗三对于儒学中所出现的道德情感或感性问题的处理是困难而纠结的。蒙培元提到牟宗三将本来充满经验感性内容的道德之心确定为"本心","一切是理性决定,而毫无情识作用"。至此,蒙培元指出,牟宗三和康德的共同点"都是把情感和理性对立起来了","情感只能被限制在感性的、后天的、经验的、心理学的层次,而理性则只能是先验的、超越的、形而上的"。① 蒙培元的这一判断并非毫无道理。何以在多方面尝试过对康德进行改良的牟宗三接受了康德对于理性和情感的对立二分的前提?笔者以为关键在于牟宗三部分地接受了康德对于情感的预设,这种预设受到西方哲学传统的一贯影响,即认为情感等人的情欲状态是主观的、任意的,而与理性的普遍客观分属于两边不同的阵营。② 当人们认识到道德的"应当"来自"情感"或某种情欲状态,那么就只能接受休谟式的"是"与"应

---

① 蒙培元:《心灵超越与境界》,第421页。
② 或者,我们可以说,牟宗三反对情感时,反对的是康德意义上的情感,而非儒学的情感,"仁"的情感,道德之心可普遍化的情感。因此,当我们以一种主观任意的方式定义情感时,情感是被拒斥的。但如果情感具有某种客观意义,且与德行相匹配时,这样的情感在儒学应该具有何种地位,却是值得进一步深入分析的。可参见《圆善论》,牟宗三以康德之情定义拒斥儒学之仁心的内涵是情感性质的。"此心绝不是康德所说的'人性的特殊属性','人类之特殊的自然特征',或'某种情感和性癖性好'之类……康德所说的'人性的特殊属性','人类之特殊的自然特征',乃至性好、性癖及某种情感之类,皆是告子所谓'生之谓性',或宋明儒谓'气质之性',绝不能由此等建立道德'。"(牟宗三:《圆善论》,吉林出版集团有限责任公司2010年版,第203页)

当"的划分，进一步发展为消解客观的、普遍的"应当"，并走向道德相对主义，而失去了道德的客观普遍性，这是牟宗三所不愿陷入的理论后果。然而，道德情感成为人们获得道德知识和判断的依据，成为人们实践道德行为的动机真的必然只有休谟式的经验伦理学一种路径吗？是否会导致道德相对主义呢？这并不是一个经过严格证明的前提。

正是这一前提的预设致使牟宗三强调"实有形上学"并不等于一般意义上的"境界形上学"。在牟宗三定义"境界形上学"时，他说"或者我们可以勉强界定为实践所达至的主观心境（心灵状态）"。当牟宗三使用"主观"而非"主体"时，似乎暗含两者之间存在差别。牟宗三并不否定儒学关注主体的心灵状态，但是这一心灵状态不能是主观的、任意的，而是有定向的，是以他强调在"境界形上学"之外还要有一形上之实体。由此看来，在境界之外强调"实有形上学"的意义也就明显了，即为道德寻找一普遍的可靠的形上依据。而隐含的前提就是境界的心灵状态自身不能通达超越的、普遍的道德理想。

倘若上述分析正确，那我们可以反过来看冯友兰所说的"境界形上学"是否存在"主观""自由自在"的问题，而缺失了儒家伦理的道德向度。从冯友兰所理解的"天地境界"来看，"天地境界"是从"道德境界"再进一步超越出去的，境界的提升具有显著的方向性，所以此时的"境界"不仅是主观的，更是主体的，是主体自觉的向普遍的道德目标前进的活动。个人的境界通过与"大全"发生关联，自觉地融入宇宙的目的，将"我"与"大全"合一，此时的"境界"就不仅属于主体自身，更直接就是"宇宙大全"。这一种境界论具有很强的形上学的特征，并且同时也为道德的普遍性提供了依据与证明。

总而言之，由上述分析我们可以看出，在道德理想的问题上，"道德形上学"和"境界形上学"两种理论之间的许多冲突并不是实质性的，他们所提出的许多质疑与问题都已经被注意到并有所规避。从这些质疑当中，我们可以得出儒家伦理理想的阐释与证明的三大特征：关注道德主体；重视主体的心灵状态与境界；主体的道德都最终指向"天"或"天道"的形上依据，最终通过道德实践实现"天人合一"的完满境界。"道德形上学"并不排斥"境界形上学"，而冯友兰的"境界形上学"涵盖了牟宗三"实有形上学"所旨在解决的道德客观性问题。道德情感与理性的二分并不是不可置疑的前提，道德情感不必然导致道德相对主义，从人的情感等动机出发而指向整全的身心状态的修养同样可以帮助我们实现超越性。这样一种关于儒家伦理善的构想，笔者称之为"境界形上学"。在这里，笔者不打算就这一问题再进行详细的展开，仅作为接下去讨论道德失败问题时所依托的关于儒家伦理目的的一个必要说明。接下来，笔者将进一步说明，在这样一种"境界形上学"的理解下，道德心理包括情感、欲求、态度等动机要素在成人成德方面的重要价值。这方面的问题可以理解为成德的方法理论。在成德的方法理论方面，笔者以为对儒学——特别是《孟子》非常具有参考价值的是一种道德情感主义的看法。①

二 孟子与道德情感主义

道德情感主义所关注的核心问题本不在道德修养方法方面，而是为人们的道德情感寻求一种更恰当的说明。但是道德情感主义和道德教育或德行修养问题也是密切联系在一起的。因为在道德的方面，我们不会认为我们的情感或某种感性状态自身总是充分指向道德的，拥有恰当的道德情感是教育培养或自我修养的结果。前者为我们的道德判断提供了更清晰的情感方面的支持性说明，而后者则进一步规定了道德情感的培养方向，从而以免情感流于主观和任意，丧失了道德目的在客观性方面的保障。

---

① 必须说明，本书关注的道德情感主义，乃是理论方法上的借鉴，绝不是说儒家或孟子是等同于某种道德情感主义。

总的来说，道德情感主义认为我们的情感或者欲望在道德结构中扮演了至关重要的角色。道德情感主义的理论之所以引起哲学家们的兴趣，主要在于这种理论能够较好地解决道德的实践问题，并且可以在自然现象的世界中为道德谋取一席之地。然而随之而来的这类理论也面临着巨大挑战：情感或欲求等感性状态如何能具有道德所必需的客观性和规范性[①]，因而，无论是在儒学的备选理论中，还是在西方哲学的传统中，道德情感主义的优劣都是相当明显且有必要予以正视的。

对于上述问题的一种处理路径，就是排斥道德的理性空间，拒斥道德是客观的或者是可普遍化的，比如认为道德语言是人们情欲状态的一种表达，或者认为道德上的正确与否取决于我们的态度。首先，事实上，并不存在许多的哲学家在道德情感主义的基础上采取彻底的相对主义立场，认为只要情欲所赞成的哪怕杀人放火也是合法的。比如对于休谟（David Hume）来说，特定的情感，诸如同情、羞耻才具有道德的价值，而嫉妒怨恨尽管可以从心理情感中得到解释却并不具有道德的价值。其次，上述立场并不是道德情感主义的唯一形态和发展可能。由于儒学一方面强调道德情感的价值；另一方面又认可客观普遍的道德目的，因而有必要在学理上引入另一种形态的道德情感主义，以帮助说明儒学的问题，并规避一般情感主义的劣势和困难。

通常情况下，情感与认知被认为是不同的心理机能或心灵状态，而一种新的道德情感主义理论否认这两者的截然区分，他们被称为"认知—情感主义者"（cognitivist sentimentalist）。其中约翰·麦克道尔（John Mcdowell）的感知理论（sensibility theory）为道德情感主义提出了另一种发展空间。在麦克道尔看来，人们做出道德的判断是不可程式化的（not codifiable），人们的道德判断取决于人们感知

[①] 参见 Moral Sentimentalism, *Stanford Encyclopedia of Philosophy* [EB/OL], https: //plato.stanford.edu/entries/moral-sentimentalism/。

世界的方式。在有德行的人的眼中，道德的相关考量以更为显著的方式呈现出来。"如果一个人知道做什么，不是通过运用普遍法则，而是通过成为一种人。这种人会以某种独特的方式来观看情境。"[1]成为一个有道德的人，然后这个有德之人在看待事件时，道德的考量就会凸显出来，从而压倒其他的情境特征，直接推动人的道德行动。这时道德判断所依据的是一种感知状态（sensibility）而不是理性推论，但同时德行（virtue）为这种感知提供了某种客观性的保证，人们提取有关行动的相关要素不是任意的，而是趋同一致的。

麦克道尔的感知理论在描述有德之人的道德判断的过程时有一定的说服力。在许多实践活动中都普遍存在这样一种现象，比如富有经验的大师在创作时，不是通过一种规章程序，而是胸有成竹地直接对艺术作品进行观察和创造。他们能够近乎"直观"地把握对象的主要方面，并像运用"直觉"一样完成创造。这种情况颇为符合《庄子》中庖丁解牛的理想境界。在道德情境中，我们也可以想到孔子的"从心所欲不逾矩"。这些都十分符合麦克道尔所说的有德之人的处事风格。然而，这一种理论仍然被认为太过类似于某种"直觉主义"。道德判断依赖恰当的道德情感，而这种道德情感的形成是通过社会教育、环境影响等积习的作用。因而，道德判断中缺失了理性过程（reasoning process）。何艾克（Eric L. Hutton）将道德感知理论和麦克道尔的德行论思想引入儒学研究时注意到这一问题，并提出用一种道德鉴赏（moral connoisseurship）理论来取代感知理论。

为了说明道德判断的过程，何艾克以道德鉴赏理论举出红酒品鉴师的例子。一个经验丰富的、好的红酒品鉴师可以对红酒做出品鉴，并且他对于好的红酒与劣质品之间的区分既是案例化的（case-specific），又具有规范性力量。同时，这样一种品鉴并非毫无理由的，他可以给出一系列的关于红酒的特征——色泽、酸度、质感等

---

[1] John Mcdowell, "Virtue and Reason", *The Monist*, Vol. 62, No. 3, 1979.

来进一步说明自己的判断。何艾克认为道德鉴赏理论可以在感知理论的基础上为理性留下空间，同时也使得道德教育成为可能。"有经验的道德主体既可以向受教育者指出恰当的结论，也可以为这一结论提供理由。"①

在道德鉴赏理论的基础上，何艾克进一步区分了两种不同类型的鉴赏判断模型："结论鉴赏判断"（conclusive connoisseurship）和"元素鉴赏判断"（elemental connoisseurship）。"元素鉴赏判断"主体仅仅识别行动的基本元素性理由，而"结论鉴赏判断"不仅识别理由而且给出判断的总体结论。在何艾克看来，儒家哲学中的两位思想家的道德判断正分别符合这两种不同类型的道德鉴赏理论，荀子持"元素鉴赏判断"理论，而孟子倾向于"结论鉴赏判断"理论。何艾克认为，总体来说"元素鉴赏判断"是儒学理论的更具有说服力的备选方案。将"元素鉴赏判断"理论运用于荀子思想的诠释与解读之后，何艾克进一步解释了这一理论所需要的理性过程。我们在识别了情境中相关的道德考量之后，会得到一系列的道德元素理由。这些元素理由并不直接给予我们道德判断的结论。比如在典型的道德冲突的案例当中，当两种道德的特征或理由都存在于同一情境时，并不是某些特征或理由直接静默了（silent），而另一些凸显出来，使得主体直接得出道德结论。而是主体识别了各种有关道德的理由和特征之后，再通过进一步的理性协商、讨论、替代方案的选择来整合这些理由。从而使得道德鉴赏既出于人们的感性，又成为一实践理性的过程。②

麦克道尔为道德情感主义提供了一种新的诠释思路，他的感知理论在保留感性在道德实践中的重要作用的同时，也以有德之人的

---

① Eric L. Hutton, "Moral Connoisseurship in Mengzi", in Xiusheng Liu and Philip J. Ivanhoe, eds., *Essays on the Moral Philosophy*, Hackett Publishing Company, 2002, p. 166.

② 参见 Eric L. Hutton, *Virtue and Reason in Xunzi*, Ph. D. Dissertation, Stanford University, 2001。

感知保障了道德的客观性。何艾克将这一德行论视域下的情感主义理论引入，为避免这种感知主义直接坠入缺乏理性过程的某种"直觉论"，提出了道德鉴赏理论。道德鉴赏理论将道德判断比作一种鉴赏过程，鉴赏者既可以提供有关事情好坏的结论，同时也可以给出判断的理由。在用元素鉴赏理论诠释荀子的过程中，何艾克向我们更进一步地展示了元素鉴赏判断如何成为一种道德实践的理性过程。

通过上述分析，我们可以发现，无论是道德感知主义还是道德鉴赏理论都已经开始脱离了传统的道德情感主义，尝试消解西方传统哲学的情感与理性、主观与客观、认识与道德二分的结构，而开始试图回到古希腊和先秦的经典来寻求一种统一。这也符合在上述形上学讨论中出现的融合趋向，无论"境界形上学"还是"实有（道德）形上学"对儒家的解读，都不再拘泥于这种二分的结构。在这种情况下，我们再执着于不承认道德情感的重要地位，认为情感或感性都是主观任意的而导致道德相对主义，恐怕并不是一种经过全面考察而得出的结论。

尽管麦克道尔的感知理论和何艾克的鉴赏理论都颇具说服力，在《孟子中的道德鉴赏》一文中，何艾克通过文本的分析证明了孟子理论何以是一种结论鉴赏理论，这些分析也十分有参考价值。但是，这样的诠释拯救了荀子，却留给孟子伦理思想一些有待解决的困难：主观的情感状态如何能够具有客观性、规范性？诉诸道德情感的孟子伦理还具有客观性吗？如果将有德者的判断理解为一种结论性的鉴赏，我们如何说服人们去主动地追求道德修养？如何帮助不善者获得正确的对世界的看法？要回答上述问题，仅考察孟子的实践理性与道德判断是不够的，而要回到道德修养和道德动机的层面。尽管何艾克的论述偏重于道德判断，但是他的讨论也涉及了道德教育的问题。道德鉴赏、道德教育都和行动者主体的心理动机密切相关。本研究认为，在孟子看来，行动者事实上存在着两种理由系统，针对行动情境的判断系统和针对自我动机的评估系统，这两套系统共同作用于道德实践活动中，这两种系统的共同作用为道德提供了客观性和合理性。

在另一套自我评估的理论系统中，人们获得了一种更为广阔的视角来将单个的行为纳入整体的目的中。由此，我们可以回到蒙培元所论的"境界形上学"，来为具体的道德判断增加进一步的思虑坐标。蒙培元进一步发展冯友兰的"境界形上学"，认为孟子所说的"天"是一种"义理之天"，这个"天"代表了一种生长、发展的秩序，是一种"目的理性"。通过"天人合一"，这一种目的理性也就构成了孟子所提倡的实践理性。"'勿忘'是一种自觉的目的性，'勿助长'则体现了自然秩序，二者在人身上得到体现，就能实现'天人合一'。它既不是认知理性，也不是工具理性，既不是把情感作为实现目的的工具，而是以充分实现为目的。"[①] 这里"境界形上学"似乎构建了一种目的结构，在这种目的结构中，个人情欲状态的道德实现构成了整个"大全"不可缺少的一部分。而同时人是自觉地参与到这种目的结构中的，人们通过"孟子式"的理性，把握了这种"天人"关系与目的的结构，自觉地将自己镶嵌于这个"大全"中，并且在情感上实现一种高度的自我认同之"乐"，由此达到"我"就是"大全"的境界。

按照这种看法，存在着一种目的论的结构，人在其中充分认识到自身的目的，这一目的具体来说就是"尽心尽性"，所以孟子说："尽其心者，知其性也。知其性，则知天矣。存其心，养其性，所以事天也。夭寿不贰，修身以俟之，所以立命也。"（《孟子·尽心上》）达成这一目的的方式就是修身。既然人的生命活动的总体目的就是成人成德以自我实现，那么此时所有的实践活动在具体的理由之外必定还存在着一种存在性的伴随理由，通过实践活动完善自身。在这种情况下，行动者必须不停地做一系列自我的反思考察和评估："我"是否具有德行？什么事情有助于"我"完善德行或者破坏修养？在这种情境下"我"最需要的德行能力是什么？"我"是否具

---

① 蒙培元：《心灵超越与境界》，第36—37页。

备了这种能力？如何通过实践提高自我？并且进一步地还可以追问，"我"在自然中的位置，"我"在社会中的位置，"我"如何在某个团体或这个世界中真正履行好的"我"的目的，通过不断地反思评估将自身妥帖地安放在整个社会与世界之中。简而言之，在具体的事件判断之外，行动者还存在着另一套理由系统，在这个系统中不断通过反思考察自己"安身立命"的问题。

仅简单叙述一例，以帮助我们看到在《孟子》中确实存在着这样两种理由系统，它们同时都参与到具体的实践活动中，并处理了一起需要理由权衡的事件。"事孰为大？事亲为大。守孰为大？守身为大。不失其身而能事其亲者，吾闻之矣。失其身而能事其亲者，吾未之闻也。孰不为事？事亲，事之本也。孰不为守？守身，守之本也。曾子养曾晳，必有酒肉。将彻，必请所与。问有余，必曰'有'。曾晳死，曾元养曾子，必有酒肉。将彻，不请所与。问有余，曰'亡矣'。将以复进也。此所谓养口体者也。若曾子，则可谓养志也。事亲若曾子者，可也。"（《孟子·离娄上》）事亲是有关具体道德情境中应当如何行动的事件，而守身是自我德行修养的要求。在孟子看来，守身不仅更为重要，同时也是事亲的必要条件。按照上述的分析来看，如果曾子的"养志"依照一种结论道德鉴赏的判断过程，曾子与曾晳的不同在于，曾子作为更有德的侍奉者可以直接把握到有关侍奉双亲的重要道德方面，而曾晳并非不愿侍奉但是却缺乏这种感知。这种直接获取事件重要方面的能力源于曾子的修身工作。修身决定了道德鉴赏判断的合理性和客观性。反过来说，修身需要在各种事件中始终记住道德理想的要求，在每一件事情中按照"仁义"来行动，由此逐渐培养起自己的德行。如果行动者总是倾向于直接得出判断结论，那么理性的过程如何介入实践当中？因此，针对自我的反省评估至关重要。曾子正是以"吾日三省吾身"成为儒者楷模的。这个反省和反思的过程，就是再次将已经做出的行动回归到一个目的理性的评估空间中，以一系列的事件来评估自己的德行修养层级和状态。在这个过程中修正自己的错误和提出进一步的要求。所以孟子有时并不严格关注行动者是否犯错，即使"古之圣人"的"周公"也会判断失误。然而"知错能改"是判断修正失误的重要步骤。

个人对于自我的道德评估是重新将道德鉴赏结论纳入理性空间的重要步骤。在不断的反省过程中，个人只有通过做出了一系列的正确判断和行为，也就是"集义"，才能具有充分的道德自信，养成"浩然正气"，如此一个人才会更倾向于接受自己的结论性鉴赏判断。如果一个人在自我评估时，发现偏离了道德修养的目标，他不仅需要认识到他自己曾经的道德判断可能存在错误，同时在以后的判断中，他不应再倾向于直接接受道德鉴赏判断的结论，而应该寻求进一步的佐证理由。德行修养作为人们生活的一贯的目的，单独成为一套修正一般道德实践判断的理由系统。君子理想通过镶嵌于整体的目的论结构使得行动者获得一种更完善的自觉目的，因此君子理想既是主体的，又是客观和普遍的。恰当的自我评估与定位为直接的道德感知敞开了进一步理性反思的空间。最终只有当人的情欲状态完全达至圣人的状态，人们才会完全采纳自己当下的道德判断，达成一种类似审美过程的对道德事件的直接反应。

在《孟子》中，由这两种理由系统通力合作构成了人们的道德实践活动。而这些都高度依赖于人的心灵的道德成熟度。德行修养以培养一个人的完整的心灵状态（境界）为目标，这个完整的心灵状态特别要求人们的情感、欲求、意愿等动机要素都要符合并自主趋向于仁义的要求。正如蒙培元所说，"在这个意义上，情感就不只是感性情绪，而是一种崇高的情怀，不仅与道德理性相联系，而且与审美体验相联系，甚至与宗教性的终极目的相联系"①。比之蒙培元特别强调道德情感，笔者认为在《孟子》中，整个人的动机状态

---

① 在这里，蒙培元并非人为地将儒学最终指向宗教，只是说由道德情感所通向的道德境界甚至可以实现某些宗教境界的状态。因为，在这之前，蒙培元提到，在《孟子》中，"宗教学上的'主宰之天'确实被否定了"。蒙培元：《心灵超越与境界》，人民出版社1998年版，第36—37页。

事实上都参与了人们的两种实践理由之中。牟宗三引入康德哲学的最主要意图本不在排斥道德情感,而是强调道德自律的概念。康德哲学与以往哲学最大的不同在于道德自律,"康德讲最高善(圆满的善)之可能却不同于古人。他是从意志之自律(意志之立法性)讲起"①。但是康德哲学并不是道德自律的唯一选择。在理性与情感二分的西方传统哲学结构中,道德情感被认为是"给予"的,而缺乏自由的意义。但是道德情感完全可以是被自己"给予"的,人的心灵状态从长远来说可以通过人的主观意志适当予以调节。我们可以通过不断地反思培养来增强自己的道德情感,克制自己过分的非道德欲望,最终实现一种完善的心灵状态。这时,道德情感经过自我的有意识地"加工",部分是"天"给予的,同时也是自我实现的。德行修养并不就等于外在的强制,也可以是自我的要求,这一过程也通常就被称为"自我修养"(self-cultivation)。

人们的道德判断之所以发生失误,往往是由于道德心灵修养不良:或者是他们不具备恰当的道德感受而对于情境中的道德特征无动于衷,或者是他们缺乏正确的对于自身动机状态的恰当反思与评估。而只有通过德行修养,才能够在这两方面帮助人们树立正确的道德意识,并同时具有实践道德的充足动力。道德目的从广义来说是成人成德,而修养的方法应该侧重于对人的整体心灵和动机状态进行培养。"仁""义""礼""智"规定了具体的修养方向,在这个方向下人们的道德情感给予人们正确的判断和恰当的动机。

三 孟子与美德伦理学

综上所述,笔者认为孟子伦理学可以被确定为一种美德伦理学,以便于研究讨论道德失败现象。主要原因有三方面原因。(1)比起关注普遍性的道德法则,孟子更为关注人格培养。从道德目的而言,无论强调"境界",还是重视主体性都证明了这一论断。

---

① 牟宗三:《圆善论》,序言,第7页。

从具体的道德实践而言，人们并不是先获得法则或程序再做出相应的行动，而是经由德行做出恰当的判断。主体的德行成为伦理学的核心。这一德行论特征是比较明显的。（2）道德的判断难以还原为某种法则或程序，道德实践是应情境而具体化的。尽管《孟子》中存在着两种理由系统，但是在具体情境中，目的论结构仅仅能提供自我修养的特定方向，却不能直接为行动者给出具体的行动判断。在具体的行动过程中、有德的行动者做出的正确判断依靠一种道德鉴赏的途径，因而是情境应变的（case-specific），而非法则规章演绎的。因此具体道德行为依赖于行动者的德行而非行动规章与法则。孟子注重情境的具体性这一点也符合美德伦理学的特征。（3）重视行动者动机的同时并不是为了反对情欲状态，相反情欲状态成为重要的道德判断依据和推动行动的动因。所以，在实践活动中孟子高度关注对行动者整个动机状态的培养，也就看重情欲在实践活动中的积极作用，由此致力于人格培养。孟子也因此关注实现德行的人类学的基础。描述性的"性善"内容为实现道德理想提供了扎实的关于人类成德能力的心理学理论。

综上所述，在本书中，我们便将美德伦理学作为孟子伦理学形态的最佳备选方案，并据此分析每一种德行及其相关的道德失败。将儒家伦理总体视为德行论的研究成果已经颇为丰富，比如倪德卫（David S. Nivison）、万百安（Bryan W. Van Norden）、艾文贺（Philip J. Ivanhoe）、信广来（Kong-loi Shun）、余纪元（Jiyuan Yu）等学者都对此问题做过更为详细的论证。因此，为免赘述，偏离主题，这里仅简述我们将孟子理论视作德行论的理由。我们引入美德伦理学是为了着眼于《孟子》中有关德行的内容和与之相匹配的倾向与能力、道德失败的原因、克服道德失败的方法。因此，总体来说，将孟子伦理学视作一种美德伦理学可以帮助我们找到更为关键的研究孟子道德失败问题的线索。那么，什么是美德伦理学呢？

一开始，相对于强调义务和法则（目的论）的方法，或者相

> 对于强调行动结果（效果论）的方法，它（美德伦理学）可能被定义为强调美德或道德行动的学说。……效果论将美德定义为产生最好结果的德行，而目的论会将美德定义为那些可靠地实践义务的人所具有的性格特征。美德伦理学拒绝尝试将美德定义为其他更为基础的概念。相反，德行或它们的缺陷将被视作美德伦理学理论的基础，而其他规范性观念是基于他们成立的。①

可见，美德伦理学强调人的德行性格而不是行为规范的准则，也就是一般所说的以行动者为中心，而非以行动为中心。因此，美德伦理学并不必然与其他伦理学形态，比如义务论和目的论截然矛盾对立。事实上义务论者和目的论者也可以谈论行动者的美德，只是这种美德必须符合行动的准则。② 比如对于效果论者来说，最好的结果

---

① Virtue Ethics, *Stanford Encyclopedia of Philosophy* [EB/OL], https://plato.stanford.edu/entries/ethics-virtue/.

② 针对儒家伦理形态是否可以被列为美德伦理学，存在一些争议。其中，最为尖锐的问题之一在于：美德伦理学是否可以算作一种独立于动机论与后果论之外的独立派别。比如李明辉在一系列的文章中（可参见李明辉《儒家、康德与德行伦理学》，《哲学研究》2012 年第 10 期）指出，伦理学的两种形态"目的论伦理学"与"动机论伦理学"是"既穷尽又排斥"的关系，因而坚决反对存在另一种与这两种伦理学相并列的"德行伦理学"形态。然而，值得注意的是，在承认儒家有德行名目之后，进一步追问德行的最终根据与来源是某种义务法则，还是某种异质性的目的，这是近代哲学演进发展之学术成果，然而这种明确对立的区分是否能够完全适用于先秦儒者，这一问题是很值得深究的。李明辉主要以孟子的"义利之辨"作为论据，坚定地将孟子划分为义务论的立场，然而在与"义利"相关的文本中，很难找到孟子的"义"等于某种义务法则，而孟子的利等于一切自然异质性目的的直接证据。另外，不可否认的是，在《孟子》文本中，他同样承认"天""性"，以及圣王之治是道德的根据，并且没有明确给出这些根据之间的优先等级。以此而言，倘若要在目的与义务之间做出某种根本性的抉择，恐怕难免需要对《孟子》做进一步的理论延伸。因而，即便在逻辑上，可能存在一种非此即彼的二分立场，也不代表孟子就必须符合这种二分立场。就美德伦理学在逻辑上断然不同于前两种立场而论，这也仅是一家之言。美德伦理学还具有许多其他形态，并不处理这种立场划分的问题。总体来说，德行论关注行动主体，关注情境，讨论德行的成德基础与方法，对这些方面的重视，使得美德伦理学的成果更多地贴近于孟子所关注的大多数问题。由此，不过多纠缠于美德伦理学是否坚决对立于义务论或后果论的立场，而是将美德所重视的问题作为我们讨论的依据和线索，这仍然是合理的。

或最大的幸福的论证原则规定了行为的"应当",并为行动者提供道德指导。在此基础上,效果论同样可以关心行动者如何践行原则并获得相应的德行。然而,美德伦理学者更强调德行,德行很难直接还原为某种行动准则或普遍目的,比起行动准则的推论,美德伦理学更强调行动者的性格。

万百安指出,美德伦理学通常包含四个理论要素:(1)什么是欣欣向荣的人类生活?(2)什么样的美德有助于我们走向这样的生活?(3)一个人如何获得这些美德?(4)从哲学人类学的角度看,人类是什么样的?依靠人性的特质,人们如何获得德行并以此过上繁荣美好的生活?

如果以某个伦理理论是否包含上述四个伦理问题要素而言,某些在一般情况看来是属于义务论或目的论的学说也同样可以回答美德伦理学的问题。比如万百安举出康德也有美德理论,只是康德认为美德服务于绝对道德律令。谈论德行的美德伦理学可以有许多不同的形态,因此万百安将美德伦理学区分为"温和的美德伦理学"和"严格的美德伦理学"。"温和的美德伦理学"是可以提供德行、好的生活、道德修养和哲学人类学的理论,并以此作为效果论或目的论的补充,并与道德原则或准则相一致而不冲突。而"严格的美德伦理学"将美德视作一切伦理的基础,并取代效果论和义务论所提出的行动原则或准则。比如有西方学者认为我们应该放下道德义务而研究美德,不再讨论道德准则和效果才是伦理学的真正出路。在严格的美德伦理学者看来,在缺失美德和好生活的概念的理解下,伦理准则和观念必将充满矛盾而无法协调。①

美德伦理学本身也有许多不同的学说和流派。一般来说,谈论德行还会有以下一些特征:比如德行论者并非否认一切道德规范的可能,而是认为比起普遍的规范法则而言更强调行动者的美德,因

---

① 参见 Bryan W. Van Nordan, *Virtue Ethics and Consequentialism in Early Chinese Philosophy*, Cambridge: Cambridge University Express, 2007。

为有德者在行动时针对不同的情境的行动往往是具体应变的,而很难由规范完全统一;好的行为规范来源于有德之人的行动示范,而非某种规范法则的推演;美德伦理学更看重人类学和心理学的发现与知识,并注重德行修养的方法的研究,而非更偏重于提供规范性标准等。

从西方美德伦理学的复兴来看,德行论的产生与繁荣虽然包含对义务论和目的论的理论不满,但这一研究问题的背景是否应该带入我们对先秦儒家伦理的研究中?由于西方美德伦理学复兴带有特殊的问题意识背景,许多有关德行论的分类和与其他伦理学形态的对立也是针对西方当代美德伦理学家的理论特征做出的,并不适合直接引入用于限定儒家美德伦理。

比如美德伦理学中的一个重要派别——特殊主义(Particularism)被划分为"严格的美德伦理学"范畴,因为特殊主义者提出的普遍的道德法则和原则毫无益处,甚至是人们寻找正确的行动路上的绊脚石。儒家伦理虽然同样也有着某种具体论或特殊论的特征,因为儒家反对刻板地照搬原则,讲求具有应变性的"时中"智慧,但在儒家伦理中,并不存在对普遍法则和原则的坚决拒斥。儒家伦理的特殊主义并不含有西方美德伦理学复兴的问题背景,儒家伦理不必然排斥普遍伦理目的。礼法有"常",圣王之道经久不衰,与其说道德目的或规范和德行是相对立的,不如说道德目的或规范就蕴含在有德者处理具体的伦理事务的行为表现之中。"一"与"多"的问题不是不可统一,两者之间并没有呈现出明显的割裂。比如孟子虽然认为"执中无权"是一种德行缺失的表现,反对"执中与执一"。"执中无权,犹执一也。所恶执一者,为其贼道也,举一而废百也。"(《孟子·尽心上》)但是"经"与"权"的关系并不对立,而是通过"权"才能够更好地体现"经"的内涵,"行权"也是履行至高的道。所以在权变的背后有普遍最高的道。道是普遍必然,在具体事件中的表现又是多样的。如此,儒家伦理学虽然有着美德伦理学某些特殊主义的特征,但并未明确反对谈论道德行动的目的和规范，也就不因特殊主义所针对的理论问题而受制于某个德行论范畴。

因此，在本书中，我们以德行论的视角谈论孟子的伦理思想，关注孟子关于德行的描述和认识，并借助人类学和心理学的知识来分析道德失败案例和成德的方法，而并不涉及西方美德伦理学的分类和所特有的问题意识。将孟子伦理学视为一种美德伦理学，并不为了呼应西方美德伦理学复兴的思潮，也不过多涉及孟子美德伦理学形态和性质的相关探讨。本书的重点是回答美德伦理学关注的四个核心要素的问题。

《孟子》文本所展现的具体德行论特征已经多有学者展开了丰富的讨论，这里不再重述，仅简单列举几点补充说明以德行论来研究孟子伦理思想的合理性。（1）孟子在多处描述依照圣王之道生活的理想愿景。按照儒家伦理来为政、生活，每个人都能获得充足的物质资源，家庭幸福，其乐融融。这样的社会生活是每个人都向往的，因而人们必然都向往仁政，追随王道。（2）孟子重视描述圣王、贤人、君子的人格特征，并有以有德来形容美好的品性。君子之德有具体的内容，"仁""义""礼""智"包括"大勇"是几种完美人格所应具有的德行。理想社会的建立依赖于君王、臣子及各个阶层的普通百姓的品德完善。（3）在《孟子》中存在大量关于德行修养方法的分析。比如"养心莫善于寡欲"，比如"善养浩然之气"等重要文本段落都在谈论成德修养的方法。而通过道德失败案例的研究，能够很好地帮助我们理解孟子关于美德的具体内容的观念，以及正确修养方法的论述。（4）孟子的"性善论"提供了丰富的哲学人类学的经验知识的启发，并能和现代德行论研究、心理科学的发展有效结合。孟子谈论"性善"，从人的才情出发，也就是从人之所以可以成德的倾向能力出发。"乃若其情，则可以为善矣，乃所谓善也。若夫为不善，非才之罪也。"（《孟子·告子上》）"四端"与"四心"都有相对应的道德倾向的人性基础，而针对这些道德倾向能力的研究能够有效地理解孟子关于人性心理的看法。这些心理因素是重要的成德的依据。通过这些道德心理倾向，人们能够获得"仁""义""礼""智"的完善人格。

为什么要站在德行论的角度来讨论孟子伦理思想？因为美德伦理学所研究的问题同样是孟子所关心的，并且《孟子》中存在着大量与此相关的讨论足以保障我们讨论美德问题的合法性。我们可以对《孟子》的问题进行如下追问，这些问题将带来诸多的可研究内容。（1）孟子道德理想和完美人格是什么？哪些德行是重要的？（2）人性有什么样的人类学的经验基础来实现这些德行？（3）如何获得这些德行？（4）如何克服德行的缺陷？这些问题都是美德伦理学的核心要素，同时也是先秦儒家伦理，特别是孟子伦理思想的主要问题。通过对这些问题的追问，有助于我们了解孟子对"德"的看法，分析美德的缺陷和所引发的各种道德失败，以及失败的原因，有助于我们进一步地了解孟子的人性理论和成德方法。

总体来说，我们将《孟子》视作美德伦理学，并关注上述问题，不仅可以在《孟子》文本中寻找到大量相关问题的论述，而且也有助于我们处理许多其他《孟子》诠释无法深入解读的问题，为全面理解《孟子》伦理思想添砖加瓦。《孟子》中大量有关德行的论述是从反面的道德失败案例出发的，对《孟子》中这些失败案例的描述和讨论的研究可以推进现今对孟子伦理思想的研究，让"性善"和"行不善"的问题重新得到重视，真正补足孟子的"性善"论思想。

第三节　文献与思路

本书主要相关的文献包括两个方面：一方面有关孟子伦理思想研究的文献；另一方面是论述孟子论道德失败问题的文献。《孟子》作为中国古代哲学经典，无论是对它的传统注释，还是当代学术研究，相关材料实在不胜枚举。但是作为论述道德失败的背景，许多主要争议又无法回避。因而，笔者在"导论"第二节讨论了孟子伦理思想的形态，并对本书主要参考的研究方向做出了简要说明。第三节将更进一步说明和孟子论道德失败更为直接相关的已有成果。

　　本书旨在对《孟子》文本中出现的道德失败案例尽可能地做出详尽而全面的考察。如"导论"开篇所说，以往的传统研究很少直接聚焦于道德失败问题，虽然如朱熹、王阳明、王夫之、戴震等传统《孟子》注释者都或多或少地关注到道德失败问题，但传统诠释的重点仍然更偏向于从正面论述孟子的性善思想，道德失败现象多作为辅助性材料予以补充。而道德失败研究与传统研究最大之不同在于切换了对孟子伦理思想的研究视角，反向以《孟子》中的道德失败案例为主要内容，希望可以对孟子伦理思想做出更为全面的考察与补充。另一方面，如在讨论《孟子》伦理思想的形态时所提出，本书引入了更多当代《孟子》研究与伦理学的方法理论，比如道德情感理论、德行伦理学、道德心理学等成果，因而在研究方法上也与传统诠释有所不同。

　　当代也有学者针对《孟子》中的道德失败问题进行过讨论，然而他们的讨论一方面存在对道德失败案例分类的困难；另一方面也由于这种分类困难，致使他们对于道德失败的研究往往点到即止。而本书希望以孟子德行论为视角对《孟子》一书中的道德失败问题做出更全面深入的考察，并希望这种考察可以丰富孟子德行伦理的研究。接下来，笔者将以道德失败案例的分类为线索，简要分析当代两篇直接讨论《孟子》中的道德失败问题的论著，借此展开本书的研究思路。[①]

　　《孟子》的文本中出现了大量道德失败的案例，从社会秩序的混

---

　　① 目前而言，道德失败问题在学界还未得到与其重要性和丰富内容相匹配的重视，因此，与孟子论道德失败问题直接相关的只有两篇论著，其中有柯雄文的一篇论文（参见 A. S. Cau, "Xin and Moral Failure: 'Reflections on Mencius' Moral Psychology", *Dao*, Vol. 1, No. 1, 2001）。和信广来书中的一个章节（参见 Kong-Loi Shun, *Mencius and Early Chinese Thought*, Stanford: Stanford University Press, 1997）。

乱到统治阶级的暴政，从同时代的学者的认识偏差到不同士人的错误示范，从普通百姓的无恒心到各阶层的违法乱礼，不一而足。如何对这些繁杂的案例进行分类处理，并形成系统性的讨论，这一工作颇为困难。

最显著的困难在于，孟子所论及的道德失败的案例都是十分现实的，很难直接理论化。比如在理论上说，人们的实践活动可以分为实践判断与实践动机两个方面，由此我们可以将人的道德失败区分为判断类失败和动机类失败。但事实上，一个行动者的判断失误受到他的动机状态的影响。比如齐宣王攻打燕国的案例中，孟子认为以掠夺他国为目的的战争是"不义"的，并劝说齐宣王退兵。然而齐宣王没有听从孟子的建议，最后遭到燕国反抗而致使齐国陷于困境。齐宣王的判断失误可以说是"不智"的，因为他一方面没有按照"仁义"的要求行动，另一方面又没有看到侵略战争的灾难性后果。但这种判断失误和他的动机很有关系。齐宣王曾明言自己"有疾"并"好勇"。齐宣王追求权力之大欲，他的"战争"行动里包含许多非道德的动机欲望。这些动机欲望妨碍了他做出正确的判断。齐宣王并非完全不能感受到他的"仁义之心"，在某次赦免牛的事件中，他体现了对牛的同情恻隐，孟子甚至评论说"是心足以王矣"。然而，这种道德倾向显然没有得到很好的修养发展，在欲望的诱惑之下齐王很快放弃了自己的"仁义之心"。齐宣王缺乏政治眼光的"不智"之举又和他的德行修养水平较差、道德动机不足等问题联结在一起。现实中的道德失败的原因在同一个人、同一件事情当中也非常复杂多样。由此将这些现实的案例分装在较为严格和清晰的理论分类中，经常会出现各种案例、原因和问题的重叠交替。

再比如，我们也可以按照人的道德心理的类别进行分类，比如将道德实践心理分为意志、认知、情感、欲望四个类别，然后分别讨论每一种心理的道德状态和非道德状态。比如柯雄文（A. S. Cau）在一篇《心与道德失败：对孟子道德心理的反思》一文中将道德失败视为道德主体的特定缺陷，并区分了六类缺陷：缺乏意志（lack of will）；缺乏恒心；缺乏关于道德优先性或重要性的道德情感（lack of sense）；缺乏自我省察；缺乏支持恒心的必要条件；缺乏对当下情境特征的认识（lack of appreciation）。① 虽然柯雄文的分类是根据文本做出的，但是这种分类却存在困难。这一困难说明用道德心理的相关概念来为道德失败文本分类是不现实的。首先，当我们说道德意志、道德情感、道德认识时，它们是否是可以清晰明确的相差异的心理概念，用他们来分类讨论是恰当的吗？我们讨论意志是从哪个层面、哪个定义来进行区分的？意志和恒心，或者道德情感是不相干的概念吗？道德情感和认知可以割裂吗？它们存在什么关系呢？道德心理的分类的概念本身也在当代道德心理学的研究中就充满争议。② 以道德情感主义为例，我们在引述认知情感主义时就发现，道德情感也含有认知功能，于是用传统的情感（emotion）很难定义这些道德情感，这些道德情感即包含认知又不同于一般的理性认知。这种情况在孟子的思想中也是一样，一些学者注意到孟子的思想中并不存在理性与情感的二分。③ 道德情感不仅包括上述常见的概念，还可能涉及诸如态度、意愿、倾向、偏好等许多类似概念，这些都可能会影响我们的系统分类。研究内容的分类是要服务于研究对象的。即便我们对上述心理概念做出了严格的说明和区分，并由此获得了系统性的道德心理的分类，先秦文本中的现实案例又如何有效地安置到这些分类中？如此，我们将陷入两难境地：一方面我们希望说服各种伦理学者以说明我们关于道德心理的分类是准确无误的；另一方面我们还要面对将这种分析类别安到《孟子》的文

---

① 参见 A. S. Cau, "Xin and Moral Failure: 'Reflections on Mencius' Moral Psychology", *Dao*, Vol. 1, No. 1, 2001。

② 这并不是说我们不能在一种相对比较清晰的意义上使用这些概念，而是说既然这些道德心理的概念不是互相排斥的合理分类，那么采取这种现代心理学的分类来讨论先秦文本会致使某些难以避免的解释问题产生。

③ 参见 David B. Wong, "Is there a Distinction between Reason and Emotion in Mencius", *Philosophy East and West*, Vol. 41, No. 1, 1991。

本上，以使得《孟子》经过我们的重新组装完美地符合这一分类。笔者认为这一分类目标既是不可能完成的，也远远偏离了我们的研究目的。

有一些分类方法可能不会造成上述疑难，但又显得过于笼统而无助于实际的研究。比如信广来将孟子关于造成道德失败的人分为三类：对儒家伦理理想无动于衷的人；一定程度上受到儒家伦理理想影响的人；以儒家伦理理想为目标却仍然道德失败的人。[①] 这种分类虽然比较清晰明确，然而与研究道德失败的目的而言却缺乏实用性。对儒家伦理理想无动于衷的人之间的区别是十分巨大的。比如假设我们将孟子的论辩对手——墨家学派的追随者视为反对儒家伦理学说的人，而好战"不仁"的梁惠王也被信广来归此一类别，两者之间呈现出的道德失败的性质和原因的差异是巨大的。如何在墨家学派与梁惠王之间寻找到相似的研究点？再比如，狂狷之人可以划分为坚定地以"仁义"为修身目标而仍然失败的人，但是在相关的文本中，狂狷之人的事例呈现积极正面的意义，而孟子将批评的重点指向"乡原"。狂狷之人当然存在缺陷和不足，理应归入第三种道德失败的类别之中，但是我们在《孟子》的文本中很难找到关于他们道德失败原因的具体分析。这时分类使笔者偏离研究重心，并无助于研究目的。因而，这一种分类也难以被采纳。

《孟子》一书论道德失败的案例繁杂，并且失败的类型与原因在同一文本、同一个体、同一事件中彼此交错，企图对道德失败案例本身做出系统性的分类难免牵强附会。分类是为达成研究目的。那么以研究的问题与目的本身来进行分类讨论将是更直接恰当的。研究孟子的道德失败是站在德行论的视角关注以下四个方面的问题：（1）孟子的伦理理想是什么？（2）孟子如何论述德行？（3）如何理解每一种德行对应的道德倾向和能力？（4）人们应该如何修身成德？

[①] 参见 Kong-Loi Shun, *Mencius and Early Chinese Thought*, Stanford: Stanford University Press, 1997。

聚焦于君子理想的目标，为了更好地回答上述问题，本书将分三个方面来具体讨论《孟子》中出现的道德失败案例。（1）观念的偏差，孟子论淫辞邪说。通过孟子与各个论辩对手的哲学讨论，由此理解孟子的伦理理想的具体内容，道德观念偏差的原因。（2）德行的缺失，以及孟子论"四德"与勇气。在这个部分集中探讨孟子对与每一种德行相对应的道德心理的看法，并分析相应德行缺失的错误。由此分析完善的君子人格理想及人们修养道德的材质能力。（3）修身不善，从有关德行修养的错误方法和产生原因来分析如何成德。当某一种道德失败的案例涉及相关问题，则会被纳入研究。通过本书的分析，我们会看到这些道德失败问题呈现出层层递进的逻辑关联，观念的偏差是因为德行的缺失，而德行的缺失又是由于修养不善。道德失败的案例指向德行的缺陷，于是克服道德失败的方法也就指向人的心灵和动机的一种整体调试和修养。

　　出于这样的讨论结构，笔者需要做出说明。首先，同一案例会被重复讨论，因为同一案例可能有助于我们在不同层面的问题中了解孟子的德行论思想。其次，应该尊重《孟子》文本的案例本身，而不能为了讨论的系统性牺牲文本自身的脉络。比如"孝"是孟子论"仁"的重要方面，但是孟子中有关"孝"的某个道德失败的案例不是由于行动者缺失"亲亲"之仁造成，而主要与行动者缺乏某种实践智慧相关，如此将"孝"的相关案例放在"不仁"的讨论中就作用甚微，反而有助于孟子对"智"的内涵进行讨论。这是出于文本自身的讨论重点出发，不能因为某一伦理名目相关于德行内容而勉强将其归于这一类别。再者，有一些案例的失败原因本身是有模糊性的，只有通过其他相似案例的比较才能清晰这些案例的道德失败性质。那么出于实现研究目标的优先重要性，有必要将不同类型的道德失败放在一起比较讨论，以便明晰失败的性质和原因。当出现这种颇为常见的情况，本书会予以说明。根据上述思路，本书基本可以涵盖《孟子》中出现的各种道德失败案例，并且上述讨论也能够更好地帮助我们回应孟子德行论的相关问题。

由此，整篇研究的行为思路如下：第一章首先分析孟子和他的论辩对手在伦理思想观念上的交锋，并讨论"淫辞邪说"类的道德失败的类型和原因。第二章详细分析每一种德行的理想和相应的心理倾向与材质能力，并讨论德行缺失的不同表现类型。最终通过这些道德失败的分析，指向德行修养的方法问题。第三章中根据道德修养的错误，分析关于道德失败的总体原因和具体原因，并给出自我修养的方法。

第一章

理念差异：孟子论"淫辞邪说"

有一种道德失败类型要先予以处理，那就是孟子的论辩对手们的思想言论错误。这些思想家们秉持和儒家不同的伦理观念，因而他们的道德失败不同于一般的德行缺失，不属于为利欲所诱惑或受环境影响所造成的错误，也很难简单以不善来评价他们的行为。因为在他们的伦理观中，他们也在践行某种具有道德价值的行为。然而由于道德理想不同，在孟子看来，这些道德价值或与儒家理念相悖，或不足以构成德行修养的目标。在一般意义上，我们虽然很难将他们归为小人或恶人，但孟子殊为重视这些错误的理念学说，"诐辞知其所蔽，淫辞知其所陷，邪辞知其所离，遁辞知其所穷。生于其心，害于其政；发于其政，害于其事"（《孟子·公孙丑上》）。故而这些思想家在《孟子》一书中仍是一种十分重要的道德失败类型。那么，这些伦理观念与孟子的道德理想有何差异？这些观念的偏差如何产生？通过上述问题的论述有助于分析由于道德目的偏差造成的道德失败。

在《四书释义·孟子要略》中，钱穆讨论了孟子对同时代学者之评论。这些论辩对手包括提倡"并耕"的许行、提倡"二十税一"的白圭、"苦行守义"的陈仲子、主张"爱无差等"的夷之、"以利害说"的宋牼、问仁与礼的任人与淳于髡、主张"性无善无不善"及"仁内义外"的告子和孟季子。钱穆的讨论从天下学说

"逃墨必归于杨,逃杨必归于儒"入手,侧重于分析各个论辩对手的思想派别归于墨学还是杨学。① 这一研究方法有一定的依据,因为孟子认为思想言论之危害主要就体现在杨墨的学说:

> 圣王不作,诸侯放恣,处士横议,杨朱、墨翟之言盈天下。天下之言,不归杨,则归墨。杨氏为我,是无君也;墨氏兼爱,是无父也。无父无君,是禽兽也。公明仪曰:"庖有肥肉,厩有肥马,民有饥色,野有饿莩,此率兽而食人也。"杨墨之道不息,孔子之道不著,是邪说诬民,充塞仁义也。仁义充塞,则率兽食人,人将相食。吾为此惧,闲先圣之道,距杨墨,放淫辞,邪说者不得作。作于其心,害于其事;作于其事,害于其政。圣人复起,不易吾言矣。(《孟子·滕文公下》)

但同时,这一种研究进路也存在问题。首先我们该如何理解"天下之言,不归杨,则归墨?"这是说天下的学者"不归杨,则归墨",还是说具体的言论学说总是呈现出这两方面的错误?比如,在《孟子》中出现的许多论辩对手都一定程度上对以往的学说有进一步发挥,并试图融合以改进自己的论证。例如,墨子后学的夷之尝试将"若保赤子"纳入自己的论辩中;许行的农家学说亦颇有与杨墨都不完全相同的看法。与其说他们属于墨学还是杨学,不如说他们的言行独有特色,但他们的思想可能蕴含了杨学、墨学学说的错误。所以,"天下之言,不归杨,则归墨"应该理解为天下之言的错误可归为杨、墨两种学说的典型错误。某些言论可能偏向于一种错误,或者某人的整体思想兼具这两种类型的错误。当然,厘清学术派别有助于对论辩对手的思想渊源进行分析,但是研究道德失败不能停留于此。钱穆的研究能够给我们一些线索,但是为了更集中于分析孟子文本中所揭露的有关"言"的道德失败问题,不妨暂时抛开派别

---

① 参见钱穆《四书释义》,九州出版社2017年版。

的认定，在这种情况下，相较于思想派别，"言"的错误和产生的原因则更为重要。

为了更确切地研究"淫辞邪说"的问题，我们可以选取有代表性的学说以展现思想言论错误的讨论。① 以钱穆所给的备选论辩对手为基础，本章选取以下论辩对手进行讨论：杨朱和墨子、陈仲子和许行、白圭与宋牼，还有告子。② 其中，夷之作为墨子后学，孟季子的思想则是对告子思想的进一步阐发。③ 任人和淳于髡问"仁"与"礼"主要是向孟子提出发问与挑战，文本材料侧重孟子的回答，任人和淳于髡的论述材料不足以支撑他们有独特立论，所以不在这里再做赘述。"孟告之辩"由于文本复杂，内容丰富，故而独作一节详细讨论。关于"淫词邪说"一章主要关注孟子与论辩对手关于道德理想、道德目的或道德言教的争论，以此考察孟子如何看待有关"言"的道德失败类型和产生原因。

第一节 "天下之言，不归杨，则归墨"

一 杨朱与墨子

作为孟子的主要论辩对手，杨朱和墨子可作重点考察对象。先看孟子对杨朱、墨子的总体评价：

> 杨子取为我，拔一毛而利天下，不为也。墨子兼爱，摩顶

---

① 这里的"言"或"言论"都是指道德教旨（doctrine or teaching），而不是具体的语言（language）。

② 我们还可以参照《荀子·非十二子》。荀子将墨翟、陈仲、宋牼都视为儒学的论辩对手，由此可见这几位学者的学说在当时具有一定的影响力，且都有立论。这部分相关论述还可参见刘旻娇《孟子评"淫辞邪说"新解——以"辟杨墨"为中心》，《哲学动态》2018年第8期。

③ 这样区分以方便分节比较，而非简单将两个学者视作一类。

放踵利天下,为之。子莫执中。执中为近之。执中无权,犹执一也。所恶执一者,为其贼道也,举一而废百也。(《孟子·尽心上》)

圣王不作,诸侯放恣,处士横议,杨朱、墨翟之言盈天下。天下之言,不归杨,则归墨。杨氏为我,是无君也;墨氏兼爱,是无父也。无父无君,是禽兽也。公明仪曰:"庖有肥肉,厩有肥马,民有饥色,野有饿莩,此率兽而食人也。"杨墨之道不息,孔子之道不著,是邪说诬民,充塞仁义也。仁义充塞,则率兽食人,人将相食。吾为此惧,闲先圣之道,距杨墨,放淫辞,邪说者不得作。作于其心,害于其事;作于其事,害于其政。圣人复起,不易吾言矣。(《孟子·滕文公下》)

这两段对杨朱、墨子的总体评价给出了两方面的重要信息:(1)杨、墨思想的错误类型;(2)杨、墨的思想错误从何产生并有何影响。

杨朱"为我",所取的是极端自私的立场,不愿牺牲自己的极少利益来有益于天下;而墨子又站在极端无私的立场,为天下利益就算摩秃头顶、走破脚跟也要为之牺牲自我,成全天下。孟子以为这两者偏于两种极端。简而言之,杨朱、墨子的思想错误在于"走极端"。这种理念上的道德失败产生于"心",会造成社会伦理败坏,产生灾难性的后果。

走极端的错误是什么原因造成的?为何孟子认为杨朱和墨子的思想是"走极端"?相应地,对孟子来说又何为"执中"?① 我们先从这一方面开始具体分析。

在《孟子》一书中,道德修养的起点在于"四心"。四种德行中,又以"仁"为孟子伦理思想的核心。"仁"德成就的基础是恻

---

① 当然"执中无权"也是一种错误类型,这部分内容将放在孟子论"智"有关的道德失败章节中再一并讨论。

隐之心。"所以谓人皆有不忍人之心者，今人乍见孺子将入于井，皆有怵惕恻隐之心。非所以内交于孺子之父母也，非所以要誉于乡党朋友也，非恶其声而然也。……恻隐之心，仁之端也。"（《孟子·公孙丑上》）见孺子将入井，人们都会产生怵惕恻隐之心，不出于私情（比如和孩子的父母有私交），也并非出于私利（比如获得邻里朋友的称赞），所以"仁之端"的恻隐之情具有普遍性的一面。另一方面，又有"孩提之童无不知爱其亲者，及其长也，无不知敬其兄也。亲亲，仁也；敬长，义也；无他，达之天下也"（《孟子·尽心上》）。说明"仁之端"也在亲亲的自然情感。

　　杨朱和墨子的"走极端"则说明在正确的理念之外存在着两种偏极，而儒者则能够寻找到适中的处事方式。多有学者关注到孟子中的"仁"存在着两种面向。蒙培元认为"仁"是由亲亲相隐及推己及人发展而来，是一切道德的基础。因此，"仁"所关心的对象并不是普遍一致的，"仁的道德也有差异性"①。李景林在《孟子的"辟杨墨"与儒家仁爱观念的理论内涵》一文中也提出："亲亲敬长之情与四端或不忍恻隐之情的关系，自始即为儒家所重视。二者的关系，实质上涉及'爱'的普遍性与由人的实存差异所生之'爱'的等差性之间的关系问题。"② 对于杨朱、墨子的批评则正与"仁"的这两种面向相关。李景林注意到对于孟子来说"辟异端"的杨、墨之言就是辟极端。李景林以为，墨家的错误在于只采纳一种普遍性的"兼爱"原则，而缺乏在人性中实现兼爱的基础，"所以对它的推行只能导致一种禁欲的结果"③。杨朱的错误则在于，仅仅抓住了毫无普遍性面向的一己私爱。以杨、墨相较，李景林引朱熹的注释"墨氏务外而不情，杨氏太简而近实。故其反正之渐，大略如

---

① 蒙培元：《心灵超越与境界》，第32页。
② 李景林：《孟子的"辟杨墨"与儒家仁爱观念的理论内涵》，《哲学研究》2009年第2期。
③ 李景林：《孟子的"辟杨墨"与儒家仁爱观念的理论内涵》，《哲学研究》2009年第2期。

此",由此得出墨子的思想偏差尤甚。

就普遍之爱与自私之爱作为两端而言,墨子与杨朱各执一极端,这依文本来看是有依据的。较为值得注意的是,为何墨子的错误更为严重?李景林认为辟杨、墨的重点是在辟墨,儒、墨的争议可从孟子和墨家学者夷子关于"二本"的辩论中看出。

> 孟子曰:"吾闻夷子墨者,墨之治丧也,以薄为其道也;夷子思以易天下,岂以为非是而不贵也;然而夷子葬其亲厚,则是以所贱事亲也。"
>
> 徐子以告夷子。
>
> 夷子曰:"儒者之道,古之人若保赤子,此言何谓也?之则以为爱无差等,施由亲始。"
>
> 徐子以告孟子。
>
> 孟子曰:"夫夷子信以为人之亲其兄之子为若亲其邻之赤子乎?彼有取尔也。赤子匍匐将入井,非赤子之罪也。且天之生物也,使之一本,而夷子二本故也。盖上世尝有不葬其亲者,其亲死,则举而委之于壑。他日过之,狐狸食之,蝇蚋姑嘬之。其颡有泚,睨而不视。夫泚也,非为人泚,中心达于面目。盖归反虆梩而掩之。掩之诚是也,则孝子仁人之掩其亲,亦必有道矣。"
>
> 徐子以告夷子。夷子怃然为间曰:"命之矣。"(《孟子·滕文公上》)

在孟子看来,"仁"是在"亲亲"的"良知""良能"的基础上,又于孺子入井时而产生的普遍恻隐之情,而亲亲与恻隐是一体的,所以是"一本"的,上述关于"仁"的两种面向的解释能够很好地论证儒家的"一本论",但仅根据"仁"的两种面向还不足以说明孟子对夷子"二本"的批评。对于夷子来说,如果他只关注到了"仁"有"若保赤子"的普遍性一面,而否定了"亲亲"的另一面,那么仍然是"一本"的,只是有偏差不全面,孟子为何批评他为"二本"?

而在文本的后半段,孟子对比了两种对待去世亲人的方式,也并非继续探讨普遍性之爱对立于差异性之爱,也就是并非再继续纠缠于"仁"的两种面向的论证,据此看来,夷子的"二本"问题还另有深意。

细品孟子所举的例子"盖上世尝有不葬其亲者,其亲死,则举而委之于壑。他日过之,狐狸食之,蝇蚋姑嘬之,其颡有泚,睨而不视。夫泚也,非为人泚,中心达于面目。盖归反虆梩而掩之。掩之诚是也,则孝子仁人之掩其亲,亦必有道矣"。曾有人的亲人去世便抛尸野外,后来见亲人尸身腐烂沦为野兽蝇虫的食物,于心不忍额头冒汗,赶紧将他的亲人掩埋。与见孺子入井一般,这里将亲人安葬掩埋的行动并非是要表现于他人面前,而是出于自己的真情实感。

如果,夷子厚葬父母的真正动机是亲亲之情,那么,夷之本人又是怎么解释他的行为的呢?"施由亲始"——厚葬父母不过是实现兼爱的方便手段,而不是道德目的本身,这才是孟子批评夷之的真正理由。

在这段孟子所举的例子中,人们会去掩埋亲人的行为不是因为某种信念或教条,更不是基于其他的道德目的选取的一种"权宜"手段,而是出于"不忍"的真情实感。"不忍"的真情实感既是行为的真正动机,也是行为的正当理由。这才是孟子举出此案例的真正用意。

倪德卫在讨论"二本"问题的文本时,认为道德有两种可能的来源:"道德在这种观点下依赖于独立而互不相干的两种来源:我认为我应该做什么,它可以用语言来陈述及用理性来分析;以及我感受到特定情感的能力,通过这种能力我可以控制塑造情感,以推动我去做原则上应该做的事。"[①] 对于孟子来说,由于道德的来源是

---

① David S. Nivison, *The Ways of Confucianism: Investigations in Chinese Philosophy*, edited with an introduction by Bryan W. Van Norden, Open Court Printing, 1996, p. 102.

"一本",也就是道德之"心"①,证明应该做什么的理由和推动行动的情感动机是相一致的。对"二本"问题的批评,不仅在于"兼爱"忽略了"亲亲",更在夷子以工具手段作为厚葬理由掩盖了他对父母的真情实感,孟子对夷子将道德理由与他的真实动机相互割裂产生了不满。

对于墨子来说,"兼爱"是道德信念与原则,而如何实现"兼爱"的原则,则不能依靠爱之情感本身,往往需要通过奖惩、鬼神、政治影响力等其他因素来激发行动,行为者的真实动机和所秉承的道德原则彼此割裂,所以是"二本"。就墨子而言,道德情感并不必要参与到理由判断的程序中来;在获得了正确的判断之后,动机的获得可以与判断相区分。"兼爱"的理性证明和如何驱使人们履行"兼爱"所需要的动机不必要相互一致。所以先获得"我"应该怎么做的判断,再考察"我"应该如何控制"我"的情欲以符合判断来行动。②

夷子同样是将道德教条与动机相割裂的代表。尽管,夷子作为墨学的继承者,表现出对墨学理论的某种更改的尝试,但是关于应该怎么做的理由和他真实的情感动机仍然是不统一的。他虽然已经不用逻辑推论或功利原则来证明"兼爱",而是采用了"若保赤子",这是从仁爱之情的普遍性面向来证明"兼爱",他表现出了一种试图融合儒、墨的努力。但是,他并未认为"施由亲始"是由

---

① 这里的"心"不是指宽泛意义的官能之心,而是包含"性"之内容的心。
② 举例来说,一个人认识到应该晨起锻炼,并做出了相应的判断。针对这一判断,他制订了相应的计划督促自己,比如完成晨跑他可以在早上享受一杯热茶和糕点。对热茶和糕点的向往给了他早起锻炼的动力,而关于这一行动判断的理由则和茶点并无关联,也许是因为他希望改善健康状况。以此为例,可以看到判断与动机并不必然在一个行动中完全一致。而夷子的问题在于,对父母的爱本来就既是厚葬父母的道德理由也是他行为的真实动机,他却不肯承认他是因为爱父母才去厚葬父母的,反而将这种亲情视作一种实行"兼爱"的手段。他在不应该割裂理由与动机的情境下把两者强行割裂,不仅误解了他自己真实的行为理由,同时也是一种虚伪。这就构成了孟子对他的批评。

"亲亲"的道德情感参与到道德理由之中，而是将"施由亲始"当作施行"兼爱"的权宜之计，所以他做出行为判断的理由与真实的动机割裂开来，成为"二本"。① 也就是说，夷子以为人们应当"兼爱"是因为"若保赤子"的仁爱之情是普遍的，而厚葬父母不过是出于实行"兼爱"的现实与方便。"亲亲"之情本身完全没有参与到他对自我行为的解释与辩护中。而孟子却指出，夷子的"厚葬"的理由是出于对亲人的真实情感（如同见抛尸野外的亲人被野兽蚊虫啃咬的不忍之情），"亲亲"的情感同样是"厚葬"的道德理由。"亲亲"和"若保赤子"都是源自"心"的同一种道德情感，为"仁"的两个面向。道德判断和真实动机一致，是为不可割裂的"一本"。②

通过上述诠释我们可以更清晰地理解这段文本，并明确杨朱和墨子的道德错误。就孟子来说，道德的起始在于道德之"心"（性），以"仁"而言，既存在将见孺子入井而萌发的恻隐情感不限于特定的对象而具有更普遍的面向，也不可脱离"亲亲仁民爱物"的自然差异性。这些都是仁爱之情具有的特征，由此得到的道德的判断与动机并不是割裂的，而是通过道德情性来获得正确的道德判断，真诚地按照道德情性行动，才符合孟子的"由仁义行"。而对于夷子来说，由于他使用了"若保赤子"来论证"兼爱"，也就是借用了儒家的爱民天下之仁爱来作为道德判断的理由，所以他已经表现出了试图融合儒、墨的努力，仁爱之情参与到行动判断的过程中，

---

① 在夷子对于他行为的解释中，他用"若保赤子"来证明兼爱，再用"施由亲始"来说明他厚葬父母是实行兼爱的手段。但是他为他寻找的辩护理由和他行为的真实动机是割裂的，他行为的真正情感动机是"亲亲之情"。但实质上，"一本"的做法应是以"仁"的道德情感本身来证明行为，做出道德判断。"施由亲始"不是为了实践"兼爱"，是同样是出于"心"的"亲亲之爱"。"亲亲之爱"和"若保赤子"是仁爱的两个面向，都具有道德价值，都可以证明道德目的。

② 同时，如果以为判断与动机必须一致，虽然可以发展出"若保赤子"的更为普遍的仁爱之情，也是不能得到"兼爱"原则的。因为对孟子而言，那样的"兼爱"超出了自然情感的局限，将无法得到真诚的动机的支持，势必沦为"二本"。

成为证明普遍之爱的根据。但是,他只采纳了普遍性这一种面向,抽取出了"兼爱",却不能看到厚葬父母并非是为了施行兼爱的权宜之策,而是同样出自一致的道德倾向,所以他没有将自己真实的动机——"亲亲"之情作为道德行动的理由和解释。或者说,他关于自己"厚葬"行为的解释是在"兼爱"原则下的一种选择(实行起来现实方便),如此,他的道德判断理由与真实动机同样是割裂的。孟子通过夷子的问题,进一步解释出了墨学的根源问题,即道德言教与道德动机的割裂。

  从道德言教与道德动机的割裂,到与杨朱相对的极端,这两种对墨子言论错误的批评存在着什么样的必然联系?这正可以从夷子的尝试中看出端倪。就孟子而言,道德判断与道德动机可以通过"四端之心"实现。以"恻隐之心"为例,它既能告诉我们应该做什么,也能给予我们充分的动机去做。道德情性,既有普遍的仁爱天下的发展可能,也不脱离"亲亲"之爱的自然倾向。如果仅关注这种道德情性的普遍性面向,就如同将这种普遍性原则从自然情感中抽取出来,脱离自然情感的支持,道德判断就会与动机情感割裂开来,成为抽象的"兼爱",不再具备"仁"的性质。只关注自我的私爱面向,关爱他者越来越少,最后将成为极端自我的表现,不以一毛利天下,则全然只是自我情欲的满足,缺乏了道德考量,走到杨朱思想的极端,这也是错误的。从夷子"二本"的问题,可以看到孟子对于墨子言论为何更为关注的原因,当证明道德判断的理由是基于某种抽象的普遍性论证或功利原则与真情实感的动机相割裂之时,就形成了偏于一面的道德言教,从而与自然情感之间便再难互为融合沟通。从思想理论的层面来说,墨子最终将道德建立在全然不同于孟子的立场之上,这是孟子更为担忧的。

  另外,需要强调的是,尽管仁爱的情感有着两种不同的来源,恻隐之情与亲亲之情,但是,恻隐之情与亲亲之情并不是相分的,其实就是同一种仁爱之情。恻隐会表现为对他人的不幸与苦难普遍地感到不忍(如见孺子入井),但与此同时,对自己的亲人的同情感是更为强烈切己的，为自己的亲人忧心尤甚，这样的"恻隐"便也有"亲亲"。而从不愿自己的亲人受苦，到希望造福他人，即"老吾老，以及人之老；幼吾幼，以及人之幼"（《孟子·梁惠王上》），便是从"亲亲"之情推广到关爱他人的"恻隐"之情。所以，只能说，仁爱有着两种面向，普遍之爱与亲亲之爱，而不能说"恻隐"与"亲亲"是可以分割的两种不同来源。在这个层面上说"恻隐"与说"亲亲"也不过是一个"仁"，一个"心"。

"恻隐"与"亲亲"之所以区别于一般情感而别有道德意义，正在这种道德情性的特殊性质上得到体现。它首先是人类的自然情感，所以人们可以在日常的生活中有所体会，并能从自身的经验中感知它并发展它。它有一般自然情感的性质，从自我出发，切近于普通人的情感，由此出发的"由近及远"之"推"有动机基础。同时，由亲亲之爱到家国天下，通过"仁"，道德的普遍扩充在人性中便真正具有了扎根现实的可能。"仁"既有人性基础又具有普遍性扩充的可能，因此成为重要的道德情性。"仁"不仅是一种有差异的自然之情，也是具备普遍化扩充能力的道德之情。孟子看重"恻隐"和"亲亲"之为"仁"，这成为他的理论中最基本的道德情性。① 在孟子看来，杨朱和墨子的错误正在于没有将自然情欲与道德所要求的某种"普适性"予以结合，没有结合人性谈论理想，它们的言教都是情理相分的，这最终使得杨朱偏于"为我"，而墨子偏于"兼爱"，都偏离了孟子心中的道德理想。②

二 陈仲与许行

除了辟杨、墨之言，孟子对同时代其他反对儒家者也多有评论，

---

① 事实上孟子中的其他道德情性也具备这种自然性与道德性兼有的特征，在第二章中还会分别讨论"义""礼""智"。

② 然而，墨子证明"兼爱"的方式仍然是值得详细考察的。仅从"兼爱"的结论看，可以和"为我"构成不同于孟子之仁爱的两种极端。在"二本"问题中，孟子和墨子关于道德理由的真正分歧在于道德理由是否可以和真实动机相分离的争议。

比如陈仲和许行。陈仲"辟兄离母",织草鞋为生,过着自食其力的"隐士"生活,陈仲的生活方式偏离儒家。而许行以为"贤者与民并耕而食"(《孟子·滕文公上》),并提倡一切阶层都应从事自耕自织的农业生产活动,许行的伦理观偏离儒家。陈仲和许行与一般的农民与手工业者不同:陈仲本为贵族阶级,他的生活方式流传甚广而造成了一定的社会影响;而许行"为神农之言",又收门徒自成学派,成为孟子学理上的对立派别。他们的身份、思想和较广的社会影响力,都使他们与杨、墨一样被视作为"淫词邪说"的错误示范。他们言教的危害和杨、墨具有相似性,是动摇儒家伦理理想和观念的"言"之道德失败。

(一) 陈仲

《孟子·滕文公下》中提到了齐国之士"陈仲子"。在孟子的评价中,陈仲貌似廉洁但不值得效仿。

陈仲又名田仲,为齐国著名隐士,其人其事在多处先秦的文本中出现:在《荀子·非十二子》中提道:"忍情性,綦溪利跂,苟以分异人为高,不足以合大众、明大分,然而其持之有故,其言之成理,足以欺惑愚众:是陈仲、史䲡也";在《淮南子·氾论训》有评论,"季襄、陈仲子,立节抗行,不入洿君之朝,不食乱世之食,遂饿而死。不能存亡接绝者何? 小节伸而大略屈";在《韩非子》中有"今田仲不恃仰人而食,亦无益人之国,亦坚瓠之类也"。而《孟子》中主要记述了陈仲不食兄之不义之禄[1],"辟兄离母",与妻子编织草鞋衣物隐居於陵,过着极端俭朴的生活。记录陈仲事迹的文献较丰富且大多相吻合,孟子对陈仲的评价总体有据可循。

孟子对陈仲的评价有两处,第一处在《滕文公下》:

---

[1] 赵岐注曰:"兄名戴,为齐卿,食采于盖,禄万钟。仲子以为事非其君,行非其道,以居富贵,故不义之,窜于於陵。"(清)焦循:《孟子正义》,中华书局1987年版,第468页。

匡章曰:"陈仲子岂不诚廉士哉?居於陵,三日不食,耳无闻,目无见也。井上有李,螬食实者过半矣,匍匐往,将食之,三咽,然后耳有闻,目有见。"

孟子曰:"于齐国之士,吾必以仲子为巨擘焉。虽然,仲子恶能廉?充仲子之操,则蚓而后可者也。夫蚓,上食槁壤,下饮黄泉。仲子所居之室,伯夷之所筑与?抑亦盗跖之所筑与?所食之粟,伯夷之所树与?抑亦盗跖之所树与?是未可知也。"

曰:"是何伤哉?彼身织屦,妻辟纑,以易之也。"

曰:"仲子,齐之世家也;兄戴,盖禄万钟;以兄之禄为不义之禄而不食也,以兄之室为不义之室而不居也,辟兄离母,处于於陵。他日归,则有馈其兄生鹅者,己频顣曰:'恶用是鶂鶂者为哉?'他日,其母杀是鹅也,与之食之。其兄自外至,曰:'是鶂鶂之肉也。'出而哇之。以母则不食,以妻则食之;以兄之室则弗居,以於陵则居之,是尚为能充其类也乎?若仲子者,蚓而后充其操者也。"

选文以匡章的发问开始,像陈仲这样能苦行绝欲之人难道不是廉洁的吗?孟子将陈仲与蚯蚓比较,以为即便推广陈仲的行为,也还比不上蚯蚓的"自给自足",那岂不是蚯蚓更为廉洁?这是明确对陈仲貌似"廉"的生活方式表示质疑。什么是廉?朱子释:"廉,有分辨,不苟取"[1],分辨源于"义",因此廉洁与否的判断标准并不在弃绝欲望本身,而在于行为是否合"仁义"。不是欲望越少,道德价值越高,而是要做有道德价值的事,才能成就德行。廉与不廉其实和欲望多寡本身并无直接关系。

那么,孟子是否反对"寡欲",反对"隐世"呢?首先,尽管孟子看重进取精神,但并不反对相对清苦避世的生活。我们将陈仲与颜回、伯夷略做比较就可得知这一点。孟子对"居于陋巷"的颜

---

[1] (南宋)朱熹:《四书章句集注》,中华书局2012年版,第278页。

回和因"辟纣"而隐居的伯夷总体都是十分赞赏钦佩的。颜回自不必说,虽居于陋巷,但"其心三月不违仁"。颜回值得效仿,并不因其居于陋巷,而是因为其乐于"仁"。再看伯夷,伯夷憎恶纣王无道,为辟纣而隐世,被孟子誉为"圣之清"者,他的廉洁同样值得后人效仿。由此可见,孟子批评陈仲并非因为陈仲"彼身织屦,妻辟纑"的简朴的生活方式。

其次,陈仲所采取的这种极端的行为当然也是不现实的。仲子以为可以通过自耕自织的生活完全摆脱与"不义"之事发生关联,然而,一个人不可能完全脱离社会,即便是陈仲也难免和他人进行交换以维系生活。脱离社会关系以求绝对纯粹的"义"是不现实的。

从性格来说,陈仲这个人行为极端,难免显得"小气狭隘",不过从这方面来说,伯夷也不相上下,也有类似的缺陷。伯夷将"推恶恶之心"扩充到了极致,"思与乡人立,其冠不正,望望然去之"(《孟子·公孙丑上》)。"充仲子之操",便以为要远离一切"不义"之事物,陈仲听说吃了别人赠予他哥哥的鹅肉,也会"出而哇之"。这种行为和伯夷之"隘"类似,出发点是不愿与任何"不义"之人与事发生关联,以保全自己的廉洁,实则有不懂变通不分轻重的问题。

不通常理,不和现实,性格极端,这些当然都可能是孟子批评陈仲的原因,但究其根本,还在于孟子对陈仲的言行有更深刻的不满。

孟子以为伯夷可为后世之楷模,值得效仿学习。然而,孟子将陈仲比作蚯蚓,在根本上否认陈仲的行为是"廉"而有道德价值。[1]孟子批评陈仲,是因为更实质性的分歧,因为陈仲的行为与孟子之

---

[1] 虽然孟子称陈仲为齐国之巨擘,也就是颇有影响力的人物,这也是孟子将陈仲视作批判对象的原因。因为"淫词邪说"的论辩对象通常都有较广的社会影响力。但按照上下文总体的批判态度来看,此话有反语的语气,没有赞赏陈仲的意思。按照朱熹的注释,"言齐人中有仲子,如众小指中有大指也",这里的"巨"也可能是与其他更为"不义"之士相较而言,并非对陈仲子的道德品行的认可和称赞。

"仁义观"有重要冲突。陈仲不为"不义"之君王的臣子，拒绝接受生活在"不义"的社会环境中，与伯夷的选择具有类似性。然而据记载，伯夷尊敬父亲，兄弟和谐，能识文王之善，又能坚持"忠孝"的原则辟世隐居，这些都和陈仲"辟兄离母"存在巨大差异。

孟子认为切断社会关系不现实，而断绝"亲亲敬兄"之关系，更是违背了孟子伦理观的重要方面。在这种情况下的守节不仅不现实，更是不道德的。从这点来说，陈仲的"隐世"背弃了"仁"，从而与孟子的伦理观背道而驰。

有学者认为，由陈仲的案例可以看到《孟子》中"仁"与"义"存在着道德等级上的差异。比如万光军提到，由于陈仲子舍弃"仁"而取"义"，背离了孟子的家庭优先原则，因此被孟子讥讽批评。而如此也从一个侧面看到"仁""义""礼""智"四者的地位不平等。[①] 万光军的这种考察有失偏颇，因为陈仲的"守义"行为在孟子看来也是不合"义"的。陈仲"辟兄离母"与"仁"正相反对，但同时也在根本上背离了社会关系中的君臣亲戚上下之"义"，也就是说陈仲所坚守之"义"和孟子的"义"并不相同。另一处关于陈仲的评论：

> 孟子曰："仲子，不义与之齐国而弗受，人皆信之，是舍箪食豆羹之义也。人莫大焉亡亲戚君臣上下。以其小者信其大者，奚可哉？"（《孟子·尽心上》）

再次提到陈仲之时，孟子更加直接清晰地指出了他的道德错误。"亡亲戚君臣上下"是最大之不"义"，而陈仲子以舍弃感官欲望来成就"小义"而不顾"大义"，这才是孟子对陈仲子批评最为核心的实质。陈仲与伯夷不同，伯夷虽廉，但对君臣、父子、兄弟之"义"却很坚持。伯夷能够肯定文王之善，却又不愿追随武王"弑君"，与

---

① 参见万光军《孟子仁义思想研究》，山东大学出版社2009年版。

兄弟互让王位共同隐世，这些事迹与陈仲"辟兄离母"十分不同。从这个方面来说，君臣亲戚上下的社会关系，特别是家庭关系在孟子伦理理想中有重要意义，也成为"义"的核心要求。"义"同时也包含了亲亲之"仁"，如果行为背离亲亲之"仁"和亲戚君臣上下之"义"，也就在根本上背离了孟子的伦理观，不再有任何值得效仿的道德价值了。"仁"与"义"的内涵也是彼此相通相连的。

由此，陈仲的道德失败清晰明确了。陈仲的道德失败不在于他"三日不食"还是"彼身织屦"，这些行为本身都没有道德价值。陈仲没有按照孟子所设想的符合"仁义"的方式生活，他"辟兄离母"，以舍弃"亲戚君臣上下"的一切社会关系来成就道德纯洁，最终也置自身于不仁不义之中。

最后，如孟子所说，错误的言论总是"不归杨，则归墨"，而陈仲的错误则和杨朱非常类似，从表面来看，一个清心寡欲，一个自我满足，但实际上都是为了保全自我而切断与他人的联系。陈仲子谁也不关心，只在乎自己的精神洁癖，一个连自己的亲人都不爱的人，他的"廉洁"除了满足自己，又有什么利他的维度呢？所以，在孟子看来，他的行为同样不能被普遍推广，不具有道德的普遍价值，因为如果人人都向陈仲学习，社会就会变成互不相干、互不打扰的冷漠群体，是为"淫辞邪说"之害。

另外，陈仲也兼有墨子的错误。陈仲将对"不义"的憎恶扩充到了他的兄弟甚至无辜的母亲，此乃"兼恶"，和"兼爱"也并无不同了。将一种绝对的"义"强加于并不相类的实际情感关系中，由此情理相分，与情不和，而走向墨子。陈仲彻底将自己封闭隔绝起来，孟子将他比喻成没有仁义的"蚯蚓"，陈仲的言行与孟子伦理观激烈冲突，所以孟子也就以为他不明"大义"而"恶乎廉"了。

（二）许行

许行，有说为墨子后学。《吕氏春秋·当染》中有记载："禽滑厘学于墨子，许犯学于禽滑厘，田系学于许犯。"杨伯峻以为，"许犯与许行，一名一字，固可相应，亦不能谓墨家之许犯即农家之许行"，并以为按照禽滑厘身份与年岁来考量，许行为许犯不合理。①两种说法各执一词，然而，由于缺乏其他直接记录许行的文献，也很难断定许行是否有墨学渊源。

按照孟子的说法，许行"为神农之言"，从孟子与许行弟子陈相的辩论来看，许行的言教主要可以概括为两个方面。（1）提倡"贤者与民并耕而食，饔飧而治"（《孟子·滕文公上》）。即统治者应与平民一般，自己从事耕种活动，并同时兼治民事。（2）"许子之道，则市贾不贰，国中无伪"（《孟子·滕文公上》），即制定均等明确的市场交易规则，提倡诚信经商。

神农氏与伏羲氏、燧人氏并称上古时代的"三皇"，是尧舜之前的古代圣王。吕思勉以为神农氏乃因其功德命名，并引《易·系辞传》述神农氏教人使用农具耕作，并设立市场从事货物交易的事迹，"包牺氏没，神农氏作，斫木为耜，揉木为耒，耒耨之利，以教天下，盖取诸益。日中为市，致天下之民，聚天下之货，交易而退，各得其所"②。以此而言，《孟子》将许行述作"为神农之言"是有所映射的。但从另一个角度来说，因墨学的言论方法中亦有三表，"有本之者，有原之者，有用之者"，效仿古者圣王"神农"的事迹也可说师出墨学，如《孟子正义》所说，"许行从而衍之，犹墨者之于翟耳"③。虽然，按照孟子所记述许行的主张，说为神农学或墨学都有据可循，即很难确切分辨许行学说的学术派别，但是由于不论将许行理解为墨子后学或者神农学，并不因此造成诠释解读上的矛盾与疑难，所以不妨暂且搁置这一问题，直接从孟子对许行言论的评论来看。

先看孟子对许行"并耕而食"的驳斥：

---

① 参见杨伯峻《孟子译注》，中华书局 2010 年版。
② 吕思勉：《先秦史》，江苏人民出版社 2015 年版，第 51 页。
③ （清）焦循：《孟子正义》，第 366 页。

陈相见孟子,道许行之言曰:"滕君则诚贤君也,虽然,未闻道也。贤者与民并耕而食,饔飧而治。今也滕有仓廪府库,则是厉民而以自养也,恶得贤?"

孟子曰:"许子必种粟而后食乎?"

曰:"然。"

"许子必织布而后衣乎?"

曰:"否!许子衣褐。"

"许子冠乎?"

曰:"冠。"

曰:"奚冠?"

曰:"冠素。"

曰:"自织之与?"

曰:"否,以粟易之。"

曰:"许子奚为不自织?"

曰:"害于耕。"

曰:"许子以釜甑爨,以铁耕乎?"

曰:"然。"

"自为之与?"

曰:"否。以粟易之。"

"以粟易械器者,不为厉陶冶;陶冶亦以其械器易粟者,岂为厉农夫哉?且许子何不为陶冶,舍皆取诸其宫中而用之?何为纷纷然与百工交易?何许子之不惮烦?"

曰:"百工之事固不可耕且为也。"(《孟子·滕文公上》)

许行以为统治阶级应亲自和百姓一起从事耕种活动,并兼顾国家治理。孟子首先从社会分工与资源分配的必要性谈起。孟子质问许行尽管自己从事耕种活动,但不仍然需要与缝制衣物、制作器械的工匠交换劳动所得吗?当社会达成一定规模之后,每一工种从事不同的专业劳动,互相合作交换才使得所有社会成员都有充足的生活物质资料。许行对这一段论述事实上是认可的。许行并非与社会彻底隔绝，自己从事一切生产活动，而是承认由不同工种负责不同的生产，互相交换。他虽务农，但仍然会以粮食交换衣物、工具等其他生活所需。许行的问题不在于否认必要的社会分工，所以陈相承认："百工之事固不可耕且为也。"与农业生产相同的其他生产活动同样为许行所承认，手工业者并不需要亲自从事农业劳动。孟子与许行的分歧并非在社会的劳动分工是否合理之问题，而是在统治阶级，即贤者，是否应该从事农业劳动的问题。也就是说，"百工之事固不可耕且为也"，而治理之事可耕且为也。所以孟子根据陈相的回答，提出了"然则治天下独可耕且为与"？开始讨论治理劳动的特殊性质。

> 然则治天下独可耕且为与？有大人之事，有小人之事。且一人之身，而百工之所为备，如必自为而后用之，是率天下而路也。故曰，或劳心，或劳力；劳心者治人，劳力者治于人；治于人者食人，治人者食于人，天下之通义也。（《孟子·滕文公上》）

在这段选文中，孟子重新强调了社会分工的必要性，如果每个人都亲自从事一切生产活动，那是率领天下人疲于奔命。但凭情而论，许行并非提倡废除百工"率天下而路"，许行对于社会分工分配的必要性是认可的。"有大人之事，有小人之事。……治于人者食人，治人者食于人"（《孟子·滕文公上》）。这为许行所反对，统治阶级为什么享有不从事生产劳动的特权？

陈相承认"百工之事固不可耕且为"，可能包含了两方面的论据。（1）农业生产和手工业者的生产都需要消耗大量的劳动。百工为何不可耕且为？因为手工业者从事手工业生产所消耗的劳动时间长，劳动强度大，没有富足的剩余劳动力从事耕种活动。（2）许行既然承认社会分工的必要性，并认为交换劳动所得是资源分配的合理途径，这其中就涉及交换与分配的公平问题。许行获取其他劳动产品时"以粟易之"，这意味着在许行看来，这种交换是合理公平的，两者的劳动价值相当，所以百工也不必要亲自从事耕种活动，可以通过交换自己的劳动成果获得粮食。

那么反过来说，要论证贤者不必"并耕而食"，就需要从统治活动的劳动消耗和劳动价值两方面来论证。贤者的劳动和百工农民的劳动不同，贤者的劳动产品不是实在的物质产品，劳动过程显著不同，产品价值也很难衡量，这也许就是许行反对贤者作为特权阶级可以享受各种社会资源的原因。孟子通过"劳心""劳力"的区分，将贤者的劳动特征区分出来以回应许行的问题。提出"劳心"的定义，肯定了统治阶级和百工农民一样也从事劳动生产。治理国家同样是一种劳动，并能创造价值。那么统治阶级从事的这种生产活动是否需要消耗大量的劳动精力，是否还有富足的时间进行耕种呢？并且贤者的治理活动是否有重要的劳动价值，值得与其他的劳动产品交换，他们的特权是公平公正的吗？

> 当尧之时，天下犹未平，洪水横流，泛滥于天下，草木畅茂，禽兽繁殖，五谷不登，禽兽逼人，兽蹄鸟迹之道交于中国。尧独忧之，举舜而敷治焉。舜使益掌火，益烈山泽而焚之，禽兽逃匿。禹疏九河，瀹济漯而注诸海，决汝汉，排淮泗而注之江，然后中国可得而食也。当是时也，禹八年于外，三过其门而不入，虽欲耕，得乎？
>
> 后稷教民稼穑，树艺五谷；五谷熟而民人育。人之有道也，饱食、暖衣、逸居而无教，则近于禽兽。圣人有忧之，使契为司徒，教以人伦：父子有亲，君臣有义，夫妇有别，长幼有叙，朋友有信。放勋曰："劳之来之，匡之直之，辅之翼之，使自得之，又从而振德之。"圣人之忧民如此，而暇耕乎？
>
> 尧以不得舜为己忧，舜以不得禹、皋陶为己忧。夫以百亩之不易为己忧者，农夫也。分人以财谓之惠，教人以善谓之忠，

为天下得人者谓之仁。是故以天下与人易，为天下得人难。孔子曰："大哉尧之为君！惟天为大，惟尧则之，荡荡乎民无能名焉！君哉舜也！巍巍乎有天下而不与焉！"尧舜之治天下，岂无所用其心哉？亦不用于耕耳。（《孟子·滕文公上》）

在这段论述中，孟子举出尧、舜、禹三位圣王的统治工作。一方面治理者亲自从事民生相关的重要公共事务，比如大禹治水，治水的效果是"中国可得而食"，大禹的劳动价值显然是很高的。由于治水"禹八年于外，三过其门而不入"，付出了大量的劳动时间和精力，不可能同时从事耕种活动。孟子所强调的重点还不仅在此，治理活动的本质并不仅在亲力亲为涉及公共福利的事务。治理水患仍然包括一定的具体体力劳动在内，不能完全与"劳力"区分开来。孟子论述"劳心"的重点还在于，统治者在治理国家的过程中，"忧民"之所忧，并且找到合适恰当的人才来解决百姓的困难，比如，益、后稷、契都是被尧舜选拔出来的处理公共事务的专业人才。通过"忧民"之所忧，以及选拔正确的人才从事公共事务，百姓获得了福利，社会得到了发展。孟子以为，这才是统治劳动的核心工作，而这种工作的特点就是"劳心"，它同样占用劳动时间与精力，所以孟子总结道："圣人之忧民如此，而暇耕乎？"

当然，许多孟子所举之"民忧"，神农时期也存在，神农在从事公共事务的同时，亲自从事农业生产也可以理解为提倡农业生产。"神农并耕而食，以劝农也。"[①] 即使承认"劳心"与"劳力"都有价值，许行提倡"并耕而食"也有合理之处。为了更进一步确立自己的观点，孟子所举案例皆有所用心。孟子提到的野兽、洪水、耕种等多方面的问题，除了展现治理活动所涉及的问题多样复杂，也隐含着随着时代变化，社会问题也在变化并进一步复杂化，而这意味着"劳心"者的劳动强度和难度都有所提高。另外，由于百姓的

[①] （清）焦循：《孟子正义》，第365页。

需求在发生变化，农业生产虽然重要，但不再成为最为显著的社会问题。而当教育问题出现时，孟子特别强调一种阶级存在的社会必要性，即作为知识分子、教育家的贤者的劳动价值。上古之时，神农之世，所求无非是人民"饱食、暖衣、逸居"，而孟子以为良好的社会中的成员必须接受教育，不然"则近于禽兽"。所以作为知识分子的贤者阶级也同样是应社会发展、人民需要而出现的。这样的贤者阶级同样是"劳心"者，同样从事重要的劳动工作，并创造劳动价值。

综上所述，孟子对许行言论的反驳，孟子再次提出了"仁"与"义"。"仁"与"义"概括起来是孟子对许行言论不满的总体原因——许行之言论败坏"仁义"。在提倡"贤者与民并耕而食"的问题上，许行的主要问题在于否认"劳心者治人，劳力者治于人；治于人者食人，治人者食于人；天下之通义"（《孟子·滕文公上》）。这也就否认了治理者与劳力者分工的合理合法性，破坏了孟子称道的"君臣上下"关系。在孟子看来，不仅是"劳心"者与"劳力"者一般，同样是消耗劳动并且产出价值，而且"劳心"者的劳动特质和贡献还使他们占据了更高的社会地位[①]，不必亲自从事实业生产。贤者的产生是应社会自然发展的需要而出现的，就如家庭等级次序是与自然情感相匹配的。"义"从宽泛的层面说，包含各种身份地位的人与人之间相处的关系法则，破坏这种关系法则在孟子看来则成为危害社会的"淫辞邪说"。

而更为值得注意的是，在这段文本中，"仁"不同于之前所提到的"恻隐"与"亲亲"，而是给出了新的含义，"为天下得人者谓之仁"。由于治理者的主要工作包括：（1）忧民之所忧，关心普通民众的生活福祉；（2）选拔合适的人才，处理与民生相关的公共事务。

[①] 孟子就"劳心"和"劳力"的区分和澄清，是值得赞赏的，所以治理者或管理者的存在确有必要。不过如果就此推出"劳心"者就应该有更高的社会地位，占用更多的社会资源，就不太合理了。所以，有必要对"君臣上下"做抽象的理解，即有限的管理等级，或社会必要的差等秩序，这样能较好地体现孟子观点合理的方面。

所以"为天下得人"也包含了"忧民"与"举贤"两个方面。"忧民"可以说是"推恩以保四海"的另一种说法，即仁爱天下，关心百姓疾苦。也就是说，这里的"仁"仍然包括之前所讨论的"仁"的普遍性方面的含义。但就"举贤"而言，为天下得人则需要涉及较高的知人识事的判断能力。倘若这种知人识事的判断能力也为"仁"的一部分的话，那么这里的"仁"可以看作包含了"智"的总体德行的统称。① 但总体来说，就"圣王"、贤者而言，他们的"仁"有更高的要求在其中，这既包括了我们一般所说的"恻隐""亲亲"之情，又包括了处理政务，知人识事的判断能力，如此才能实现"为天下得人者"的"仁"。

这样，在许行的言论中，"仁"与"义"都是缺失的，这造成了许行言论的失败。而这种"仁义观"的缺失，就其根本原因，又在于许行缺乏对事物自然之情理的考察。在针对"市贾不二"的评论中，孟子提出"物之不齐，物之情"，孟子之"仁义"的本质建立在一种差等的秩序之上，这种秩序在人则符合人性，在事物则符合事物之性。"仁义观"的确立和这种追溯"物之情"的根源的看法有着更密切的联系。

> 从许子之道，则市贾不二，国中无伪；虽使五尺之童适市，莫之或欺。布帛长短同，则贾相若；麻缕丝絮轻重同，则贾相若；五谷多寡同，则贾相若；屦大小同，则贾相若。
> 夫物之不齐，物之情也；或相倍蓰，或相什百，或相千万。子比而同之，是乱天下也。巨屦小屦同贾，人岂为之哉？从许子之道，相率而为伪者也，恶能治国家？(《孟子·滕文公上》)

许行认为，市场的交易应秉持数量平等之原则，"布帛长短同，则贾

---

① 孟子使用"仁"有两种意义，一种是和"义""礼""智"相对的狭义的德行，一种是一切德行的统称。

相若；麻缕丝絮轻重同，则贾相若；五谷多寡同，则贾相若；屦大小同，则贾相若"。孟子则反问："巨屦小屦同贾，人岂为之哉?"按照朱熹的注释，孟子以为事物之间的比较除了大小多少的数量区分外，也有精粗好坏的质量区分，"乃其自然之理"。事物的精粗，也是区分它们的差距等序的要素之一，却被许行忽略。许行的"贾相若"仍然缺乏对事物之间差别的全面考察。由此看来，许行的"贤者与民并耕而食"和"市贾不二"存在着类似的问题。在前者，他缺乏对不同劳动性质的区分与理解，忽略了"劳心"者的劳动消耗与价值，造成他不能理解贤者阶级的存在是符合社会发展需要的"本性"，即"人之情"；在后者，他缺乏对商品质量与数量的区分与理解，忽略了"巨屦小屦"的精粗差别，造成他忽略了物品质量之本性，即"物之情"，所以破坏了市场秩序。①

相对应地，与许行不同，孟子的伦理观是建立在更确切地对"人之情"和"物之情"的把握上的。"仁义观"是基于恰当地对人、社会、事物之"情""性"的考察之上的，所得出的结论必然是一种综合的差等关系，而不是偏于一面的剥离差等的"平均""平等"关系。如此说来，许行言论的问题和墨子又十分相似，都是否认儒家所看重的"人之情"和"物之情"的差等关系而偏于一面的"执一"。许行的言论的主要问题仍然是与孟子的"仁义观"剧烈冲突，成为"淫辞邪说"类的道德失败的典型。

三　白圭与宋牼

孟子和白圭的辩论共有两处，其中白圭都有所立论。白圭的第一立论是薄赋税，主张一种"二十取一"的税收政策。

> 白圭曰："吾欲二十而取一，何如？"
> 孟子曰："子之道，貉道也。万室之国，一人陶，则可乎？"

---

① 孟子所用"物之情"，可解释为物之本性。

曰:"不可,器不足用也。"

曰:"夫貉,五谷不生,惟黍生之;无城郭、宫室、宗庙、祭祀之礼,无诸侯币帛饔飧,无百官有司,故二十取一而足也。今居中国,去人伦,无君子,如之何其可也?陶以寡,且不可以为国,况无君子乎?欲轻之于尧舜之道者,大貉小貉也;欲重之于尧舜之道者,大桀小桀也。"(《孟子·告子下》)

白圭其人其事在朱子的《四书章句集注》与焦循的《孟子正义》中都有考察。主要有两段事迹:一段关于白圭如何发家致富,一段关于白圭治水。根据朱子引述,白圭将自己致富的方法运用于治国之策中,"白圭能薄饮食,忍嗜欲,与童仆同苦乐。乐观时变,人弃我取,人取我与,以此居积致富。其为此论,盖欲以其术施之国家也"(朱熹:《四书章句集注》)。白圭的这段事迹原引自《史记》,从节欲方面来看,白圭颇似陈仲,但白圭的目的却与陈仲不同。陈仲的节欲是为了成全自身的"廉洁"而不愿受到丝毫玷污,此颇有杨朱"不以天下易我一毛"的自我保全的态度。而白圭的节欲是为求富,并且进一步地旨在政治上有所作为,这使得白圭和杨朱、陈仲立志不同,而偏于另一极端。按照孟子回应,白圭的看法类似许行,都否认君臣上下伦理的重要作用。在与许行辩论时,孟子强调"劳心"阶级存在的必要性,在这段选文中,孟子再次通过与貉国情况的比较证明"人伦""君子"的积极价值。在此基础上,孟子还提到了一种"中"的政策,由君臣统治的人伦社会是必要的,但同时也不应依仗统治身份而不顾百姓生活。统治因为社会需要而产生,这是君臣上下之"义"。统治者应以百姓福利为依据行政,这才是"仁"。"仁义"理想暗含在这种"中"的政策手段之中。

在另一段白圭的事迹中,孟子提到治水的正确方法。

白圭曰:"丹之治水也愈于禹。"

孟子曰:"子过矣。禹之治水,水之道也,是故禹以四海为

壑。今吾子以邻国为壑。水逆行谓之洚水。洚水者，洪水也，仁人之所恶也。吾子过矣。"（《孟子·告子下》）

"水"的比喻在《孟子》书中有着独特而重要的地位。孟子认为真正的治理或修身都应顺势而为，因势利导，而不可逆势而行，堵而不疏。政治和修身都需要以认识自然之理与势为前提条件，自然与人之间应该和谐互生而非对立。因而，政治实践需要以"物之情""人之性"为前提。白圭在这里所犯的错误则展现出两个方面的问题：其一，白圭不以事物的"自然之情"而顺水之道来治水，致使相反的灾难性后果；其二，白圭将这一灾难性后果间接嫁祸于邻国，己所不欲勿施于人，"仁人所恶"。白圭治水方法的失败与治国方式的偏差存在一定的联系，和孟子对许行最后的批评相似，忽略了"物之不齐，物之情"。孟子以"物之情"来证明差等公正的秩序。同样，将"物之情"做一广义延伸，"物之情""人之性"也就证明了"仁义"观念的正当性。这里的"情""性"都既包含自然的某种性质，同时也与道德目的相协调以寻求一种统一。以任何一方面来掩盖另一方面，都是偏颇的"言"的道德失败。

孟子与宋牼的辩论与孟子见梁惠王的"义利"之辩的逻辑十分类似。从文本看，宋牼的正面立论只有一句"我将言其不利也"。

> 宋牼将之楚，孟子遇于石丘，曰："先生将何之？"
>
> 曰："吾闻秦楚构兵，我将见楚王说而罢之。楚王不悦，我将见秦王说而罢之。二王我将有所遇焉。"
>
> 曰："轲也请无问其详，愿闻其指。说之将何如？"
>
> 曰："我将言其不利也。"
>
> 曰："先生之志则大矣，先生之号则不可。先生以利说秦楚之王，秦楚之王悦于利，以罢三军之师，是三军之士乐罢而悦于利也。为人臣者怀利以事其君，为人子者怀利以事其父，为

人弟者怀利以事其兄，是君臣、父子、兄弟终去仁义，怀利以相接，然而不亡者，未之有也。先生以仁义说秦楚之王，秦楚之王悦于仁义，而罢三军之师，是三军之士乐罢而悦于仁义也。为人臣者怀仁义以事其君，为人子者怀仁义以事其父，为人弟者怀仁义以事其兄，是君臣、父子、兄弟去利，怀仁义以相接也，然而不亡者，未之有也。何必曰利？"（《孟子·告子下》）

杨伯峻认为宋牼就是《荀子·非十二子》中所说宋钘。① 据荀子之言，"不知壹天下建国家之权称，上功用，大俭约，而僈差等，曾不足以容辨异，县君臣；然而其持之有故，其言之成理，足以欺惑愚众：是墨翟宋钘也"。结合荀子的论述，宋牼的"将言其不利"非指"私欲"之私利，而是墨家所提倡的事功效用之公利。在孟子的回答中，孟子提道："为人臣者怀利以事其君，为人子者怀利以事其父，为人弟者怀利以事其兄，是君臣、父子、兄弟终去仁义，怀利以相接，然而不亡者，未之有也。"孟子明确反对的是私利而并不是一切事功效用之利，因为"亡国"之害事实上也是从事功出发进行的论证。

宋牼的公利怎么就转变为君臣、父子、兄弟相害的私利了呢？首先，宋牼的初衷受到了肯定，孟子说"先生之志则大矣"。可见孟子并非不能看到宋牼所言之利是指公利效用，但仍然认为宋牼的劝说会招致恶劣后果。是孟子为了赢得论辩而有意歪曲宋牼？还是孟子的担忧确实合理？

针对孟子以为宋牼"志大"而"号不可"的原因，张栻解释道："盖事一也，而情有异，则所感与所应皆不同。……然由宋牼之说而说之以利，使其能从，亦利心耳。"② 抛开天理私欲的问题，张栻的诠释十分值得回味。张栻提出"事一而情有异"，这里的

---

① 参见杨伯峻《孟子译注》，中华书局2010年版。
② （南宋）张栻：《张栻集》，中华书局2015年版，第568页。

"情"不是"情实"之"情",而是"所感所应"的感性之情。同样是达成"罢军"的功效,宋牼和楚王所求之利看似相同,实则不类。仅以利而言,宋牼求的是利他而非利己,楚王所求是利己而非利他,两者的情欲状态和行为动机相差甚远,却在结果效用上达成了一致,这非常危险。如果一种道德判断的依据不能将这种动机的差异展现出来,那么追求权力之"大欲"的楚王也是"道德"的了吗?这个危险性就在于,在传统中国,以君王为主导的等级制社会,政治活动中的功效恰巧和统治阶级的私利在事功结果上相同一。如果仅从事情的效用结果看,获得政治利益的事功很可能就是满足统治阶级的权力的"私欲"。以利为道德劝说依据的结果就是,因为国家之公利而罢兵居然和因为权力的私利去行动全无区别。那么,究竟为"私"还是为"公"将难以区分。当统治阶级的行为动机进一步被民众解读为出于私利(由于根据"效果论"无法区分,这一种解读将十分可能),于是上行下效,由此造成一系列的恶劣后果也就是合情合理的了。

而"仁义"思想则不同,"仁义"不仅强调效果,更在乎动机。在两处"义利"之辩中,孟子都提到了"亡国"与"兴国"的事功,说明"仁义"之政同样能够达到"功用"的效果。"仁义"包含了"功用"的层面,但同时"仁义"也能够有效避免"功效论"的危害。[①]"仁义"为孟子时代的统治阶级的德行做出进一步的限制和规定,为以防统治阶级借事功之名行利己之实。

特别值得注意的是,这一种危害并不为一般的功利主义所具有。因为,一般的功利主义者否定明显的阶层社会,转而提倡人人平等,此时社会之"效果"就是以每个人的成全去实现社会福利的最大化,福利也将最后返还于个人的幸福。个人的牺牲在理论上可以通过平等的秩序予以补偿。然而,在承认社会上下阶层的情况下,这种崇

---

① 这种危害是非常具有现实意义的。可以说,这种危害本身也是出于社会效用的一种合理考量,而非单纯出于理论诉求的对一切经验之利的驳斥。

尚效用的立论就别具危险性了。因为，社会国家强大的后果可以为统治阶级所独吞，强国和君王的私欲之间无法区分。在强国之后，所产生的效用并不能平等地分配于每个为之牺牲的个体，反而可能被部分强大的阶级私自占有。在这样的情况下，只有"仁义"思想是适合于等级秩序社会的。

宋牼的初衷是好的，但是宋牼却没有注意到，当他劝说楚王之时，已经默认生活在了"君臣亲戚上下"的社会关系中。在这样的社会中，仅以"功用"作为劝说方法是不明智的。在与许行、白圭进行辩论之时，孟子阐明社会伦理秩序，即"君臣父子兄弟"的必要性。而在与宋牼的辩论中，我们可以进一步看到，承认这样的社会秩序的情况下，"功利论"会遭遇危险，并将最终对既有等级社会秩序进行反嗜，破坏社会安定。孟子的"仁义"思想并非反对"功用"，相反，孟子的确切意思是，"仁义"同样能抵达好的效果，同时也是一种最佳的保障统治者道德动机的学说。当统治阶级的道德品质有所提高，将会形成上行下效的良好社会风气，社会中的每一个人都具有"仁义"的良好品质，这才是等级秩序社会最好的伦理状态。

第二节 "孟告之辩"

在孟子与同时代多位思想家的辩论中，又以"孟告之辩"最为著名且多为以往学者所关注。孟子以为"言"（英译为"maxim""doctrine"或"teaching"）对人的道德行为及社会规范的影响尤为重要。大多数孟子的论辩对手，由于秉持和孟子不相容的伦理价值观，成为孟子首要批判的对象。然而在"言"的问题上，有一些思想家尽管和孟子的伦理观存在冲突，但他们并非全然反对"仁义"。他们可能也部分地接受了"仁义"作为自己伦理思想的核心概念，但是他们对于"仁义"的理解却和孟子有所不同。在这种情况下，孟子认为，这些学说仍然是破坏"仁义"的"淫辞邪说"。对于这一类思想家，我们仍然可以将他们归为孟子学理上的敌人，而告子就是最为重要的一例。在"孟告之辩"中，告子并非断然反对"仁义"，他在一定程度上和孟子同样认可"仁义"行为的正当性，但是他和孟子对"仁义"的理解并不相同，他的修养及实现"仁义"的方法也存在差异。也就是说，告子的言行虽然没有刻意违背"仁义"的外在要求，但告子之"言"却同样有着"率天下之人而祸仁义"的危害，属于"淫辞邪说"，是致使更多人道德失败的导火索。这一节围绕"孟告之辩"，可以从三个论题展开分析：（1）"性无善无不善"；（2）"仁内义外"；（3）"不动心有道"。根据分析可以看到"孟告之辩"全面地展现出孟子、告子在"仁义"各个层面上理解的差异。通过反思告子之"言"的问题，有助于进一步深入孟子伦理言教的核心，便于我们完整地把握孟子对"言"的道德失败原因的最终看法。

一 "性无善无不善"

（一）"孟告之辩"的三层问题

在进入具体论证之前，有必要先就孟子和告子争论的焦点进行简单梳理。文本中有三个论题："性无善无不善""仁内义外""不动心有道"。那么这三个论题究竟是说孟子、告子在哪些问题上有争议呢？

"仁内义外"是"孟告之辩"的重点问题，也是连接其余两个论题的关键。为了更清楚地理解"孟告之辩"的相关文本，可以先就"仁义"概念开始分析。

首先，我们可以从孟子对告子不知"义"的判断开始讨论。在"不动心有道"的相关章节，孟子明确指出告子"未尝知义"。然而，据其他文本，告子似乎是接受"仁义"规范的。告子清楚表达了对兄弟应有"仁"，对长者应有"敬"等"仁义"观念的认识，那么，在这个层面上说，告子难道不是知"仁义"的吗？但是，告子所言之"仁义"和孟子所言是否真的相同？

可见，告子的问题更为复杂。告子并未明确反对"仁义"所要求的道德行为，告子也认同尊敬长者及祭祀之礼中所涉及的"义"行，但是对于具体行为的正当性认同不代表告子完全认同"仁义"所涉及的所有内涵，比如，道德的来源是什么？为什么要践行这样的"仁义"？行动时应出于何种动机才是完全道德的？怎样才能成为一个具有"仁义"品德的人？即使人们对于应该做什么的判断是一致的，但针对这些问题还可能存有诸多争议。① 孟子与告子对"仁义"之"知"表面类似，但很可能存在更多深层次的理解差异，这些构成了"孟告之辩"的核心问题。也就是说，"孟告之辩"可能和其他论辩略有不同，论辩却可能涉及道德来源、道德理由或动机的具体差异，对道德发生的不同理解，而这些方面的问题更不可小觑。以此角度看，孟子以为告子"未尝知义"对于理解告子"仁内义外"的论述是有参考价值的。我们不能因为告子部分地赞同"仁义"所要求的道德规范，就断定孟子、告子对仁义的理解完全相同，因此，在开始讨论前有必要对"仁内义外"之"仁义"内涵的深度和广度予以简单梳理。

"仁内义外"首先就是说"仁""义"有别，究竟如何有别呢？相关的讨论也多出现在先秦的其他文本中，我们可以参照来分析"孟告之辩"所涉及的"仁""义"概念的内涵。王博在一篇《论"仁内义外"》的论文中结合先秦的其他文本与郭店竹简的文献给出了三种可能的区分"仁内义外"的关系，可为"孟告之

---

① 举例来说，功利主义者和义务论者可能都认可我们的社会需要正义，但义务论者是基于义务的论证，而功利主义者是基于后果的论证。又比如说，一个人可能出于理性的判断去见义勇为，另一人则因一时冲动，两者的行为表面类似，但动机状态不同。更有可能，当我们追问道德来源的问题时，我们可能都认可存在某些普遍的善，但宗教的信徒认为善来自神的指示，而另一些人则认为，善来自普遍的理性。就此而言，人们在伦理之"知"上可能存在许多不同层面的争议，但不妨碍他们在另一些层面相互赞同。

辩"提供参照。

第一种,"门内"与"门外"的关系。根据《六德》:"仁,内也。义,外也。礼乐,共也。内立父、子、夫也,外立君臣妇也。……门内之治恩掩义,门外之治义斩恩。"王博总结出仁义的区别。也就是说,在血缘关系中的亲爱之恩为"仁",血缘关系之外的上下尊敬关系为"义"。

第二种,根据《尊德义》:"故为政者,或论之,或议之,或由中出,或设之外,论列其类。"《语丛一》,"由中出者,仁、忠、信;由……(简文有残缺)","仁生于人,义生于道。或生于内,或生于外"。王博以为上述文本可以为"仁内义外"的另一种意义区分,这种区分涉及道德的根源问题,"仁与义相对,但来源不同。一个生于内,可以与'由中出者,仁、忠、信'的主张相参看。一个生于外,在缺文中应该是有体现的"①。也就是说按照这种区分讨论的是"仁"与"义"两种道德根源的分别,前者是来自人自身的"情""性",后者来自"天道"。

第三种,王博认为"仁内义外",根据告子的论述,此判断来自对道德发生问题的探讨,"义外"意味着"'义'的行为的实际发生是由我之外的因素引起,而不是我自身固有的东西"②。第二种与第三种看法关系密切,交互影响。

根据上述王博对先秦文本中出现的"仁"和"义"意义相对时的划分依据,我们可以参考分析孟子、告子理解"仁""义"之相似或相异。第一种"仁""义"关系并不十分符合孟子对于"仁""义"关系的理解。比如,在以下文本中使用"义"时,就没有遵从"门内""门外"的区分:"谨庠序之教,申之以孝悌之义。"(《孟子·梁惠王上》)"孩提之童,无不知爱其亲者;及其长也,无不知敬其兄也。亲亲,仁也;敬长,义也。"(《孟子·尽心上》)然

---

① 王博:《论"仁内义外"》,《中国哲学史》2004年第2期。
② 王博:《论"仁内义外"》,《中国哲学史》2004年第2期。

而告子在提到"爱吾弟"而"不爱秦人之弟"时，似乎将"仁"限制在"门内"关系中；但又提到"长吾之长"也同样"长楚人之长"时，而不仅将"义"限制在"门外"关系中。也就是说，告子可能部分地受到"门内""门外"划分的影响，但并不完全将"义"限制在"门外"关系内。如此，告子区分"仁"与"义"的标准也不是根据"门内""门外"。诚如王博所言，"门内""门外"难以作为孟子、告子讨论"仁义"问题的区分前提。

对于第二种和第三种看法的关系理解的主要问题是：当讨论道德的发生是依赖于外在的因素还是内在的因素之时，是否必然涉及"性"的问题？也就是说探讨道德发生的依赖因素是否最终涉及道德的根据是在人性之中，还是在人性之外的问题。如果说，讨论道德发生的依赖因素独立于道德的根据来源之外，那么"义外"就仅意味着道德行为的发生依赖于外在的因素。然而这样的"义外"似乎还不够造成强烈的对孟子理论的冲击，因为任何行为的发生都需要内在和外在的两方面因素，孟子也并不会否认。如果关于道德发生问题的讨论，最终更进一步回到道德根据的问题，那么告子的"仁内义外"就暗含着"仁"在"性"中，而"义"在"性"外，那样，就会与孟子发生严重的冲突，使得道德发生的争论最终落脚于道德根源的追问。

一般以为，如果将告子的"仁内义外"的问题诠释为在"性"之内还是在"性"之外的问题会造成告子的自相矛盾。因为"仁内"就等于告子承认了性之中有"仁"，那么"性"毕竟是善的。首先，王博认为："在郭店的材料中，当讲到仁生于人因此是由中出者的时候，所谓的'内'和'性'是不可分的。"① 谈论"仁"生于"内"之时，必然会将"内"最后归结于"性"。并且，孟子也是这样以"性内"来理解"内外"问题的，"仁义礼智，非由外铄我也，我固有之也"（《孟子·告子上》）。其次，如果认为告子说

---

① 王博：《论"仁内义外"》，《中国哲学史》2004年第2期。

"食色，性也。仁，内也，非外也；义，外也，非内也"（《孟子·告子上》）是将"仁"放在"性"之外，那么所谓的"内"，除了"性"，又有什么实在的东西呢？最后，王博认为，即便我们将告子的"内"理解为"性内"也不必然导致告子自相矛盾。合理的解释就在告子并不以在内的"仁"为善，而以行为合"义"的规范为善。

综上所述，孟告对于"仁""义"之差别的认定不仅可能涉及对道德根源、道德发生理解的不同，还可能涉及他们对于"仁义"的证明理由和心理动机南辕北辙，因此，孟子、告子对于"仁义"之"知"终究是不同的。

引出王博对于"仁内义外"的三种讨论并加以简单分析，说明作为一对相对概念的"仁"与"义"，对他们的解读可能存在不同层面的理解方式。除去"门内""门外"可能并不会引起实质性哲学问题的区别之外，关于道德根源、道德发生的追问，以及就道德行动产生的正当理由和动机状态的差异，都会造成孟子批评告子的原因。这些都会可能产生实质性地对"仁""义"理解的不同，而引起哲学上的争论。而上述的问题虽然切入讨论的角度不同，但是最终也互相联系。如果孟子与告子的分歧至少包含上述方面中的一项，都不能认为他们关于"仁义"的"知"是一致的。

上述有关先秦"仁内义外"的论述很具启发性，如果上述考察有理有据，那么关于告子"仁""义"相分的"仁内义外"的基本立场是不难顺着逻辑思路预先设想的。

（1）告子不反对"仁义"。但如果告子既要认可"仁内"，又要说"性无善无不善"，且不发生矛盾，那么，告子只认可"义"的道德性。即认为"义善"而非"仁善"的告子才是更逻辑自洽的。

（2）在告子的观念中，"仁"或"义"的来源不同，这涉及道德根源的问题。"仁"源于"内"，而"义"源于"外"。且如果告子认为"义善"而非"仁善"，那么告子就很可能认为道德的根源在"外"。

（3）由于道德的根源在"外"，那么一个道德的行为只需要符合外在的规范或某种外在的理由就能获得其全部的道德价值，如此道德的动机是不重要的，内在的动机不具备内在的道德价值。

（4）如果上述结论正确，那么正确的道德修养方法就是获得正确的外在道德知识（或理由、规范），以此按照"义"来行动。

在坚持"仁内义外"的立场下，上述四点是逻辑上清晰且并不互相矛盾，我们暂且把他们设定为告子的立场（事实上，当我们具体进入文本分析时，也不难发现，这些也确实是告子完整的立论）。

那么，反对告子的孟子又可能采取哪种立场呢？让我们再回到《孟子》文本，以"仁义"为中心来进行简单梳理。在《孟子》文本中，当谈到"仁"与"义"时，主要分为以下三种情况。（1）"仁义"放在一起，表示总体的道德概念，概括了孟子的道德理想。比如"王何必曰利？亦有仁义而已矣"（《孟子·梁惠王上》）。"齐人无以仁义与王言者，岂以仁义为不美也？其心曰'是何足与言仁义也'云尔，则不敬莫大乎是。"（《孟子·公孙丑下》）（2）"仁""义"分开使用，也是作为整体的道德理想，"君仁莫不仁，君义莫不义"。"大人者，言不必信，行不必果，惟义所在"[1]（《孟子·离娄下》）。"生，亦我所欲也；义，亦我所欲也，二者不可得兼，舍生而取义者也"[2]（《孟子·告子上》）。（3）"仁"与"义"并举，以相对的概念出现，又可分为三种情况：

A组：

"仁，人之安宅也；义，人之正路也。"（《孟子·离娄上》）
"仁，人心也；义，人路也。"（《孟子·告子上》）

---

[1] 虽然这里仅出现了"义"，但不能说大人就不需要"仁"，可以舍弃"仁"，只要"义"。所以这里的"义"应该也是指整体的道德理想。

[2] 将"义"作为整体的道德理想的原因同上。

B组：
B1

"未有仁而遗其亲者也，未有义而后其君者也。"(《孟子·梁惠王上》)

"仁之于父子也，义之于君臣也，礼之于宾主也，智之于贤者也，圣人之于天道也，命也，有性焉，君子不谓命也。"(《孟子·尽心下》)

B2

"仁之实，事亲是也；义之实，从兄是也；智之实，知斯二者弗去是也；礼之实，节文斯二者是也。"(《孟子·离娄上》)

"亲亲，仁也；敬长，义也。"(《孟子·尽心上》)

C组：
C1

"恻隐之心，仁也；羞恶之心，义也；恭敬之心，礼也；是非之心，智也。"(《孟子·告子上》)

C2

"人皆有所不忍，达之于其所忍，仁也；人皆有所不为，达之于其所为，义也。人能充无欲害人之心，而仁不可胜用也；人能充无穿逾之心，而义不可胜用也。"(《孟子·尽心下》)

"杀一无罪，非仁也；非其有而取之，非义也。居恶在？仁是也；路恶在？义是也。居仁由义，大人之事备矣。"(《孟子·尽心上》)

在 A 组的比喻中，将"仁"比作"宅"和"心"，将"义"比作"路"，很难从这组比喻中获得关于"仁""义"作为相对概念的实质性区别的有用信息。在 B 组中，B1 中的"仁"强调了父子亲属关系，"义"强调了君臣上下关系，这种对比和王博所举出的第一种"门内""门外"的关系有一致之处。但是由于在其他文本中，孟子也使用"仁政"或"孝悌之义"，孟子对"仁""义"概念并非严格按照这种区分使用。而在 B2 中，"仁""义"的区分则变成了"事亲"与"从兄"，但这两种关系都发生在家庭亲戚间；在"亲亲"与"敬长"的对应中，也难以区分出"门内"与"门外"关系。可能在这组之中，"仁"更偏于"亲"和"爱"，而"义"更偏于"从"与"敬"，但也很难说"事亲"无须"敬"，"从兄"无须"亲"。在 C 组中，"仁"被描述为"恻隐"与"不忍"，"杀无罪"也可能与"不忍"的道德倾向相关。[①] 这样，"义"有时可以与"仁"对应"不忍"的情感倾向相区别，对应"羞恶"的道德倾向。有时与"仁"需要情之"推"不同，"义"更侧重行为之"推"，比如"达之于所为"，更偏重推广某种行为（当然不一定不包括情感）。这样，"仁"与"义"又似乎有两种对应关系，相关于不同道德倾向的对应关系——"恻隐"对"羞恶"，情之推与行之推的对应关系，比如"推恩"与"推其所为"。

总体来说，我们可以得到如下作为相对概念"仁""义"的区分关系。B1："门内"与"门外"，B2："亲"与"敬"，C1："恻隐"与"羞恶"，C2："推恩"与"推其所为"。很难找到一种对应关系能够完美解释涵盖其他几种可能。根据《论语·微子》："长幼之节，不可废也；君臣之义，如之何其废之？欲洁其身，而乱大伦"，又根据《礼记》："父子、君臣、长幼之义"，我们可以将"义"理解为一种社会伦常中的关系法则。"义"也常涉及取舍、进

[①] 参见梁惠王"以羊易牛"时用无罪之人比作牛。

退等问题,"义然后取,人不厌其取","不仕无义","其所取之者,义乎,不义乎","孔子进以礼,退以义,得之不得曰'有命'"。(《孟子·万章上》)这里的"义"可以视作个人在具体情境中所做出的合宜的判断、行为。"义"也用来描述各种社会事务与关系的合宜性,"如知其非义,斯速已矣,何待来年","或劳心,或劳力;劳心者治人,劳力者治于人;治于人者食人,治人者食于人:天下之通义也"(《孟子·滕文公上》)。"义"通"宜"指事情的合适恰当。一个人如果缺乏"仁",在孟子看来,他的行为也是不合"义"的。在伦常关系中,"义"行常包括了"仁"为必要条件在其中,如此"仁"与"义"彼此很难区分。在君王施行"仁政"时,他的举措行为是"义",也包括"仁"在其中。

总体来说,按照《孟子》文本中所提供的基本资料线索,"义"行必须符合"仁",无论是与人相关的伦常问题,还是与施行仁政相关的恰当的政治举措,都与"仁"关系密切。而反过来说,"仁"也无法离开"义",因为"仁"需要体现在社会关系中,而无论是亲戚关系,还是君臣关系,或是邻里朋友关系,无不在"君臣亲戚上下"的伦常之"义"中,"仁"也要依托"义"才可能践行出来。

这并非是说"仁""义"全无区分,而是说,对于孟子来说,也许将"仁义"作为一个整体的道德概念来探讨它们的内涵,比做出清晰的"仁""义"的区分更为重要,也更有利于表达他的思想。

对孟子来说,与告子不同的是,比之清晰地对"仁义"做出概念上的区分,孟子更为重视作为整体道德理想的"仁义"的根据和发生基础的一致性。从道德来源和道德发生基础的一致性来说,"仁义"的区分是没有那么重要的,而它们统一的来源和修养途径才是重要的。以此为据,孟子的理论逻辑也是可以大致设想的:(1)"仁义"是一体的,都是儒家的道德理想,都是"善"不可分割的内容;(2)"仁义"的来源在内,有人性的基础,道德不是外在强加的;(3)"仁义"的践行必须要有真诚的内在动机,如此才具有完全的道德价值;(4)修养"仁义"的工夫要向内求,有一个由内向外的过程。

如果说，孟子、告子确实在上述四方面持有互不相同而又自成一体的看法，那么我们说，孟子、告子事实上在三个重要的道德哲学问题上存在争议：（1）道德的来源问题；（2）道德动机问题；（3）道德修养问题。①

就此而言，孟子对告子的抨击并不在于关于具体"仁""义"相关的规定上，而在于告子将"仁""义"区分之后必然形成的一整套有关道德哲学的立论和孟子截然反对。为此，孟子必定是更重视"仁""义"的一致性而非差异性。重视"仁""义"统一的人性基础与修养方法的观点决定了孟子对告子激烈的批评。上述三个重要道德问题正可以和"孟告之辩"的三个论题相呼应，在之后的讨论中，将逐节加以分析。

（二）"性无善无不善"

在《告子上》中，孟子和告子的争辩是从论"性"开始的，一共涉及三段文本，"杞柳杯棬之喻""湍水之喻"和"生之谓性"的探讨。在这三段的讨论中，学者们多注意到孟子和告子对于"性"的理解存在差异。关于孟告对"性"理解的差异，有三种较为常见的看法。

第一种，偏于人类学角度的解读，即告子将"性"作为生命所需的属性和倾向，强调的是生物意义的"性"。而孟子关注的是种群差异的"性"，也就是人之为人的特殊属性。② 信广来和倪德卫主要持上述看法。

---

① 道德动机问题和道德修养问题，以道德生成的问题视阈看也可以集合起来，而为了更好地研究道德失败的发生，以及贴近文本逻辑，我们将它们分开处理。

② 参见 David S. Nivison, *The Ways of Confucianism: Investigations in Chinese Philosophy*, edited with an introduction by Bryan W. Van Norden, Open Printing, 1996; Kong-Loi Shun, *Mencius and Early Chinese Thought*, Stanford: Stanford University Press, 1977。这一种理解还有被解读为共相与殊相之差的。不过需要注意，这里的分类仅是说某个学者对"性善"的理解偏重于此，并不是说他只有这样一种理解。

第二种，偏于道德主体性确立的解读，即以康德哲学作比较，认为孟子所说的"人异于禽兽"的"性"，是从人的道德主体性来说的，和康德的"智思的性格"相当；而告子所说的"生之谓性"，是从人的动物性来说，属于"经验的性格"。牟宗三和李明辉主要持上述看法。[1]

第三种，偏于生命的本质，或生命的目的的解读。比如蒙培元认为"所谓'性善'，就是讲人的行为目的，这个目的指向一个标准……人既是生命主体，也是目的的实现者"[2]。梁涛关于"生之谓性"的讨论也很值得借鉴。梁涛认为，可以从"生之所以然"和"生之所然"区分出两种性，"生之所以然"追问生的根据、原因，而"生之所然"则是生命呈现出的现象，或者表现为情和欲。第一个意义上的"性"并不是排斥第二个意义上的"性"，而是关于"生"的本质规定，不单纯是"属种加差"，而是活动的生命趋向。[3]蒙培元和梁涛关于"性"的解读相结合，启发我们得到另一种关于"性善"的可能看法。在这个意义上，不能仅认为目的就是某个外在的经验结果，而是生命自己成长的方向，是生命自己结出的果实。以此而言，这一种看法也可以归结为一种"目的"之性，这种"目的"是内在于"生"，而为"生之所然"提供生命动力与根源。也可以说是本质之"性"，规定之"性"。

在接下来的解读中，我们可以参照上述关于孟告之"性"的理解，详述《孟子》的文本逻辑。

先看第一段"杞柳杯棬之喻"：

---

[1] 参见牟宗三《圆善论》，吉林出版集团有限责任公司2010年版；李明辉《儒家与康德》，台北：联经出版事业股份有限公司1997年版。

[2] 蒙培元《蒙培元讲孟子》，北京大学出版社2006年版，第156—157页。但是在蒙培元对孟子"性善"的解读中，也不完全排斥上述两种，他也提到了共相、殊相之差，以及道德理性之"性"。

[3] 参见梁涛《"以生言性"的传统与孟子性善论》，《哲学研究》2007年第7期。

告子曰："性，犹杞柳也，义，犹杯棬也。以人性为仁义，犹以杞柳为杯棬。"

孟子曰："子能顺杞柳之性而以为杯棬乎？将戕贼杞柳而后以为杯棬也？如将戕贼杞柳而以为杯棬，则亦将戕贼人以为仁义与？率天下之人而祸仁义者，必子之言夫！"（《孟子·告子上》）

先看告子立论，告子说将"以人性为仁义"比作"以杞柳为杯棬"。孟子接着问那是顺性而为，还是逆性而为？值得注意的是，孟子并未反对"为"，而事实上反对的是"戕贼人以为"，这是孟子推论的结果，却不是告子的原文。那么孟子的这种推论有基础吗？其实是有的，那就是"性""义"二分的结构，将致使"戕贼人以为"的理论后果。

"性""义"二分，就意味着道德和人性为两事，既然为两事，那么就必然有为，怎么为？强调他们的相同之处，则是顺势而为；强调他们的差异之处，就是逆势而为。这都不是最重要的，最重要的是，如果孟子认为道德来源的正当性在于"性"，"仁义"的正当性理由正在于"顺"，而非"逆"，那么告子将"性"与"义"分开之时，就已经决定了将"仁义"的正当性基础悬空了。"仁义"的正当性基础没有了，则必是"率天下之人而祸仁义"了。由此看来，孟子在描述人性的人类心理学材质能力之外，还同时持一种关于道德来源的前提，道德的合法性来源于"性"。[①] 如此，才致使他必然不能接受告子"性""义"二分的理论前提。

[①] 反之，如果孟子并不以为道德的根源必须来自于人性的前提，"逆势而为"并不必产生坏的影响。比如"仁义"来自某种外在法则，并以此为唯一的合法性，那么即便是违背"性"去追随道，也可以是合"义"的而值得追求的，并提倡一种抑制情性的道德理想，这样"义外"就不会造成理论上的困扰。所以孟子对"义外"的坚决反对和他关于道德来源的看法是相关联的。

告子曰："性犹湍水也，决诸东方则东流，决诸西方则西流。人性之无分于善不善也，犹水之无分于东西也。"

孟子曰："水信无分于东西，无分于上下乎？人性之善也，犹水之就下也。人无有不善，水无有不下。今夫水，搏而跃之，可使过颡；激而行之，可使在山。是岂水之性哉？其势则然也。人之可使为不善，其性亦犹是也。"（《孟子·告子上》）

在"湍水之喻"中，"今夫水，搏而跃之，可使过颡；激而行之，可使在山"，也是对于告子言论的进一步诠释。在告子的比喻中，水向东向西是一种均等的机会现象，表达的是人性的可塑性。但在孟子的反驳中，与"水之就下"自然倾向对比的是"搏而跃之"的偶然现象，就是描绘了在人性中有趋向性，这种趋向性决定了"仁义之为善"是有规定根据的。孟子接受了"湍水比喻"，但反对水无趋势的论断，一方面来说，孟子认为人性并非随意揉捏的"面团"，道德的证立中必要考虑人性之情实基础；另一方面，就如水也有偶然向上的可能，这种情实的基础与自然的趋势具有类似性，是必然性与偶然性的结合体，却不能因为偶然性的存在否认必然性的确准。由此，孟子并非将自然经验之偶然性对立于自然趋势之必然性，两者毋宁说，都是水之"性"，如是人的"性之所以然"之善也并非对立于"性之所然"之可能不善，两者都是"性"的一部分，"人之可使为不善，其性亦犹是也"。水性是一种趋向，一种活动力，一种方向感，由此，在孟子看来，人性也有方向感和趋向力，是人生命运动的所以然，以此证成"性善"更类似于讨论生命的方向和动力。而现实中可能为不善的现象亦是存在的，但不能因此否定"性"的规定性，"性"的本质属性。[①]

[①] 孟子在此的论证和亚里士多德关于偶然存在和本质存在的论述有一定的相近性。偶然存在不是事物之为事物的本质规定，而本然存在才是事物是其所是的根本规定。

最后一段，"生之谓性"，更清晰地展现了孟子对"性"理解的特殊之处：

> 告子曰："生之谓性。"
> 孟子曰："生之谓性也，犹白之谓白与？"
> 曰："然。"
> "白羽之白也，犹白雪之白，白雪之白，犹白玉之白欤？"
> 曰："然。"
> "然则犬之性犹牛之性，牛之性犹人之性与？"（《孟子·告子上》）

在一般的形式逻辑中，一与多的关系可以共相与殊相来处理。比如应用归纳法，将事物间相似的属性归纳出来，得到关于属性的知识。比如关于颜色的知识，我们给孩子们看苹果、五星红旗、农夫山泉的瓶子，然后告诉他们什么是红色。但是，我们却不能用同样的方式来理解"性"。为什么呢？颜色的概念，虽然是基于不同深浅比例的红，但当得到红的概念之后，它是一而静止的。以红再来判断太阳是不是红，枫叶是不是红，这种类推判断都是成立的。可是"性"之为"性"的规定，是关于事物整体生命的，它自身就包含了多和运动。蝌蚪变成青蛙，无论外形还是习性都发生了变化，我们不会认为那个蝌蚪和青蛙是两个不同的生命。生命的规定性和事物的属性是不相似的。我们没有办法用归纳事物属性的方式来规定生命的本性。孟子对于告子的批评正击要害，告子说"生之谓性"，讨论的是不同于事物属性的那种"生命之性"，那么无论对于任何的生命而言，各有各的生存方式，也就各有各的生命规定。这种生命规定性本身就是集合着生命活动的丰富和运动的。由于生命规定性和属性规定性的不同，告子理论的错误实际上在"生之谓性也，犹白之谓白"，将"性"理解为一种单一的、不变的，没有生命活力和趋向的静止的规定，这使得告子在根本上无法看到孟子言"性"的那种活泼跃动的生长变化的创造性，也因此，告子也只能从人的性之所然的各种表现中归纳出一些共通特征的方式来观察人性，却始终无法站在生命的目的、意义乃至价值的角度去体察人性。这构成了他和孟子在"性"问题上的根本分野。

以辩论而言，三段辩论是层层深入的。"杞柳杯桊之喻"中，孟子反对了告子的"性""义"二分，认为道德有人性的基础。在"湍水之喻"中，孟子更进一步地驳斥了告子对人性的认识，认为"性"是有方向的、有规定的。而在"生之谓性"中，论题进一步深入到如何认识生命之"性"的问题，孟子认为告子对"生之谓性"的理解就是错误的，因为告子将生命之"性"当作事物的属性之"性"去理解，只能观察到片段的、外在的某些现象，而无法用生命的目的、意义的视角去统合生命，就更无法理解生命的多样性和运动性。

而在逻辑上说，这三段又是可以反过来步步证成的。孟子认为生命之"性"不同于事物僵死静止的某种属性，而是生命活动的规定性。依此来看，我们不应该只看到个别人的个别行动的简单集合，不应该只看人性呈现出的表面现象，而应该用一种整体的眼光去看人生的目的和意义。这时看到的人性就是有方向的、有意义价值内涵的。这样的人性就可以成为道德的基础，它就是"仁义"的根源。"仁义"就是要把人生的意义实现出来，让人真正成为人。

回到之前提到的三种常见解读，从人类学的角度来说，孟子的"性善"可以包含"性"在经验层面的情性基础，正如孟子讨论"四端"是所提到的"恻隐""羞恶""辞让""是非"，都有人成善的性情材质之意。而第二种解读，在道德主体的意义上说，孟子之"性"是更为注重主体性的。这就意味着，当我们观察"性"，培养"性"的时候，必须从自己的生命体验出发，切近于内。而生命成就的目的也在自身，而不是外在强加的。不过孟子之"性"却也不全然只有普遍理性的"智思维度"，孟子也有承认"偶然性"的经验维度。但是从生命之"性"的角度看，经验维度的"性"要归属于意义价值的"必然之性"，因此第二种解释也有合理性。而第三种解释，在生命主体和目的实现的维度阐释"性善"，解释出孟子论性的活动意义，揭示出"生"的本质规定这一考察"性"的视角，更为切合"孟告之辩"最终的"生之谓性"的论述，揭示出了孟子论"性"的根本出发点。"人性"并非对立于具体的经验情感，也不仅仅是人的理性能力，而是这一切生长的最初原因而且是最终目标。这样的"性"是情理合一的，这样的"善性"才是人整体生命的方向和价值。

总体而言，孟子的"性"论异常深刻，且值得反复咀嚼，这里却难以详细展开，所论也必有难以言尽的疏漏之处。限于道德失败的主题，"孟告之辩"的主要战场还在"仁内义外"，特别是"不动心"有关的道德修养方面。这段讨论向我们提供了孟子、告子在人性问题和道德来源问题上的基本立场，而在之后的论述中，还可以看到基本立场差异的对后续论辩的影响。现在，继续进入"仁内义外"来讨论孟子、告子的道德理由和动机的差异，这一议题就和道德失败更为直接相关了。

二 "仁内义外"

总体来说，孟子与告子关于"性"的争议反映了他们对"性"与"善"的理解不同。孟子通过对告子理论的进一步推论加以反驳以表达自己的伦理看法：道德来源于人性（可能不仅只来源于人性，或曰道德有人性基础），德行修养顺从人性（人性的材质能力），这两个方面都是孟子论"性善"的核心。接下来，开始进入"孟告之辩"的核心议题来讨论"仁内义外"。孟子认为道德的行为须是一种理由与动机相合而发于内的，而告子则错误地以为只要根据外在的某种属性特征，或者某种外在的准则来行动即为"义"行。所以，告子对于"义"的理解有误，而这也影响了告子对道德实践之"知"的准确理解。

(一) 文本梳理

由于《孟子·告子上》中"仁内义外"的第一段文本意思比较绕口，所以在进入讨论前，先简单梳理这段论辩的文意：

> 第一段：
> 告子曰："食色，性也。仁，内也，非外也；义，外也，非内也。"
> 孟子曰："何以谓仁内义外也？"
> （告子）曰："A1 彼长而我长之，非有长于我也；A2 犹彼白而我白之，从其白于外也，故谓之外也。"

在这段中，由于 A1 和 A2 的对应关系，所以"非有长于我也"要对应于"从其白于外也"，所以，这里告子立论的意思是：将长者作为长者（来尊敬他）和将白色视作白色一样，都是由于事物外在（于我们）的属性"长"与"白"，所以我们说（"义"）外。

> （孟子）曰："B1 异于白马之白也，无以异于白人之白也；B2 不识长马之长也，无以异于长人之长欤？B3 且谓长者义乎？长之者义乎？"

多有学者认为 B1 中的"异于"两字虽存在解释困难①，不过并不十分影响文意贯通。总的来说，孟子的意思是"白马之白"和"白人之白"可做类比，但"长马之长"和"长人之长"不行。顺着前文的逻辑，这里的"白"就是白色，是一种颜色属性的辨别。而第一个"长"则是一种意动用法，即以某种方式来对待，所以这段的意思可以译为：将白马的白色辨别出来，和将白人的白辨别出来一样；（但是）知道老马是老的，（难道和）因为"老"而尊敬老人是一样

---

① 参见杨伯峻《孟子译注》，中华书局 2010 年版。

的吗？因此，是因为老的属性而"义"呢？还是因为尊敬老人的人而"义"呢？所以，进一步说，孟子的立论也就是：对待长者的行为态度，和识别老马的"老"的属性认知是不同的。不同在哪里？就是属性认知只要属性相同，认识活动就无有不同。而态度行为则不是，属性相同，仍然要结合行动者的内在状态才能产生相应的态度和行为。

继续往下看：

（告子）曰："C1 吾弟则爱之，秦人之弟则不爱也，C2 是以我为悦者也，故谓之内。C3 长楚人之长，亦长吾之长，C4 是以长为悦者也，故谓之外也。"

接着上述的论辩，既然谈到了内在的心理状态，那么告子也就从内在的心理状态出发："我"的弟弟就喜爱，秦人的弟弟不喜爱（造成这种差别的原因）是，"我"是那个喜爱的主因，所以是"内"。既敬爱楚人的长者，也敬爱自己的长者，造成这种没有差别的态度的原因是，长者是敬爱的主因，所以是"外"。

（孟子）曰：

"耆秦人之炙，无以异于耆吾炙，夫物则亦有然者也，然则耆炙亦有外欤？"

这段文本意思相较而言更为清晰，理解上的争议较少，简单说来，就是孟子反驳告子：既然喜欢吃秦国人的烤肉和喜欢吃自己家的烤肉没有区别，难道喜欢吃烤肉也是主要由于外在的因素吗？（这不是和你说"食色为性"在内相矛盾了吗？）

（二）信广来关于"仁内义外"三种诠释的分析

这段文本历来是《孟子》中的难点，受到学者们的普遍关注，相关诠释材料不胜枚举。在这方面，信广来的总结比较全面，可以借用参考以便我们深入考察。

孟子反对告子的"仁内义外",除了之前所述,有对"仁""义"相分的二分结构的不满,还要证成"义"亦有"内",那么孟子的"义内"究竟是什么意思呢?

信广来将以往学者的观点归结为三种最为常见的诠释。(1)"义内"的含义是指"一个行为是'义'的,当且仅当实践它不仅由于它是恰当的,而且因为行动者是完全倾向(incline)于如此行动"。倪德卫和朱熹提出了以上看法。(2)"义内"是指"'义'是"性"的一部分,也就是说人类已经共享"义"作为四种理想的属性,或者已经偏好(disposed)"义"的行为。张轼、焦循、戴震持以上看法。(3)"义内"的意思是"一个人有关'义'的知识来源于心的特定特征"。[①] 信广来以为只有第三种诠释符合文本的诠释。参照信广来的分析,我们先来看一下文本:现在开始讨论信广来提出的三种关于"义内"的常见诠释:(1)"义内"是指"义"行是否包含行动者真诚的动机倾向;(2)"义内"的意思是"义"是"性"的一部分,人们已经天然偏好"义"的行为;(3)"义内"的意思是个人对"义"的知识来自心的某种特征。以下是信广来论证(1)与(2)不符合文本的论据:

A1 彼长而我长之,非有长于我也;A2 犹彼白而我白之,从其白于外也,故谓之外也。

信广来认为,相较于孟子的"义内",告子应该采取相反的立场。那么,如果"义内"是指动机在内,或者人性中有"义",那么告子的"义外"就要说明实践道德行为不需要内在的动机倾向,或强调道德行为不是人们已经天然偏好如此去做,那么立论应该是"彼长

[①] 参见 Kong-Loi Shun, *Mencius and Early Chinese Thought*, Stanford: Stanford University Press, 1997。

而我长之，非有长之情于我也"，或"彼长而我长之，非有长之性于我也"。但是告子只强调了"长"的属性独立于我们之外，所以（1）与（2）的诠释都不适用于这一段。

> B1 异于白马之白也，无以异于白人之白也；B2 不识长马之长也，无以异于长人之长欤？

这段和人是否已经具备"义"的倾向无关，所以（2）不适用。

> C3 长楚人之长，亦长吾之长。

这段告子的论述强调了由于"长"（或"长者"）这一独立于我们之外的因素，当这一外在因素相同时，我们的"义"行也随之变化。告子论辩"义外"的核心并不是强调"义"的行动不包含动机倾向，或者"义"不来源于人的本性的本然偏好，而是强调"义"行随外在环境变化。那么孟子的反驳就应该回应，尽管"义"行随外在环境变化，但那是由于"心"的特征，自身就是对环境因素敏感的。尽管"心"可以追随"外在环境"，但是仍然是"心"的特征做出了恰当的判断，所以（3）是正确的，"义"的知识来源于心的特征。

总体来说，信广来反驳（1）"义内"是指"义"行必须包括行动者真诚的动机倾向，以及（2）"义"是"性"的一部分，人们已经天然偏好于行"义"。因为如果告子要在这两方面反驳孟子，那么从这段文本来看，这都并非告子论辩的主题。按照信广来的分析，告子论辩的主旨在于突出"义"的行为根据不同的独立于我们之外的环境因素而变化，所以"义外"，孟子的应答也必须是强调我们关于"义"的知识来自"心"的特征，这种特征是对环境敏感的，可以应对不同环境而变化，才能反驳"义外"，论证"义内"。

针对上述看法，倪德卫也得出了颇类似的结论："孟子看重偏好的诱因，而告子看重环境的诱因……但是尽管我们如何满足内在'口渴'偏好的（方式）是由冬天或夏天的环境确定的，以某种方式满足却是由'我口渴'决定的。"①

在（3）的诠释中，"义内"是指一个人对于"义"的知识源自"心"的某些特征。但是关于"心"的什么样的特征，却是一个宽泛的问题。有时，信广来将这种特征描述为认识能力，"一个人识别出行为的特定形式视作是恰当的，是由于心的特定特征"②。而在分析下述段落时：

> 孟季子问公都子曰："何以谓义内也？"
> 曰："行吾敬，故谓之内。"
> "乡人长于伯兄一岁，则谁敬？"
> 曰："敬兄。"
> "酌则谁先？"
> 曰："先酌乡人。"
> "所敬在此，所长在彼，果在外，非由内也。"（《孟子·告子上》）

信广来认为孟季子反驳之一条的论据在于"不是所有的尊敬行为都是出于尊敬（的情感或倾向）"，而后孟子的回应"庸敬在兄，斯须之敬在乡人"则是回应"先酌长者，事实上仍然是因为更加尊敬他"。③ 这种针对场合的应变行为仍然源自一个人更大的尊敬。这里，"心"的特征既涉及合"义"的行为是否包含真诚的动机倾向（尊敬的情感），也涉及这一动机倾向可以随环境变化。因而，孟季

---

① David S. Nivison, *The Ways of Confucianism: Investigations in Chinese Philosophy*, p. 165.
② Kong-Loi Shun, *Mencius and Early Chinese Thought*, p. 106.
③ Kong-Loi Shun, *Mencius and Early Chinese Thought*, p. 106.

子的论证既不认为"义"行以动机倾向为必要条件,也没有理解动机倾向可随环境变化的能力。

在分析这两段时:

> 耆秦人之炙,无以异于耆吾炙,夫物则亦有然者也,然则耆炙亦有外欤?
>
> 冬日则饮汤,夏日则饮水,然则饮食亦在外也?(《孟子·告子上》)

信广来说道:"由于我们所有的味觉的能力,我们才能说出某种事物或饮料是美味的;相似地,也是由于'心'的特定偏好(predispositions),我们才能说出某类行为是恰当的。"[①] 这里,"心"的某种特征涉及"心"的偏好,这种偏好有时是无分"内外"的,有时又是会依环境变化的。

由此可见,"心"的特征有时被信广来理解为"认识",有时又被理解为动机倾向或自然偏好,那么(3)中所陈述的"心"的特征似乎也就并不排斥(1)和(2)。而正因为如此,尽管信广来针对告子论辩的主题——强调外在环境对行为的主导影响的把握是正确的,但是他认为(1)与(2)的诠释是不能完全符合文本的结论却显得有些草率。因为,"心"的特征的诠释不但不排斥(1)和(2),甚至包括(1)和(2)。虽然(1)与(2)关于"内外"问题并非在整个论辩的争议中都有所涉及,但随着论辩的逐渐深入,论辩双方的分歧却可能开始逐渐涉及他们对(1)和(2)问题理解上的差异。综上所述,信广来通过总结前人的诠释,列举出了"义内"可能涉及的三个层次是值得借鉴的,但他关于前两种诠释的拒斥理由却并不充分。这三个层次的"义内"都可能构成孟子、告子对"义"理解的差异和孟子对告子的批评。在下文中,通过重新诠

---

① Kong-Loi Shun, *Mencius and Early Chinese Thought*, p. 109.

释"仁内义外"论辩的结构,可以看到,孟子的"义内"恰恰包含了上述所有内涵,这三层意义是非常深刻地统一在一起的。

(三)重构"仁内义外"

我们再来看这一段文本:

> 告子曰:"食色,性也。仁,内也,非外也;义,外也,非内也。"
>
> 孟子曰:"何以谓仁内义外也?"
>
> 曰:"彼长而我长之,非有长于我也;犹彼白而我白之,从其白于外也,故谓之外也。"
>
> 曰:"异于白马之白也,无以异于白人之白也。不识长马之长也,无以异于长人之长欤?且谓长者义乎?长之者义乎?"
>
> 曰:"吾弟则爱之,秦人之弟则不爱也,是以我为悦者也,故谓之内。长楚人之长,亦长吾之长,是以长为悦者也,故谓之外也。"
>
> 曰:"耆秦人之炙,无以异于耆吾炙,夫物则亦有然者也,然则耆炙亦有外欤?"(《孟子·告子上》)

如果将孟子认可的判断一一列出,可得以下表格:

表1-1

A	白马之白	白人之白	同
B	长马之长	长人之长	不同
C	长楚人之长	长吾之长	同
D	耆秦人之炙	耆吾炙	同

A 为认知判断,"以……为白"只涉及将白色的属性认知出来,因为白色的属性是独立于我们之外的,所以"白马之白"和"白人之白"是相同的。孟子对于这一判断是认可的。尽管这种属性的认知

能力也可以说是"心"的特征之一，但是这种认知能力并不在孟子反驳告子的理由中。因为如果孟子要抓住认知能力来反驳告子的话，他可以从这里就强调，尽管"白"独立于我们之外存在，认识"白"的属性却是由于我们的视觉认识能力，但是孟子对此并未反驳。

B 从"长人之长"则涉及实践判断。从这里开始，孟子开始反诘提示告子，这两种判断有所不同。这两种判断的不同就在于前者只需要认识客观事物的属性，而不必然引发关于行动恰当性的问题，后者则需要将实践目的和客观属性结合在一起，形成实践性判断，即对待长者的恰当行动（态度）。

C 与 D 都是实践判断的类型。实践判断的特征是，行动者会根据自己的行动目标，挑选出与行动相关的事物的属性，从而做出判断。所以有时候相同的属性会引发相同的行动，有时候则不能。我们多更换几次属性条件，就能更加清楚地看到这种情况：

情境1：

> 某王好货，昂贵的珠宝，廉价的珠宝，
> 相同的属性：珠宝，
> 不同的属性：昂贵/廉价，
> 结论，不同的态度，喜欢前者不喜欢后者。

都是珠宝，但价格不同，引发了王的不同态度，因为好货的目标将昂贵与廉价的不同属性挑选了出来，造成了对待两者行为态度的差异。

情境2：

> 某王好色，齐国的美女，楚国的美女，
> 相同的属性：美女，
> 不同的属性：齐国的/楚国的，
> 结论，相同的态度，两者都喜欢。

都是美女，但籍贯不同，引发了王相同的态度，因为好色的目标将美女的相同属性挑选了出来，忽略了国别属性的不同，造成了对待两者行动态度的相同。

这样，C行动目的：尊敬长者。这时，只有长者的属性与实践目的相关，所以长者的属性被挑选出来，和实践目的相连，形成了相同的判断。

D行动目的：嗜吃烤肉。这时，只有烤肉的属性与实践目的相关，所以烤肉的属性被挑选出来，和实践目的相连，形成了相同的判断。

所以，在这段文本中，告子的根本错误就在于将"彼长而我长之"比作"犹彼白而我白之"，没有意识到实践判断的某种特殊性，在实践中虽然涉及属性的认知，但是将这种属性认知与行动相关联的原因取决于行动者主体的内在状态、行为的目的，哪一种属性成为认知中的显著特征与实践目标是有关联的。属性尽管具有客观性，但是同一事物的不同属性之所以会在认识活动中凸显出来，是受到主体的心境，特别是主体的实践目的影响的，因而这时"长"的实践活动是"内"。虽然获得"长"与"白"的知识也需要人的认识能力和外在的客观因素两个方面，但当与实践目的无涉时，属性认知只取决于属性本身的相似与相异。孟子无意于纠缠属性认知需要"心"的认识能力的问题[①]，所以他不反对"犹彼白而我白之，从其白于外也"的命题，孟子关注的是在实践活动中，属性的认识如何受到主体的实践目的的影响，实践目的对于属性的把握具有指导意义。

孟子首先通过质询告子，希望区分出实践判断与认知判断的不同，实践判断是受行动者内在状态的影响的。认知判断仅选取相关属性，实践判断根据行动者的内心意愿选取相关属性，所以最后得

---

① 当然，孟子对于道德知识的来源还是有做辩论说明的。

出的判断结果依赖于行动者。告子于是不再纠结属性问题，而开始质疑实践目的本身。如果尊敬长者是道德实践的目的，那么这一"尊敬长者"的目的是来自外在规范还是内在动机呢？尊敬长者的道德目的是不是也独立于我们之外呢？

这里，就要回到这段文本的论题本身，即"食色，性也"，"仁内义外"的问题。告子的论辩目的不仅是在实践目的中找出独立于我们之外的客观因素，更是由此说明食色之性和"仁"是内在的，而"义"与之不同是外在的。当他以实践目的的"对象"在外来论证"义外"之时，他可能忽略了任何实践目的都不可避免地指向外在的对象。"食色"是性，是在"内"的，当"食色"之性指向具体的吃烤肉之时，烤肉也是独立于人之外的客观存在。因此，虽然当烤肉的外在因素相同时，嗜吃烤肉的行动也相同，但是不代表这种行动本身是由外在的相同属性因素决定的，相反而是由人们嗜吃烤肉的"食色"之性决定的；同样当长者的外在因素相同时，尊敬长者的行动也相同，也是由尊敬长者的道德倾向与目的决定的。一个属性的相似与差异是否影响实践行动，是根据它与实践倾向和目的的关系，而不仅取决于属性的相似或差异本身。事实上，当情欲倾向决定的实践目的挑选的外在属性一致时，行动会产生一致性；而当目的所关注的是不同的属性时，行动也会不同，这仅仅是依据属性与情欲倾向目的的相关性，所以如果实践目的都是"内在"的，"义"便和"食色"之性并没有差异，它们都是由某种内在因素决定的。

由于道德行为，包括"仁"行和"义"行都有普遍化的向度，即对于"幼者"都应该予以关爱（道德行为中的"仁"应包含的涵义是"吾弟爱之，秦人之弟亦爱之"），虽然爱的程度和优先性存在差异，但是这种爱必须是可普遍化的，对于"长者"都应予以尊敬，"仁"与"义"更多表现为相同的性质。因为，告子的立论是"仁内义外"，告子试图将"仁"的普遍化向度剥离出去，仅以"亲亲"为"仁"的内涵，此时"仁"不再具有普遍的仁爱特征，更大程度上偏向于自然私欲。不过即便如此，倘若我们将实践判断，区分为一般的情欲目标促成的实践判断（仅仅为了满足自我私欲）和道德判断（涉及某种普遍化的判断），那么告子即便接受，任何行动都是依据实践的目标和外在独立因素两方面的结合，他仍然可以坚持"义"毕竟是不同的。这个不同就在于，"义"行中的某些"应该"的依据（比如普遍性的"敬长"）不是由内在偏好（有差异的倾向）决定的，这里的可普遍化的"应该"是由独立于我们之外的因素决定的。但是孟子通过嗜吃烤肉的问题反驳告子，即便在不同的情境中，外在的因素存在某种一致性，但是这时人们会因为这种一致性而采取类似行动的情况同样出现于自然情欲。我们不能因此就认为这种从外在因素抽象出来的某种普遍决定了行动的应当。特别对于儒家伦理来说，道德目的中有普遍化的向度，但同时也有依据情境应变的向度，这些都可以和道德情性一致，兼具普遍性与差异性，是情理合一的。这种道德情性与其说与自然情性相异而有"内""外"，不若说它们在"内""外"上呈现出一致的表现。

回到告子论"性"和"仁"的"内"与"义"的"外"的差别的问题上，他可以进一步追问，与一般处于自然情欲的实践目的不同，道德目标本身是否来自我们的偏好，还是道德的目标是依据普遍的外在因素而得来的呢？我们的道德目的是根据我们的某种情欲倾向（"内"）之动机因素得出，还是根据外在的规范（"外"）得到的？因而，孟子与告子的论辩必须要进入问题的更深层面。论辩的问题开始于任何判断都由外在的因素决定，然后深入实践判断的特殊性质，实践判断是实践目的（原则）识别相关的外在属性因素而得出结论，再到质疑道德目的本身的来源是否特殊而不同于一般的实践目的。即便告子承认，实践判断确实需要在实践目的的指导下完成，然而在实践判断中，他仍然可以继续坚持"仁内义外"：出于自然情欲的目的和道德目的仍然是不同的，出于自然情欲的实践目的是由我们的自然偏好倾向（"内"）决定的，而道德目的则出于外在的因素（由自然倾向之外的某种因素决定）。如此，在公都子与孟季子的争论中，论题进入了更深的层面。

> 孟季子问公都子曰："何以谓义内也？"
> 曰："行吾敬，故谓之内也。"
> "乡人长于伯兄一岁，则谁敬？"
> 曰："敬兄。"
> "酌则谁先？"
> 曰："先酌乡人。"
> "所敬在此，所长在彼，果在外，非由内也。"
> 公都子不能答，以告孟子。
> 孟子曰："敬叔父乎？敬弟乎？彼将曰：'敬叔父。'曰：'弟为尸，则谁敬？'彼将曰：'敬弟。'子曰：'恶在其敬叔父也？'彼将曰：'在位故也。'子亦曰：'在位故也。庸敬在兄，斯须之敬在乡人。'"
> 季子闻之，曰："敬叔父则敬，敬弟则敬，果在外，非由内也。"
> 公都子曰："冬日则饮汤，夏日则饮水，然则饮食亦在外也？"（《孟子·告子上》）

在这段讨论中，全部的论题开始集中于道德判断，可见我们上述的分析存在一定的合理性。孟季子由此直接进入对道德目的的质疑，"何以谓'义内'"，就是进一步的质问，道德的"义"是否和人的情欲倾向相关。公都子于是回答："义"的规定符合于我们"尊敬"的情欲倾向。孟季子接着反诘，按照"义"的要求，行动者必须要尊重长者，然而行动者自然的情欲倾向只是"敬兄"，而不包括这种"敬长"的普遍原则。换句话说，自然的情欲倾向只能和"敬兄"的实践判断结合起来，却不能告诉行动者应该"敬长"。"敬长"的道德目的来自外在的要求：某种外在的规范。所以孟季子说"所敬在此，所长在彼，果在外，非由内也"。

实际上，针对这个问题，孟子指出，不应该把"长"的外在因素的一致性抽象提取出来，认为"义"仅包含这种普遍的"敬长"的要求，而脱离自然偏好。道德目的有时具有相似性，有时同样具有情境适用性，这是因为道德偏好能因不同的情境进行选择。也就是说，否定了孟季子所说的某些"义"行是与情欲倾向无关的。由此，我们只能得出结论，至少，孟子看到，道德目的是和道德倾向不相分离的，道德倾向和行动者的道德目的一致，也可以帮助行动者获得"义"的判断。

除了承认"爱吾弟"是自然情欲之外，这里可以看到，孟季子同样认可"敬兄"也和其他"食色"行为一样，是由人的内在倾向决定的。换句话说，除了"性内""仁内"，孟季子同样也认可了"义"的根据之"敬兄"为"内"。这与孟子的观点已经产生了很大的一致性。当谈论道德的起点之时，孟子认为："人之所不学而能者，其良能也；所不虑而知者，其良知也。孩提之童，无不知爱其亲者，及其长也，无不知敬其兄也。亲亲，仁也；敬长，义也；无他，达之天下也。"（《孟子·尽心上》）从上述辩论来看，站在告子立场的孟季子也是认同了人有"爱亲"与"敬兄"的情感倾向的，但是却不能认同从"爱亲"与"敬兄"的情感倾向（特别是"敬兄"）能发展出的道德目的（比如普遍化的"敬长"和具体情境中祭祀之礼的道德规范）。

孟子反驳了某些道德目的与道德情性无关的看法，认为道德规范"义"以道德倾向"敬"为依据。由此，孟季子的问题"敬叔父则敬，敬弟则敬，果在外，非由内也"很可能提出了一种更强的质疑。即便所有的"义"行都出于"义"的某种动机因素：一种"敬"的情感，然而这种"敬"毕竟已经不同于孩童的"敬兄"之"敬"。倘若，这种"敬"的情感本身就是根据外在的因素而来，而不是从"敬兄"中自然发展而来，那么就连道德行为背后的动机倾向都是外在的了。因此，即便承认所有的"义"行都是和"敬"的道德倾向判断一致，这种后来发展的道德倾向都不是来自人性，而是"外"的了。

这一论据比起之前"所敬在此，所长在彼"的论据更强，因为孟季子的质疑走向了对道德动机因素本身的质疑。"敬"这种能够依据外在情境做出一致性反应的倾向，或者能够应变于不同外在情境因素的倾向，并不是内在偏好已经具有的，而也是依据外在的某种规范或因素发展而来的。

公都子反驳的回答是："冬日则饮汤，夏日则饮水，然则饮食亦在外也？"一般认为，这一反驳和上述"耆秦人之炙，无以异于耆吾炙，夫物则亦有然者也，然则耆炙亦有外欤"的反驳一样，都诉诸在"内"的"食色"之性。但其实这两个回答针对的问题并不同。关于"烤肉"的案例论证了实践判断受实践目的的指导，而"义"行和"食色"一样都由我们本身的实践目的与原则结合外在独立因素得出。尽管实践目的指向的对象外在于我们，但是爱吃烤肉的偏好和"仁义"的道德目的来自人自身的倾向。而"冬日则饮汤，夏日则饮水，然则饮食亦在外也"讨论的是从自然情欲出发如何发展出完善的有关实践规范和知识所需要的情感倾向。尽管，公都子在这里的回答并未直接告诉我们从"敬兄"的自然情感倾向如何能够发展出完善的"义"所需要的"敬长""敬尸位"的道德情感倾向，但是公都子却向我们解释了一种人们获得有关道德目的的知识可能的看法。

我们知道道德目的和规范和我们人性所具有的自然情性密切相关。发展自然情性到完善的道德情性有一个与自然世界、社会生活等外在情境交互影响并学习的过程，这一过程也是"人性"。人的自然情欲，比如喝水、吃饭是可以学习并适应环境的，因而通过这一过程，人与环境形成一种和谐相处的关系。如果这一过程不被视作反人性的、不自然的，那么何以从孩童的爱亲、敬兄发展到完善"仁"与"义"以安身立命于自然世界与社会生活就要被视作外在的呢？

道德情性可以具有某种普遍性，也可以对环境因素敏感而又是具体的，这两者并行不悖。道德目的和规范的来源和一般的实践知识具有一定的相似性，都是人性通过自我的实践寻求一种和外界相处的最佳状态，寻求这种最佳状态何尝不是人性？这一目的同样也是一种自我实现。一般的实践知识是由我们的自然情性结合具体的情境，从而不断寻找最佳的实现这些倾向的方式，最后得到完整的实践知识。而道德也同样，从原初的道德情性开始，并在实践中，逐步获得最佳的实现这些道德情性的"仁"与"义"，并妥帖安置自身于世界中，最后得到完善的道德。道德目的与规范顺从于自然道德情性的发展，这种可以根据外在对象的一致性做出相同反应，或依据不同环境应对的道德情性和自然情性相同，是情欲倾向根据具体情境，寻找到最佳的满足或表现方式发展而来的。如果说，"嗜吃烤肉"不论秦楚，或"冬日饮汤，夏日饮水"能应对于具体环境变化，这些都不被认为是"外在"的，那么从"四端"之性发展为能抽取某种普遍化对象的能力，并同时能应变于不同情境的"仁义"和道德为什么独独被视作外在的强加？因此，根据这种道德情性而得出的道德目的的"义"也就不是外在的了。因而，孟子以为将"食色""仁"视作"内"，而与"义"区分开来的论述是错误的。

（四）"仁内义外"与"性善论"

信广来总结了最常见的三种对"仁内义外"的诠释：（1）"义内"是指行动者"义"的行动必须包含真诚的动机；（2）"义内"是说"性"中有义，人们已经有"义"的偏好，即"义"行来自人的本性；（3）有关于"义"的知识来自"心"的特定特征。当他将（1）（2）与告子的论述对照，得出（1）（2）并不符合论辩的主题，而只有（3）符合全部文本，他的考察是有合理之处的。然而（3）并不排斥（1）和（2）。在整个论辩的过程中，论辩的主题不变，但问题却在同一主题下不断深入，从而使得由开始的认知判断，到实践判断，到对道德目的的形成依据的追问，随着问题的深入，使得（1）与（2）的问题逐渐涉及讨论的范畴之中。由于论题追问道德行为的内在动机，再到道德知识与动机相合一的"仁义"是如何形成的①，关于"仁内义外"的讨论事实上已然和孟子的"性"论相关联了。"性"是否能够完整发展为与儒家"仁义观"相匹配的道德动机？这一发展过程是否也是顺"性"而为，是内在自然的？如何从"不学而能"的"良知"发展到"达之天下"的完善德行？

"仁内义外"最终和"性善"的讨论密切联系在了一起。由于告子更注重合"义"的行为是"善"，虽然站在告子的立场，他即便承认"爱亲"与"敬兄"的自然情感，但他否认这种自然情感能够给我们完整的有关道德目的和规范的知识，并且仅从自然情感无法发展出完善的道德动机。孟子则坚持，一切合"义"的行为，都必须以行动者真正的动机倾向为前提〔以（1）为前提介入讨论中〕，道德的目的和人的道德动机倾向不可分割。孟子以"四端"为善，坚持相信从"四端之心"能够发展出完善的"四德"，这一过程顺势而为，而非逆势而行，故坚持"性善"〔最终问题回到（2），"性善"强调人性中本来具有对道德的偏好和发展的材质〕。除了对"性"和"善"概念理解的不同，两者的分歧更涉及实质性的哲学问题：道德有没有人性基础，"性"如何趋"善"？但是，要完整回答告子的提问，孟子必须从正面回答并解释，从"四端之心"如何能够发展出完整的德行。由于"仁义"之行必须从行动者真诚的动机出发，有完整的道德知识也就意味着行动者也必须同时有恰当的动机状态来配合行动者的道德判断，也就是拥有完善的德行。那么，由于孟子的上述理论特征，这就最终指

---

① 这里，我们顺着信广来的思路一直沿用"道德知识"一词，事实上，对于具体行动而言，应用道德的知识也就构成了道德的理由。对于告子来说，由于道德知识源于"外"，道德的知识和真实动机相割裂，也可能会与内在理由发生冲突，从而需要以"不动心"强行去做。但对于孟子来说，君子的道德知识、行动理由和真实动机都是一致的。所以，从这个层面来说，我们也可以认为在第二段"仁内义外"的讨论中，孟子认为一个人实践道德的理由和他的动机应该相互符合一致，是一种情理合一的状态。

向了德行修养的问题,没有修养实践之"用",对"体"的理解也就树立不起来。道德修养只可能反过来决定孟子学说的说服力。就告子来说,依据外在的规范,可以帮助人获得不能依据道德倾向得出的道德知识,所以修养须从"外"入手。而对于孟子来说,道德修养必须先从发展完善道德倾向开始。完善的道德倾向是从内在的"善性"能够抽取相关的道德因素并追求与环境的和谐共处发展而来的。

孟子言"性善",人从"四端"出发到实现"四德",从"爱亲""敬兄"的良知良能到君子圣人的"达之天下",孟子除了将这一从善过程比作"水之就下",也将这一过程比作植物的自然生长。因此,完善的德行和人性基础之间的关系就如同种子和大树间的关系,为种子提供适宜的养分和适宜的生长环境是种子生长的必要条件,但是树的形态是由种子自身决定的。倘若这样理解"性善"和"行善",那么"仁""义""礼""智"从整体来说,其生发基础都是一致的。"仁"与"义"多体现为不可分割的整体,代表着孟子的伦理理想,它们必须有着统一的基础,实现这一理想的修养方式也是一致的。告子提出将"义"与"仁"分割开来,以为不能由人自身的某种"本性"实现来获得完整的知识与动机,这会严重破坏"性善论"的整个框架,所以被孟子视作"率天下祸仁义"的"淫辞邪说"典范。孟子批评告子"仁内义外"不仅是为了论证"义内",更是希望使整个道德体系与"内"产生必然的联系,以突出"性"可成善,人们成就德行有人性基础以佐证他的实践理论。孟子虽然也承认植物的自然生长不完全脱离外在的环境因素,以及人为的正确努力,但他更强调"一本",在道德发生养成方面,所有的德行都必须有着统一的"内在"基础。而为了实现"性善"这一理论承诺,孟子也必须提供行之有效的修养方法,来证明从"性"出发,人们的道德修养是可趋于完善的。在"不动心"的讨论中,就涉及了"性善"问题和德行修养方法之间的关系。而在"不动心"章节中,也可以看到,告子对孟子"仁义观"的"歪曲",是和他"错误"的修养方法紧密相连的。

三 "不动心"

（一）"不得于言，勿求于心；不得于心，勿求于气"

孟子与告子的第二部分的争论中，主要讨论了"不动心"的相关方法。多有学者关注到"不动心"问题，和孟子论自我修养（self-cultivation）密切相关，而"不得于言，勿求于心；不得于心，勿求于气"这十六个字更成为诸多诠释的焦点。①

要理解"言""心""气"的关系，不妨先整理一下孟子"知言"的主题。关于这段中出现的"言"的问题，历史上的诠释又以赵岐和朱熹的诠释最为典型。赵岐的诠释如下：

> 不得者，不得人之善心善言也。求者，取也。告子为人，勇而无虑，不原其情。人有不善之言加于己，不复取其心有善也，直怒之矣，孟子以为不可也。告子知人之有恶心，虽亦善辞气来加己，亦直怒之矣，孟子以为是则可，言人当以心为正也。告子非纯贤，其不动心之事，一可用一不可用也。②

赵岐的注释以"知言"指向"知人"，将"不得于言，勿求于心；不得于心，勿求于气"中的"言""心""气"的所有者视作他人之言，最终问题落于对他人言论是否采纳及应对他者的言论采取何种态度。这种诠释可能与《论语》中所论"知言"的主题相关，"不知言，无以知人也"（《论语·尧曰》），"知言"是为"知人"。不过就《孟子》而言，这段"知言"的论述重点还是伦理问题。关于

---

① 在这一节中，关于《孟子·公孙丑》的段落，将集中讨论"言""心""气"和"不动心"之道的关系，围绕道德修养方法和相关的道德失败展开。这一节中还有一部分是关于"勇"的不同的论述文本，将放在第二章附论"孟子论'勇德'与'小勇'的道德失败"中集中研究。

② （明清）王夫之：《读四书大全说》，中华书局1975年版，第194页。

"知言",孟子接着说:"诐辞知其所蔽,淫辞知其所陷,邪辞知其所离,遁辞知其所穷。"又说是"生于其心,害于其政;发于其政,害于其事。圣人复起,必从吾言矣。"(《孟子·公孙丑上》)除了"知人","知言"的目的还在于消除"政"与"事"之害。"知言"则是为了确立正确的"言教"以指导实践活动。因而,虽然,文本中"言""心""气"并未指定所属对象,但不应该片面理解为他者的"言语""言论",而是指各种有关伦理实践的"言教"。"知言"的目的也并非仅为评价他人,而是看重"言"及对实践的影响作用。所以,赵岐之诠释并非全无依据,但是片面而没有揭示出孟子在这里引告子所论及的主题。

另一种则以朱熹为代表,以《四书章句集注》中朱子的注释为例:

> 孟子诵告子之言,又断以己意而告之也。告子谓于言有所不达,则当舍置其言,而不必反求其理于心;于心有所不安,则当力制其心,而不必更求其助于气,此所以固守其心而不动之速也。孟子既诵其言而断之曰,彼谓不得于心而勿求诸气者,急于本而缓其末,犹之可也;谓不得于言而不求诸心,则既失于外,而遂遗其内,其不可也必矣。然凡曰可者,亦仅可而有所未尽之辞耳。若论其极,则志固心之所之,而为气之将帅;然气亦人之所以充满于身,而为志之卒徒者也。故志固为至极,而气即次之。人固当敬守其志,然亦不可不致养其气。盖其内外本末,交相培养。此则孟子之心所以未尝必其不动,而自然不动之大略也。[①]

这里所述"言""心""气"并不是特指他人的,朱熹并未明确界定"言"所属的对象,而是讲更为宽泛的"言"。另外,朱熹有言:

[①] (南宋)朱熹:《四书章句集注》,第231—232页。

"告子之辩屡屈，而屡变其说以求胜，卒不闻其能自反而有所疑也。此正其所谓不得于言勿求于心者，所以卒于鲁莽而不得其正也。"① 可见，朱熹以为告子之"言"的问题在于：告子不在乎自己言论是否应该通过"心"的反思予以更正。那么，告子的"不动心"似乎忽视"言"的正确性。

尽管，由于将"言"和"心"的关系打断了，告子看似不在乎"言"在"心"的判断中正确与否，但如果就此认为告子彻底地放弃了对"言"正确性的重视，这样对告子的评价可能有失客观性。② 尽管如此，在这段诠释中，朱熹并未将争论的主题仅落在是否应当反思考察"言论"正确性的问题上，而是多在进一步谈论"言""心""气"的内外本末关系，并最终回到"不动心"的培养方法上。也就是说，尽管朱熹认为告子有"言有所不达"就"舍置其言"的问题，但是仍然将"孟告之辩"的主题定在道德修养的核心问题上，并认为这种修养方法和告子"仁内义外"的主张是相互关联的。

由于这段的主题涉及自我修养和"仁内义外"的讨论，从赵岐的诠释则很难看到这种联系。由于这段文本应和通过"志""气"来梳理"不动心"的正确培养方法，赵注确实偏离主题。朱注："于心有所不安，则当力制其心，而不必更求其助于气，此所以固守其心而不动之速也。"朱熹对于"心""气"做解释时说，"当力制其心"，"固守其心而不动之速"，"力制"与"固守"都涉及"心"之"志"，所以朱注对于"不得于心，勿求于气"的理解着眼于"志""气"的关系，朱熹的诠释是和自我修养的主题相联系的。

---

① （南宋）朱熹：《四书章句集注》，第333页。
② 在"知言养气"的问题上，朱子强调"知言"的重要性，并认为"知言"方能为实践确立正确的目标。按照这种对孟子的诠释，朱熹则以为告子的错误在于对言论的忽视，从而造成了对告子解读的误区。事实上，通过下述讨论，我们仍然可以保留告子的错误，但不误读告子的立场。

总体而言，如果我们将历史上对"不得于言，勿求于心；不得于心，勿求于气"的诠释大致分为赵岐注和朱熹注两大类。赵岐的注释片面，而且偏离"不动心"的主题，并且也不能解释自我修养和"仁内义外"的关系问题。朱熹的注释可能存在对告子看法的偏见，但仍然围绕"言""心""气"的内外本末关系，并最终以"不动心"的培养方法为主旨，还需要进一步考察。

(二) 道家的告子抑或墨家的告子

"告子谓于言有所不达，则当舍置其言，而不必反求其理于心"，在这段朱熹的诠释中，朱熹认为"不得于言，勿求于心"的告子是要放弃"言"的重要性，而不反思"理"之本心。根据这种看法，告子就和不重视"言"的道家思想更为相似。我们可以进一步参考同样认为告子不关注"言"的正确性的另外两位学者的诠释，来进一步分析这种诠释的问题。

对告子的"不动心"准则的理解问题实则需要追溯到告子的学术渊源的问题。王夫之以为"先须识得告子是何底蕴，方于此一章大义得其贯彻分明"。王夫之将告子判为道家学派。在"言"与"心"的关系上，告子以为"义外"，"言"不能得于"性"，那么对于"言"则应"舍置"不求。"乃其云'生之谓性'者，亦谓有义有理，因而言有不得，皆非性之所有，非其所有，故不当求也。"在"心"与"气"的关系上，告子认为"气"也不当求。由于"气"与物发生关系时，会动心，便不能任气来伤害"心"，"盖气者吾身之与天下之相接者也，不任其所相接者以为功，则不求胜于物，而物固莫能胜之，斯以荣辱利害之交于前而莫之动也"[1]。所以"不得于心，勿求于气"的意思是不能因为"气"而更改伤害动摇自己的"心"，不动心的关键在于固守自己的"心"，而此过程中"言"和"气"都是不当求的对象。因此，由于王夫之同样认为告子不重视"言"的重要性，对于告子的"不得于言，勿求于心；不

---

[1] (明清) 王夫之：《读四书大全说》，第531页。

得于心,勿求于气"可以看作是对朱熹看法的进一步诠释。①

然而,这里就会产生一个疑难,告子说"生之谓性","义"与"言"在"性"外,这在"食色,性也"与"仁内义外"的章节是却有所证的。但是,这是否就意味着"言"不当求?

徐复观和王夫之的观点有类似之处,同样将告子归为道家学派,并认为告子的"自我"追求指向"食色之性":"孟子所说的'内',是指内心之所发。告子以自我为'内',而他所看到的自我,并不是立足于内心之德行,乃指的是以生而即有的一切欲望的活动。"② 特别值得注意的是,将"性"与"内"作为行动的合法性依据是孟子的特征,而不是告子的特征。孟子认为道德来自"人性",来自"内",告子完全可以摒弃这一观点。如此,告子虽然认为自然之情欲为"性",他同样可以认为,这种"性"不具有道德的价值。这样,当徐复观得出结论"'不得于言,勿求于心;不得于心,勿求于气',一切只听其自然,也正是某一部分道家的人生态度"③,也就认为告子追求自然之性,实际上是以孟子关于道德规范性来源的看法套用到告子的道德修养方法上,默认告子也以"性"与"内"为道德根据,故而将告子归为"为我"的"杨朱"。

总体来说,将告子视作听任自然的那种道家,以为当言论出现问题时,告子舍弃了"言"而追求自然之"性"("心"),将告子视作听任"食色"之自然情欲的"为我"的杨朱之一端,前提条件必须是,告子同样以追求内在的"性"为道德目标。然而,"心"追随"性",并且将"性"作为道德之"心"的内容,是孟子理论的特色。从文本看来,我们并不能确切知道告子在这里所说的"心"究竟指什么,也不清楚"性"在告子的伦理理想中起到何种作用。

另一种将告子理解为道家的备选方案,是舍弃"言"的庄子,

---

① 即王夫之和朱熹都认为在"言""心"关系中,告子舍弃"言";在"心""气"关系中,告子舍弃"气",制守"心"。
② 徐复观:《中国人性论史·先秦篇》,九州出版社2014年版,第109页。
③ 徐复观:《中国人性论史·先秦篇》,第110页。

但是在庄子，舍弃"言"的同时也需要舍弃"心"，真正值得遵守追随的只有"气"。倪德卫从《庄子》中找到了类似的关于"言""心""气"关系的文本，在《人间世》，颜回询问"心斋"的方法时，孔子回答：

> 若一志，无听之以耳而听之以心，无听之以心而听之以气。听止于耳，心止于符。气也者，虚而待物者也。唯道集虚。虚者，心斋也。

"气"成为真正值得追随的对象，以相似的格式言之，庄子的修养方法就是"不得于气，勿求于心；不得于心，勿求于言"。如果以庄子在这里所展现的道家而论，耳目同样不是值得追随的对象，真正值得追随的是"气"，因为"气"指向"虚而待物"之道。这里的听任自然，并不是追随"食色"之耳目之欲，而需要清空耳目之欲，并且"无听之以心"，将自己交付于自然之道。那么这段庄子的修养方法就和告子、孟子都有别。

所以，从杨朱和庄子两种备选方案来看，如果说告子类似杨朱，那么未必告子就和孟子一样，认为道德源于"内"，只有追求自我情欲才有价值，那就使得他之前的"性无善无不善"及"仁内义外"的论述有矛盾；如果认为告子类似于庄子，那么按照朱熹、王夫之的诠释，告子是制守其"心"，而不追随"气"的，和庄子的方法也有别。

朱熹、王夫之、徐复观的诠释的主要问题都是对"不得于言，勿求于心"这句的理解。李明辉曾就徐复观的看法提出质疑："在他（徐先生）对于告子的'义外说'与'不得于言'等十六字的诠释之间，存在一个逻辑缺口。这是以朱注为本的传统诠释最不能令人释然之处。"[①] 这个逻辑缺口就在于告子的"十六字"原则应该做一

---

① 李明辉：《孟子重探》，台北：联经出版事业股份有限公司2001年版，第19页。

致的逻辑关系理解。如果我们将"不得于言,勿求于心"理解为告子对"言"的舍弃,但是在后半句"不得于心,勿求于气"又诠释为对"气"的舍弃,那么两句的逻辑关系就并不一致。两句是平行关系,如果后者意味舍弃"气"而追求"心",那么前者也就意味着舍弃"心"而追求"言",反之亦然。而由于孟子对后半句的关系是持认可态度的,孟子不可能承认庄子的那种追随气而舍弃心的修养方式,所以正确的理解应该是告子认为"心"必须符合"言"(道德教旨,teaching)。因此,也就如李明辉所论,可以将告子的句子改为:"得于言,乃可求于心;得于心,乃可求于气。"如此看来,告子的准则并非要舍弃"言",而是极其看重"言",将"言"视作行动的最高准则。

这种诠释的结论则将告子推向了"墨家"而非"道家"。倪德卫也得出这一观察,与庄子的(舍弃"言")清空自我相反,告子是(以"言")充实自我。

杨伯峻引两则文献以说明告子可能受教于墨子,一则源于《墨子·公孟》出现多处对告子的指点;二则为梁启超考墨子年代,梁认为孟子中年见老年告子,告子并非孟子弟子,从年代来说,告子年轻时师从墨子年岁相符。[①] 但是将告子视作墨子后学也有疑难,因为从"不动心"章节来看,告子显然在德行修养方面多有用功,而一般以为墨学不够重视自我修养。墨子的道德理论多从"功用"出发,往往脱离行动者的真诚动机。有时,他以为外在的权威可以有效更改人们的行动方向,有时他又通过鬼神的信仰来驱动人们行动。无论诉诸外在权威,或者鬼神的信仰,都不必使得行动者具有自主的真诚动机来实践道德行为。然而,倪德卫提出了一些有价值的看法,尽管墨子常以"兼爱"之利来证明人们应当"兼爱",或以先王之例来证明实施"兼爱"的可能性,但这并不排除将墨子解读为"唯意志论"者。即如果人们可以接受墨子的理论形成"兼爱"信

[①] 杨伯峻:《孟子译注》,第63页。

念，那么他们就会知道他们应该拥有这些情感。而这种情况，就像人们被说服之后决定移动他们的四肢一样。如此，实施兼爱的信念也很有可能就是真诚地出于爱的情感。在这种情况下，墨子很可能以为，只要做出决定，就可以调动情感、倾向付诸行动。倪德卫以为这种对墨子"唯意志论"的解读很可能就是告子后来采取的立场。另外，由于墨子同样认为人性是可塑的，所以顺着墨子的理论发展趋势，墨子势必也会走向德行修养的问题：当人们知道怎样做是明智的、有利的，人们如何更改塑造自己的情欲倾向来服从自己的信念。在《墨子·公孟》中对告子的指点正是指向了自我修养的问题。"政者，口言之，身必行之。今子口言之，而身不行，是子之身乱也。子不能治子之身，恶能治国政？子姑亡，子之身乱之矣！"为了追求言行合一，告子被要求"治子之身"。这些都说明尽管可能师出墨学，告子仍有可能发展出自己的德行修养理论以完成"治身"的目标。[①]

上述争议的困难，其实还是要回到之前所论，对孟子而言，虽然有"天下之言不归杨，则归墨"的论断，但以此来分析每个孟子论辩对手的学术派别并定性时，能够提供给我们的往往只有参考价值，而无定论。因为这些论辩对手多在前人基础上有所发挥，而他们呈现的"言"的问题才是围绕在杨、墨的典型错误上。于告子而言，其情况也是类似的。一方面，告子将"性"和"仁义"分开，甚或"仁"和"义"分开，就是将人之情性和道德要求割裂开来，是属墨子的典型错误。另一方面，当这种割裂产生之时，究竟是选择追求全然自我的"情性"，还是普遍的道德言教呢？更重内心的自我感受，那就更似杨朱；更重外在可普遍化的言教，那就更似墨子。

在"仁内义外"的讨论中，我们不难发现，告子多次以"义"的一种普遍化特征来质询孟子"义"不源于"内"，但同时，又能

---

① 参见 David S. Nivison, *The Ways of Confucianism*: *Investigations in Chinese Philosophy*, edited with an introduction by Bryan W. Van Norden, Open Courtprinting, 1996。

够判断出"长人之长"的普遍应当性。因此，告子对于"义"的道德判断很可能是与孟子类似的。

也就是说，告子和墨子更为类似，且同时认为人性是"无善无不善"的可塑材料。与道家舍弃"言"相反，告子接受"言"，但是告子接受的"言"并不来自人性，不来自"内"，而很可能类似墨子，是通过权威、"功用"等外因得来，所以他以为"义外"的同时，并不否认"义"行所涉及的敬长、祭祀等具体做法。告子与孟子的争论并不在于告子反对"言"并决定舍弃"仁义"，相反，他可能坚持"言"并接受"仁义"所指向的具体的言教的规范。但是，他的"仁义"的来源根据和孟子不同，也不认为行为必须发于"内"是值得追求的。由于这种对道德根据来源认识的差异，和道德行为理由动机理解的不同，致使他的自我修养不同于孟子，采取了一种"勿求于心"，强用意志追随信念的方式来实现"不动心"。

如果上述看法正确，那么回到朱熹对"不得于言，勿求于心；不得于心，勿求于气"的诠释的问题。朱熹并非没有看到孟子在此的论辩主题是德行修养问题，也并非忽略了"仁内义外"与"不动心"问题的联系，更非于"志""气"关系无所用心，而是朱熹可能错误解读了告子的真实立场，对告子没有形成客观公允的看法。

(三)"言""心""气""志"的关系问题

朱熹对告子的误解和他的学术立场不无关联。黄俊杰在分析朱熹诠释孟子之学的特点时认为，朱子的诠释在儒学思想史上有两方面的重要意义。(1)"知"何以可能？也就是"心"与"理"的关系问题。(2)"知言"与"养气"何者为先？也就是"知言"与"养气"的关系问题。在第一个问题中，朱熹认为"天下之物，莫不有理"，而"人心之灵，莫不有知"，通过"心"之"知"能够把握统摄"理"，如此"知"则为可能。继而，"集义"的工夫就被视为积聚事物之理的过程，成为一种认知活动。所以黄俊杰认为，朱子以"知言"为"养气"的前提，而由此激起了王阳明、黄宗羲等后儒的批判。批判的焦点则在于：(1)"集义"是求本心致良知还是格物以穷理；（2）"知言"与"养气"何者为先，两种工夫之间的关系问题。①

黄俊杰的上述分析为我们指出了考察关于"不动心"的一个重要视角。朱熹看重"知言"的重要性事实上把握了整个"不动心"章节的论述要点，孟子关于"不动心"问题的论述最终指向"知言"的重要性。因此朱熹将告子直接判为反面的不重视"言"，这虽然符合论题的主要逻辑，但略显草率。朱熹对告子的诠释存在误解，告子并非不重视"言"，而是在实践过程中过分看重外在的"言"，以强制其"心"。正是这种"不动心"的方式，最终又反过来使得告子丧失了对"言"的正确判断能力。告子之所以不具备真正"知言"的能力，和他的"不动心"的"养气"方式存在关联。由此，"养气"反过来指导"知言"，仅以"知言"指导"养气"的看法是片面的。后儒对朱熹在这一问题上的批评不无道理，但他们又往往忽视了论证告子的真实立场。与其说"知言"与"养气"有先后关系，不如说两者是一个动态的过程。"气"越"养"越有助于正确地"知言"，越"知言"也越能够进一步把握"养气"的方向。但是对于真正有德者而言，"知言"的保障不是外在规范给予的，而是从自己的内心出发的，如此才能具有对"言"判断的灵活性。在接下来的分析中，我们重申告子的立场，并最终回到"知言"与"养气"的关系问题，并最终厘清告子道德失败的错误原因。

通过对以往诠释者的分析，我们厘清了告子的学术取向，并由此明确了告子"不动心"准则的涵义，由此我们可以开始讨论在孟子看来，"言""心""气""志"有着什么样的关系，正确的"不动心"的修养方法是怎样的。

我们先来看"言"。"言"的内涵与有关伦理要求、规范、目标的教条和学说相关，西方学者们多将"言"译为"maxim"（准则）、"doctrine"（信条）、"teaching"（教旨），笔者以为是恰当的。"心"

---

① 参见黄俊杰《中国孟学诠释史论》，社会科学文献出版社2004年版。

的问题则略复杂，参照这段文本：

> 告子曰："不得于言，勿求于心；不得于心，勿求于气。"不得于心，勿求于气，可；不得于言，勿求于心，不可。夫志，气之帅也；气，体之充也。夫志至焉，气次焉。故曰："持其志，无暴其气。"（《孟子·公孙丑上》）

在"不得于心，勿求于气"之中，"心"与"气"相对应；而后"夫志，气之帅也；气，体之充也"，"志"与"气"相对应。所以"心"有"志"，能主宰"气"，这是孟子、告子都认可的部分。"志"，朱注为"心之所向"，可理解为"心"的选择方向。既然"志"是"心"之所向，那么所向的内容是什么？从告子的立场来看，"心"之所向的内容指向正确的"言"，"心"可以选择外在的伦理规范为方向。"心"可以指向外在的伦理规范，也可以指向别处，比如可以指向"食色"之自然情欲。"仁"和"食色"之情欲，与"义"不同，在"内"。孟子言"义内"，也就是将"仁义"视作人心所固有，所以"仁义"在孟子看来是"内"。这样，总体来说，"心"首先有"志"，就是有做出选择方向的能力，但选择的内容可以是外在的某种规范，也可以是内在的倾向，其中也包括"仁义"的道德倾向。由于告子和孟子都同意"心"对"气"的主宰功能，他们都认可心之"志"。然而对于"内"包含什么样的内容，两者的观点存在差异。

我们先看告子，从"仁内义外"的讨论来看，告子不同意"内"里面"义"的道德倾向，由于告子的"仁"也不是具有普遍性的关爱同情而只是"爱亲"，所以从总体来说，"仁义"的道德倾向就都不在告子所认可的"内"的内容里。但是"心"并不必然指向"内"，告子仍然可以"心"指向外在的"义"的规范，通过"心"指向外在的"言"来约束自己。

第一章　理念差异：孟子论"淫辞邪说"　111

在孟子看来，"心"的内容里包括"仁义"的道德倾向①，因而孟子认为"心"才是外在"言"的判断依据，就是依照内在于"心"的"性"反过来判断道德规范的恰当与否，这是告子与孟子的不同。孟子与告子相似，认为"心"有"志"，可以决定"心"的方向，并能坚守这一方向。孟子与告子相异，告子之"内"没有道德"仁义"的倾向，而需要外在的"言"来指导"心"的方向，孟子的"心"以"仁义"的倾向为内容，可以以反思行动的规范与原则指导行动。

由此，"心""志"与"言"的关系就明确了，在孟子看来，"心"由"志"来定向坚持"仁义"，"仁义"的道德倾向就在"心"的内容里，所以"仁义"的道德倾向能为"言"提供合理的判断依据。"言"可以由"心"通过"仁义"倾向加以判断并确定。所以，正确地处理"言"与"心"的关系，就能够"知言"，"不得于言，务求于心"，"心"中的"仁义"倾向能为"言"提供判断与更正的标准。

"气"的问题则比较复杂，诠释纷繁多样。倪德卫和信广来将"气"翻译为"vital energy"（生机勃勃之能量），这种译法保持了"气"的丰富的涵义，但是还需要进一步的线索来帮助理解。

赵岐注："气，所以充满形体为喜怒也。"将气解释为推动身体发生情绪变化的原因。李景林考察了《马王堆汉墓帛书·五行篇》中有关"义气、仁气、礼气"的论述，他认为："孟子提出志、气关系探讨身心关系问题，并把'气'作为'才'而归结为'性'的一个环节。显然是对《五行》篇'心'、'气'观念和'身心观'

---

① 本书将"心"中的"仁义"理解为来自道德情性而不仅是道德理性，因为孟子"仁义"的发端是有差异性的"亲亲""敬兄"之良知与有普遍性的"恻隐之情"。孟子注重等级差异性的"仁"，而普遍性的"仁"又可以从"老吾老，幼吾幼"推扩出去。所以孟子"仁义"的来源是兼具自然情感差异性和道德普遍性要求的道德情性。

的发展和系统化。"① 对照《五行篇》的相关内容，李景林以为"此处所言气……皆指一种与心相关之'情'和力量、冲动之表现"。李景林的诠释和赵岐注都侧重"气"在发动人们的情感、冲动方面的动机力量。李景林更进一步认为，在孟子看来，"性、心、情、气、才，实一体不可分者"。谈到人们为何不能实现天生的才具时，他强调："人白昼与外物相接，往往受思虑计度的影响，易为外物所引，从而蒙蔽了人之'良心'，同时也就丧失了与之相伴随的'气'。"②

王夫之则以心物关系言"气"，认为"气"是人自身交接外物的媒介，"盖气者吾身之与天下相接者也"。"气"与物交接，则有时胜于物，有时被物所胜，只有当志将"吾心智虚灵不昧以有所发而善于所往"，才能将正气充满自身应物而胜于物。而当物战胜"气"之时，"心"就会被荣辱利害动摇。这里"气"成为心物交接的媒介，用志定向于善"性"，就不会被外物所动，走向正气或清气，成就德行。③

从道德失败的原因来看，李景林与王夫之在这里对"气"的理解有相同之处。他们都认为道德之"气"是某种伴随着"心性"的产物，而与外物（或一般的浊气）间存在一种对抗关系。这种诠释有令人困惑之处，困惑的原因之一在于：倘若"气"与物是对抗关系，人心之所以为荣辱利害所动摇，是由于物的影响，而由"心"主导的道德之"气"为物所胜，或消磨掉了。但是这个物是怎么影响到人的呢？是通过"气"，还是不通过"气"？如果通过"气"，那怎么能说"气"与物是对抗关系？如果不通过"气"，那就只能通过"心"了，一个会被物引诱动摇犯错的"心"，又如何能够成为"气"的指导者呢？

"气论"在中国思想史上实在是一庞杂的体系，但仅从《孟子》

---

① 李景林：《教养的本原：哲学突破时期的儒家心性论》，北京大学出版社 2009 年版，第 199 页。

② 李景林：《教养的本原：哲学突破时期的儒家心性论》，第 250 页。

③ 参见（明清）王夫之《读四书大全说》，第 531 页。

文本提出以两点质疑。(1) 在孟子论自己养浩然之气的段落之前,孟子谈到北宫黝之养勇。北宫黝之勇是存在问题的,因为他不能忍受任何的挫折,而感到巨大的耻辱,这种耻辱使得他激发出非凡的勇气。在这一案例中,北宫黝对勇气的错误培养不能直接联系到外物的引诱。相反,他出于"知耻"使得他能抵抗来自外在刺激的感官痛苦,但是他的养出来的"气"使得他的行为背离了道德目标。北宫黝并非缺失"气",或者"气"为物所胜,而造成"养气"的失败。"气"本身就有不正确的激发方式,所以李景林以为受外物引诱而丧失"气"的情况不能完全解释北宫黝的道德失败。同样,由于北宫黝的勇气是被内心极端过度的"羞耻"感激发起来造成了道德失败。北宫黝的"气"并未直接与外物交接,也出现了道德失败,所以王夫之将道德失败理解成为物所胜似乎也是和孟子的批评不一致的。

(2) 有必要注意到"气"与"浩然之气"的差别,孟子在谈到"气馁"(某种"气"的丧失)之时,他的意思是,并非所有的"气"都能"配义与道,无是,馁也",只有浩然之气是全然配合"义"的,所以行一不"义"才造成"浩然之气"的委顿。而王夫之和李景林似乎都以为,一旦发生道德失败,总是"气"被击败或丧失,其实只是"浩然之气",即根据道德倾向培养出来的"义气"会被击败或丧失。所以总体来说"气"有不正确的冲动之气(比如北宫黝的勇气)和"配义与道"的浩然之气。

> 敢问何谓浩然之气?
> 曰:"难言也。其为气也,至大至刚,以直养而无害,则塞于天地之间。其为气也,配义与道,无是,馁也。是集义所生者,非义袭而取之也。行有不慊于心,则馁矣。"(《孟子·公孙丑上》)

这里公孙丑是问浩然之气,孟子回答都以"其为气也"开头开始论述,所以"至大至刚","配义与道;无是,馁也",都是在描述

"浩然之气",而非一般的"气"。一般的"气"与"性善"之"性"不存在必然关系,所以才要管束而"无暴其气"。笔者以为更加正确的理解是,出于一般的情欲冲动的"气"需要受到约束与管制,而出于仁义倾向的浩然之气可以帮助人们履行道德责任。这种浩然之气是一般"气"的一种特殊案例。发生道德失败之时,存在着各种一般的"气"过剩而浩然之气委顿丧失的情况。"气"与物发生关联,就如同所有情感冲动与外在的对象和情境发生关联的情况相似。由于"气"是出于人本身的情欲倾向所激发出的,所以有时这种道德失败直接与外物有关,而有时则不直接相关,而仅是因为"仁义"倾向之外的情欲冲动超出了应有的界限。①

"气"可以听随"志"的指挥,帮助推动人们的行动。可以联想到,孟子有时将"四端"比作四肢,将实践"仁义"比作为长者折枝,由"心"的意愿可以推动四肢的行动。那么,是否"心"推动四肢,就和"心"推动"气"有着类似的原理呢?这种推测与文本有一定的关联,因为孟子说"气,体之充也",接着就将"气"与"志"的互动关系比作跑步突然跌倒,"志一则动气,气一则动志也,今夫蹶者趋者,是气也,而反动其心"(《孟子·公孙丑上》)。一般情况是"心"的意愿决定四肢的活动去奔跑,但偶尔四肢受到冲击,则会违背"心"的意愿跌到。从文本来看,这是解释"志""气"关系的直接案例。② "气"随"志"推动人们行动,类

---

① 从"气"与物的关系来看,任何的动机倾向都需要某种外在的对象来激发。就"仁义"而言,也需有"亲"可孝,有"长"可敬。倘若在杜绝外物影响的情况下,那么道德的情性也将失去目标,不再有道德的意义。所以用外物来对道德失败进行解释存在严重的问题。就"夜气"的问题而言,在失却其他情欲诱惑的目标之时,孟子也许相信,道德的情性具有更强的力量,可以不受其他情欲倾向的影响而清晰地呈现、生长。然而,这种道德情性如果要真正发挥作用,就必须进入具体的道德情境中,与外物发生关系。

② 也许学者会质疑在这句中,孟子可能仅仅是从修辞喻义来解释更为复杂的"志""气"关系。但由于从多处文本来看,可以将"气"理解为推动行动的生理的动机发动能力,所以我们也应该更加重视孟子在这里的文本意思。

似于"心"推动身体四肢,如此"气"也就是一种近似于生理上的动机运作机能。"气"是一种生理机能,并不必然与"性善"之"性"相匹配。这种机能一方面可能根据身体的情况脱离"心"的控制,比如在极端的愤怒或痛苦之时;另一方面可能出于外在的某种刺激,比如突然被绊倒。

因此,"心"与"志""气"的关系也较为明确了。"心"可以指向许多内容,但是孟子特别强调"心"中有"仁义"的道德倾向,"志"是心的一种定向能力。在孟子看来,"心"负责定向"仁义",并持守"仁义"的倾向,从而通过"气"来推动"行动"。一般的"气"只是一种生理的动机发动机能,有时受到某种外在刺激也会反过来动摇"心"之"志"。但是,正确的道德修养方法,必须让"气"受到"心"的束缚与制约。而最终,在长期的正确指导之下,"气"会被养成"浩然之气",帮助人们更好地持守"本心",实践"仁义"。

(四)告子"不动心"的道德失败问题

在明晰了告子"不动心"原则的真正含义,并且确定了孟子关于"言""心""志""气"的关系的理解之后,我们可以看到孟子所批评的告子"不动心"的错误修养方式,而这种方式正和告子持"仁内义外"的错误理解相关。错误的"言"影响了告子的道德修养行为。

告子德行修养的主要问题先要从"心"与"气"的关系来看。倪德卫以为告子为墨子后学,继承发展了墨子"唯意志论"的特色,即如果一个人被某种信念说服,就能够调动自己的情感去付诸行动。但对这一问题,有一个传统伦理学中的难题,即信念如何能够形成动机,最终推动行动。由于告子同样认可"心"作为"气"的主宰,如果我们认为告子和孟子一样,认为"气"是一种心理生理的动机发动能力,那么告子也就认可"心"如果接受了某种教旨或准则,就可以以"气"去推动行动。但是问题就在于,如果告子以为"义外",那么"心"中就并不包含"仁义"的道德倾向,仅仅以"志"指向外在的规范与原则,这样的"心"如何能够和动机之能量的"气"相互作用，从而推动行动呢？这虽然是告子需要解释的一个理论难题，但其实并非孟子反驳告子的重点。孟子不仅承认了告子关于"不得于心，勿求于气"的准则，并且也认可"告子"确实做到了"不动心"。可见，由"义外"而引发实践动机不足并非孟子批评告子的重点，孟子很可能是部分地认可告子的动机模型的。①

孟子承认告子"不动心"，就意味着孟子承认告子的实践修养方法有效。那么，对孟子而言，他同样面对和告子一样的问题，"志"如果指向外在的规范和因素，而没有和内在的道德倾向相结合，是如何与"气"作用，并推动行动的。

在此提供三种可能的解释。（1）孟子认为，尽管告子不承认"心"中有"仁义"的道德倾向，但是在实践过程中，告子通过外在规范或因素认可了道德规范，事实仍然是"仁义"的道德倾向在真正作用于"气"，从而推动行动，实现了告子的"不动心"。那么，告子就对于自己的心理状态有误解，因为一个行为必须有某种动机因素（比如欲望、倾向、情感、冲动）参与其中才能有效推动行为。孟子虽然不认可告子理论上的"修养模型"，但却认可告子实际的修养成果。告子很可能对自己的心理动机有误解，才会以为"心"中并没有"仁义"的道德倾向。或者，告子的情况和夷子类似，告子是有真诚的道德情感倾向的，但是他不承认，他以为自己的行为完全是由"言"发动的，因此是"不动心"。

然而，这种解释缺乏文本的依据。首先，孟子以为告子与自己的"修养"方式毕竟是不同的。倘若告子虽然是通过外在规范接受了道德教条与准则，然而在实践中却是出于自己的"仁义之心"来最终实现不"动心"。那么告子的错误就仅是在对自己心理状况产生

---

① 如果孟子不认可这种实践动机的心理模型，即仅通过"心"指向外在之"义"来推动行为，他会反驳告子实现"不动心"的现实性，即从实践动机的角度，一个人仅有信念而缺乏内在的动机倾向，是不可能推动行为的。但孟子并没有反驳告子"不动心"的现实性，反而认为告子更早地实现了"不动心"，由此可见，孟子反对告子"不动心"的焦点可能并不在"言"推动"行"的动机问题。

了某种误解。那么，他实际的修养方式与孟子就没有实质性的差别，只是他不承认这种动机力量的道德价值。但显然，他和孟子"不动心"的方法有巨大差异。其次，孟子是十分擅长指出他人对于自己内心的理解盲点的，比如像对待夷子，直接指出夷子厚葬父母的真实动机和他声称的理由不相符合；或在与齐宣王的对话中，孟子就指出了齐宣王自己都未认识到的"恻隐之心"，并指出这种"恻隐之心"可以帮助齐宣王实现王政。然而从文本看来，孟子并未提及告子对自己的道德心理有误解。在其他与告子辩论的章节中，也未曾试图启发告子识别自己的"恻隐之心"。最后，孟子非常看重"言"对人的影响作用，认为不同的道德教条与准则能够对人产生巨大的影响，而不是反过来，无论道德教条如何不同，人毕竟是按照自己的性、情、欲来行动的。

（2）孟子以为告子可以通过德行修养在后天发展出"仁义"的动机倾向从而推动行为。在这种情况下，告子可以培养出"仁义"的倾向，推动他行动。这样，即可以保持告子言"义外"之前提，也能够实现"不动心"。这种可能性有一些文本作证。比如"尧舜，性之也；汤武，身之也；五霸，假之也。久假而不归，恶知其非有也"（《孟子·尽心上》）。五霸，虽然开始并非出于自己的本性或真诚地践行"仁义"，而是怀着其他的动机假借"仁"的名义来治理国家。但行动得长久了，也可能具有某种"仁义"的倾向。[①] 基于这种动机模型，那么告子一开始就必须将他从外在教条获得的道德信念和其他某些动机因素结合，推动他行动。然后，随着行动的累计增加，告子逐渐获得了"仁义"的动机倾向。然而问题是，在培养出"仁义"的倾向之后，告子是按照一开始的动机心理行动还是

---

① 关于这一段文本的理解，也存在诸多值得探讨的问题。比如这里的"有"究竟何意，是本体上的本来具有，还是道德动机心理上发展出的动机性心理具有。这里所说的"有"，仅是一种可能的解释：在动机心理上的一种改变，即本来并非是出于道德的意愿去行仁义，但最终通过多次的行动，激发或唤醒起了道德的动机心理，甚至强化了道德动机的力量，使得最终在心理上产生了道德的"仁义"动机。

现在"仁义"的动机倾向行动呢？如果仍然按照一开始的倾向行动（假借其他的动机因素与原则相合），那么培养"仁义"的动机倾向就成为不必要的多余步骤。如果按照后天培养的"仁义"倾向行动，那么"心"的方向是否发生变化，之前的"心"指向外在的"义"，后来的"心"以"仁义"倾向指导行动，是否也是某种"动心"？①

（3）孟子可能同样也持有一定的唯意志论看法，认为只要是"志"所指向的，都可以在一定程度上控制指导"气"，最终推动行为。笔者以为这种看法可能最为合理。由于孟子毕竟承认了告子"不得于言，勿求于气；不得于气，勿求于心"是实现"不动心"的可行方法，也就是承认了告子准则的实践效力。所以至少他所认可的动机模型在某种程度上与告子的准则相容。告子的"不动心"，是彻底以"言"来指导自己的行动的，孟子认可了这种可能性。特别是在相关文本中，孟子多次强调了对"言"问题的担忧，"诐辞知其所蔽，淫辞知其所陷，邪辞知其所离，遁辞知其所穷。生于其心，害于其政；发于其政，害于其事"（《孟子·公孙丑上》）。② 如果"心"接受并认可了某种错误的教旨③，就会对实践活动产生剧烈的影响。由此看来，孟子很可能部分地认可告子的这种唯意志论

---

① 李明辉将"动心"定义为受外界之刺激而动摇其心。（李明辉：《孟子重探》，第5页）这样一种"动心"的诠释在缺乏更进一步的补充说明的情况下，并不能完全令人满意。因为，从人们的动机心理来看，任何心念或道德行为都由内因和外因两方面的因素激发而形成，所以任何道德行为都需要外在刺激以激发，是否有外因介入不能成为区分"动心"与"不动心"的心理差异的依据。这里的"动心"，可以确切理解为动摇心志，也就是动摇行为的意愿、主宰、原则、目的等。"动心"与受到外在因素刺激并无必然关系，而是看行动者的动机意愿是否坚定地指向相同的目的或原则。

② 这里指出的"言"生于"心"，"心"可能包括了知觉与选择的"知"之"心"与"志"之功能之"心"，而并不包括"四端之心"的"心"。

③ 如果孟子认为信念影响行动必须结合动机要素中的各种倾向。那么"心"犯错就会主要演变为"心"没有选择"仁义"倾向，而选择了"情欲"倾向。如此人们会相信淫辞邪说的原因总是必定和情欲相关。然而从之前的许多有关其他思想家的言论来看，他们的思想错误的原因多和情欲无直接联系。

的动机模型。①

如果孟子对告子的反驳不是主要在质疑他的自我修养方法的有效性,那么孟子批评告子的原因何在?其实从整段"不动心"的章节来看,孟子提到的要点有二,"养浩然之气"与"知言"。孟子以为只有有效的德行修养方式才能真正实现"知言"。而告子的问题就在于,他过于看重外在的道德教旨与准则,而丧失了判断外在准则对错的能力。这样,他也就片面地颠倒了道德修养的秩序,而忽略了修养过程中"养气"对"言"的指导作用。从而,告子的道德认知与判断很可能是片面的、僵死的。告子缺失真正"知言"的能力。② 所以,从开始引用告子的准则之时,孟子就明确反驳,告子对"心""言"关系的误解。我们获得道德知识或准则的能力,一个重要来源在于内在的"仁义"情性。"仁义"情性能够为我们提供有关道德判断的依据。道德规范会根据情境应变,然而,应对这些情境的最佳方案却不完全是由外在的教旨给予的,而是人根据内在的"仁义"情性逐渐学习选择出最适于"仁义"情性实现的方式,从而逐渐获得道德知识。

孟子不满告子仅被动地接受外在的教条规范,因此,当外在教

---

① 那么孟子也可能需要解决"信念"如何激发出动机来的问题。但是因为孟子自身的修养方式不存在这个问题,尽管孟子可能认可这种动机模型。也许孟子持一种混合唯意志论的看法,即从德行修养作为最终目的而言,一个人只要真诚地向往成德的境界,通过不断的修养,那么抵达道德目标是必然的(尽管有可能暂时达不到,但重点是必然能够实现的)。但是个人在具体行动当中,他的动机状态、情欲心理不能完全依照信念的控制时时符合规范要求。所以人们必须通过不断修养,加强自己践行道德的能力和信心。但是在这里,暂时看不到孟子的进一步解释,此一问题暂时不作引申讨论。

② 李明辉同样提到告子的错误在于没有以"心"来权衡"言",所以"言"反映出"心"之病(李明辉《孟子重探》,第38页)。但是在此基础上,李明辉进一步认为,孟子的"心"不是认知心,而是道德心,认为告子的问题是以理论理性来统摄实践理性。就文本看来,以"心"知言的"心"为"仁义之心"无误,但不能直接等同于实践理性,而"言"也难以等同理论理性,所以告子的问题并不是混淆了两种理性,而是道德不假内求,不以"心"知言。

旨规范出现错误时，因为，这种不必动的"心"将丧失对外在教旨的恰当判断，固执错误的教条并付诸行动，从而造成严重的道德失败的后果。人们有必要从内在的道德倾向出发，保持对"言"的敏感性，获得正确的判断，做出恰当的抉择。所以孟子的道德判断高度依赖于道德的动机。在一个人不具有充分的道德动机力量时，也就没有"浩然正气"的自信，他的判断也注定容易产生失误。

与孟子提示齐宣王感受"恻隐之心"的目的类似，孟子以为养浩然正气可以加强人们对道德倾向的感知能力，也决定了人的道德自信。由于"仁义"的道德情性是某种内在的动机因素，它们会受到生理心理状态的影响，也就会为"气"所动。这时，人们对"仁义"的感受也许会被削弱，也许不足以使"仁义"从其他情欲感受中凸显出来，这样人们也就很难以"仁义"的倾向来为行为做出判断。养浩然正气不仅为了培养实践"仁义"的强大动力，更重要的是，他能帮助"心"始终定向于"仁义"，不会在判断时动摇道德信心。

尽管如此，孟子很可能并不反对告子式的那种唯意志论模型，也就是说，孟子并非是站在一种有关动机的内在主义立场上来批评告子的。孟子反对告子，不是因为告子以"言"践行而"不动心"在动机说明上是不现实、不可能的。相反，孟子承认告子修养方法的现实可能性，但否认告子修养方法的道德正确性。也就是说，孟子在乎的不是"言"是否可以发动行为，而是怎样才能获得正确的"言"，怎样才能成为"知言"的人。

总之，在孟子看来，道德规范的依据之一是人性的道德情性，可是这不代表一切自然情性都是与道德相关的，因此"心"在这里的作用非常重要。"心"是仁义之性的所在，同时也有"志"之抉择定向的官能。只有"心"在其内部把握住"仁义"，才能使"仁义"之性生长繁茂，这样繁茂生长的"仁义"之性才能成为稳定的道德依据。一旦人们接受了根据"仁义"之性所指出的道德目的，无论他当下的情欲状态如何，他都必须且能够要求自己去修身以成德。然而，孟子不一定排斥"言"推动"行"的实践可能性，但他自己的道德心理却不会出现告子式"言"与"心"相分离的问题，也就是不会情理相分。[1] 因为道德之"言"有人性基础，道德情性能同时帮助人们获得更好的判断与相应的动机。通过德行修养来培养这种情性，既是内在的，也是与外在环境交互的，人们就能够同时获得正确的道德判断与动机力量，实现真正"不动心"的理想境界。

---

[1] 由于道德情性的敏感性促成了道德目的在其他心理状态中凸显地位的形成，所以此时，人们也会对道德的动机更为敏感，道德的动机力量也同时增强了。

第 二 章

德行缺失：孟子论"不仁""不义""无礼""不智"

第一节 "仁"与"不仁"

"仁"作为儒家伦理中最重要的伦理观念，具有广义和狭义两种意义。从广义来说，"仁"可以指称整体的伦理理想；从狭义来说，"仁"可以作为与"义""智""礼"相对举的一种德行要求或道德目标。罗哲海将孔子的"仁"分为五种说法："是礼的回归，是爱，是敬，是恕，是其他德行的囊括。尤其是最后一种说法，表明了仁在孔子的伦理学体系中占有重要地位。"[①] 罗哲海认为，一般"仁"被理解为亲情或者恻隐，也就是爱。"仁"依靠"敬"与"恕"而具有了后习俗的责任观念。但是这种"敬"与"恕""仁"的关联更主要体现在《论语》与《荀子》中。孟子由于侧重道德发展的前提和根据，而将"仁"更多地联系到亲亲之爱与恻隐之情。罗哲海认为："孟子希望把人类在家庭中取得的最初经验，作为进一步发展的根据，终而将所有的仁都包括在伦理责任的范围之内——但是，

---

① ［德］罗哲海：《轴心时期的儒家伦理》，陈咏明、翟德瑜译，大象出版社2009年版，第150页。

第二章　德行缺失：孟子论"不仁""不义""无礼""不智"　123

他对于如何推而广之的相关问题并没有做出解释。"① 恻隐也同样存在问题，因为当个人缺乏对他人苦难的直接体验，同情就不能发挥作用。因而，"伦理学不能仅仅建立在自然情感的基础上，因为这种情感未必能在必要之时产生在每个人身上"②。

与以往将《孟子》与责任伦理学进行类比的学说不同，从上述分析来看，尽管罗哲海也认为儒家伦理具有一种"普遍性"的后习俗责任伦理特征，然而这种特征并不主要由《孟子》体现。孟子的学说依靠一种自然的道德情感。自然情感在必要时难以"推"为一种普遍之爱的话，这将遭遇伦理学上的困境。罗哲海提出，带领人们走出这种困境的是"敬"与"恕"的观念。将"敬"与"恕"纳入"仁"的是孔子与荀子，而非孟子。这些看法与当代新儒家将孟子视作责任伦理学形态的看法有所不同。

针对罗哲海对孟子的评析，也可以提出这样的辩论，毕竟，孟子同样将"仁"作为总体的道德理想来使用，同时，《孟子》中还有"义""礼""智"等其他德行要求，"义"与"礼"中都包含"敬"的要素。关于"恕"，孟子也并非仅仅强调"亲亲"与"恻隐"，而要求"老吾老，以及人之老；幼吾幼，以及人之幼"，将关爱之情予以扩充。

关于"恕"的问题，尽管孟子要求一种道德情感的扩充，但是罗哲海所提出的问题仍然存在，即从亲亲和恻隐之情出发，道德情感本身能够按照道德的那种普遍要求进行有效扩充吗？

在这里，将孟子的伦理学视作何种伦理形态还并非最迫切的问题，但就研究孟子的"仁"及与"仁"相关的道德失败而言，这一问题则十分值得重视：孟子之"仁"是否能够超越自然情感的局限，能否予以扩充和普遍化？这一问题受到了以往孟子研究者的关注，他们通过研究《梁惠王上》中孟子敦促齐宣王将对"牛"

---

① ［德］罗哲海：《轴心时期的儒家伦理》，第166页。
② ［德］罗哲海：《轴心时期的儒家伦理》，第167页。

的恻隐之情"推"至关爱百姓疾苦的案例，来解释道德情感的普遍化问题。由这一案例出发，我们可以了解到"仁"的道德情感倾向如何推广以达至仁德，并以此为基础分析与"不仁"相关的道德失败问题。

一　孟子论"仁"："恻隐"与"推恩"

研究孟子的道德失败案例，有关"不仁"或不行仁政的问题首先进入我们的研究视野。"仁"作为最主要的儒家伦理德行，与"恻隐"之情和"亲亲"之爱密切联系在一起。在孟子看来，"仁"的德行培养有两种起点：一方面，孟子强调"恻隐之心，仁之端也"，人们对他人的同情具有一定的普遍性。见到将要跌入井中的孩童，即使与孩童并无亲缘关系，人们也会普遍地生发"怵惕恻隐之心"。另一方面，孟子又言："孩提之童，无不知爱其亲者；及其长也，无不知敬其兄也。亲亲，仁也；敬长，义也。无他，达之天下也。"（《孟子·尽心上》）"仁"的生发始于关爱自己的家人，人们对他人的仁爱之心存在亲疏的等级差异。不论是"恻隐"之情还是"亲亲"之爱所指向的都是一种关心爱护他人福利的利他性道德情性，如此"亲亲"之爱中也包含对亲人更多的"恻隐"关怀，对他人的恻隐同情之中也包含了关心爱护，"恻隐"和"亲亲"本质上是同一的"仁"的道德情性的两个不同的方面。"恻隐"与"亲亲"作为道德发展的起点，还需要发展推广才能成就完善的"仁"。如何从偶发的"恻隐之心"和孩童的"亲亲"之爱发展成完善的仁德，并最终推动人们践行"仁政"？本节将通过总结以往学者的研究和相关的道德失败案例的分析，梳理孟子关于"仁"的道德心理的理论，并获得对德行修养方式的初步理解。

在全面考察《孟子》文本中有关"仁"的道德失败的案例之前，我们需要整理以往的学者对孟子的"仁"的道德心理进行研究的成果与争议的焦点，并分析他们的得失，以此建立我们的基本研究线索。

(一)《梁惠王上》中齐宣王"以羊易牛"的案例引发了关于《孟子》道德心理问题的讨论

为了更清晰地了解学者们对《孟子》论"仁"的道德心理问题的争议,可以从《梁惠王上》中关于齐宣王"以羊易牛"的案例开始。在《梁惠王上》的文本中,有一次齐宣王见一待屠宰祭祀的牛害怕得发抖,一时动了"恻隐"之情,便命人换了羊而赦免了牛。孟子听说了这件事,便以此来劝诫王施行仁政。这段故事的原文如下:

齐宣王问曰:"齐桓、晋文之事可得闻乎?"

孟子对曰:"仲尼之徒无道桓文之事者,是以后世无传焉,臣未之闻也。无以,则王乎?"

曰:"德何如则可以王矣?"

曰:"保民而王,莫之能御也。"

曰:"若寡人者,可以保民乎哉?"

曰:"可。"

曰:"何由知吾可也?"

曰:"臣闻之胡龁曰,王坐于堂上,有牵牛而过堂下者,王见之,曰:'牛何之?'对曰:'将以衅钟。'王曰:'舍之!吾不忍其觳觫,若无罪而就死地。'对曰:'然则废衅钟与?'曰:'何可废也?以羊易之!'不识有诸?"

曰:"有之。"

曰:"是心足以王矣。百姓皆以王为爱也,臣固知王之不忍也。"

王曰:"然;诚有百姓者。齐国虽褊小,吾何爱一牛?即不忍其觳觫,若无罪而就死地,故以羊易之也。"

曰:"王无异于百姓之以王为爱也。以小易大,彼恶知之?王若隐其无罪而就死地,则牛羊何择焉?"

王笑曰:"是诚何心哉?我非爱其财而易之以羊也。宜乎百姓之谓我爱也。"

　　曰:"无伤也,是乃仁术也,见牛未见羊也。君子之于禽兽也,见其生,不忍见其死;闻其声,不忍食其肉。是以君子远庖厨也。"

　　王说曰:"《诗》云:'他人有心,予忖度之。'夫子之谓也。夫我乃行之,反而求之,不得吾心。夫子言之,于我心有戚戚焉。此心之所以合于王者,何也?"

　　曰:"有复于王者曰:'吾力足以举百钧,而不足以举一羽;明足以察秋毫之末,而不见舆薪。'则王许之乎?"

　　曰:"否。"

　　"今恩足以及禽兽,而功不至于百姓者,独何与?然则一羽之不举,为不用力焉;舆薪之不见,为不用明焉;百姓之不见保,为不用恩焉。故王之不王,不为也,非不能也。"

　　曰:"不为者与不能者之形何以异?"

　　曰:"挟太山以超北海,语人曰,'我不能'。是诚不能也。为长者折枝,语人曰,'我不能'。是不为也,非不能也。故王之不王,非挟太山以超北海之类也;王之不王,是折枝之类也。

　　"老吾老,以及人之老;幼吾幼,以及人之幼,天下可运于掌。《诗》云:'刑于寡妻,至于兄弟,以御于家邦。'言举斯心加诸彼而已。故推恩足以保四海,不推恩无以保妻子。古之人所以大过人者,无他焉,善推其所为而已矣。今恩足以及禽兽,而功不至于百姓者,独何与?"

　　"权,然后知轻重;度,然后知长短。物皆然,心为甚。王请度之!"(《孟子·梁惠王上》)

根据原文,王用羊替换了原本要被用于屠宰祭祀的牛。百姓以为王贪图财物,以小换大。孟子更确切地理解了齐宣王的心理,指出齐宣王是不忍心看见牛害怕的样子,而祭祀又不可废止,故以羊换牛。孟子便以"是心足以王矣"来劝勉齐宣王施行仁政。见齐宣王仍有犹疑，孟子谈到了王并非能力不足，并提出通过"推"来实现保四海运天下的王政理想。在这段案例中，从"恻隐"之心的偶发，到爱民天下的仁政，提示了"仁"的扩充与实现的途径。在孟子看来，人皆有"四端之心"，将见孺子入井而生的"恻隐"之心，就如王见牛觳觫而不忍之心，是成就"仁"的起点和基础。然而从这一起点和基础开始，如何能够成为君子、圣王？正是在这段文本中，蕴含了大量相关的重要信息，因而受到了诸多学者的关注。

（二）倪德卫的问题

倪德卫的诠释从关注"推"的具体含义出发，他提出一种设想，孟子在这里所使用的"推"可能受到墨子的影响。由于墨子的"推"包含了类比、平行的含义，孟子的"推"也具有一定的逻辑意义。因而，从赦免牛的"恻隐之心"出发，孟子实际上做了"由此及彼"的"推"。所不同之处在于，墨子的"推"仅涉及逻辑不一致的问题："推也者，以其所不取之同于其所取者，予之也。"（《墨子·小取》）而孟子的"推"在包括了"推"的逻辑意义的同时，也涉及情感的"推"。在《梁惠王下》的段落中，孟子显然不仅希望齐宣王认识到百姓的无辜受难类似于牛的无辜受难，孟子还希望齐宣王能够通过"推"产生对百姓的同情，从而拯救百姓。

为了说明孟子的"推"不仅旨在进行逻辑类比，更是直接实现情感之"推"，倪德卫通过再次引用《公孙丑上》关于伯夷"推恶恶之心"为例。伯夷将"恶"这一道德情感直接推广到一切行为不端的对象上。伯夷不与道德败坏之人交友共事，并将其中"恶恶之心"推广到即便是站在帽子没有戴正的乡人旁边也"望望然去之"。倪德卫以为，在这段文本中的"推"同样是情感的"推"：（1）面对道德败坏之人时产生了厌恶；（2）当其他情境具有相似性；（3）得出应该将这种厌恶应用于其他情境中。然而，这里的"推"并非一致性的判断，而是直接作用于伯夷的情感，使得伯夷对一切他以为的行为不端者产生了厌恶之情。倘若如此，这将使得"在逻辑意义上'推'等同于'推恩'或'推恶'"①。

在孟子对齐宣王的劝说中，因为王同情了牛（是正确的，好的），而百姓比起牛来说更值得被同情，所以王应该同情百姓（同情百姓是更好的）。然而，逻辑的"推"只能给予一种实践的理由，并且得出实践判断（或一种信念），但同情百姓的正当性论证并不能保证产生恰当的行为动机（关爱百姓的情感）。在倪德卫看来，孟子能够清晰地分辨出于信念的行动和出于动机的行动的区别。从孟子"由仁义行非行仁义也"（《离娄下》）的论述中可以清晰地看到，孟子区分了应该做某事的判断和信念，以及行动者的动机差异。那就是孟子完全意识到尽管"他可能使得王懂得某件事（see something），而他并未使王做出任何行动"②。

由倪德卫的分析启发我们思考一个重要的问题：一个含有逻辑意义的理由能够使得齐宣王相信"我应该同情百姓"的判断，然而是否能够使得他直接产生相应的情感从而有充足的动机行动？假设齐宣王确实相信了自己应该产生同情心，然而他是否能够操控自己的情欲，为自己的情欲负责？根据倪德卫的诠释和经他提示所显露出的问题，都使得上述文本值得进一步的深究。尽管通过"推类"来获得道德动机所需要的真诚的道德情感，存在着一些哲学理解上的困难，然而总体来说，倪德卫认为在《梁惠王下》的有关"以羊易牛"案例的劝说中，孟子仍然认为"仁"的推扩依靠一种半逻辑的"推"。但这种半逻辑含义的"推"如何能够保证情感也能随之自然推演，并最终使齐宣王拥有充足动机付诸行动？孟子在这段劝说中所希望的重点真的是使齐宣王实现某种半逻辑的情感之"推"吗？相关段落的热烈讨论确实引人深思，学者们就孟子的"仁"的道德心理研究呈现出丰富的多样化解读。

---

① David S. Nivison, *The Ways of Confucianism*: *Investigations in Chinese Philosophy*, edited with an introduction by Bryan W. Van Norden, Open Court Printing, 1996, p. 99.

② David S. Nivison, *The Ways of Confucianism*: *Investigations in Chinese Philosophy*, p. 99.

(三) 重读朱熹的诠释

倪德卫的诠释与朱熹的诠释有许多类似之处。首先，朱熹同样认为孟子举出齐宣王"以羊易牛"的事例是将"恻隐之心"作为实现"仁义"的基础，"恻隐之心，仁之端也"。并且，朱熹也将无罪之牛与百姓进行比较，得出百姓更值得同情，且同情百姓更为容易的结论。然而，通过重读朱熹的注释，会发现其间有不同于倪德卫的另一种解读的方向。

"盖天地之性，人为贵。故人之与人，又为同类而相亲。是以恻隐之发，则于民切而于物缓；推广仁术，则仁民易而爱物难。"[①] 这段事实上同时发生了价值认定和事实认定两件事。从价值认定来说，得出比起物（牛），人更值得被同情的结论，也就是论证了人具有更高的价值，所以更应该同情人。而在事实认定中，阐明了同情心的作用机制是"由近及远"，陈述了同情百姓更为容易为一客观事实。这样，这段诠释也可以看作是关于目的和手段的三段论证明，只是目的与手段的内容是重合的：（1）人比起牛更有价值，同情百姓是好的；（2）同情心的发生机制是"由近及远"，百姓是同类相近，同情百姓是更容易实现的；（3）所以王要同情百姓。

通过这段关于能力的叙述，孟子不仅希望打消齐宣王以为自己"不能"的借口，它同时包括了关于孟子对于道德情感看法的另一个面向。如果将朱熹的诠释看作一个三段论的证明，那么以上归纳的三点之中，（1）做 A 是好的，（2）做 B 是实现 A 的较简单的手段，（3）所以应该做 B，只是这里 B 正好就是 A。那么这段论证不仅是为了打消齐宣王的疑虑，排除他"不能"的借口，也阐明了同情心的实现能够及物，必然能够及人这样的客观事实。假设如此，那么只要齐宣王能够接受人更值得被同情的信念，那么基于同情心的发用机制这一事实，不能够同情人是不符合客观事实的。就好像四肢健全的人与此相似，"为长者折枝"不存在能力不足的情况。

[①] （南宋）朱熹：《四书章句集注》，第 209 页。

值得注意的是，除了上述倪德卫所提到的"推"的同情情感的逻辑扩充之外，另一个道德情感的自然推广机制是"由近及远"。"老吾老，以及人之老；幼吾幼，以及人之幼，天下可运于掌。《诗》云：'刑于寡妻，至于兄弟，以御于家邦。'言举斯心加诸彼而已。"（《梁惠王上》）根据孟子的这段文本，朱熹的注释为：

> 盖骨肉至亲，本同一气，又非但若人之同类而已。故古人必由亲亲推之，然后及于仁民；又推其余，然后及于爱物，皆由近及远，自易而难。①

朱熹的诠释和《孟子》中关于"老吾老，以及人之老"的思路是一致的，解释了"仁"的情感发用机制的"由近及远"原则。这样，按照朱熹的诠释，作为自然情感的同情的"推恩"顺序是从亲人至百姓再到动物的，这一顺序和从偶发的赦免牛的行为来类比推广到应该同情百姓的顺序似有不同。而事实的"推"的顺序又与价值的认定一致。类比推论的线路，以同情牛是好的为论证基础，从而推论出同情百姓是更好的实践判断。这说明，如果我们将齐宣王的"推恩"理解为以同情牛是更好的为基础的类推，可能是存在问题的。

存在着这样一种"推恩"的顺序，即道德情感的发用"由近及远"的原则，当齐宣王的"恩"已至动物（牛），所以前两步他应该已经能够推至，故而恩足以及百姓。所以，才会有"独何与？然则一羽之不举，为不用力焉；舆薪之不见，为不用明焉；百姓之不见保，为不用恩焉。故王之不王，不为也，非不能也"（《孟子·梁惠王上》）。这样的文本结论。倘若我们接受"推恩"同时存在着另一种以自然情感的发用机制为基石的"推"。那么孟子在这段劝说中所做的究竟是希望齐宣王注意到牛的无辜受罪与百姓的无辜受罪的

---

① （南宋）朱熹：《四书章句集注》，中华书局2012年版，第210页。

第二章　德行缺失：孟子论"不仁""不义""无礼""不智"　　131

"类同"特征以作半逻辑之"推"的情感普遍化，还是希望齐宣王关注到同情心本身，并由这种道德情感本身的特性来同时获得道德判断和动机呢？

假设孟子在这里确实进行了半逻辑类推，那么将这个类比逻辑的情感之"推"可补充完整如下：（1）同情牛而赦免牛，这个行为是好的（对牛怀有"恻隐之心"）；（2）百姓与牛一样无辜受罪，得出类似点，无辜受罪之生命应该予以同情；（3）所以同情百姓也是好的（产生对百姓的"恻隐之心"）。这里半逻辑的"推"能让王得到和同情牛一样的判断和情感。然而，孟子表达的意思是王应该对百姓付出更多的关怀。然而，这种层级的差异很难从半逻辑的情感类推而来。① 因而，很可能在这里，孟子并非特意关注到与"恻隐"之"推"是逻辑上的类同，也并非旨在使齐宣王关注到某种"类同"的原则而进行情感的"推"。孟子所希望的仅是齐宣王关注到自身的"恻隐"情感本身，而基于"恻隐"情感同时获得实践判断和动机。

事实上，倪德卫也注意到，根据文本，这里"推"的结论不仅指同情百姓是好的，更指同情百姓是"更好"的。那么这个类比中，"更好"如何得到？倪德卫却并未说明。百姓和牛都无辜受罪，这是他们的共同之处，根据这个共同点，可以得到"推"的基础，却不能得到百姓更值得被同情关心的结论。回到朱熹关于这段文本的注释中，将"盖天地之性，人为贵。故，人之与人，又为同类而相亲，是以恻隐之发，则于民切而于物缓；推广仁术，则仁民易而爱物难"②。为什么将人的价值认定和同情生发机制放在一起，并且二者之间还存在着"故"的必然关系呢？从这个思路分析，正可以得到另一种"同情百姓是更好的"的实践理由。天地之性，人具有最高

---

① 并且，很有可能，同情牛并赦免牛的行为并不能确定为全然正确的行为。只是由此而发的"恻隐之心"具有道德价值，所以以同情牛是好的为基础的类比推理不能论证应该更同情百姓。

② （南宋）朱熹：《四书章句集注》，第209页。

价值。怎么知道人具有最高价值？因为天地之性和"恻隐之心"的生发之间存在着"故"和"是以"的必然关系。① 所以，换句话说，从"恻隐之心"的生发，我们可以了解天地之性，也就可以验证"人为贵"的价值。总而言之，按照朱注，推出"人是更值得同情"不是某种类比逻辑，而是同情心本身，亦即"恻隐之心"发作"由近及远"的机制。由于这样的机制，存在着比起同情牛更强的同情百姓的情感倾向。既然如此，得到"同情百姓是更好的"的实践推断，就不仅是通过逻辑类推（逻辑意义上的"推"并不等于"推恩"之"推"），而是通过感受到同情心，并且以此出发，由同情心的发用，感受到对百姓的同情的情感倾向更为强烈迫切，所以可以得到"同情百姓是更好的"的实践判断。这里，虽然同样将拯救百姓与赦免牛进行了类比论证，但通过类比，并非找到对象的共同特征而进行逻辑类推。而是通过"以羊易牛"的案例找到内在的动机情感，即我们对他们的"恻隐"之情，再根据"恻隐"之情的发用感受到情感倾向的强烈和迫切程度的不同，从而得到实践判断。如此，实践判断的目的和手段就会产生一种奇异的一致性。因为，作为手段的情感不再仅是为了实践"仁"的心理机制和现实方法，"恻隐"与"亲亲"（动机的发用）就是证明目的的基础。

我以为这种对于朱熹注释的重读，同样能够解释"推恶恶之心"的情况。在伯夷的案例中，伯夷的"推"是某种道德失败的示范。伯夷将某种"恶"（错误的行为）一概提炼出来，成为不同事物之间的共同特征，并对具有这一特征的"恶"采取了一概拒绝的相似态度。这里半逻辑含义的情感之"推"更为明显。然而如果"推"仅包含逻辑意义的"推"的含义，那么这种"推"将很可能造成道德失败。通过关注对象的某种特征的一致性，并予以同样态度的相

---

① 由于存在着因果关系或者说原理与现象的关系，所以从结果和现象的"同类相亲""于民切而于物缓"，可以推出"人为贵"。在朱熹的注释中，可以设想，他认为有关价值的证明可以通过心理现象来了解。

待，忽略了事情轻重缓急不同而应该差异对待。这种差异性将不能从逻辑普遍一致性中获得。仅关注"推"，很可能致使伯夷类的错误，即忽略了道德情感针对不同对象有强弱紧缓的差异性，那么很可能会像伯夷一样无法分辨事情的轻重缓急，对于微小的错误也耿耿于怀，陷入"隘"的境地。

由于在"以羊易牛"的段落中，孟子所敦促王达成的是一种具有差异性的情感的"推"，即"于民切而于物缓"。朱熹的诠释更注重"恻隐"的情感本身，并由此实现情感的"推"而敦促王由"以羊易牛"所萌发出的"恻隐之心"来实践仁政，而并非侧重于关注"恻隐"情感的半逻辑普遍化推论问题，故而更符合孟子的本意。

通过重新阅读朱熹的注释与孟子的文本，关于《梁惠王上》中"以羊易牛"的段落，我们可以得到另一种可能的对道德心理形成的理解。在三段论的证明中，（1）同情百姓是更好的，（2）同情百姓是更容易的，（3）要同情百姓。目的和手段重合，手段是关于动机情感机制的事实，目的是通过对动机情感的感受反思得到的。"恻隐"不仅是人们实践道德的描述性心理基础，也参与到道德理由的证明当中，自身具有道德价值。"推"并非仅指对对象的同一特征进行提取，以获得对各种对象的一致态度。孟子旨在达成的是希望齐宣王感受"恻隐"之情感本身，并以这种情感倾向的机制为基础，扩充完善这一情感基础，反思感受这种情感的强烈迫切程度，权衡考虑事情的轻重，从而决定行为的目的，并拥有充分的行为动机。在朱熹的注释中，关于同情心倾向的另一种"推"的顺序使得"推恩"有了权重的差异，是与孟子的文本一致的。即便我们将形上的问题悬置，不必将同情心的作用机制上升到天地之性，同情心的情感倾向仍然可以作为"民为贵"的实践判断的理由基础。由于这种实践判断，注重的是对内在情感的反思，而非对对象普遍特征的提取，更符合孟子文本的意义。根据重新阅读朱熹的注释的结论，我们可以再进一步来看当代学者在"推"的问题上的研究，并审查他们的结论的得失。

（四）黄百锐（David B. Wong）的同情的认知功能

由于倪德卫将"推"理解为半逻辑的情感之"推"，而出于逻辑理由的判断与出于道德情感的动机间又存在着区分和差异，于是即使齐宣王能够在逻辑上接受"推"原则，认同同情牛的案例可以推广到同情百姓的层面上，从而得出"应该同情百姓"的实践判断，也并不代表齐宣王就能具备同情百姓的真正动机，从而推动他实践仁政。倪德卫认为，孟子充分地认识到"由仁义行"和"行仁义"的差别，即出于真诚动机的行动和仅出于判断的行动的差别，所以同样，在齐宣王的案例中，孟子虽然能够使得齐宣王懂得某事（see something），但却不能使他真正地有所行动。如何将这种半逻辑的情感之"推"进一步诠释清晰，使得我们更能理解孟子如何通过逻辑之"推"来达成情感之"推"的效果，黄百锐在倪德卫理论的基础上进行了有益的增进。

黄百锐通过提出情感具有认知功能来解释孟子的实践判断。他首先举出在见孺子入井的案例中，同情的情感可以识别他人正在遭受或将要遭受的苦难，并且使得这一特征显著化，成为情境的显著特征，并将这一特征作为行动的理由。同情的意识对象识别出某个生命的痛苦，不仅将其视作情境的显著特征，而且也会作为帮助他人的行动理由。黄百锐认为，他所阐明的同情的这种认知能力，以及通过同情来证明行动，成为行动的理由的这种理论和一般的目的手段理由不同。在一般的目的手段的理由中，目的是由欲望证明的，比如想要解救他人的欲望，然而在他的由同情心证明的行动理由中，他人的痛苦本身就是行动的理由。这样，同情心的施予理由就不会受限于对象，比如仅对于某个对象有同情解救的欲望，通过将他人的痛苦作为行动的理由，那么同情就可以在相似的案例中得以普遍化，在所有他人遭受痛苦的情境时，人们都有同样的理由去行动。[①]

---

① 参见 David B. Wong, "Is There a Distinction between Reason and Emotion in Mencius?" *Philosophy East and West*, Vol. 41, No. 1, 1991。

黄百锐认为，孟子将这种同情的能力视作自然天性（natural）。由此，德行的培养就是在恰当的环境支持下，这种自然反应会成长为正常的、有动机效力的将他人的苦难识别为行动理由的（能力）。基于上述对同情的道德心理的阐释，黄百锐将目光聚焦到了倪德卫的问题，当王现在看到了他应该同情（百姓），他如何使得自己感受到对他的子民的同情，并且是立即感受到？黄百锐认为由他所述及的上述心理过程，可以更好地解决倪德卫的问题，即由同情心所认知到的行动理由是有动机效力的。黄百锐以为，孟子通过和齐宣王的对话，让齐宣王意识到了本来就存在的同情心，然而齐宣王所没有思虑到的是他的真正的行动理由，牛如同一个无辜受罪的人即将遭受苦难，即他者的苦难。生命的苦难，而不仅仅是牛，现在成了齐宣王考虑（应该）做什么的考量。[1]

因此，黄百锐同样运用了同情的某种机制（提取他者的苦难以成为情境的显著特征，并且将他者的苦难作为行动的理由），从而使得同情本身就可以为行动者提供证明理由，并且这种理由的证明可以在相似案例中普遍化，同时亦是有动机效力的，至此，倪德卫的问题就能够有效得到一定的化解。与朱熹类似，黄百锐将同情作为人之天性，并通过对同情的某种反思和考察，以同情心为获得实践判断的依据和桥梁，将行动的判断和完成这一行动所需要的情感倾向联系在一起。然而，黄百锐的这种解读却更加偏重于同情的认知功能，也就是更偏重于逻辑普遍性的"推"。将他者的苦难或福利作为行为判断的理由，推论所导致的结果，仍然是普遍化的情感，黄百锐并未解释如何得出有差别的仁爱。根据这段文本："今恩足以及禽兽，而功不至于百姓者，独何与？权，然后知轻重；度，然后知长短。物皆然，心为甚。王请度之！"在"权""度"轻重的问题上，孟子希望阐明的是百姓之苦难重于牛之苦难，而如果仅将苦难

---

[1] 参见 David B. Wong, "Is There a Distinction between Reason and Emotion in Mencius?" *Philosophy East and West*, Vol. 41, No. 1, 1991。

提取出来作为这里的充分行动理由,则无法得到百姓更值得被同情关怀的判断结论。虽然借用了同情心作为实践判断和动机间的桥梁,黄百锐仍然在一定程度上接受了倪德卫的"推",将无辜受罪的牛与无辜受罪的人的共同特征予以提取得到"无辜受罪"(或曰他人的苦难)。可如果仅将"他者的苦难"直接作为行动的理由,却无法得出"同情百姓是更好"的结论。所以,孟子虽然希望齐宣王认识了解到他赦免牛的动机是"恻隐",然而他并没有试图将王的关注焦点集中于"恻隐"的认知方面来获得一种普遍的理由,而是希望王通过体会"恻隐之心"本身,来得到更全面的对事情的判断,从而获得道德的能力。

朱熹虽然同样将同情的发用动机作为天性,通过对同情的反思,来得到行动的证明理由。但是朱熹的注释中关注到同情的发用机制"由近及远"的另一方面。当齐宣王找到他真正的行动动机,即同情的情感引发了他的行为,经过进一步反思,他能得到一种差异化的理由,即除了百姓也在受苦受难之外,"恻隐之心"的强烈与迫切将会告诉齐宣王拯救百姓是更急切的,王需要付出更多的关心来造福人民。因此,孟子设想的"推"并非指向一面的普遍性的"推",而是包含了自然情感本身的差异性在其中的"推"。在承认同情作为一种情感具有它自然的局限性和发展规律的情况下,再扩充出去。所以,对家人的爱和对他人的爱存在差异,对百姓的爱和对动物的爱存在差异。由此说来,比起黄百锐的看法,将反思"恻隐"的道德情感整体作为齐宣王的行动理由和动机,是更符合孟子文本的看法。

(五)艾文贺(Philip J. Ivanhoe)的音乐学习与孟子的"推"

在艾文贺的《儒家的自我修养和孟子关于"推"的观念》[①]一文中,艾文贺先介绍了信广来的看法,一种基于逻辑一致性的

---

① 参见 Philip J. Ivanhoe, "Confucian Self Cultivation and Mengzi's Notion of Extension", in Xiusheng Liu and Philip J. Ivanhoe, eds., *Essays on the Moral Philosophy*, Hackett Publishing Company, 2002。

"推":在"以羊易牛"的案例中,出于对牛的同情齐宣王赦免了牛,而在其他情境中,百姓同样处于苦难中,而如果齐宣王对于百姓无动于衷,则将自己置于一种不一致性中。通过看到这种不一致性,王将会成功地将在"以羊易牛"的案例中的同情反应扩充到百姓的案例中。继而,艾文贺给出了万百安对信广来"一致性"诠释的反驳:倘若孟子旨在督促王实现同情扩展的一致性,那么将一头无辜受害的牛更换成另一头无辜受害的羊,这将是十分愚蠢的行为。因而,这种"一致性"在"以羊易牛"的案例中,并不是"推"的真正含义,也并未在判断和动机中发挥重要的作用。孟子是通过吸引齐宣王的注意力,使得齐宣王注意到百姓受苦的事实,并注意到自身的意识结构(动机结构、心灵结构)。孟子相信通过这种"关注"(attention),会强化齐宣王自身的这种意识结构。

艾文贺认为,万百安的这种诠释比信广来的诠释更为优越有理。然而,万百安的诠释仍然存在问题。如果孟子在《梁惠王上》的这段案例中,只是为了使齐宣王注意到"百姓受苦"的事实,那么"以羊易牛"的案例则是不必要的论述。如果"以羊易牛"的案例仅仅是为了让齐宣王意识到确实有能力感到同情,那么孟子的论述显然已经达到目的。而关于"推"的必要性,似乎很难从万百安的诠释中得到。艾文贺认为,除了吸引齐宣王的注意,使得王开始关注百姓苦难的事实,以及他具有同情的能力,"以羊易牛"的案例还发挥着更为重要的作用。

继而艾文贺提出了一种更为具体清晰的孟子规劝齐宣王的心理图示,孟子最初提到"牛"的案例是为了向齐宣王展示他确实具有实现王政的道德情感(moral sense),在孟子与王的讨论中,孟子试图告诉王:(1)这种道德情感的具体感受,(2)这种道德情感具有何种特征,(3)如何寻找和注意、运用欣赏这种道德情感。通过再次感受牛的案例,这种有意识的回想会和王原初所体验到的情感有所不同。回想要求练习想象,并开始诠释和理解的过程,这些都是"推"的关键步骤。孟子带领王关注到同情这一种特殊情感,将它与其他情感区分开来，并且欣赏这种与之联系的特殊情感。当谈论到有关同情百姓的复杂案例时，孟子所期待的是齐宣王再次感受到相似的情感。通过之前的牛的案例，齐宣王应该学会感受并且欣赏这种道德反应。牛与人的案例的相似性并非为王提供某种逻辑一致的证明，而是提示引导王再次寻找、关注和欣赏道德情感。

艾文贺提到，孟子多次将道德情感与我们对食物和音乐的品位相比，君子就像顶级的厨师和乐师而有着更敏感、更精细的感知力，尽管这些感知力也为一般人所具备。艾文贺以音乐学习者如何掌握声音七阶为例，通过不断聆听，学者可以在完全不具备任何音乐理论知识的情况下，分辨音阶。同样，音乐学习也是通过分辨声音的不同感受，发展出识别音乐的能力。因而，通过回想与感受在"以羊易牛"案例中所发生的同情感，孟子希望齐宣王将这种情感从其他情感中识别出来，并且再次运用到百姓的案例中。

根据艾文贺的诠释，齐宣王通过回忆、关注、想象再次感受同情的情感，识别出这一情感，并学会在其他类似情境中，再次感受同情的情感。这一获得同情推广的方式，并非通过某种逻辑来证明，而是通过培养形成一种感受力。因而孟子所做的论述，（1）指出了百姓在受苦这一事实，（2）通过王的回忆，使得王能够更好地识别自己同情的情感，在两者的结合之下，道德学习不再是学习抽象的法则，而是将他者和自身的共同福利视作自我本性的实现，通过了解世界与了解自我而得到真正的实现。

艾文贺关于孟子使用"以羊易牛"的案例来达成的劝说目的的诠释说明值得细考。通过这种图示，我们可以更加清楚地看到，个体如何通过关注自己的道德情感，如何通过反思活动（清醒地回忆、想象、识别、感受）来确认自己的道德情感，如何学会控制和运用这种情感。孟子从"以羊易牛"的案例出发，继而规劝王同情百姓实践王政，艾文贺的诠释不仅与文本的大多数细节相符，也提示了重要的关于孟子道德动机养成和德行修养的可能途径。

（六）"推"与孟子论"仁"的道德心理

从《梁惠王下》章齐宣王"以羊易牛"这一案件看来，艾文贺的诠释由于更关注对道德情感本身的回想与感受，将不会局限于"推"的一种面向。对于倪德卫与黄百锐来说，他们更关注到"推"的逻辑普遍化的一面，然而根据文本，孟子的用意并非仅揭示出百姓无辜受难的特征，以期待齐宣王能够认识到百姓与牛的情况的相似之处，完成情感的"推"。因为如果孟子所希望的是齐宣王意识到百姓苦难的事实，他论述的焦点将会更多集中在百姓如何受苦受难，以唤起齐宣王的"恻隐"之情。然而在相关段落，孟子却不断反复与齐宣王探讨他行为的动机，可见，孟子更希望齐宣王认清存在于自己内心的道德动机的"恻隐"之情感。另一个重要的例证在于，由于"恻隐"的情感本身有着自然情感的机制，当孟子向齐宣王阐明他为何应当更关爱百姓的理由时，并非偏重强调百姓"受难"这一提炼出的认知特征，而是同时引入了"老吾老，以及人之老；幼吾幼，以及人之幼"的"推恩"来证明齐宣王有能力且更应该关爱百姓。由于"由近及远"是"恻隐"的自然发用机制，因而可以得出结论，在孟子启发齐宣王回想自己的道德动机之情感时，并没有特意关注提取普遍化类推的特征基础，而是希望唤起齐宣王对"恻隐"之情的总体的笼统感知和认识，从而不仅理解为何要更加关爱百姓，并且通过这种回想发展出充沛的关爱之情来推动行动。

根据以上的分析，笔者希望将朱熹与艾文贺结合，给出一种粗略的关于孟子道德心理与修养的模型。（1）通过某些偶然发生的道德事件作为德行发展的端点，不断回忆、感受、想象进而清晰识别并加强这种情感体验。（2）在识别、感受与强化中，将这种情感的潜能完全发挥出来，从而区别于一般的自私情感，在既能够保存自然情感倾向的前提下恩及百姓天下。（3）通过感受这种情感来培养、完善道德情感倾向。完善的道德情感倾向应包含针对不同情境及其迫切程度，匹配对事物的权重，帮助行动者确定行动的目标。（4）在不断练习中，可以通过反思这种情感来识别恰当的情境，同时也可以在恰当的情境中自然产生同情感。

在艾文贺的讨论中，尽管关于动机养成，如何关注、识别、运用道德情感的论述十分有吸引力。然而在王回忆、关注、识别自己的同情感之后，艾文贺并未清晰地指出王是如何判断出在百姓的案例中，他同样应该再次唤醒与使用这一情感来作为自己行动的动机。在《梁惠王上》的相关段落中，尽管通过孟子的提示，齐宣王可以再次感知这种道德情感。然而这种再次熟悉与感知本身是如何带领他得到需要在其他情境中使用这一情感的判断的。就比如通过多次感知，熟悉音节，学习者可以掌握不同的声音。但是如果仅仅是能够识别七个音阶，她仍然不能在一首有所空缺的谱子上填上最为和谐优美的旋律。艾文贺的诠释的优势在于孟子如何通过"以羊易牛"的案例使得齐宣王感受到自己的道德情感。而结合朱熹的诠释，我们能更清楚地看到"恻隐"这种情感的某些特征，以及这些特征机制是如何帮助行动者获得道德判断和动机的。

艾文贺关于孟子为何谈论"以羊易牛"的案例的问题的诠释是正确的，孟子试图让王再次感受并关注同情心。然而通过这种再次感受与关注，孟子对于恰当的"仁"的特征有着自己的理解。在这一方面，笔者以为朱熹的注释可以帮助我们更多地探索"恻隐"情感的道德功能。总的来说，孟子采用了这种方式来达成帮助齐宣王取得道德进步的目的：通过偶发的道德行为来提示道德学习者反思道德行为背后的道德动机，并且通过识别、回想、感知这种动机来掌握这种道德情感，最后将这种道德情感作用于其他情境中成为推动道德行为的有效动机。因此，道德情感既有了自然情感的基础，在经过修养之后，也能够在必要时发生情感唤起，同时为行为提供判断理由和动机力量。由此道德情感不再偏于一种自私的、任意的情欲状态，而是由其修养确定了生发方向，成为一种稳固可靠的道德力量。

至此，通过梳理现今学者对孟子道德心理和德行修养理论探讨的研究结果，以及参照朱熹的诠释，得到了一种较令人满意，且最符合文本的诠释模型。孟子以为，正常的人类都有"四端之心"，就如健康的人有四肢。以"恻隐之心"为例，孟子举出见孺子入井的案例，来提示人们感受到自己本身具有的同情感。然而如何从偶发的同情感受发展成君子、圣王的完善仁德，学者们将研究目光聚焦到《梁惠王上》中孟子通过"以羊易牛"的案例来敦促王实践仁政的案例。在这一案例中，齐宣王偶然一次见将被屠宰祭祀的牛害怕得发抖，动了"恻隐之心"，"以羊易牛"，就如见孺子入井所感受到"恻隐"之端的情况类似。孟子使用了这一案例，认为齐宣王"是心足以王矣"。这一案例包含了丰富的关于孟子如何看待人们的道德心理，以及德行修养如何可能的问题的线索。

通过讨论以往学者的研究，最后结合朱熹和艾文贺的诠释，我们可以得到这样的模型：孟子通过"以羊易牛"的案例，让齐宣王回忆、关注、感受到自己内在的同情之心，通过感受这种同情心，掌握这种同情心的特征，并能够在其他情欲中将它区分出来。在这个过程中，并非通过某种逻辑学习，而是掌握同情的情感感受，并学会运用同情的情感感受来达成德行的发展。在孟子看来，同情心具有某些特征，这些特征和机制使得同情可以"由近及远"地推广，在承认这一情感的自然局限的前提下发展道德情感普遍扩充的能力。这种情感发展得越充分，人就越具有德行，就越能够成为"推恩"及百姓、天下的圣王。因而，通过对这种情感的关注、感受，人们可以清晰地识别这种情感，道德情感的动机力量也会提升，同时它也会成为人们做出道德判断的依据，即根据这种情感的培养承认人们亲疏有别的情感差异性，这也使得事情权重的价值判断成为可能。

然而，上述的诠释仍然十分需要对道德失败问题的进一步解释。倘若这种道德心理与修养模型符合《梁惠王下》的相关段落中孟子的劝说目的，那么当王再次关注、感受到同情时，"恻隐之心"与其他情欲状态之间发生了何种互动？为什么齐宣王拥有了道德意识最终没有践行仁政，而成为道德失败呢？在《梁惠王上》中，这种情况就已经发生。一方面，齐宣王既然能够同情牛，并确实赦免了牛，根据同情心一般"由近及远"的机制，齐宣王为何还会怀疑自己，而不是立即行动呢？另一方面，通过孟子的提示与劝说，为何最终仍然没有成功敦促齐宣王施行"仁政"，成为王者呢？除此之外，在《孟子》中还存在着其他有关"仁"的道德失败案例，这些失败又是如何产生的呢？人们是如何丧失了对"仁心"的感知、关注呢？这些道德失败的案例和问题还需一一得以解释和澄清。

二 齐宣王的"有疾"与"不为"

在齐宣王与孟子的对谈中，齐宣王多次以"有疾"为由而不行"仁政"。齐宣王的"疾"多与情欲冲动相关，比如"好色""好货"。齐宣王曾以"善哉言乎"回应孟子的王政提议，然而当孟子提议王去践行时，王却推托以情欲冲动的"疾"。齐宣王将"好色""好货""好勇"视作"疾"，可见王并不认同这些情欲冲动。如此，齐宣王之"疾"呈现出某种不能自制的特征。那么"疾"为何会使得齐宣王放弃自己的道德判断，从而做出某种冲动的举动？

"好货"与"好色"多被视作追逐了感官冲动而放弃了"仁义之心"的问题。"钧是人也，或从其大体，或从其小体，何也？"孟子回答："耳目之官不思，而蔽于物。物交物，则引之而已矣。心之官则思，思则得之，不思则不得也。"（《孟子·告子上》）造成这种道德失败的主要原因似乎是放弃了"心之官"的反思能力，而追逐了"蔽于物"的感官情欲。然而，从齐宣王的情况来看，王在孟子的提示下，有时是能够反思到自己的"仁义之心"的。并且，在对话的当下，齐宣王也能够判断出"好色""好货"是不正确的行为取向。那么齐宣王并非完全缺失"心之官"的反思能力，造成齐宣王道德失败的原因显得更为复杂。

齐宣王的情况类似一种意志软弱现象。① 意志软弱者虽然能够做

---

① 但并不符合一般意志软弱的定义，即行动者在行动时尽管做出了正确的判断，但仍然没有按照判断行动。齐宣王的情况是，他有时能够反思并做出正确的判断，但面对诱惑经常违背。我们并不能清楚地知道，在行动的当下，他是否还能有清晰的正确判断，还是完全受情欲冲动摆布，所以他还不能算作典型的意志软弱。

出什么是值得追求的正确判断,然而,在行动时却违背了自己的判断。桑特斯与戴维森都曾经为意志软弱提供了一种有说服力的模型。简单地说:(1)"A 欲求 + A 方式"构成 A 判断;(2)"B 欲求 + B 方式"构成 B 判断。一个人很可能从总体来说认可 A 判断,然而这并不必然使得他只有一种可以推动行动的动机模型。他很可能最终放弃了他总体的判断,而根据 B 判断行动。[①] 当参考时间的因素时,行动者的动机也可能产生流动变化的情况。事件当下的心理状态,和事件发生前后的心理状态可能存在差异。对于孟子来说,正确的判断由道德情性参与得出,这种道德情性和人们的感官倾向有一定的类似性,特别是在行动心理方面。作为动机要素的情欲倾向偏好在意识中具有一定的流动性。此时,"我"可能想要吃烤肉,彼时,"我"被一件美丽的衣服吸引就放弃了吃烤肉的念想,而追逐美丽的体型以适应美丽的衣服。这些情感与情欲作为流动的动机要素,它们时刻在意识中交替浮现,或受到更长远的某种信念或想象的影响被加强或减弱。所以,一个人很可能在其他情欲没有显著浮现时,能够相信或愿意做某件事,或者在事后反思时认识到自己行动的错误,但在行动的当下却并没有遵循自己冷静时的判断,而违背了自己彼时的信念和意愿。

  这种模型有利于我们理解齐宣王的意志软弱问题,美女、美色、关爱百姓等动机因素轮流登场,那么即便齐宣王有时能够做出正确的判断,他面对具体的行动时,仍然可能违背他之前的判断,而根据其他情欲倾向行动。

  在齐宣王与孟子对话的当下,他通过反思自己过往的行为历史,得出"好色""好货"是"有疾"的判断,然而这种判断很可能是不稳定的,也同样是流动的。由于情欲的浮现往往流动交替,它们还会因强烈程度不同彼此影响,而影响它们的因素则纷繁复杂。这

[①] 参见刘旻娇《明智何以能行——对亚里士多德不自制问题的一个反向考察》,《道德与文明》2016 年第 6 期。

样，人们对自我的思考就更加富于矛盾性与多变性。面对流动多变的动机因素。处在行动的当下，当他坚信某件事时，一个人从他的脑海中可以凭借记忆与想象根据自己的信念来构建当下与之相符的情欲倾向；或者，通过不断有意识的关注某种曾经出现过的情欲倾向，让这一倾向在当下意识中获得显著地位，从而推动行动者行动。后者，更类似于孟子的动机模型。如此，人们似乎是有一定的能力操控自己的情欲，而获得某种意志的主宰能力。而由于孟子认为"仁"的倾向已经存在于人性之中，那么就意味着，只要人们愿意反思与回想，总是可以寻找到某个契机感受到这种倾向的。感受到这种倾向的存在，就如同感受到手与脚的存在一样，于是人们理应有能力通过意识的聚焦来放大这种感受，让它具有推动行动的力量。

发展道德情性成为自我实现和德行政治的总体目的的重要环节，因而"仁"的道德情感的感知和培养也成为修身成人的第一要务。如此，孟子的道德动机的养成建立在对道德情感倾向的关注之上。齐宣王虽然已经能够感受到他的"恻隐之心"，通过孟子的提示关注、聚焦"恻隐之心"能够在一定程度上提升道德情性的动机力量，但是，齐宣王仍然不可避免地被"疾"所困。有没有什么进一步的原因促使了齐宣王在诱惑之下，很快放弃了道德判断？为什么每当情欲浮现时，"仁义"之爱很快就缴械投降，造成了齐宣王往复反转，不断陷入意志软弱呢？

在"以羊易牛"章节中，我们集中于孟子的立场，探讨了孟子如何通过唤起王的回忆，来让齐宣王学会将这种"恻隐之心"应用到其他的情境中，做出恰当的判断与获得相应的动机。就孟子来说，由于他认为"人之性善"，而将"仁"作为修养目标，行动者通过反省、察识、关注"仁"的道德情性，能够在意识领域中将这种情性调配到显著位置，从而行动者在能够做出正确判断的同时，也能够拥有一定动机力去行动。但是，齐宣王却并未真实地付诸实践，是什么阻碍了齐宣王的行动？在相关段落，齐宣王再次谈到了自己的情欲，这次并非仅是食色情欲，而是蓬勃的政治野心。孟子十分了解齐宣王的这种心理:"然则王之所大欲可知已。欲辟土地,朝秦、楚,莅中国而抚四夷也。"此时,"好色""好货"等问题虽然没有出现,但王意识到征战其他国家,开拓自己的疆土是自己最强烈的情欲。于是,和"好色""好货"的问题一样,以"大欲"为代表的某种情欲战胜了齐宣王对百姓的"恻隐之心",阻止了他发挥"仁"的力量而行王政。

情欲一再干扰齐宣王有着更深层次的原因。齐宣王的疑虑和某种信念前提相关,即"仁政"与"欲辟土地,朝秦、楚,莅中国而抚四夷"的大欲相冲突矛盾。可以猜测,齐宣王虽然能够感受到自己的一些"仁心",然而,当其他的情欲出现的同时,他对于仁政之为善的判断也产生了犹疑,这种犹疑是造成他意志软弱的罪魁祸首之一。在齐宣王看来,他相信其他情欲倾向与"仁义"倾向之间存在着某种不可调和的矛盾,由此产生对"仁政"的犹疑,而很可能正是这种错误的信念前提使得他很快放弃了继续对"仁义"情性的关注,而选择其他情欲。齐宣王的意志软弱并非简单不受控于一时冲动,从而行动背离总体的判断,而是在对"仁义"倾向与其他情欲的可调节兼容的问题的怀疑下,放弃了对"仁义"情性的进一步感知,使得"仁义"倾向不再具有行动的主导动力。[①] 从孟子针对齐宣王所欲、所好的问题的回应,这种诠释可以得到一定的印证。

孟子对齐宣王"好色""好货""大欲"的问题采取了类似的开导逻辑。

---

① 这不影响在其他情欲不出现之时,或不发生冲突时,齐宣王仍然可以认为"仁义"是值得追寻的。而在情欲出现,当齐宣王不相信其他情欲和"仁义"倾向可调和的前提时,他的犹疑致使他失去对"仁义"倾向的积极感知。所以,齐宣王的道德失败,往往发生在其他情欲出现,而他需要做出权衡选择时,他失却了"仁义"的优先权。这样,错误的关于"仁政"必然与"欲"相冲突的理解就妨碍了齐宣王的道德之"心"的继续生发。当然私欲本身也会对道德行为产生影响,详细内容参见第三章第二节"'欲'与道德动机无力"。

> 王如好色，与百姓同之，于王何有？（《孟子·梁惠王下》）
> 王如好货，与百姓同之，于王何有？（《孟子·梁惠王下》）
> 今王发政施仁，使天下仕者皆欲立于王之朝，耕者皆欲耕于王之野，商贾皆欲藏于王之市，行旅皆欲出于王之途，天下之欲疾其君者，皆欲赴诉于王。其若是，孰能御之？（《孟子·梁惠王上》）

不同于对梁惠王的势不两立的"义利之辩"，孟子对齐宣王的"好"与"欲"都采取了一种调和的态度。即调和"好色""好货""大欲"与"仁义"的冲突。与"不仁"的梁惠王不同，齐宣王能够感知到"恻隐"、关爱之情，孟子一再在相同问题中做出调节欲求与道德情感的矛盾的尝试，合理的解释就是孟子以为这种尝试是解决齐宣王问题的最佳途径。也就是说，齐宣王的意志软弱的症结原因在于，他错误地认为他的个人情欲与道德要求存在矛盾而很难调和，并选择放弃了道德的目标。

孟子针对齐宣王之"疾"的回应有着很高的相似度：孟子一再提示齐宣王，情欲与"仁义"之间不是必然矛盾的。[①] 孟子试图缓解王对于情欲与"仁义"之矛盾的担忧。通过消解这种可能的矛盾，打消齐宣王的担忧，从而推动齐宣王进一步关注培养自己的道德倾向，最终达成道德转换的目的。

从孟子对齐宣王的回答来看，齐宣王的道德失败并不简单等同于一般受情欲冲动影响的意志软弱，即尽管在行动时能做出恰当的判断，但受情欲所惑而背离判断，他一再被情欲所惑，而"有疾"有进一步的原因。在没有其他情欲的干扰之下，他能够体察到"恻隐"的情感，并能够据此做出有道德行为的判断。当其他情欲出现

---

① "老吾老，以及人之老；幼吾幼，以及人之幼"，通过一种推己及人的向度，将他人的福利与自身的福利联系在了一起。与百姓同"好"，个人会和团体达成一种共赢共利的状态。这时，个人情欲也具有了普遍化的向度。因而，"仁义"倾向对于其他情欲也有一种内在的调节塑造能力，可以将自私情欲扩充为与民同乐之情欲。

时，齐宣王被自己预设的前提所困，他相信行仁政会致使他背离某些重要的情欲目标，使他总是处于一种矛盾的选择状态。而孟子通过消除这一错误的假设前提，向王提示了另一种重新审视自我的角度。即以仁义情性为准，并不必然与个人利益相冲突。个人的情欲因为有了"与民同"的向度，不再是与仁义冲突的"小体"，而成了某种"大"，从而拯救王于道德失败。齐宣王的道德失败虽然与情欲之"疾"密切相关，但是他的意志软弱基于某种反思错误的提前放弃。在反思活动中，他将道德的目标与其他实践目标对立了起来，而不相信整个德行生活目标之间可以达成一种协调同一，并最终由于软弱放弃了道德目标。他在未尝试调和各种目标之前，就默认"仁义"与"好色""好货""大欲"存在矛盾，从而每当情欲浮现之时，他都不再能坚持"仁政"为善的判断。他缺乏另一种正确的道德判断意识，即看清道德的目标与更广泛的政治理想，以及个人的情欲之间的关系。这种反思前提出错，影响了他的动机培养，进而由于缺乏对道德情性的持续关注，道德动机便不能获得足够的力量，致使其在面临其他情欲的挑战时，很容易就陷入了"有疾"的意志软弱。

三 梁惠王的"不仁"

与对齐宣王的"有疾"和"大欲"的宽容态度不同，孟子以"不仁"强烈指责梁惠王。

> 孟子曰："不仁哉梁惠王也！仁者以其所爱及其所不爱，不仁者以其所不爱及其所爱。"
> 公孙丑问曰："何谓也？"
> "梁惠王以土地之故，糜烂其民而战之，大败，将复之，恐不能胜，故驱其所爱子弟以殉之，是之谓以其所不爱及其所爱也。"（《孟子·尽心下》）

在孟子看来,"仁者"遵循一种"推己及人"的道德原则,"老吾老,以及人之老;幼吾幼,以及人之幼",将"亲亲"之爱推广到对百姓天下的普遍关爱。而梁惠王的行动与这一原则完全相反,梁惠王是以"不爱"的情感普遍推广到伤害所有的人,乃至于自己所爱也被累及伤亡。对于孟子来说,一个人感受到自己的"仁之端"是十分重要的道德起点,也就是说德行培养的可能性以个人能够感受到自己的"亲亲"之爱或"恻隐"之情为起点。梁惠王以"不爱"为行为的起点,也就背弃、丧失了"仁"。梁惠王的"不仁"是仅出于一时冲动的情欲诱惑,还是一种一贯的刻意选择?他是否已经完全丧失了对道德情性的感知,而成为程度最恶劣的一种道德失败呢?这种程度的恶劣的道德失败的产生原因又与齐宣王的情况有何不同?

孟子曾以"杀人以政"来警醒梁惠王:

> 梁惠王曰:"寡人愿安承教。"
> 孟子对曰:"杀人以梃与刃,有以异乎?"
> 曰:"无以异也。"
> "以刃与政,有以异乎?"
> 曰:"无以异也。"
> 曰:"庖有肥肉,厩有肥马,民有饥色,野有饿莩,此率兽而食人也。兽相食,且人恶之;为民父母行政,不免于率兽而食人,恶在其为民父母也?仲尼曰:'始作俑者,其无后乎!'为其象人而用之也。如之何其使斯民饥而死也!"(《孟子·梁惠王上》)

梁惠王为政,"庖有肥肉,厩有肥马,民有饥色,野有饿莩,此率兽而食人也",只顾自己的物质享受,而无视百姓的苦难,孟子以为这等同于"率兽食人"。从儒家的角度来说,对他人生命的轻视是最值得痛恨的罪行之一。梁惠王的"不仁"体现在他对百姓苦难的无动于衷,也就是无视百姓的生死,罪行的严重程度十分恶劣。

梁惠王对于自己的罪行并没有清醒的悔改意识,他提出治理饥荒的案例来为自己开脱:

> 梁惠王曰:"寡人之于国也,尽心焉耳矣。河内凶,则移其民于河东,移其粟于河内。河东凶亦然。察邻国之政,无如寡人之用心者。邻国之民不加少,寡人之民不加多,何也?"
>
> 孟子对曰:"王好战,请以战喻。填然鼓之,兵刃既接,弃甲曳兵而走。或百步而后止,或五十步而后止。以五十步笑百步,则何如?"(《孟子·梁惠王上》)

梁惠王以为饥荒时实施了救灾的工作已很是尽心。而孟子则直刺梁惠王是"五十步笑百步"。如何理解孟子的批评?从梁惠王的发问来看,"察邻国之政,无如寡人之用心者。邻国之民不加少,寡人之民不加多,何也?"他救灾的行动不是出于对百姓的关爱与同情,救灾仅是为了增加人口,而最终的目的是在国力与武力上胜于邻国。救灾的行动是为了实现某种非道德的目标的一种权宜手段,行动的最终指向是穷兵黩武。故而,孟子以为,梁惠王在行动方向上就是错误的。和"弃甲曳兵"的逃兵性质一样,梁惠王由于行动的目标方向背离了"仁义",则行为本身的性质已经丧失道德意义了。

因此,梁惠王的道德失败被定义为程度恶劣的"不仁"的道德失败。那么梁惠王是否故意为恶,还是出于一时的情欲冲动,造成意志软弱?与齐宣王的情况不同,齐宣王在没有强烈情欲的干扰下能够意识到自己的道德情感倾向,而梁惠王似乎从未反思并感受到自己的道德本心。首先,在孟子评价梁惠王"不仁"的段落中可以看到,孟子认为梁惠王是以"不爱"为行动的起点,而扩展到伤害亲近亲爱的人的,梁惠王在行动起点上就丧失了"仁义"之心。而值得对比的是,当梁惠王提出和齐宣王类似的感官情欲享受时,孟子并未试图调和梁惠王的情欲与道德情性的矛盾,而是向他告诫了缺失"与民偕乐"所导致的恶劣的行为后果。

> 孟子见梁惠王。王立于沼上，顾鸿雁麋鹿，曰："贤者亦乐此乎？"
> 孟子对曰："贤者而后乐此，不贤者虽有此，不乐也。……古之人与民偕乐，故能乐也。《汤誓》曰：'时日害丧，予及女皆亡。'民欲与之偕亡，虽有台池鸟兽，岂能独乐哉？"（《孟子·梁惠王上》）

齐宣王"有疾"，"疾"不必然招致百姓的反叛，孟子提醒王在"好色""好货""好乐""好勇"之时注重"与民同乐"的道德向度，通过将道德情感倾向和个人的私欲相结合，使得个人的私欲也呈现出普遍化的维度而具有道德意义。孟子试图让齐宣王将个人的情欲好恶同样扩充到对百姓情欲好恶的关注上，通过这种结合，"仁义之心"使得一般情欲也具有了道德的价值。但是，从文本来看，梁惠王基本缺失对百姓关爱的情感，梁惠王的私欲完全主导了他的一切行为，呈现出难以转化的特征。故而，孟子只能以享乐行为本身的恶劣后果来告诫王，希望他注意到，如果一再按照自己的私欲行事，在所欲之结果中也会产生矛盾，从而以其所欲致其所不欲。由于梁惠王缺失了道德情感倾向的体验，使得这一动机要素自身不再能够抗衡、抵制、调和为恶的私欲，所以这时的道德劝说，只能从自身私欲的矛盾着手来提醒梁惠王进行反思。通过在反思系统中，意识到自我情欲目标的冲突，来警醒人们关注到真正具有价值的目标，道德之"仁"的目标。只有"仁"方能调节各种情欲，使得人们拥有德行，实现真正的仁政理想。而放纵情欲，则必然产生内在冲突矛盾，并将最终与世界形成不可调和的冲突，陷入困境。从孟子不同的劝说策略中，我们可以看到梁惠王"不仁"和齐宣王"有疾"的案例存在差异。

《史记·孟子荀卿列传》记录了孟子与齐宣王和梁惠王相见的一

第二章 德行缺失：孟子论"不仁""不义""无礼""不智"

段历史，"孟轲，邹人也。受业子思之门人。道既通，游事齐宣王，宣王不能用。适梁，梁惠王不果所言，则见以为迂远而阔于事情"。按照这段历史记录，梁惠王"不果所言"，认为孟子"迂远而阔于事情"，他对于孟子的仁政劝说基本是缺乏反思、理解和采纳的。那么在梁惠王，他的切近的事情又为何？孟子见梁惠王，王以"叟！不远千里而来，亦将有以利吾国乎？"发问，受到孟子的严肃抨击。孟子对梁惠王的"求利"半分不能妥协，又同样警示梁惠王一味逐利将会造成背离自己"国强"的"大欲"。由于梁惠王丧失了道德本心，孟子只能一再通过王自身私欲的矛盾后果来提示王进行反思。梁惠王提到他所担忧的问题的核心："晋国，天下莫强焉，叟之所知也。及寡人之身，东败于齐，长子死焉；西丧地于秦七百里；南辱于楚。寡人耻之，愿比死者一洒之，如之何则可？"（《孟子·梁惠王上》）收回失地，报仇雪耻才是当务之急。由于梁惠王不同于齐宣王对自己"有疾"的自我批评，他对于自己的行为目标呈积极的认可态度。因而，他不同于齐宣王的那种意志软弱，他对于"仁义"的目标缺乏基本的认同。

梁惠王的"不仁"也引发了一个问题。既然孟子认为人皆"性善"，那么道德情性已然存在于人性之中。比如齐宣王的案例，失败者多少能够感知到某种道德情感倾向的存在，而对百姓基本的同情"恻隐"在梁惠王似乎是彻底丧失的，那么这种丧失是由于何种原因引起的？

这可以从两方面寻找到回答的线索。在谈论"以小害大"从而丧失本心的文本中，孟子提到了出于物质感官享受造成的丧失道德本心："耳目之官不思，而蔽于物。物交物，则引之而已矣。心之官则思，思则得之，不思则不得也。"（《孟子·告子上》）这里，展现出了一组"小"与"大"的对照关系，即追随感官情欲享受而放弃了"心之官"指向"仁义"本心的"大体"的反思，这种道德失败者被称为"小人"。然而，因为行为只有出于本心才具有道德意义。那么一切违背道德的各种情欲如果主导了行为，都有可能造成道德失败，而这其中会产生比盲目追求感官更恶劣的"不仁"者。从梁惠王的情况来看，如果仅仅追逐感官情欲成为"小人"，那么还并不是无可救药的，因为只要通过反思，将自我的感官情欲追求与关爱他人的倾向结合起来，这两者仍然存在可以调节的可能。也就是在此时，通过心之官的"思"，这种道德失败可以予以拯救。但是，如果作为统治者，当他过度的权力野心指向穷兵黩武，极力追求战争的胜利之时，那么他的"大欲"将以无限制地剥夺百姓，牺牲生命为代价，他的情欲就站在"仁义"的反面，所以当他的这种情欲过于强烈之时，"仁义之心"会遭受到更加严重的遏制与伤害。

另外，就孟子而言，由于他相信"性善"，即便出现了与道德要求完全背离的恶劣情欲，这种情欲消灭、扼杀本心也不是立即发生的。孟子以"牛山之木"来比喻人从"性善"沦落为"禽兽"的过程。

> 孟子曰："牛山之木尝美矣，以其郊于大国也，斧斤伐之，可以为美乎？是其日夜之所息，雨露之所润，非无萌蘖之生焉，牛羊又从而牧之，是以若彼濯濯也。人见其濯濯也，以为未尝有材焉，此岂山之性也哉？虽存乎人者，岂无仁义之心哉？其所以放其良心者，亦犹斧斤之于木也，旦旦而伐之，可以为美乎？……人见其禽兽也，而以为未尝有才焉者，是岂人之情也哉？故苟得其养，无物不长；苟失其养，无物不消。"（《孟子·告子上》）

剥削、牺牲百姓来成就自己的政治野心的欲求可视为对"仁"的倾向最严重的一种遏制和伤害。通过经年累月的积习，这种野心与欲求不断砍伐、伤害"性"，最后将致使"良心"完全丧失，这正符合梁惠王的情况。由于存在着这样一种积习的过程，虽然在劝说的最初，孟子可能以为梁惠王仍然存在转化的可能。但最终当梁惠王已经成为"不仁"者之后，他的道德失败就呈现出无可救药的特征。

孟子曰："不仁者可与言哉？安其危而利其灾，乐其所以亡者。不仁而可与言，则何亡国败家之有？有孺子歌曰：'沧浪之水清兮，可以濯我缨；沧浪之水浊兮，可以濯我足。'孔子曰：'小子听之！清斯濯缨，浊斯濯足矣。自取之也。'夫人必自侮，然后人侮之；家必自毁，而后人毁之；国必自伐，而后人伐之。《太甲》曰：'天作孽，犹可违；自作孽，不可活。'此之谓也。"（《孟子·离娄上》）

这里出现的对"不仁"者的描述，"安其危而利其灾，乐其所以亡者"，看到他人受苦于危难之中无动于衷，甚至以别人的灾难来取利，盲目追求享乐而自取其亡，这些描述都符合在《孟子》文本中梁惠王所呈现的形象。"不仁"者的错误程度最为恶劣，已经几近于禽兽，冥顽不灵，教化低效，是为"自作孽，不可活"的"不仁"的道德失败[①]。

第二节 "义"与"不义"

在第一章第二节"孟告之辩"的"仁内义外"中，为了更好地分析"仁内义外"，我们对孟子"仁"与"义"的概念进行了简要的分析，这一分析有助于我们理解"义"作为一种独立的德行要求或道德目标具有什么样的特点。在《孟子》中，"仁义"，"仁"或"义"都可以指称整体的伦理理想。"义"有时作为总体

[①] 在儒家学者看来，不值得教育劝说的人似乎是最恶劣的一种道德失败者。孔子"学不厌而教不倦"，"自行束修以上，吾未尝无诲焉"，对于大多数人都持一种教育帮助的积极态度。对于已经无法与之言说的人来说，他们的行为的恶劣程度尤甚，比如荀子所说"元恶不待教而诛"。孟子虽没有"元恶"的类似概念，但从侧面可以看出，一个已经缺乏"自悔"与接受教育能力的人，应该是罪行最为恶劣的。

伦理观的广义指称，有时作为与"仁""智""礼"相对举的狭义的德行要求。作为狭义指称与"仁"对举时，笔者总结了四种文本中出现过的"仁"与"义"的对举关系："门内"与"门外"；"亲亲"与"敬"；"恻隐"与"羞恶"；"推恩"与"推其所为"。笔者以为，很难以其中一种关系来涵盖其他几种。其中，"门内"与"门外"的对举关系尽管在先秦其他文本中经常出现，但是孟子较少使用这种区分，因为孟子并不将"仁"限制在家庭关系中，因为"推恩"与"推其所为"要求"仁"的道德情感可以被普遍地推行。另外，有一种"仁""义"的区分，是说"仁"偏重内心状态，"义"偏重于行为规范，这种理解也比较片面。对于孟子来说，一切符合"四德"的行为，都应既出于真情实感，又付诸实践。上述这两种区分，仅可为"仁""义"对举的一些情况做参考来看孟子讨论问题时的侧重，但并不因此而能将"仁""义"分割。当然，尽管在孟子看来，"仁""义"都有内在根据，行"仁""义"都需要内外合一，但是，细究起来，"义"毕竟与"仁"还有不同，从所依据的道德倾向来看，以"敬"与"羞恶"成"义"来区别于"亲亲"与"恻隐"成"仁"，从而分析作为"四德"之"义"，这也许是更为恰当的研究起点。

总体来说，"义"一般被视作"宜"。义者，宜也。也就是合宜恰当的行为方式。但是这样一种对"义"的解释并不能给我们更多关于"义"的具体信息。陈大齐将孟子的"义"分成两大类别：对人的"义"和对"事"的义。对"人"的"义"包括君臣上下关系中的互相敬重，还有社群家庭关系中的"敬长"与"敬兄"。对事的"义"则主要体现在"羞恶"与"知耻"，或"正路"之"义"。①

但是，"敬"与"羞恶"（或"知耻"）并不能分别限制在"人"与"事"两个方面。比如"恶"也可以指对他人的一种负面

---

① 参见陈大齐《孟子待解录》，华东师范大学出版社 2012 年版。

评价。与"敬"相反，当他人的言行有违道德要求之时，人们不仅会以"不义"来反对这种言行，同时也会对行动者产生"恶"的评估性态度。而"羞"或"知耻"也同样如此，"羞"与"耻"往往指向自我评估。做错了事情，由于"知耻"而对自己产生负面情感。因而，评估事件和评估人联系在一起。"敬""羞恶""知耻"都是一种针对人与事的评估性态度。

张岱年在论述孟子"仁义"的哲学概念时，认为孟子论"义"，"以'敬长'为'义'，又以为'义'是羞恶之心的发展"。通过道德倾向的基础和德行的发生根源来分析"义"的主要思路和我们上述看法基本符合。在此基础上，与区分"人"与"事"不同，张岱年侧重于将"义"理解为对他人的尊重和对自我的尊重，"孟子所谓'义'含有尊重人与己相互之间的权利与义务之意"①。

孟子的"义"包含自我与他人关系中的权责问题，但是这种权责关系是与社会身份关系相关联的。然而，从研究道德失败与德行修养的角度说，何以孟子以为"义内"，即一种社会关系作为既有外在的事实，如何与自发的道德情感之间互相融合，以形成内在的"敬"？另外，尊重仅仅是"义"的一个方面，即一种积极正面的情感。"义"同时也包含一种反对与厌恶的负面情感。当这种负面情感产生时，我们不仅诉求一种认同和尊重，还通过羞耻、厌恶的负面态度来更改、制止自我和他人的错误行为。这些问题都需要进一步分析考察。

总体说来，在这一节中，我们从"敬"与"羞恶"的道德心理出发，从人与事、正面态度与负面态度等多方面更为全面地考察"义"的道德心理和"不义"的道德失败产生的原因。

一 孟子论"义"："羞恶"与"敬"

在讨论"不义"的问题之前，我们先需要梳理在一定的社会秩

---

① 参见张岱年《中国古典哲学概念范畴要论》，中华书局2017年版。

序中所规定的合"义"的行为相关的道德情感的内容和性质。在《孟子》中"义"涉及"羞恶"和"敬"两种道德情感。[①]"义"要求人们在社会关系中恰当地处理自我和他人的相对地位，从而形成一种符合社会身份的合宜的行为模式。"羞恶"中的"羞"的另一种表达方式是"知耻"。人们在自我评估时能够通过对自我产生恰当的判断，履行身份义务，或进一步自我提升，这可谓"知耻"。"恶"则主要针对他人或事情，当违背"礼义"时，我们会有所评价并产生评估性的态度——厌恶之情。相较于"羞恶"的负面情感，"敬"体现了一种赞成、尊重、欣赏、服从等积极正面的情感。我们对他人产生"敬"，意味着我们能够识别判断出他人的社会身份或道德品性，从而产生认同并敬爱的情感体验。由此，我们也可以将"羞恶"归结成"敬"的反面情感。因此，在伦常关系中，"义"（很多时候也包括"礼"）主要涉及如何产生"敬"的恰当情感并履行"敬"的行为（或反面的"羞恶"和相应的行为）。

一般而言，学者多注意到"敬"的这种评估性道德心理取决于人们对于被评估者的德行的正确认识。也就是说，"敬"具有敏感的识别德行高低的能力，并能给予恰当的情绪反馈。然而问题是：如果恰当的尊敬或"羞恶"仅依据对方德行的判断而来，那么这种情感如何结合社会身份秩序？如果恰当的"敬"仅依据德行的高尚与否做出情绪反馈，那么是否意味着对品行欠佳的统治阶级或长者，无所谓真诚的"敬"？这时"敬长""敬君王"岂不是某种伪装？这样表面行为上的"敬"真的符合"礼义"的要求吗？

金明锡（Myeong-soek Kim）提到，根据孟子的文本，尊敬的行为不必然出于某种真诚的尊敬情感倾向，尊敬也是可以由许多

[①] 参照《孟子·尽心上》："亲亲，仁也；敬长，义也。无他，达之天下也。"《孟子·告子上》："何以谓义内也？"曰："行吾敬，故谓之内也。""恻隐之心，仁也；羞恶之心，义也；恭敬之心，礼也；是非之心，智也。"则"义"对应的道德情感是"羞恶"与"敬"。由于"恭敬"也被视作实践"礼"时的情感体验，这里我们可以认为"不敬"也不是"无礼"的一种表现。

第二章　德行缺失：孟子论"不仁""不义""无礼""不智"　157

其他可能的动机推动一个人的顺从行为。金认为尊敬作为一种情绪可以根据不同的因素做出反应，包括人之为人的价值，一个人的社会地位和角色，一个人的伦理或政治成就。然而，似乎只有针对伦理和政治成就的那种德行，真诚的尊敬情感才会产生，那么对于社会地位与角色所产生的尊敬行为又是依据何种情感呢？金举出孟子对待梁襄王的态度的案例来说明，认为在对待德行不佳的王时，孟子缺乏内在的尊敬。"孟子对王的评论应该被理解为梁襄王看上去不像一个统治者，并且没有任何统治者的尊严，因此也就不能在孟子心中激发尊敬与畏惧（awe）的情感……孟子显然没有出于真诚的对王的尊敬而行动。"① 金提出孟子缺乏对王的德行的尊敬和畏惧的情感很可能是正确的，然而按照孟子自己的理解，他同样在践行一种"敬"的行为，此时孟子所依据的动机心理是什么呢？

金将"敬"的情感倾向理解为一种对统治者"畏惧"与"敬畏"的情绪体验，然而这并非是"敬"的全部内涵。朱伯崑在研究先秦儒家伦理时认为，孟子"把仁义作为处理尊卑上下关系的依据。……孟子所理解的'义'，不仅限于敬长，还将'敬人'的意识加以推广，还指遵守自己的本分和尊重别人应有的权利"②。"义"与"敬"的道德情感密切相关，然而"敬"的含义又比"敬畏"之情要来得更加广泛。由于"敬"的内涵比单纯的"畏惧""敬畏"王者的德行更加丰富，通过文本，我们可以看到，虽然孟子没有对梁襄王的德行产生敬畏感，但孟子也在实行一种"敬"，这种"敬"同样是一种对自我或他者（或某种对象）评估的情感态度。我们把金提到的关于梁襄王的案例和孟子自己评价对王的尊敬行为的文本案例放在一起看。

---

① Myong-Seok Kim, "Respect in Mengzi as a Concern-based Construal: How Is It Different from Desire and Behavioral Disposition", Dao, Vol. 13, No. 2, 2014.
② 朱伯崑：《先秦伦理学概论》，北京大学出版社1984年版，第49—51页。

孟子见梁襄王，出，语人曰："望之不似人君，就之而不见所畏焉。"猝然问曰："天下恶乎定？"

吾对曰："定于一。"

"孰能一之？"

对曰："不嗜杀人者能一之。"

"孰能与之？"

对曰："天下莫不与也。王知夫苗乎？七八月之间旱，则苗槁矣。天油然作云，沛然下雨，则苗浡然兴之矣。其如是，孰能御之？今夫天下之人牧，未有不嗜杀人者也。如有不嗜杀人者，则天下之民皆引领而望之矣。诚如是也，民归之，由水之就下，沛然谁能御之？"（《孟子·梁惠王上》）

景子曰："内则父子，外则君臣，人之大伦也。父子主恩，君臣主敬。丑见王之敬之也，未见所以敬王也。"

曰："恶！是何言也！齐人无以仁义与王言者，岂以仁义为不美也？其心曰：'是何足与言仁义也'云尔，则不敬莫大乎是。我非尧舜之道，不敢以陈于王前，故齐人莫如我敬王也。"（《孟子·公孙丑下》）

在孟子的时代，诸侯王皆有罪，很难说由于德行的高尚，孟子会对诸侯王产生敬畏之感。然而，孟子清晰地解释到，作为向王进言的"士人"，最大的尊敬是向王进言"尧舜"之道，这与履行贤者身份的道德责任相关。在与梁襄王见面的过程中，孟子虽然未对"不似人君"的梁襄王产生"敬畏"的情感，但他仍践行了"敬王"的德行，即以"仁义"之道坦诚告之。孟子在这里的"敬"与对王的德行评估似乎无关，但与某种身份认同及职责义务密切相关。与分析"仁"的道德心理不同，我们可能只有进一步研读有关"不义"的道德失败案例，才能获得完整的对于"义"的道德心理的理解，并揭示"不义"的道德失败的产生原因，因此，这里我们需要从"不义"的案例开始进一步探求答案。

二　君臣关系中的"不义"之罪

在接下来的讨论中，笔者希望通过君臣关系中"不义"与"不敬"的反面案例来说明，"敬"除了根据人的品行产生评估性态度外，还涉及人们识别并认同与社会身份相关的职责所产生的一种对事业的崇敬之心，而这种崇敬之心也可以出自人真诚的内在倾向。这样，就更全面地诠释了孟子为何认为"礼义"同样来自人们内在的道德倾向，并且"礼义"之端也根植于"人性"。

（一）从诸侯王之罪看有关职责身份的"敬"的道德情感内涵

在下面这段《孟子》文本中，孟子谈论到了处在不同社会等级（王、霸、君、臣）中的人的罪行错误。

> 孟子曰："五霸者，三王之罪人也；今之诸侯，五霸之罪人也；今之大夫，今之诸侯之罪人也。天子适诸侯曰巡狩，诸侯朝于天子曰述职。春省耕而补不足，秋省敛而助不给。入其疆，土地辟，田野治，养老尊贤，俊杰在位，则有庆，庆以地。入其疆，土地荒芜，遗老失贤，掊克在位，则有让。一不朝，则贬其爵；再不朝，则削其地；三不朝，则六师移之。是故天子讨而不伐，诸侯伐而不讨。五霸者，搂诸侯以伐诸侯者也，故曰，五霸者，三王之罪人也。五霸，桓公为盛。葵丘之会，诸侯束牲载书而不歃血。初命曰：'诛不孝，无易树子，无以妾为妻。'再命曰：'尊贤育才，以彰有德。'三命曰：'敬老慈幼，无忘宾旅。'四命曰：'士无世官，官事无摄，取士必得，无专杀大夫。'五命曰：'无曲防，无遏籴，无有封而不告。'曰：'凡我同盟之人，既盟之后，言归于好。'今之诸侯皆犯此五禁，故曰今之诸侯，五霸之罪人也。长君之恶其罪小，逢君之恶其罪大。今之大夫皆逢君之恶，故曰今之大夫，今之诸侯之罪人也。"（《孟子·告子下》）

这里的五霸、诸侯、士大夫的罪行都是处于一种君臣等级关系中的"罪",他们的"罪"必须结合他们的社会身份,因而"五霸者,三王之罪人也;今之诸侯,五霸之罪人也;今之大夫,今之诸侯之罪人也"。这种"罪"涉及社会等级身份中的恰当行为,可谓"不义"之罪。① 我们先结合孟子对王的"敬"来看士大夫之罪。士大夫的罪分为两种,"长君之恶"与"逢君之恶",朱熹解释为:"君有过不能谏,又顺之者,长君之恶也。君之过未萌,而先意导之者,逢君之恶也。"② 从这两种罪行的反面来看,合"义"的士人的首要职责就是劝君改过,而"有过不能谏"或者怂恿君王犯错则成为士人的玩忽职守,可视为一种罪。在两种罪行中,又呈现出一组"小"与"大"的对比关系。对"小"与"大"关系的可能的理解方式是:"顺君"表现出某种"合礼"性,即符合一般的君臣上下关系中的下从上;怂恿君为恶之臣则可被认为是罪行的主要承担者。从两者都是"罪"来看,孟子并不宽恕"长君之恶"的行为。士人阶级合"义"行的主要标准是提供正确的道德建议,从孟子来说,即谏之以尧舜之道,而不是顺从君王。因而,合"尧舜之道"才是士人阶级履行社会职能时的主要依据,而不是君王之命。这与孟子自身的行为是相符合的,孟子以尧舜之道谏君,最符合自身社会身份所要求的责任,至此,"敬"就表现出了对社会身份的尊重,而更进一步地也体现了对道德的信仰与坚持,这才是在君臣关系中正确的"敬"的情感与行为。

事实上,关于为臣的士人阶级的罪过在《孟子》中多有出现,而绝大多数都与失职相关。

---

① 按照《孟子》中的诸多描述,诸侯王也多兼有"不仁""无礼"等罪行,这里主要讨论"不义"的方面。

② (南宋)朱熹:《四书章句集注》,第351页。

第二章 德行缺失：孟子论"不仁""不义""无礼""不智"

> 孟子之平陆，谓其大夫曰："子之持戟之士，一日而三失伍，则去之否乎？"
>
> 曰："不待三。"
>
> "然则子之失伍也亦多矣。凶年饥岁，子之民，老羸转于沟壑，壮者散而之四方者，几千人矣。"
>
> 曰："此非距心之所得为也。"
>
> 曰："今有受人之牛羊而为之牧之者，则必为之求牧与刍矣。求牧与刍而不得，则反诸其人乎？抑亦立而视其死与？"
>
> 曰："此则距心之罪也。"（《孟子·公孙丑下》）

在这段文本中，孟子遇到平陆的大夫孔距心，就谈论到了失职之罪。孔距心的失职也被称为"罪"。

"逢君之恶"被视作当时士大夫的普遍罪行，"今之大夫皆逢君之恶，故曰今之大夫，今之诸侯之罪人也"（《孟子·告子下》）。而与"长君之恶"比较相似的则是管仲的案例。管仲辅佐齐桓公得到霸业，孔子也曾给予管仲以很高的评价，"桓公九合诸侯，不以兵车，管仲之力也。如其仁！如其仁！""管仲相桓公，霸诸侯，一匡天下，民到于今受其赐。"（《论语·宪问》）然而，孔子还以为管仲不知礼："邦君树塞门，管氏亦树塞门；邦君为两君之好，有反坫，管氏亦有反坫。管氏而知礼，孰不知礼？"（《论语·八佾》）管仲有"仁"之功，因为他能够在不动用战争武力的情况下帮助齐桓公称霸，然而管仲的不知"礼"表现在他的行为不符合他的社会身份，是一种僭越。孟子同样一方面称赞管仲与齐桓公的君臣关系，因为管仲得到齐桓公的信任与尊重，能够听从他的建议。但是，管仲不能以"尧舜之道"来督促自己的君王，却帮助齐桓公实现称霸的野心，也就助长了君王的错误，因而可以看作"长君之恶"的一种道德失败类型。

管仲的案例可以让我们继续探讨霸王与诸侯之"罪"。管仲作为忠臣，能合诸侯而不用武力，可视为有"仁"之功①，那么说管仲"长君之恶"，就需要联系到作为霸王的齐桓公有何"恶"？孟子提到了齐桓公的盟约，盟约中所倡导的讲人伦、爱老幼、尊贤者等都符合孟子"仁政"的要求。相对地，当时的诸侯背弃了这些基本的"仁"的要求，是为五霸之"罪"，这是容易理解的。但是，一定程度上以"仁"立盟的齐桓公的错误何在？

"天子适诸侯曰巡狩，诸侯朝于天子曰述职。……一不朝，则贬其爵；再不朝，则削其地；三不朝，则六师移之。是故天子讨而不伐，诸侯伐而不讨。五霸者，搂诸侯以伐诸侯者也，故曰，五霸者，三王之罪人也。"（《孟子·告子下》）从这段文本来看，齐桓公的错误是以诸侯之名而行天子之事，在没有天子的命令之下，私自合纵或讨伐诸侯。"天子讨而不伐，诸侯伐而不讨。五霸者，搂诸侯以伐诸侯者也。"（《孟子·告子下》）

诸侯不尽职，只有天子有权下达命令予以惩罚讨罪，诸侯只有在接受天子命令的情况下向其他诸侯宣战才是正义的。搁置天子的命令，联合一部分诸侯而讨伐、要挟另一部分诸侯，齐桓公的错误在于僭越自己的权责，这种僭越成为"恶"与"罪"。

因此，与社会身份、职能相关的"不义"行为既包括了玩忽职守的不称职行为，也包括了僭越自己身份的越职行为。"位卑而言高，罪也；立乎人之本朝，而道不行，耻也。"（《孟子·万章下》）"位卑而言高"是为僭越，"立乎人之本朝，而道不行"是为玩忽职守。恰当的合"义"的行为必须符合社会身份。

君臣关系中的"不义"表现为一种等级身份的错位，即没有履行职责范围内的本分工作，或者僭越了职责范围。问题是，如果合"义"的行为要求行动者忠于社会中的身份与职能，那么"敬"如

---

① 有"仁"之功不代表"仁"，有"仁"之功可能表示行为一定程度地符合"仁"的要求，但并不表示管仲完全地拥有"仁"的德行。如朱熹所论，"盖管仲虽未得仁人，而其泽及人，则有仁之功矣。"（南宋）朱熹：《四书章句集注》，第154页。

何能够与这种身份与职能联系在一起，如何能够根据不同的身份和职能做出恰当的"敬"的情感倾向呢？

艾米特·查图维迪（Amit Chaturvedi）在一篇关于孟子的道德知觉、思虑和想象的文章中提出一种看法，如果我们认为孟子的"仁"与"义"必须在一种关系伦理的背景下去实践，那么我们就不能同时认为孟子的道德判断直接来源于内在的道德倾向和道德感知。由此，查图维迪通过否认刘秀生（Xiusheng Liu）和何艾克关于孟子道德判断的模型，来建立一种类似于杜威（John Deway）基于道德想象的道德思考模型。

> 刘秀生和何艾克所提议有关道德思虑的孟子的理论诠释是存在问题的，因为他们在给予（given）的道德倾向与人性自身之间含糊其辞，这使得他们认为这些倾向可以作为一种仅出于他们内在性的、直觉性的道德识别能力。取代这种"倾向主义"的解读，一种更全面的对孟子"性"概念的理解将能够强调孟子将个体理解为由他的社会角色和身份所构成的……"仁""义""礼""智"必须在个人的角色与关系中被表达。……换句话说，知道"仁"或"义"的要求是什么，这需要（个体）——反思在个体的关系中恰当的行动。①

暂时搁置查图维迪对刘秀生和何艾克理论的解读的恰当性问题，即便承认查图维迪所提出的社会关系与角色的背景问题介入了道德判断中，但是这种诠释也并不必然与道德判断是依据内在性的道德倾向或感觉（sense）的诠释相矛盾。一种内在性的道德倾向或感知就不能识别有关社会身份的道德要求吗？尽管查图维迪提出的杜威式的想象力模型能够帮助我们理解问题：人如何能够在社会关系中获

---

① Amit Chaturvedi, "Mencius and Dewey on Moral Perception, Deliberation, and Imagination", *Dao*, Vol. 11, No. 2, 2012.

得与身份、职责相关的道德判断，然而，不可忽视的是，根据《孟子》的"良知说"，这种有关社会身份的道德感知能力很可能也来自"性"的倾向：

> 孟子曰："人之所不学而能者，其良能也；所不虑而知者，其良知也。孩提之童无不知爱其亲者；及其长也，无不知敬其兄也。亲亲，仁也；敬长，义也。无他，达之天下也。"（《孟子·尽心上》）

孩童"爱其亲"，"敬其兄"显然也与自我和亲人的身份认知相关。孩童无须学习和思虑（"不学而能""不虑而知"）似乎就能够掌握在家庭关系中的恰当行为方式和相应的情感，而"爱其亲"并"敬其兄"。"良知说"似乎在一定程度上说明人们在"爱"与"敬"的情感中也包括了基本的对关系身份的敏感与识别能力。

但是，人们可能会有疑问：尽管出于家庭关系中的本性倾向包括了对孩童与亲人的关系的认识，但是在更为复杂的伦理关系中，道德情感还能够正确应对这种伦理关系吗？在复杂的伦理关系中，人们还需要考虑各种关系的要求和相应的行为规范，是"关系"决定了人们的情感表达，还是情感表达决定了"关系"？这些疑问也并不是凭空产生的，对于孟子来说，"义"有先在于个体存在的社会规范的层面，也有个人德行能力的层面。先在于个体存在的社会关系如何形成是另一方面的问题，但就道德失败而言，孟子认为一个没有真诚内在基础的"义"行不是真正的"义"。甚至说，无论是否有社会规范在先，人们获得这种"义"的能力的过程仍然是内发为主的，而不是外在强加的。那么怎么理解这种内发的"义"和外在"义"的相合呢？

首先，在孟子看来，道德行为完全可以从道德情性发展而来。孟子说："亲亲，仁也；敬长，义也。无他，达之天下也。"此外还有另一个案例。

第二章 德行缺失：孟子论"不仁""不义""无礼""不智"

> 孟子曰："舜之居深山之中，与木石居，与鹿豕游，其所以异于深山之野人者几希；及其闻一善言，见一善行，若决江河，沛然莫之能御也。"（《孟子·尽心上》）

舜的例子，正是从缺乏一般社会背景到进入关系社会的两种情况的比对，在深山之中的舜与野人无异，然而"闻一善言，见一善行"，成就德行的过程就如"沛然莫之能御"的江河一般。在这段对舜的描述中，比之强调舜从习俗、想象、思虑权衡等方面获得关于伦常之道德知识的过程，孟子更强调这种从本性出发的倾向能力。当外在诱因具备，行动者就具备展现和发展"善性"的能力。在讨论"仁内义外"的章节中，孟季子对"敬"能因外在因素（比如某种社会身份与情境背景）而变化来论证"义外"，从公都子的回答来看，外在的环境特征虽然能够影响人们对它们的反馈，但和自然情欲敏感于外在特征的情况具有一定的类似性，"仁义"的倾向同样敏感于外在的环境特征，至此道德的倾向可以接受外在的背景信息，具有依情境信息而做出判断并产生态度的能力。虽然这一例子与查图维迪的问题没有直接联系，但是我们是否可以这样理解，尽管社会关系背景进入道德判断之中，但是这就如同冷热的外在环境进入"食色"问题之中，道德倾向和道德感知同样可以对关系中的社会身份做出相应的反馈。

其次，关于"敬"如何能够与这种身份与职位联系在一起的问题就有了进一步理解的线索。"敬"除了能够对自我或他人的德行成就等相关因素做出相应的情绪反馈，还可以对个人的社会身份与职责做出相应反馈。比如，在孩童"敬兄"的问题上，我们并不能看到这种"敬"涉及兄长的德行、成就等因素。[①] 在舜的案例中，我们可以看到，即便对于德行不佳的长辈亲人，仍然

---

① 当然，也可以解释为作为兄长的天然优势使得兄长往往能力更强，德行更佳。

能够产生"亲"与"敬",道德情性很可能本身对关系身份就是敏感的。

　　对于关系身份敏感的"敬"所涉及的内容的核心不仅包括在社会伦常身份中的高低等级次序的理解识别,也可能包括了针对各种身份所要求的职责的"敬"。在家庭关系之外,社会身份往往包括了社会职责,因而当"敬"能够识别这种身份的同时,也就对这一身份所要求的职责产生认同感,从而有了"敬"的情感力量。人们经常会提及对自己的职业的尊敬:比如"我"是一名军人(身份识别),"我"觉得成为一名好的军人很光荣(评估与认同),所以就要尽"我"所能履行军人的使命(产生对身份职责的敬畏感);比如"我"是一个木匠,要在木工中精益求精。出于身份职责的认同与尊敬,使得人们产生了对从事的工作的敬意,从而激发人们履行职责、尽忠职守。同样,人们也经常会尊敬他人的职位而并非基于对他人德行的全面了解,比如尊敬某位长官或总管,敬其位而非敬其德的现象也十分普遍。

　　最后,在君臣关系中,由于两者身份的特殊性,使得他们的职责中还包括了一种特殊的"敬"的对象,即"天"与道。天子应以天道行事,臣或贤士辅佐君王也必须敬畏天道。在孟子看来,天道的具体化则是尧舜之道——制民之产、造福百姓。由于君臣之职责的特殊性,君臣都需要以"乐天""畏天"为"敬"的核心内涵。

　　这样,"义"依据的道德情性包括"敬"("羞恶"为"敬"的反面情感)。在君臣关系中的"不义"多涉及对身份及职责的僭越或疏忽,由此可见"不敬"可能与社会身份、职责密切相关。"敬"的情感倾向除了涉及对自我或他人的德行的恰当评估的反馈情绪,有时也与这种德行评估无关,而涉及识别与社会身份相关的情感反馈,也就是对身份和职责的认同与尊敬。根据孟子的"良知说",这种能够对身份和相应义务敏感并做出情感反馈的能力也是一种内在生长的道德情性。由于君臣身份的特殊性,还需要敬畏天道(具体为尧舜之道），从而推动君臣实践仁政所要求的政治活动。①

（二）君臣关系中"不义"与"不敬"的道德失败的等级秩序

综合上文所述，我们不难得出，"敬"的内涵有："敬"人之德行，"敬"社会身份，敬尧舜之道。但是，这三种"敬"的关系为何？它们之间是否存在着一种"大"与"小"的等级关系？搞错了这种价值等级关系，是否也是一种"不敬"之"罪"。厘清所敬对象的优先等级能够帮助我们更好地理解君臣关系中"不义""不敬"之"罪"的这种道德失败。

从孟子对王的态度可见，即便是诸侯王德行不佳，孟子仍然需要尽力以贤士的身份教育规劝王。从五霸之"罪"及管仲之无礼来看，处在等级关系中的臣子即使有更优越的政治能力，但如果僭越了自己的身份，也仍然是有"罪"的。因而，在君臣关系中，在"敬"人之德行和"敬"社会身份的"敬"的问题上，"敬"社会身份具有较高的优先性。但这种优先性并不是绝对的，比如对于武王伐纣的问题，孟子认为"武王"以"臣"的身份讨伐纣王，并非不合"义"。②

> 齐宣王问曰："汤放桀，武王伐纣，有诸？"
> 孟子对曰："于传有之。"
> 曰："臣弑其君，可乎？"
> 曰："贼仁者谓之'贼'，贼义者谓之'残'。残贼之人谓

---

① 根据孟子的"性"来源于"天"的一种考量，天道要求能够在"性"之道德倾向中寻找到，所以这种"敬"又必然促使他们反思本心。

② 在武王伐纣的问题上，武王和纣王的身份关系存在两种理解方式。一方面是按照社会既定的身份事实，纣王为君，武王为臣。另一方面，由于"天子"的身份是由天授予并认可的，可以认为武王虽然没有在既定身份上成为君王，但实质上已为"天子"，而纣王因残暴失去身份合法性。有时社会既定身份事实和天道所赋予的合法身份之间会产生偏差和背离，也就是孟子所区分的"天爵"与"人爵"的差异。这里多以"人爵"层面的社会既定身份事实来论，而将对德行的尊敬放入另一种"敬"德的范畴来分析。

之'一夫'。闻诛一夫纣矣,未闻弑君也。"(《孟子·梁惠王下》)

齐宣王问武王伐纣,认为"臣弑其君"违背了君臣关系中彼此的地位关系,然而孟子认为纣王因荒淫无度已经不具备天子的地位与资格。所以,武王伐纣不再有"臣弑其君"的罪行性质,"闻诛一夫纣矣,未闻弑君也"。然而,纣王之所以可伐,有其先决条件。"贼仁者谓之'贼',贼义者谓之'残'。残贼之人谓之'一夫'。"作为天子或君王,他们地位的合法性并不建立在完善的道德品行中,即便是王德行有愧,偶然犯错,作为臣子仍然不能僭越本分。但君王完全违背"仁义"之道时,也可以被讨伐。

那么何时"僭越"合宜?民意在这一问题上至关重要。比如,在讨论到国君"进贤"的问题时,当"进贤"涉及等级秩序的颠倒与僭越之时,必须格外慎重。

孟子见齐宣王,曰:"所谓故国者,非谓有乔木之谓也,有世臣之谓也。王无亲臣矣,昔者所进,今日不知其亡也。"
王曰:"吾何以识其不才而舍之?"
曰:"国君进贤,如不得已,将使卑逾尊,疏逾戚,可不慎与?左右皆曰贤,未可也;诸大夫皆曰贤,未可也;国人皆曰贤,然后察之;见贤焉,然后用之。左右皆曰不可,勿听;诸大夫皆曰不可,勿听;国人皆曰不可,然后察之;见不可焉,然后去之。左右皆曰可杀,勿听;诸大夫皆曰可杀,勿听;国人皆曰可杀,然后察之,见可杀焉,然后杀之。故曰国人杀之也。如此,然后可以为民父母。"(《孟子·梁惠王下》)

"国君进贤,如不得已,将使卑逾尊,疏逾戚,可不慎与?"国君逾越固有的社会等级,越级"进贤"是一种非常行为。除圣王之外,德行不足善的君王对于贤者的判断很难做到直接准确。在这种情况下，他必须慎重地使用其他评估手段来确保这种"僭越"是合宜的①，而德行较高者则可倾向于自己的直接判断。德行欠佳者应寻求进一步的理由来作证判断，这一理由在政治活动中往往体现在百姓与群臣的意愿中。

一般情况下，国君不可以直接在政治事务中采取一种"直觉"的程序来破格提拔人才，而需要不断慎思考量。这一方面表现为对既有社会秩序合理性的尊重；另一方面也敞开了意见通道，让更多帮助决策的理由进入自己的视野中。最终国君仍然需要参考各种理由，再次回到反思系统中进行考察判断。国君需要以百姓的意愿为判断理由，只有在"国人皆曰可"的情况下才可以更改原有的职责秩序。而以"国人皆曰可"为判断标准理由，事实上正包含在王"为民父母"的职责范围之内，也就是说这一理由在国君反思自己是否尽到君王责任时，必然进入理由的系统之中。他必须把自己的行为与品质放置在整个社会活动中，承担起自己作为君王的政治目的。另外，国君的德行也指向"天道"，"民意"与"天道"之间的关系密切，在某种程度上说，"天道"正是体现在民意之中。由此看来，越级行为可以通过以"民意"为代表的"天道"来加以合法化。

君王尊敬贤者的态度行为表现在能听"善言"。因而，缺乏对贤者的判断能力，不能够礼贤下士也是一种"不敬"的道德失败。体现这种"敬"的较成功的君臣关系的案例有汤王对伊尹和齐桓公对管仲。

> 天下有达尊三：爵一，齿一，德一。朝廷莫如爵，乡党莫

---

① 齐宣王在"进贤"的问题上需要评估手段来帮助他慎重考量，不代表外在的评估手段是道德判断的核心因素。因为齐宣王是德行不佳者，他的道德修养有限，这使得他的感知和认识很可能受到各种其他因素影响，而有所偏差。然而如果是完善地保持了"善性"的圣王很可能直接、准确地识别真正的贤者，那么这样的贤者也确实具有为民谋福、被民爱戴的能力。

如齿，辅世长民莫如德。恶得有其一以慢其二哉？故将大有为之君，必有所不召之臣；欲有谋焉，则就之。其尊德乐道，不如是，不足与有为也。故汤之于伊尹，学焉而后臣之，故不劳而王；桓公之于管仲，学焉而后臣之，故不劳而霸。今天下地丑德齐，莫能相尚，无他，好臣其所教，而不好臣其所受教。汤之于伊尹，桓公之于管仲，则不敢召。管仲且犹不可召，而况不为管仲者乎？（《孟子·公孙丑下》）

在这段文本中，孟子提到天下所尊贵的事情有三样，爵位、年龄、道德。在孟子看来，真正的贤士因秉承"仁"而有德行，因而敬贤士也体现出了对"仁义"之道的尊重。尊敬年龄包括了家庭关系中的长幼有序，从社会层面来说，长者往往因经验丰富、更有德行而又享有更高的社会地位。"尊德"则多在师生关系中体现。[①] 敬爵则表现了对社会既有等级秩序所规定的身份的尊敬。在君臣关系中，敬爵之外也需敬德。从孟子的立场而言，他对王的"敬"体现在以尧舜之道谏君，从君王来说，他也需要以敬德礼贤下士，择善而从。"士止于千里之外，则谗谄面谀之人至矣。与谗谄而谀人之人居，国欲治，可得乎？"不能尊敬贤士，听从善言，而喜欢阿谀奉承之人，也是君臣关系中一种不敬德的错误行为态度。

这样，总体来说，尽管在恰当的"敬"的情感倾向中，有三种所"敬"的内涵，然而这种"敬"之间也存在着一种"大"与"小"的等级关系，敬爵受到敬德的制约，而敬民意代表的天道则是政治决策的最终判准。颠倒了"敬"的优先秩序，也可以被视作一种"不敬"。因此，"不义"的道德失败程度也有所不同：首先以君王完全背离尧舜之道，"贼仁、贼义"最为严重，这种为恶的道德失败直接导致君王丧失自己地位的合法性；其次以失职与僭越为罪，此时"义"要求君臣有道，各司其职，让社会秩序稳定运行；最后

[①] 在家庭等级关系中，我们会更多谈论敬长的问题。

以不能敬贤士之德,不能择善而从为"不义"的道德失败。

三 "不义"与"无耻"

"义"所对应的"羞恶"与"敬"常涉及对自我及他者的恰当性评估态度,由此"义"在各种社会关系中规定了人们彼此交往的方式。"义"多与"敬"相关,所"敬"的对象必须合"义"。而"耻"主要指一种负面的自我评估的情绪,同时也是人们在践行各种社会关系中的"义"的重要判断依据与动机态度。"知耻"意味着人们可以对自我的心理行为进行道德反思。这种反思有助于纠正人们以往的错误行为,帮助人们尽快准确地把握自己的行动方向。

"耻"是一种重要的道德情感,因此,人无羞耻之心是行为偏离"义"的根本原因之一。

> 人不可以无耻。无耻之耻,无耻矣。(《孟子·尽心上》)
> 耻之于人大矣。为机变之巧者,无所用耻焉。不耻不若人,何若人有?(《孟子·尽心上》)

"知耻"者能够反思自我言行的错误,明确自己的身份职责,并且能够为自己提出进一步的道德修养的要求。有羞耻心的人即使做错事,也能知错悔改。"耻者,吾所固有羞恶之心也",羞耻感是人们实践"义"的重要情感倾向。失却羞耻感就类似放失"良心""本心",偏离圣人之道与禽兽不远矣。"耻"主要是一种向内的自我反省感受。在自我反省中,知耻者能够清晰地认识了解到自己的行为和动机,并能够与贤德之人进行比较,产生准确的自我定位。而无耻者,尽管行差踏错,却不能真诚地面对自我的错误,还企图通过机巧掩盖隐瞒,也是对自己的不诚。不能对自己的错误行为有所觉察并感到羞愧,会影响人们的道德修养进步。无耻者停滞不前,愈加陷于道德失败之中。

圣王君子能够行"义",往往和他们产生的恰当的羞耻感有关。

一人衡行于天下，武王耻之。此武王之勇也。而武王亦一怒而安天下之民。今王亦一怒而安天下之民，民惟恐王之不好勇也。(《孟子·梁惠王下》)

武王之勇是大勇，以安天下之民为目标发起合"义"之战。武王行为的动机源于对纣王残暴行为的厌恶和对自己不作为的羞耻心。朱注"有罪者我得而诛之，无罪者我得而安之。"① 武王关心天下百姓，以讨伐残贼之人为己任。武王的羞耻之心以"仁义"之道为标准，此时的"耻"激发出"大勇"，也推动武王实践"义"行。然而羞耻之心本身并不能保证人们践行道德行为，人们所羞耻的对象也必须符合道德的要求。如果不能参照道德的目标而知耻，比如仅以胜负之心，或者他人不敬的言行为耻，那么行动者也会产生"不义"的道德失败，失败的案例可参照梁惠王和无德而耻为人役者。

　　梁惠王曰：晋国，天下莫强焉，叟之所知也。及寡人之身，东败于齐，长子死焉；西丧地于秦七百里；南辱于楚。寡人耻之，愿比死者一洒之，如之何则可？(《孟子·梁惠王上》)
　　不仁不智，无礼无义，人役也。人役而耻为役，由弓人而耻为弓，矢人而耻为矢也。如耻之，莫如为仁。仁者如射，射者正己而后发。发而不中，不怨胜己者，反求诸己而已矣。(《孟子·公孙丑上》)

梁惠王好战，以不能求胜于他国为耻，他的羞耻仅仅出于自己的胜负心，此时梁惠王之耻缺乏道德的考量，因而是"不义"之"耻"。无德者"耻为人役"也是一种不恰当的"耻"。自身能力不足同时德行欠佳却不以"不仁""无义""无礼""不智"为"耻"，而以

---

① （南宋）朱熹：《四书章句集注》，第216页。

不能胜于他国为"耻",或者不愿屈居人下,这样的"耻"只是私欲,而无道德性可言。梁惠王的羞耻心发生了错误,他自身的德行能力不足,应该反求诸己,知耻而后勇,努力改善自身,而不应该抱怨仇恨,以胜负为耻。因此,除了"无耻"之外,所羞耻的标准和对象出错,也是造成"不义"道德失败的重要原因,以"仁义"为标准而"知耻"不仅为行动者提供了践行道德、修身进步的动力,同时也能让行动者产生恰当的自我评估,安于某种社会身份,约束自我,履行"义"行。

> 孟子曰:"天下有道,小德役大德,小贤役大贤;天下无道,小役大,弱役强。斯二者天也。顺天者存,逆天者亡。齐景公曰:'既不能令,又不受命,是绝物也。'涕出而女于吴。今也小国师大国而耻受命焉,是犹弟子而耻受命于先师也。如耻之,莫若师文王。师文王,大国五年,小国七年,必为政于天下矣。《诗》云:'商之孙子,其丽不亿。上帝既命,侯于周服。侯服于周,天命靡常。殷士肤敏,祼将于京。'孔子曰:'仁不可为众也。夫国君好仁,天下无敌。'今也欲无敌于天下而不以仁,是犹执热而不以濯也。《诗》云:'谁能执热,逝不以濯?'"(《孟子·离娄上》)

在良好的社会当中,社会的等级秩序匹配于德行能力,从这方面来说,"义"也含有名实相符的"正义"的意义。而就个人而言,遵守正义的社会秩序与相应的名誉、资源的分配差等,不是由于政治力量的强迫,而是出于人们的"知耻之心"。通过对自我和贤德之人的比较评估,知耻者能够明确自己的德行能力,并认同自己的身份职责,从而能够对德产生尊敬顺从的态度,或者向贤德之人学习以求进步。在孟子看来,"耻"也是稳定良好社会秩序的人性因素。君臣关系中的等级秩序受到既定社会现实的限制,所以在君臣关系中,有时敬贤德和敬名爵会发生分离。但是在良好的社会当中,人爵应该尽量靠近天爵，以贤德配位。而在师生关系中，更强调的是对自己德行能力的不满而产生的"耻"，以及向往从贤士那里学习进步的渴求。此时，恰当的"知耻"应是"耻不若人"的自知与自勉，而不是"耻于受命"的盲目自大与求胜心。

还有一种"知耻"的心理是基于人之为人的基本的自尊，由此我们也应该尊重自己和他人的生命尊严。"一箪食，一豆羹，得之则生，弗得则死。呼尔而与之，行道之人弗受；蹴尔而与之，乞人不屑也。"（《孟子·告子上》）如果不能以有尊严的方式获得食物，即便是乞丐也不愿接受施舍。除了社会等级秩序规定的上下级关系之外，人与人之间也应有着基本的平等互敬之"义"。在这种"义"之中，规定了对人的生命、荣誉、财产等基本的保障，如此诸如偷盗、杀人、欺骗等行为也都是"不义"的，而人们也因此为"耻"而不屑为之。

有学者发现，在中国传统中，教育者会通过羞耻感来对受教育者进行道德劝说与激励。比如黄百锐引述人类学家内奥米·奎因（Naomi Quinn）的理论，提出在孩童教育中将羞耻感作为教育工具来唤醒孩童的情绪体验，激发他履行道德行为。黄百锐提到，比如，在与齐宣王对话时，孟子用斥责的语气来反驳齐宣王不行仁政的借口。这时，教育者的行为动作、姿态语调可以唤起行动者的情绪体验，激发行动者的道德动机。黄百锐还进一步采纳了当代脑科学的一些研究成果来证明这种道德教育的有效性。[①]

至此，上述学者的研究也让我们进一步了解了有关"耻"如何帮助人们获得"义"的德行并履行合"义"的行为。从一方面来说，"义"规定了一种合宜的行为要求和社会秩序，但是更为重要的是，孟子通过将道德情性与"义"联系在一起，人们实践"义"不再仅因为它是规范，也可以出于内在的道德心理。"不义"的行为有

---

① 参见 David B. Wong, "Early Chinese Philosophy and the Development of Compassion", *Dao*, Vol. 14, No. 2, 2015.

时是因为人们丧失了基本的"知耻之心",同时也可能是由于不恰当的原因或对象而产生了"不义"之"耻"。正确的知耻者必须以道德的要求为目标,不断进行自我反省与评估,督促自己履行社会身份所应尽的责任义务并追求道德进步,社会也应以道德为基础形成人人互敬互爱,同时敬业有德的良好风尚。最终,以"耻"为基础形成一套反思性的内在评估动机系统以帮助人们践行合宜合义的行为。

四 利害于"义"

在孟子与梁惠王的对话中,孟子严肃地指出"王,何必曰利",将"义"与利对立起来,如此看来贼害人们践行"义"的原因之一就是人们的求利之心。然而,从这段文本看来,却存在许多诠释上的疑难。

> 孟子见梁惠王。王曰:"叟!不远千里而来,亦将有以利吾国乎?"
> 孟子对曰:"王!何必曰利?亦有仁义而已矣。王曰:'何以利吾国?'大夫曰:'何以利吾家?'士庶人曰:'何以利吾身?'上下交征利而国危矣。万乘之国,弑其君者,必千乘之家;千乘之国,弑其君者,必百乘之家。万取千焉,千取百焉,不为不多矣。苟为后义而先利,不夺不餍。未有仁而遗其亲者也,未有义而后其君者也。王亦曰仁义而已矣,何必曰利?"
> (《孟子·梁惠王上》)

孟子反对梁惠王的"亦将有以利吾国乎"的发问,并以"仁义"论述自己反对利的理由。然而多有学者发现,孟子的论证思路恰也是从利出发的。"上下交征利而国危矣",就是指出每个人都求取利益会引发战争抢夺,从而造成国家的动乱,最后每一个人的安危利益都受到损害。至此,反对利的理由反而从功利的角度来论证是成立的。针对这一疑难,学者们的解释方法大约集中于三种。

(1) 将孟子所言之利理解为私利,所以孟子所反对的仅是追逐私利,而非公利。在西方伦理思想中,功利论主张以多数人的幸福的总量为依据进行道德证明。这样的功利论不仅不与孟子的论证矛盾,甚至有学者主张,孟子的"仁义观"就是从这种功利主义思想出发的。

(2) 反对这一看法的一些学者认为,孟子的"义"作为一种道德判断的准则本身具有超越性,它与经验意义上的利是两种截然不同的概念。尽管"义"与"福利""功利"不相矛盾,但是"义"本身的证明并不来源于任何功利的理由。新儒家的牟宗三与李明辉将孟子的"仁义"思想归为康德的动机论,与效果论相反,道德的根据来源于人的理性。行为的动机必须出于道德理性,而非功利的结果计算,利的多寡并不是人们践行道德的主要考量。① 另外,也有学者认为,"义"是超越性的,并且"义"的来源是客观的,是从天理而来,而不是从道德理性法则而来。张汝伦提出柏拉图理想国中的一种善:为其自身也为其结果的善。在义利之辩中的"义"大约属于这一种。② 尽管都承认"义"与利在道德意义上有着某种"质"的不同,而拒斥将"义"还原为某种功利论的证明,但上述诠释都不否认孟子对事功的肯定,"义"本身并不排斥利,孟子相信道德上的善也能够带来现实中的福利。

---

① 但是,这里仅指王者的主要动机。李明辉并不认为王者不在乎事功,关于事功和道德的关系,他认为"他并不排斥非道德意义的'善',而只是反对以之为道德价值之唯一的或最后的判准。因此,孟子仍然可接受功利原则作为衍生的道德原则"(李明辉:《孟子重探》,第53页)。

② 参见张汝伦《义利之辩的若干问题》,《复旦学报》(社会科学版) 2010 年第 3 期。张汝伦所提到的义利之辩并不是仅侧重于孟子文本的义利问题,而是比较宽泛的儒学的义利之辩。在孟子的问题上,张汝伦认为孟子混淆了本来的客观的"义",而将天理之"义"主观化了。有关孟子的这种看法也许还有待商榷。但是认为"义"本来应具有客观的天理含义,以反对将孟子视为一种类似康德的道德自律,这种看法具有一定的代表性,可以作为我们义利之辩的一个参考角度。

第二章　德行缺失：孟子论"不仁""不义""无礼""不智"　　177

（3）将孟子在这里的论证视为一种说服与教育的策略。① 在孟子与梁惠王的对话中，孟子并没有对"义"做出完整的证明，而是以梁惠王容易接受的方式阐明追逐私利的害处，从而警醒梁惠王并促使他反思。孟子向梁惠王严申利的危害，并将利对立于"义"。采取这种说服策略的原因是由于梁惠王的"不仁"与"好战"。梁惠王沉迷于扩张土地，为急速提升自己的国家实力而不惜牺牲无辜百姓，不断武力征战。对于这样的听众，孟子认为直接讲述"义"的根源无助于道德转化的目的，只有通过警醒，才能有效地促使王开始思"仁义之心"，如此道德教化方为可能。

因此，对上述文本就存在两种不同层面的理解向度，一方面是从道德准则的规矩和规范性来源的角度；另一方面是从德行教育与修养的方法的角度。孔子曾言因材施教，而孟子同样重视教育的方式方法，针对何时进言，对何者进言，言说是否有效都多有论述。孟子针对不同的言说对象采取的言教方式存在差异。以梁惠王的情况而言，孟子在此使用了一定的教育策略方法。在言教中孟子有明确的劝说目的，而不是不含目的、不区分对象地进行普遍性的道德理论的阐述证明。所以，从总体来说，孟子针对王的论述应该结合王的品性情况。孟子的义利之辩含有道德教育的特殊目的。

但是，从另一方面来说，尽管义利之辩是针对梁惠王的说服策略，但孟子也十分注重进言的真诚性。"我非尧舜之道，不敢以陈于王前，故齐人莫如我敬王也"（《孟子·公孙丑下》），委于形势而进不诚之言，在孟子看来是不敬亦是"不义"的。所以，在孟子的言论中包含了对于义利关系的真诚的理解。从梁惠王的发问，"亦将有以利吾国乎"和孟子的论证回答："王曰：'何以利吾国？'大夫曰：'何以利吾家？'士庶人曰：'何以利吾身？'"所讨论的利都集中于

---

① 比如信广来就认为，孟子通过论述"仁义"的好处来使用策略以鼓励王践行"仁义"。参见 Kong-Loi Shun, *Mencius and Early Chinese Thought*, Stanford：Stanford University Press, 1997。

"吾",也就是说,孟子所说的"何必曰利"中的利事实上是对"利吾"的简称,"义"所相对的是私利而非一切福利,这在文本中是确定的。因此,与其说是利贼害"仁义",毋宁说一味追求私利必然害"义"更为准确恰当。那么接下来的问题就集中于如何理解孟子此处的论说。

如果我们将"义"作为一种道德规范,这一规范的根据何在?功利论、效果论、道德理性,还是天道实在论?上述几种诠释都有一定的道理。"万乘之国,弑其君者,必千乘之家;千乘之国,弑其君者,必百乘之家。万取千焉,千取百焉,不为不多矣。苟为后义而先利,不夺不餍。未有仁而遗其亲者也,未有义而后其君者也。"仅从义利之辩相关的这段文本来看,笔者以为做出上述论断都为时过早。孟子反对私利,交征私利则国危,仅阐明了人们普遍关心私利之害,并同时阐明了道德的政治价值。这一反驳与上述理论派别都可兼容而不相矛盾。

孟子重视人们践行道德行为的动机必须出于"仁义之心",但是他同时也认为儒家的伦理理想有着最高的事功价值。一方面,他认为"仁义礼智,非由外铄我也,我固有之也,弗思耳矣"(《孟子·告子上》)。然而另一方面他又认为道德本性来自天的赋予,"此天之所与我者,先立乎其大者,则其小者弗能夺也"(《孟子·告子上》)。这里的"固有"可以理解为道德目的"固有",也可以理解为经验的、自然的能力倾向的"固有";而天可以理解为天道的超越性的贯通,也可以理解为自然的赋予。

"义者,宜也","义"是指在具体处事中的恰当合宜。除了将"义"理解为宽泛的规范,"义"还可以用来描述行动者在具体事件当中行为得当的品质。以有"义"之人的言行而论,"义"又很难抽象为一种适用于所有情境的道德准则。在某些情况下,一些行为和态度是合"义"的,而在另一些情况下,同样的行为态度则不值得提倡。"义"需要据行动者的身份地位、所处的具体情境、所需要达成的伦理目标等区别而论。比如,作为圣者的伊尹流放储君太甲

第二章　德行缺失：孟子论"不仁""不义""无礼""不智"

就是恰当合宜的，而其他臣子效仿此法则是篡夺僭越，这是根据伊尹的品性能力和所处情境而言之"义"，很难总结出普遍的道德准则。"有伊尹之志，则可；无伊尹之志，则篡也。"（《孟子·尽心上》）再比如，颜回和大禹都是有德之人，颜回隐世而大禹求事功，这也是因为彼此所处社会环境不同。"禹、稷、颜回同道。禹思天下有溺者，由己溺之也；稷思天下有饥者，由己饥之也，是以如是其急也。禹、稷、颜子易地则皆然。"（《孟子·离娄下》）当然，这并非说"义"全无准则的含义，"义"总是情境性的，但它是不脱离情境的具体准则，也可以说更近于一种微准则。因而，将孟子的"义"理解为功利论、普遍实践理性的义务论，或某种普遍的天道准则可能还需要解释如何将"义"的准则进一步具体化的问题。

不脱离经验情境的具体化的规则是根据圣人和先贤的所作所为树立起的一种模范性规范，"义"的准则"多"而难"一"。但较为有趣的是，儒家所倡导的尧舜之道与天道又是统一的，并且孟子认为这些"多"的"义"有统一的人性基础。就先秦儒家而言，伦理观念有一定的实在论特征。比如，孟子云："尽其心者，知其性也。知其性，则知天矣。存其心，养其性，所以事天也。夭寿不贰，修身以俟之，所以立命也。"（《孟子·尽心上》）性与天命之间的关系难解难分。如果我们将"四端"或"四心"理解为"性"的内容，那么此"性"有明显的情感倾向的性质。但也无法否决可以从中解读出某种普遍化准则的可能。

黄百锐提到一种普遍道德语法的理论模型，根据这种模型，我们可能天生具有这种语法的普遍原则。人们可能无意识地潜在地具有某种特定道德原则的知识，在人们面对道德困境时，这种语法会显示出对人们道德判断的影响。[①] 这样看来，即使我们将孟子的"性"表现为"四端"或"四心"，但含有情感性质的"四心"当中也可能蕴含

---

① 参见 David B. Wong, "Early Chinese Philosophy and the Development of Compassion", Dao, Vol. 14, No. 2, 2015。

某种普遍的道德原则。虽然这种理解是可能的,并与"四端"之"心"的道德倾向不相矛盾,但也只是一种可能,难以在文本中寻找到确切的证据证明孟子根据这种语法特征来寻求道德倾向。

根据上述理由,前种诠释试图将功利主义、康德的义务论,或柏拉图式的道德实在论引入儒家进行比较都有一定的依据,但也缺乏文本根据排除其他的可能,并且将这些原则与儒学之德所要求的具体化判断在诠释上达成一致都具有一定的困难。孟子确实有时诉诸政治活动中的事功结果,但也强调"王霸之辩"。尽管孟子并未直接做出康德式的普遍道德法则的推演证明,也没有建立起普遍至高的道如何下贯至具体规则的详细理论,然而用上述方式来进一步阐明孟子也有相当的理论发展空间。

因此,从规范性来源说,孟子的"义"并不排斥普遍道德原则蕴含于其中(尽管从文本我们难以看到明确的进一步说明),也不排斥有形上的目的依据,与公众福利之公利之间也没有显著对立,上述学者的论述具有一定的合理性。孟子的义利之辩注重"仁义",也采纳了一定的公利角度的论证。在与梁惠王的这段辩论中,孟子未将"义"凌驾于世俗世界,而指向一种自由的普遍形式,或者一种超验的真理世界,反而踏实地落于现实政治生活中。因此,将"义"与利作为一种道德规范的根据来讨论并不是与梁惠王论利害于"义"的重点。总之,孟子的义利之辩仅论述了私利之害,而非试图对"义"做出规范性的证明。

从比较现实政治的角度来看,孟子也曾说"礼义"源于先贤在具体事件中的示范:"规矩,方圆之至也;圣人,人伦之至也。欲为君尽君道,欲为臣尽臣道,二者皆法尧、舜而已矣。"(《孟子·离娄上》)徒有仁心不能成仁政,人们还需要学习怎样应对各种不同的情境事务。掌握这些特定的规则并不从抽象的理论证明和具体的推演开始,而是效仿有德的圣王先贤。"离娄之明,公输子之巧,不以规矩,不能成方圆;师旷之聪,不以六律,不能正五音;尧舜之道,不以仁政,不能平治天下。今有仁心仁闻而民不被其泽,不可法于

第二章　德行缺失：孟子论"不仁""不义""无礼""不智"　181

后世者，不行先王之道也。"(《孟子·离娄上》)从这些文本来看，有德之人的言行表率也示范了具体的"义"。"有义"有较为明显的德行论特征。这里将"义"视为先王展现出合乎德行的活动，与上述争议都无害，也有利于我们进一步看这里的利害于"义"的问题。

如果我们认为行为恰当合宜是一种道德性格品质，那么义利之辩的核心问题落于以利游说于王不能使王获得"有义"的品质。从这个侧面理解，利害于"义"的问题就可以得到更好的理解。对私利的追求包含了各种"欲"与"好"，包括"食色"、名誉、权力、地位等。这些"欲"与"好"都有可能动摇人们实践"仁义"。简要而言，(1)盲目追求私利会妨碍人们思"仁义之心"，从而沦为不思的小人；(2)"欲多"妨碍人们的德行修养，"养心莫善于寡欲"；(3)某些利，特别是梁惠王的好战与求胜之利是贼害"仁义之心"的最为严重的一种私欲。①

在第一章第一节中的"白圭与宋牼"孟子与宋牼的讨论中，同样出现了类似《梁惠王上》义利之辩的相似论述。笔者认为，孟子所担忧的并不是功利主义的论证思路本身，而是功利主义与等级式社会制度相结合时，对统治阶级的"腐蚀"效果。功利主义者虽然同样诉诸公共福利，但是功利主义者的理想社会是一种类似"兼爱"的平等社会，由于不存在差等的分配制度和特权阶级，每个人的牺牲从理论来说也会回馈到社会个体之中去。然而，孟子却认为理想社会的形态必须是一种"义"的状态，即上下有序的社会，贤者劳心民众劳力，在这种秩序的前提下，功利主义所提倡的公利之事功将和统治阶级的私欲之权力欲望相合。统治阶级便可以事功之"名"行利己之实。功利主义由于看重事功的效果，而忽略行动者的动机，将无法对君主形成有效的制约。也就是说，这样一种行动的准则将无助于君王的德行修养，使得仁政所必需的君王之仁德无从落实。

---

① 关于"私欲"对道德修养的危害详见第三章第二节"'欲'与道德动机无力"。

由于仅看重事功的结果，无法对统治者的德行进行真正的评价和约束，于是对于普通百姓而言，他们很可能同样认为统治阶级是为追逐私利，从而上行下效，最终形成逐利的风气。一种以公利为主导的思想与等级社会结合之后，极有可能引发"上下交争利"的后果，原因就在于这样一种公利将催化统治阶级的野心，腐蚀臣子百姓的德行。在梁惠王的发问中，王明显诉诸于权力野心，而对宋牼的劝说中，宋牼却是出于罢战的"公心"，然而两者都同样受到了孟子的批评。原因不仅在于梁惠王的野心，更在于功利思想与等级社会结合后在理论上的危险——一种对君王缺乏约束而造成的对德行的腐蚀作用。这种诠释不仅合理，也更符合义利之辩的文本线索。

由此，从整体来说，在利害于"义"的问题上，孟子并非认为"义"、利来自不同的世界，适用于不同的原则，或者是一种先验与经验、超越与现实的对立，而是源于一种实践的现实担忧。利害于"义"从两方面来说有害于德行：首先，当事功与统治者的政治野心无法区分时，失去对统治阶级德行的约束和要求，而造成对整个社会的德行的腐蚀；其次，求利之欲会干扰"仁义之心"。前一个方面，至此，应该已经有了较为清晰的阐明。而后一个问题，我们将在第三章《修身不善与孟子论德行修养》中详细阐述。

第三节 "礼"与"无礼"

一般认为，相较于"仁"与"义"而言，孟子的"礼"论相对薄弱。在《孟子》中，"仁"一共出现过157次，"义"出现了108次，而"礼"使用了64次。"仁"与"义"不仅为狭义的四种德行中的两种，同时也作为整体的伦理理想或观念来使用，而"礼"则未单独作为德行之整体意义出现过。在《孟子》中，当"礼"有时与其他伦理目标相冲突时，违反"礼"的一般要求可被视作行权的案例。但当我们深入考察文本，会发现大量有关"礼"的讨论（虽然未必直接使用到"礼"的概念),对"违礼"的道德行为也有着严格的要求与界限。通过对《孟子》中有关"礼"的相关论述和道德失败案例的考察,我们可以更清晰地理解"礼"的根据和"违礼"行为的合理界限。

作为"四德"之一的"礼"在某些情况下,似乎具有不完全的独立性。"仁之实,事亲是也;义之实,从兄是也。智之实,知斯二者弗去是也;礼之实,节文斯二者是也。"(《孟子·离娄上》)赵岐注:"礼乐之实,节文事亲从兄,使不失其节,而文其礼敬之容,而中心乐之也。"朱熹注:"节文,品节文章。""礼",更偏重于一种发于外的规范,并因之能够顺于情感、美化行容,然其实质则仍以成就"仁""义"为内涵重心。余纪元在讨论儒家伦理时提到,"礼"代表了一种文化习俗。通过文化习俗的学习,更为重要的是掌握"礼"的内涵,从而行动者能够真正地具有行事合宜的实践品质。[①] 从这个角度来讲,"礼"似乎仅作为成就"仁""义"的必要的手段和方法才具有伦理意义。

如果"礼"仅作为方法和手段而为了实现其他伦理目标而存在,那么当"礼"不能更好地服务于这些伦理目标,甚至与"仁""义"的要求相冲突时,"礼"就是可以被违背的。信广来提到,在某些特殊情况下,违反礼反而更好地体现了"礼"的精神,"因为违反本身就是保存'礼'背后的精神的方式"[②]。按照孟子的文本,"礼之实"在于优化"仁之实"与"义之实",那么这时的"礼"是否就不具备独立性,而只是实现"仁""义"的方法手段?但是从另一个角度来讲,作为"四德"之"礼"又与"仁""义"并列。[③]"恻隐之心,仁之端也;羞恶之心,义之端也;辞让之心,礼之端也;

---

① 参见 Jiyuan Yu, *Ethics of Confucius and Aristotle*, Abingdon: Routledge, 2007。
② Kong-Loi Shun, *Mencius and Early Chinese Thought*, p. 56.
③ 当然,任何一种德行的完善都离不开其他德行的辅佐帮助,然而这里想讨论的是"礼"本身是否具有独立的道德价值,即"礼"本身是否可以成为一种最终的因其自身之故而值得追求的品行。

是非之心，智之端也。人之有是四端也，犹其有四体也。"(《孟子·公孙丑上》)"礼"之端在"四心"的内容里，也就是在"性"之中。人有"四端"譬如有"四体"，"四端"都应予以成全方能成人。为实现"性"之完整性出发，"四端"皆不能偏废损害。从这点来说，"礼"不仅是实现"仁""义"的手段方法，而且具有自身的追求价值。

因此，除了更好地实现"仁""义"的内涵目标之外，"礼"也是一种独立的德行名目，是君子的修身目标。"礼"所对应的"四端"在"辞让之心"，也体现为恭敬有礼。在下面的讨论中，我们将展开讨论"礼"的道德心理与"无礼"的道德失败。

一　孟子论"礼"："辞让"与"恭敬"

从儒家传统来看，"礼"的理解方式可以分为两类，作为文化传统规范之形成状态的"礼"和作为德行实现目标的"礼"。前者是各种细节规范和文化礼节，后者是一种行为者"有礼"的德行性格。前者我们可以简称为规范的"礼"，将后者简称为德行的"礼"。规范的"礼"可以被继承、打破、创新；德行的"礼"是君子终身的修身目标。这种理解方式在《论语》与《荀子》中也都有一定的体现。

> 子入大庙，每事问。或曰："孰谓鄹人之子知礼乎？入大庙，每事问。"子闻之，曰："是礼也。"(《论语·八佾》)

孔子进入大庙，每件事都加以询问，这并不是一般"礼"的要求和规范，但却表现了孔子谦卑好学的品质，这种品质"是礼也"。关于"礼"与其他内在德行的关系，有一段子夏与孔子的讨论，

> 子夏问曰："巧笑倩兮，美目盼兮，素以为绚兮。何谓也？"
> 子曰："绘事后素。"
> 曰："礼后乎？"

子曰："起予者商也！始可与言诗已矣。"（《论语·八佾》）

这里将"礼"比喻为修饰美化，必须以人本身的忠信之实质品性为基础。人有仁义忠信，而行之以"礼"，像在容貌的基础上增添美感。如果说，"礼"并非更改自然容貌的一种手段，而是一种独立于美目与巧笑之外的增饰，"礼"本身也应有独立的价值。① 这时的"礼"不仅是实现"仁"的规范与表现，也包含了一种审美体验、一种人格追求。《荀子·修身》也提到"君子之学也，以美其身"，修身成德包含了一种对和谐美好的身心状态的向往。

> 凡用血气、志意、知虑，由礼则治通，不由礼则勃乱提僈；食饮、衣服、居处、动静，由礼则和节，不由礼则触陷生疾；容貌、态度、进退、趋行，由礼则雅，不由礼则夷固僻违、庸众而野。故人无礼则不生，事无礼则不成，国家无礼则不宁。（《荀子·修身》）

由"礼"则各种身体、心理、行动和谐有度。当"礼"内化为一种

---

① 《论语》，有关"礼"与"仁"的关系的重要文本还有《颜渊》篇的"克己复礼为仁"的讨论。吴震在一篇题为《罗近溪的经典诠释及其思想史意义——就"克己复礼"的诠释而谈》的文中谈到，以阳明后学罗近溪所提出的将"克己"理解为"能己"的诠释区分于宋明理学和汉学，后者将"克己"理解为克除私欲以复"礼"。罗近溪的"克己复礼说"也进一步影响了清代学者［参见吴震《罗近溪的经典诠释及其思想史意义——就"克己复礼"的诠释而谈》，《复旦学报》（社会科学版）2006年第5期］。关于"克己复礼为仁"在诠释上的分歧也同样出现在近代儒学讨论中。争论的焦点仍然是应该从积极的修身意义来看待"己"与"礼"的关系，还是从消极的约束克制的意义来理解。在这里，笔者先不深入讨论"己"与"礼"之间的复杂关系，笔者仅希望指出，不应仅将"礼"作为实现其他德行的手段和方法。由于孔子时有将"仁"视作整体伦理德行的概称，并且德行的完善离不开每一种具体德行的成全。这样"克己复礼为仁"至少可以说明，在总体的"仁"的理想中，包含了"礼"的要求。"克己复礼"无论是从消极意义来看，还是积极意义来看，成就德行都必须从"礼"做起。"礼"在成德工夫论上的意义，不妨碍"礼"同样与"仁""义"等其他德行有相对独立对等的伦理价值。

性格，则区别于杂乱、粗野、庸俗的状态，而显得文明、平和、优雅。"礼"不仅是实现其他伦理目标的手段，更是人追求美好的性格品质的方法和途径。

就《孟子》来说，有些学者会认为，"礼"并不包括所有的行为，而仅包括那些规定人们在社会活动中的交往行为，所以"礼"主要涉及交往行为规则。信广来就认为"礼"规定了人们在社会交往过程中的规则，然而这种规则的根据却是独立于"礼"之外的，根据"礼之实，节文斯二者是也"，"礼"被描述为一种装饰（adornment）。[1] "礼"是一种调节和美化人与人互动关系的方式，而人们参与其中的理由却是独立于"礼"之外的。

然而，根据上述考察，如果我们将"礼"理解为一种修养的品格目标，人们为了追求修身成德之优雅文明所达到的境界，除了因"仁""义"参与"礼"的活动之外，还应该有进一步的独立的追求"礼"的理由。并且，"礼"不仅规范了关系社会中的交往规则，也关乎人内外统一的人格心理状态。这时"有礼"体现的是性格品质，而不仅仅是行为规范。这样一种对"礼"的理解，一方面符合《孟子》中"礼"对"仁""义"的调节修饰的描述，也符合"礼之端"作为人之本性同"四端"有着平等地位需要被发展成全的描述。

就"有礼"作为一种性格品质而言，孟子以"辞让""恭敬"来对应"礼"的心理状态。

> 恻隐之心，仁之端也；羞恶之心，义之端也；辞让之心，礼之端也；是非之心，智之端也。人之有是四端也，犹其有四体也。（《孟子·公孙丑上》）

> 恻隐之心，仁也；羞恶之心，义也；恭敬之心，礼也；是非之心，智也。仁义礼智，非由外铄我也，我固有之也，弗思

---

[1] 参见 Kong-Loi Shun, *Mencius and Early Chinese Thought*, Stanford：Stanford University Press，1997。

耳矣。(《孟子·告子上》)

"敬"的对象可以是他人,也可以是事件(比如职责),还可以表述为一个人对守义之忠诚和决心。在考察与"敬"相关的道德心理时,信广来提出,"敬"是一种谨慎、严肃和指向他人和事件的心理关注的态度;而"恭"是一种可能关注自身的外表、姿态和对待他人的礼貌的更具体的态度;"辞"是指礼貌地拒绝他人,而"让"则是指将美好的事物或荣誉给予他人。信广来以为"辞让和恭敬是不同的态度,他们可能都包含了更广义的态度的两个方面,即将他人放在更高的地位上"[①]。

如果"恭敬""辞让"是"礼"对应的内在道德心理,那么孟子对"礼"的要求也不应仅仅是一种外在行为规范的践行,而涉及行动者内在心理状态的修行。且在"恭敬""辞让"的心理中,不仅如信广来所说包括了看重他人的部分,事实上也包括了看重自我而克制自我的部分,因此"礼"的道德心理也和"仁""义"并不完全重合,"礼"不仅修饰"仁""义",也有它内在的心理基础。

虽然仅从《孟子》的文本来看,较难分析性地确认"恭敬""辞让"的含义,但诚如上述考察所得,"礼"所对应的心理属性包含了一种对自身、他人及所应做的事情职责的尊重,这种尊重含有谨慎、忠诚、严肃、关切等情感投入。当我们以这些内在的道德情性来描述考察"礼"时,"礼"的意思就不是外在的社会习俗规范,而是偏重于有"礼"之人的内在性格品质的礼德。这种对自身、他人和事情的慎重态度正是"礼"之为人之"性"的重要方面,"礼"不仅为调节实现其他德行而具有价值意义,也是人之为人成全自身文明性的本然追求。因此,当我们进入讨论有关"无礼"的道德失败的案例中时,我们可以发现,"礼"的根据一方面在于"仁"与

---

① 参见 Kong-Loi Shun, *Mencius and Early Chinese Thought*, Stanford: Stanford University Press, 1997。

"义",另一方面也在于"恭敬""辞让"之"心"体现的修身成人的倾向。违礼行为可以违反"礼"的一般外在规范要求,但是却不应打破"礼"的内在根据。违礼者倘若"不仁""不义",或者不能对自身、他人、职事严肃恭敬地看待,那么这时的违礼可视为"无礼"的道德失败。

二 君臣关系中君王的"无礼"

在《孟子》中,臣子的过错多表现在失职或僭越等与职责相关的道德失败。从"礼"的方面来说,"无礼"多表现于君王缺乏对有贤能的臣子的尊重。在孟子看来,君王"无礼",则上行下效有着更严重的政治危害后果。"礼"需要从君王做起方能端正政治风气。臣子对待君王"有礼"以君王"恭俭礼下"为先决条件,这样就对君臣上下的等级关系有一定的修正性,可以参见孟子与齐宣王谈及君臣关系之"礼"的文本:

> 孟子告齐宣王曰:"君之视臣如手足,则臣视君如腹心;君之视臣如犬马,则臣视君如国人;君之视臣如土芥,则臣视君如寇仇。"
>
> 王曰:"礼,为旧君有服,何如斯可为服矣?"
>
> 曰:"谏行言听,膏泽下于民;有故而去,则君使人导之出疆,又先于其所往;去三年不反,然后收其田里。此之谓三有礼焉。如此,则为之服矣。今也为臣,谏则不行,言则不听,膏泽不下于民;有故而去,则君搏执之,又极之于其所往;去之日,遂收其田里。此之谓寇仇。寇仇,何服之有?"(《孟子·离娄下》)

君王"有礼"有三点重要的内容:"三年不反,然后收其田里"是为臣子提供充足生活供给;"使人导之出疆,又先于其所往"是对臣子安全与出行的保障;"谏行言听,膏泽下于民"既是对臣子的职责和能力的尊重,又是君王慎重履行自己的政治义务。做到这三点,也就真正保证了对下臣人格、能力和自身权责的恭敬,如此方能换得臣子的心悦诚服。只有君王先做到了"有礼",臣子才会为君主服丧礼。这样的一种恭敬不仅体现在外在行为的依"礼"而行,而且涵盖了君臣之间真诚的情感互动,"君之视臣如手足,则臣视君如腹心"。君臣关系中的"礼"以君王之"礼"为核心前提,而君王之"礼"要求真诚地对臣子在生活、人格、职责能力等方方面面的关心和尊重,同时也体现在对自己的权责义务的严肃谨慎。

与"恭俭礼下"臣子略有不同的是对待贤士之"礼"。贤者本不在君臣关系之中,是以无职责限制的贤士并无"见"诸侯的义务。贤者对待王的"礼"更依赖于王的态度。王向贤者求教或召为臣子,其中存在着两重身份关系。

《孟子》中记录了一段故事,某日孟子要去朝见齐王,齐王推说生病,孟子便也以生病拒绝朝见。之后孟子去东郭大夫家吊丧,齐王派人来探视孟子病情。孟仲子赶忙遣人追堵孟子,孟子却躲入景丑家中。景丑非常困惑,问孟子此行是否不敬君王。孟子不以为然,并认为自己以"仁义"进言是最大的"敬王"。而后,孟子论及君臣相处之道。

> 曰:"岂谓是与?曾子曰:'晋楚之富,不可及也;彼以其富,我以吾仁;彼以其爵,我以吾义,吾何慊乎哉?'夫岂不义而曾子言之?是或一道也。天下有达尊三:爵一,齿一,德一。朝廷莫如爵,乡党莫如齿,辅世长民莫如德。恶得有其一以慢其二哉?故将大有为之君,必有所不召之臣;欲有谋焉,则就之。其尊德乐道,不如是,不足以有为也。故汤之于伊尹,学焉而后臣之,故不劳而王;桓公之于管仲,学焉而后臣之,故不劳而霸。今天下地丑德齐,莫能相尚,无他,好臣其所教,而不好臣其所受教。汤之于伊尹,桓公之于管仲,则不敢召。管仲且犹不可召,而况不为管仲者乎?"(《孟子·公孙丑下》)

从这段文本来看，贤者不可招之即来，挥之即去，故而齐王之行为有违礼之处。"天下有达尊三：爵一，齿一，德一。朝廷莫如爵，乡党莫如齿，辅世长民莫如德。"孟子并非在朝为官之臣，而君王有问则应以尊贤（尊德）为"礼"。正确对待贤者的做法应是"学而后臣之"。"学"要求王以师之礼待贤者，"后臣"则意味着王先"礼"贤者，而后通过正式任命授权才可使贤者居臣位。在王招待贤者的问题上，齐王的行为是违礼的。孟子身处贤者之位，并未进入"臣"的权责范畴之中，孟子的"不见"反而不违背"礼"的要求。① 在王与贤者的关系中，存在着两种"礼"，师生之礼与君臣之礼。王向贤者求教学习，应当先遵从师生之礼；贤者晋爵为臣之后，遵从君臣之礼。由于在师生之礼中，所敬的对象是"德"与"齿"，故而王需要师从贤者，虚心听取贤者的意见，提升自我；在君臣之礼中，王同样需要诚心相待，如此臣子才能以道辅佐君王。在一段关于召见贤者是否合"礼"的文本中，孟子再次提到了王与贤者的这两重身份关系。

万章曰："敢问不见诸侯，何义也？"

孟子曰："在国曰市井之臣，在野曰草莽之臣，皆谓庶人。庶人有传质为臣，不敢见于诸侯，礼也。"

万章曰："庶人，召之役，则往役；君欲见之，召之，则不往见之，何也？"

曰："往役，义也；往见，不义也。且君之欲见之也，何为也哉？"

---

① 就出于下的臣与士而言，他们的行为受到自己职责权限的限制，"位卑而言高，罪也；立乎人之本朝，而道不行，耻也"。孟子作为贤者，并不具有谏言的直接义务和责任，也不受一般君臣之礼的制约。然而，如果王以"礼"求教孟子，则孟子进言的义务就具备了合法性，这种合法性以王"敬贤"的行为为前提。这也可以成为孟子不能随便被召唤而进言的理由。

曰:"为其多闻也,为其贤也。"

曰:"为其多闻也,则天子不召师,而况诸侯乎?为其贤也,则吾未闻欲见贤而召之也。缪公亟见于子思,曰:'古千乘之国以友士,何如?'子思不悦,曰:'古之人有言:曰事之云乎,岂曰友之云乎?'子思之不悦也,岂不曰:'以位,则子,君也;我,臣也;何敢与君友也?以德,则子事我者也,奚可以与我友?'千乘之君求与之友而不可得也,而况可召与?齐景公田,招虞人以旌,不至,将杀之。志士不忘在沟壑,勇士不忘丧其元。孔子奚取焉?取非其招不往也。"

曰:"敢问招虞人何以?"

曰:"以皮冠,庶人以旃,士以旗,大夫以旌。以大夫之招招虞人,虞人死不敢往;以士之招招庶人,庶人岂敢往哉?况乎以不贤人之招招贤人乎?欲见贤人而不以其道,犹欲其入而闭之门也。夫义,路也;礼,门也。惟君子能由是路,出入是门也。《诗》云:'周道如底,其直如矢;君子所履,小人所视。'"

万章曰:"孔子,君命召,不俟驾而行;然则孔子非与?"

曰:"孔子当仕有官职,而以其官召之也。"(《孟子·万章下》)

君王欲见贤者,如果是为贤者的知识与德行,则符合向贤者学习的师生关系,那么此时君王应以"敬德"礼待贤士而不可召。当有官职在身,比如像虞人和孔子为官时的情况,则适用于君臣关系,此时命召前往是合"礼"的。因而,在贤士与君王的关系中,君王需要更加恭敬与尊重贤者。不敬贤者的"无礼"的失败范例则出现在缪公对待子思的行为上。

万章曰:"君馈之粟,则受之乎?"

曰:"受之。"

"受之何义也?"

曰:"君之于氓也,固周之。"
曰:"周之则受,赐之则不受,何也?"
曰:"不敢也。"
曰:"敢问其不敢何也?"
曰:"抱关击柝者,皆有常职以食于上。无常职而赐于上者,以为不恭也。"
曰:"君馈之,则受之,不识可常继乎?"
曰:"缪公之于子思也,亟问,亟馈鼎肉。子思不悦。于卒也,摽使者出诸大门之外,北面稽首再拜而不受,曰:'今而后知君之犬马畜伋。'盖自是台无馈也。悦贤不能举,又不能养也,可谓悦贤乎?"
曰:"敢问国君欲养君子,如何斯可谓养矣?"
曰:"以君命将之,再拜稽首而受。其后廪人继粟,庖人继肉,不以君命将之。子思以为鼎肉使己仆仆尔亟拜也,非养君子之道也。尧之于舜也,使其子九男事之,二女女焉,百官牛羊仓廪备,以养舜于畎亩之中,后举而加诸上位,故曰,王公之尊贤者也。"(《孟子·万章下》)

有官职者因官职接受奉养,在没有官职的情况下,贤者可以接受王的周济,却不能接受赏赐。缪公欲养子思,既不能听从他的建议,又不能重用他,那么此时缪公于子思则既无师生之"敬",又无君臣之礼。既然这两种关系都不适用,缪公屡次赠送食物于子思,岂不是如同豢养犬马一般?即便缪公与子思之间不存在上述两种身份关系,那么王与贤者至少应遵守人与人之基本的互敬"有礼"的关系。"一箪食,一豆羹,得之则生,弗得则死。呼尔而与之,行道之人弗受;蹴尔而与之,乞人不屑也。万钟则不辨礼义而受之。万钟于我何加焉?"(《孟子·告子上》)缪公每次赠予食物还需要子思叩拜感谢,子思岂不是因食禄而叩拜?不依"礼"授予食物,连乞丐都不会接受,更何况子思?因此,缪公一不能以师从贤者之"礼"对待子思，二不能以君臣之礼来要求贤者，三甚至不能尊重贤者的人格尊严，因而缪公之欲养子思是一种"无礼"的道德失败。成功的案例见于尧与舜，尧尊舜之贤，给予舜充足的生活资料，又推举舜于重要的职位上，既尊重他的人格又敬重他的能力，并授予符合他德行能力的职权，这样才是真正"礼"贤者的典范。

在君臣关系中的"礼"和"义"都看重恭敬心理，这种恭敬即包括对他人人格的基本尊重，也包括对他人德行能力的识别认可。并且，作为王，他的首要职责是心怀天下、造福百姓，此时，尊贤敬臣也是在更好地对待自己的权责。君王身处高位，他必须给予有德者和仁政更重要的优先地位，他才能"恭俭礼下"。从"礼"的外在规范来说，更多地规定了"下"对"上"的具体行为要求。但从《孟子》来看，统治阶级肩负了更重要的社会责任和影响力。君王"无礼"虽然不多见于违反"礼"的外在上下等级秩序的规范，而多发生在君王缺乏对贤德之人的承认与敬重，这更是对自身权责的懈怠。"礼"对君王的德行品质提出了更高的要求。

三 "无礼"与"非礼"

在《孟子》中，"无礼"多和"不仁""不智""无义"联系在一起。

> 夫仁，天之尊爵也，人之安宅也。莫之御而不仁，是不智也。不仁不智，无礼无义，人役也。（《孟子·公孙丑上》）
> 君子以仁存心，以礼存心。仁者爱人，有礼者敬人。爱人者人恒爱之，敬人者人恒敬之。有人于此，其待我以横逆，则君子必自反也：我必不仁也，必无礼也。（《孟子·离娄下》）

相较于"不仁""不智"，孟子以"有""无"来形容"礼""义"，那么"仁"与"智"则更侧重品质能力，"礼"与"义"则包含更多具体的规范内容。当然，"仁""义""礼""智"作为四种并列的德行,除去规范内容之具体化的多少以外,"有礼"也应被视为一种德行性格。那么,有具体规范内容的"礼"的内涵都有哪些呢?首先在于"仁""义",行动者背离"仁"与"义"伴随发生"无礼"的道德失败。智者也必须"知仁义而弗去",缺失"仁"与"义"也造成"不智"。如此,"礼"与"智"也包含了"仁""义"的要求,缺失"仁"与"义"也是造成"无礼"的重要原因之一。

除了"无礼"的描述之外,《孟子》中还有"非礼"的情况。"非礼之礼,非义之义,大人弗为",行动即是"礼"又"非礼",关于"非礼"的具体内涵和相关案例孟子没有明言。凯伦·斯托尔(Karen Stohr)在一篇介绍礼节与道德的文章中,借用简·奥斯丁(Jane Austen)小说《傲慢与偏见》的故事来说明两种有关礼节的缺陷。斯托尔的分析也许可以帮助我们理解"非礼之礼"的含义。斯托尔介绍了奥斯丁的小说中两位男主人公:达西先生和维克汉姆先生。达西虽然行为傲慢,缺乏令人愉悦的社交礼节,却有着真诚的道德品格;维克汉姆虽风度翩翩,魅力非凡,却心怀不轨。两个人都不是真正践行道德之礼的典范,维克汉姆缺乏德行内涵的表面的"有礼",其行为实际上是一种欺骗和伪装;达西虽然有着高尚的德行,但不懂表达,因而也伤害了他人感情,遭到别人的误解。维克汉姆的缺乏真诚和达西的缺乏礼节也许可以适用于孟子对"非礼"的描述。"非礼"仍然是一种道德失败。人们仍然需要通过社交礼节来表达对他人的同情、关心与尊重。达西最后通过和伊丽莎白的感情,学会了正确表达自己的情感,拥有了内外统一的"有礼"品格。[1] 斯托尔的文章可以在这里为孟子的"非礼之礼"做一注释补充,"非礼之礼"应是部分地践行了"礼"的要求的行动,但这种"非礼之礼"仍然不是"大人"的作为。

---

[1] 参见 Karen Stohr, "Manners, Morals and Practical Wisdom", in Timothy Chappell, eds., *Values and Virtues: Aristotelianism in Contemporary Ethics*, Oxford: Clarendon Press; New York: Oxford University Press, 2006。

第二章 德行缺失：孟子论"不仁""不义""无礼""不智" 195

　　回到《孟子》来分析"无礼"与"非礼"的道德失败。"恭者不侮人，俭者不夺人。侮夺人之君，惟恐不顺焉，恶得为恭俭？恭俭岂可以声音笑貌为哉？"（《孟子·离娄上》）在这种意义下，如果缺失内在修养，仅有外在言行表现仍然是"无礼"的，可视为一种道德失败。"恭敬""辞让"通常被视作"礼"的内在心理属性，值得注意的是，孟子有时也将"节""俭"与"礼"联系在一起。"节""俭"可能与"辞让"相关，由于"辞让"者能够舍弃一部分的欲求，将财务、荣誉等欲求的对象相让与人，如此便要求行动者更能够对自己的情欲有所收敛克制。于是，"节""俭"还提示了一种"自制"的品性，以"礼"行事的人能够一定程度地克制自己的欲求，将他人放在优先位置上。总而言之，如果缺乏内心的"仁""义""恭敬""节俭"等品性心理，徒有外在言行表现仍然是"无礼"的道德失败。

　　第二种情况，行动者即便有善心，或者行为的目标准确，但是缺乏外在"礼"的疏导规范，也无法较好地履行各种社会事务。"徒善不足以为政，徒法不能以自行。……事君无义，进退无礼，言则非先王之道者，犹沓沓也。"（《孟子·离娄上》）圣人之道蕴含在圣人所制定的礼法之中，成善与礼法的关系就如方圆和规矩的关系一样。成善需要先从学习先王遗留下来的历史文化开始。这时的"礼"是有具体规矩内容的，它是伦理的核心价值的具体现实化的规则。如果徒有求善之心，或者行为方向准确，却不能学习这些规则章法，也会流于"非礼"。

　　缺乏"仁""义"或恭俭辞让之心，或者不能从先王之道学习已有的文化习俗规范是"无礼"或"非礼"的总体原因。由于"礼"多在伦理生活中有所体现，具体来说，我们还可以从事亲和嫁娶的"无礼"和"非礼"这方面来举例分析《孟子》中有关"无礼"和"非礼"的道德失败。

　　在事亲之"礼"中，"丧葬"之"礼"非常重要。"养生者不足以当大事，惟送死可以当大事。"（《孟子·离娄下》）在"丧葬"之

"礼"的方面儒家有守孝三年的传统要求。关于三年之孝，齐宣王曾有过质疑。

>　　齐宣王欲短丧。公孙丑曰："为期之丧，犹愈于已乎？"
>　　孟子曰："是犹或紾其兄之臂，子谓之姑徐徐云尔，亦教之孝悌而已矣。"王子有其母死者，其傅为之请数月之丧。公孙丑曰："若此者何如也？"
>　　曰："是欲终之而不可得也。虽加一日愈于已，谓夫莫之禁而弗为者也。"（《孟子·尽心上》）

齐宣王"欲短丧"可视作一种"无礼"的道德失败。在这段文本中，孟子阐明了三年之丧虽然是一般的儒家之"礼"的规定，但也并非没有例外情况，如果受到客观条件的限制而"不可得也"，也可适当缩短。"礼"在一定程度上具有依客观环境条件调节的灵活性。但这种例外并不适于齐宣王，齐宣王的"欲短丧"不是因为客观条件不允许，而是"孝悌"之心不充沛。这时的"短丧"不适于"礼"的灵活调节范畴，而是违背了"礼"的根据和内涵。相较而言，比之"三年"的年数规定，"丧礼"更看重的是其根据——"孝悌"。因环境条件不允许，那么保留有"礼"的内涵，尽孝即可，这时"虽加一日愈于已"。齐宣王具备守丧的条件，却想要缩短"三年"的要求，则违反了丧礼所蕴含的"孝悌"根据和内涵，是为"不孝"，此时"短丧"就是道德失败的案例。在孟子看来，比之"礼"的具体规范，"礼"的根据与内涵更为重要，且不可违背。

对三年之丧有过疑虑的案例还出现在滕定公之世子，滕定公死后，太子想要依"礼"守三年之丧，却遭到了群臣的反对，认为有违当时的传统要求。太子于是请然友再次问于孟子。

>　　然友复之邹问孟子。孟子曰："然。不可以他求者也。孔子曰：'君薨，听于冢宰。歠粥，面深墨。即位而哭，百官有司，

莫敢不哀，先之也。'上有好者，下必有甚焉者矣。'君子之德，风也；小人之德，草也。草尚之风必偃。'是在世子。"

然友反命。世子曰："然。是诚在我。"五月居庐，未有命戒。百官族人可谓曰知。及至葬，四方来观之，颜色之戚，哭泣之哀，吊者大悦。(《孟子·滕文公上》)

孟子认为守丧的长短可由太子自行决定，这说明以当时的情况，守三年之丧并不受客观条件的限制，此时太子应该以尽孝为先，而不必受群臣意见的影响。孟子更加强调居上位者实行"礼"的积极影响。居上位者守礼，不仅能够为在下之人树立良好的榜样，同时，由于丧礼所体现出的"孝"的精神亦能感化百官族人，太子行"礼"更能矫正社会风气。守丧三年之"礼"的重要价值不在具体的年数规定，而是在上位者对父母真切的情感表现，"四方来观之，颜色之戚，哭泣之哀，吊者大悦"。真诚的"孝"的情感表现能感化众人，最终使得民心大悦。

从与丧礼相关的失败案例与成功案例来看，孟子论"礼"强调"礼"的精神内涵，"礼"的外在规范在某些客观条件的限制下可以灵活调节，但是"礼"的精神内涵必须被保留而不能违背。孟子因厚葬母亲被人诟病"违礼"，孟子却以为在客观条件允许的情况下，"厚葬"方能成全自己的孝心，并不"无礼"。

孟子自齐葬于鲁，反于齐，止于嬴。

充虞请曰："前日不知虞之不肖，使虞敦匠事。严，虞不敢请。今愿窃有请也：木若以美然。"

曰："古者棺椁无度，中古棺七寸，椁称之。自天子达于庶人，非直为观美也，然后尽于人心。不得，不可以为悦；无财，不可以为悦。得之为有财，古之人皆用之，吾何为独不然？且比化者无使土亲肤，于人心独无恔乎？吾闻之：君子不以天下俭其亲。"(《孟子·公孙丑下》)

葬亲所用之棺木有"礼"的规定,"礼"和"义"一样,可在社会层级关系中调节伦理生活。"礼"涵盖"义"所要求的社会秩序。在符合身份地位的情况下,践行"礼"的程度也受到财力的限制。这也就是孔子所说的:"大哉问!礼,与其奢也,宁俭;丧,与其易也,宁戚。"(《论语·八佾》)"礼"并不提倡奢侈繁复,而以抒发道德情感为重。在财力有限的情况下,可以节俭丧葬的花费。但孟子"厚葬"母亲却不受这两种外在条件的限制。此时,孟子以为"厚葬"是"尽于人心"的最佳方式。尽管双亲已逝,心中仍留有对双亲的关心敬爱之情,置办精美的棺木属于"戚"的一种表现。按照孟子的解释,"厚葬"不违反"礼"的外在要求,同时更好地践行了"礼"的内涵实质。

最后,在娶亲之"礼"中,笔者希望讨论一下,"礼"这种德行要求是否具备独立的伦理价值。

> 丈夫生而愿为之有室,女子生而愿为之有家;父母之心,人皆有之。不待父母之命、媒妁之言,钻穴隙相窥,逾墙相从,则父母国人皆贱之。古之人未尝不欲仕也,又恶不由其道。不由其道而往者,与钻穴隙之类也。(《孟子·滕文公下》)

父母之命、媒妁之言是嫁娶之"礼",从现代的观点来看难免迂腐而不值得提倡。不过,如果从"礼"的内涵的角度来分析,嫁娶之"礼"在一定程度上是脱离嫁娶之本来目的而独立存在的。男女嫁娶成家,在自然需要之外,需要按照"礼"的约束和规范来完成这一目的。从这一方面来说,"礼"在嫁娶本身目的之外,仍然有独立的意义和价值,"礼"不仅协调各种道德目的,同时也协调各种自然欲求,并将人们从粗野无章法的动物性中升华至文明生活中。从另一段讨论"食色"之欲与"礼"的文本中来看,也能看到孟子对"礼"的看重:

第二章 德行缺失：孟子论"不仁""不义""无礼""不智"

> 任人有问屋庐子曰："礼与食孰重？"
>
> 曰："礼重。"
>
> "色与礼孰重？"
>
> 曰："礼重。"
>
> 曰："以礼食，则饥而死；不以礼食，则得食，必与礼乎？亲迎则不得妻；不亲迎，则得妻，必亲迎乎？"
>
> 屋庐子不能对，明日之邹以告孟子。
>
> 孟子曰："于答是也，何有？不揣其本，而齐其末，方寸之木可使高于岑楼。金重于羽者，岂谓一钩金与一舆羽之谓哉？取食之重者与礼之轻者而比之，奚翅食重？取色之重者与礼之轻者而比之，奚翅色重？往应之曰：'紾兄之臂而夺之食，则得食；不紾，则不得食，则将紾之乎？逾东家墙而搂其处子，则得妻；不搂，则不得妻，则将搂之乎？'"（《孟子·告子下》）

这里与"礼"相对应的是自然的"食色"之欲，其他道德价值的考量并未直接参与其中。不通过"礼"的约束与规范，人们获得食物，或者娶得妻子，这样的行为可以视作"非礼"的。"食色"之欲乃人之自然欲望，"食色"之欲的满足也须受到"礼"的约束。结合上一段文本，如果将男女相爱生子视作自然欲求的一种，那么这种自然欲求必须由"礼"约束协调才能文明。此时，"礼"并非顺从情欲，人们并非因为"食色"等自然欲求而参与到"礼"的活动中，而是由"礼"约束规范自己的自然情欲。在有关道德的目标之中，我们可以看到"礼"可以帮助修饰表达人内在的德行；而在非道德的"食色"情欲中，"礼"仍然有存在价值，人们为了追求文明优雅和谐而坚守"礼"的规范，即便为此而约束自己的情欲造成种种不便，"礼"自身的价值也不可被抛弃，有"礼"方能将人们从原始的野蛮庸俗之中拯救出来。

四 "礼"的根据与违礼的界限

多有学者注意到孟子中违礼而行权的案例,比如嫂溺援之于手,舜不告而取。然而违礼并非常态。孟子有时也会被人们批判为违礼。然而按照孟子的理解,他的行为本身并未违反"礼"的要求。孟子不仅看重"礼"的内涵,更解释了自己的行为同时符合"礼"的外在规范要求。比如孟子厚葬母亲的行为符合他当时的身份、地位和经济财力,"厚葬"并不违反"礼"的规定。孟子与君王的相处过程中,以贤者的身份和人格尊严,表面上"无礼"的行为实质上没有违反孟子的身份所应遵从的"礼"的规范。如此说来,尽管孟子更看重"礼"的根据和内涵,但"礼"的外在客观规范也不是随意可以违背的。那么,谁可以违礼?违礼何时是情有可原的,何时甚至是有道德价值的呢?

从君臣关系中有关君王"无礼"的案例中可以看到,"礼"的外在规范尽管要求下从上,但孟子却认为,上位者更有责任和义务首先践行"礼"。权力越大,责任越重。因此,作为统治阶级的君王和诸侯对下臣不忠"无礼"之时,应首先自我反省。当上位者"无礼"之时,下位者的违礼虽然不具有道德价值,但显得情有可原。因而,除非君王视臣如手足,敬之爱之,否则臣子也不必为君王行守丧之礼。

《孟子》中有另一处体现这种"礼"的内在要求和外在等级相反的事例,由此形成一种特殊的差等公正。夫妻之间,按照"礼"的规范而言,妻子应该顺从丈夫,但丈夫在具有更多的家庭权力的同时也就具有更重的道德义务。丈夫"无礼"在先,则妻子可以反对丈夫的言行。《离娄下》记录了一段故事,齐人乞讨为食,他的妻妾得知此事之后,在庭院中哭泣。丈夫"不以礼食",妻妾尚且"不耻",因而孟子说"身不行道,不行于妻子;使人不以道,不能行于妻子"。居上位者在"礼"的规范中具有更高的地位,同时也必须负担更重的义务责任。因此,如果上位者违礼在先,居下位者违礼就情有可原。

第二章　德行缺失：孟子论"不仁""不义""无礼""不智"

唯有德行至高者方可违礼而行：

> 公孙丑曰："伊尹曰：'予不狎于不顺，放太甲于桐，民大悦。太甲贤，又反之，民大悦。'贤者之为人臣也，其君不贤，则固可放与？"
> 孟子曰："有伊尹之志，则可；无伊尹之志，则篡也。"（《孟子·尽心上》）

太甲为王位继承者，伊尹为重臣，臣放逐君王违背"礼"的等级秩序规范。然而，伊尹放逐太甲不仅更好地实现了辅佐太甲的政治目的，更成就了伊尹为圣的一段佳话。孟子虽时有对当朝诸侯王的批评，甚至将王不能造福于民类同于官员玩忽职守，暗示王不当其位。但孟子并不认为国君不贤则臣子就有随意撤免王的权力，甚至更改王位，以满足自己的权力私欲。在提及"五霸之罪"时，孟子以为五霸之盟约虽然包含了"仁""义"的要求，一定程度上承认五霸的政治成就，但是五霸僭越了自己的社会身份地位被视作有罪。因而，当公孙丑将伊尹放太甲之事询问于孟子时，孟子说"有伊尹之志，则可；无伊尹之志，则篡也"（《孟子·尽心上》）。和尧、舜、禹等圣王一样，伊尹被孟子列为"圣之任者"。这也就意味着有圣者的品行能力方可违礼[①]，普通人当尽力修身以周全"礼"的外在规

[①] 有学者认为，这里所言伊尹之志是从行为动机而论的，也就是将"志"作动机解。伊尹流放太甲的行为动机不含私心，故而此时可以违礼。比如朱熹的注释，"伊尹之志，公天下以为心而无一毫之私"。将"志"直接解读为动机，并以公私相分来断定动机的道德性质可能存在的问题。在孟子，"志"往往与"心志"相连，指"心"的方向，由此"心志"与"四心"的道德情性之发展联系在一起。因而"志"的道德性质由德行的发展方向决定，而不仅仅是行为动机。另外，对于政治领袖而言，孟子明言，"徒善不足以为政"（《孟子·离娄上》），仅有善的意愿还不能保证行权的恰当性，为政者还需以先王礼法为行为标准，具备全面的道德品质，同时关注政治实践的效果。因此仅以动机来区分伊尹与篡臣是不够的，尽管动机为善是一必要条件，但并不能构成臣子行权以流放君王的充分依据。伊尹卓越的政治才能保证他的辅佐能违背一般礼法仍行之有效。所以，将伊尹的行权解释为出于圣人的高尚品质而不仅出于无私的动机，这更为恰当。

范与内在要求，普通人的违礼在孟子看来并不值得提倡。

　　通过对"礼"的根据和各种"无礼"与违礼的相关案例的考察和分析，我们可以得出结论。"礼"包含了"仁""义"的内涵，以更好地实现"仁""义"为目标而形成外在规范。这些规范继承了圣王之道的儒家文化习俗中的"礼"。除了调节伦理道德的各种目标之外，"礼"也调节各种自然欲求，以及自然欲求与道德要求之间的协调关系。"礼"除了作为实现这些目标与欲求的较佳手段和方法，本身也有独立的价值，因为"礼"蕴含了人之为人的文明化要求，使得人摆脱野蛮粗俗的状态而恭敬礼让。"礼"作为四种德行之一，涵盖了人追求有"礼"的"性"，"四端"之"性"中有指向"礼"的辞让、恭敬之心。总体来说，"辞让"和"恭敬"包括了人们在对待他人和事情时，将他者置于自身之前，对人、事的一种严肃、谨慎的态度。由此，有"礼"者能够懂得尊重他人，能够更谨慎认真地履行自己的职责。从这个意义来说，"有礼"展现了人的一种性格品质，这种性格品质使得人在各种关系和事件中完善自身。

　　由此，"礼"的根据与内涵也就包括了以下几个方面：（1）协调成全各种道德目标，特别是"仁"与"义"的要求；（2）协调伦理生活中的方方面面，包括事亲等各种伦理事务，甚至包括"食色"等其他自然需求；（3）一种追求合"礼"的恭俭有礼的性格品质。相对地，"无礼"的道德失败多发生在对这些"礼"的根据与内涵方面的违背。就"无礼"的道德失败而言，也有四种性质。（1）"不仁""不义"者"无礼"。（2）"礼"的外在规范虽然规定了一种上下有尊卑秩序的等级，但是遵从"礼"的要求同时也是自上而下的。居上位者如果"无礼"，居下位者违礼则更情有可原。居上位者有"恭俭礼下"的道德义务。（3）在满足"礼"所涉及的内容目标的基础上，行动者仍应依"礼"行事。"不以礼食""不以礼娶"等行为都被视作"无礼"。"礼"的实现虽然可根据客观条件的限制而灵活调节，但只要情况允许，都不应该放弃"礼"的要求。追求

"礼"本身也是成全人之"性"的重要方面。(4)"礼"的外在规范尽管依条件情况可以有不同的适用情况,但"礼"的内涵与根据不可"违",否则就是"无礼"的道德失败。

《孟子》中虽多次出现对孟子行为是否违礼的质疑与讨论,但从孟子的解释来看,孟子不仅十分看重"礼"的内涵,同时其行为也符合其身份、地位与其所处的环境,依"礼"而行。"礼"根据不同的身份、地位与环境条件有相应的适用性,孟子并未违礼。违礼而有德的案例仅出现于圣者,也就是说有德为行权的前提条件。孟子以为圣王之道是人伦之至,并不提倡普通人违礼而行。

根据前述分析,我们可以看到《孟子》中"礼"的价值主要体现在两个方面:(1)根据"仁之实,事亲是也;义之实,从兄是也;智之实,知斯二者弗去是也;礼之实,节文斯二者是也;乐之实,乐斯二者,乐则生矣;生则恶可已也,恶可已,则不知足之蹈之、手之舞之"(《孟子·离娄上》)。礼乐主要调节、修饰与"仁""义"相关的伦理目标。礼节的意义在于帮助我们更好地疏导和表达内心的道德倾向与感受,"礼节的规则给我们提供了传统的有意义的桥梁,通过它们,我们表现尊敬或善意,提供同情或帮助,展示忠诚或道德义愤。它们提供给我们可靠的工具来有效地交流我们潜在的道德态度"[①]。

从这个意义来说,"礼"具有表达修饰"仁""义"倾向或动机心理的工具价值。作为工具意义的"礼",它的根据首先在于行动者内在的"仁""义"之"心"。"仁"要求人们对他人有恰当的同情与关爱,"义"则涉及对自我、他人和事务的评估与尊敬,那么"无礼"的道德失败与"仁""义"的德行缺失往往相关。当行动者缺乏对他人真诚的同情或关爱,或者不能以正确的评估标准或对象

[①] Karen Stohr, "Manners, Morals and Practical Wisdom", in Timothy Chappell, eds., *Values and Virtues: Aristotelianism in Contemporary Ethics*, Oxford: Clarendon Press; New York: Oxford University Press, 2006, pp. 189–211.

来"敬",同时也会造成"无礼"的道德失败。在上述案例中,比如诸侯王对待臣子时,不能"视臣如手足",也就没有真正以"仁"相待;不听臣子的建议,又不尊重贤士的德行,即不敬贤德,又不敬自己的职事,是以"不义"。至此,在缺失"仁""义"的同时,君王也就没有做到"恭俭礼下"。缺失"仁""义"之"心"构成"无礼"的首要原因。

当行动者有内在真诚的道德倾向或动机,却不能以恰当的方式表达出来,他的同情或尊敬之"心"也就不能被对方理解,甚至会造成对他人的伤害。造成这种"非礼"的道德失败的原因可能和行动者缺乏实践智慧相关。实践智慧既需要把握行动的正确目标,也需要选择恰当的手段和方法来实现目标。有着良好动机的人却不懂表达,致使自己对他人的关爱或尊重被误解为傲慢、粗野或"无礼",那么此时行动者缺乏正确与他人相处的方式方法。"礼"作为一种社会习俗化、规范化、通用化的表达方式,可以帮助行动者有效地在彼此之间传达内心的动机、情感、倾向。因此,我们对于他人的关爱、帮助、尊敬才能正确地传达给对方,以更好地实现这些道德的动机和目的。"礼"是掌握表达方法的最佳途径,因而不通过"礼"来表达或行动,或者放弃对"礼"的学习是造成"非礼"的道德失败的另一原因。

(2)"礼"本身作为"四德"之一,具有独立的追求价值。即使在与其他伦理目标不直接相关的行动中,人们仍然应该遵循"礼"的约束。因为人有礼是人类文明的基础,"礼"对于人而言,具有一定的审美意义。在这一意义上,"礼"不仅是修饰表达"仁""义"的工具,也是人的本然追求。相较而言,孟子更强调"礼"的修饰意义,在三年之丧的案例中,儒家的丧礼可以更好地表达对父母双亲的亲敬之情。但并不是所有的情感、欲望、倾向都可以被适当地表达。就与"仁""义"相关的道德倾向而言,"礼"的作用更多是修饰疏导这些道德情感的抒发。但是就其他情欲倾向而言,"礼"常常扮演克制约束的角色。黄百锐在《论语》注中存在着两种有关修身成"礼"的比喻,一种是将"礼"比作修饰与装饰,一种是将"礼"比作玉器的雕琢。黄百锐认为,在人性材质中某些情感需要被"雕琢"、限制,以免造成有害的表现;而诸如关爱或尊敬的情感则适于被"礼"修饰与表达。①

由于孟子将道德倾向视作人性,就"礼"与"人性"之间的关系而言,孟子更强调"礼"的修饰作用。但是,"礼"作为"四德"之一与"仁""义"并列,那么就意味着"礼"应该有独立的道德价值。在有关"食色"与嫁娶相关的案例中,"礼"约束并限制了非道德的情感倾向。当"礼"不再为修饰道德情感倾向而出现时,也就是说其他道德目标并没有直接成为践行"礼"的理由和动机,那么此时"礼"更显示出独立的伦理意义。当我们讨论这一类"非礼"的道德失败时,有时实践"礼"的动机与"礼"所调节约束的对象之间出现了对立和紧张的关系。"礼"不再是为了更好地表现它所协调的对象而存在,那么礼和其所约束的行为目标之间不再完全一致。此时又是什么样的理由和动机力量促使人们践行"礼"的规范,而克制诸如"食色"等其他非道德的情欲呢?

针对这一问题,孟子并没有给出明确的答案,但是我们可以在一些文本中寻找到解释这一问题的线索。孟子认为人们的本性对于儒家伦理目标是有偏好和向往的。这种偏好和向往除了满足某种欲求目的之外,有时也表现出一种审美的意识。

> 口之于味也,有同耆焉;耳之于声也,有同听焉;目之于色也,有同美焉。至于心,独无所同然乎?心之所同然者何也?谓理也,义也。圣人先得我心之所同然耳。故理义之悦我心,犹刍豢之悦我口。(《孟子·告子上》)

---

① 参见 David B. Wong, "Early Chinese Philosophy and the Development of Compassion", *Dao*, Vol. 14, No. 2, 2015。

"辞让"与"恭敬"作为与"礼"相关的道德倾向，都表现出一种能将他者置于自身之上的能力倾向，"礼"也常常与"节"和"俭"相关，表现出一种自制的品性。"恭敬""辞让""节俭"都要求行动者能够在一定程度上克制自己的情欲冲动，从而将他人、职事，或某种规范要求置于自己的需求之前。至此，有礼者通过"礼"来恰当地表现情感之外，更有克制自持的动机能力。"礼"除了积极的表达之外，还有消极克制的"止"的一面。正是这两方面的能力倾向，使得人们能够以自己的道德动机推动自己的道德感知并管理自己的行为。

因此，除了缺失"仁""义"等其他伦理德行之外，造成"无礼"或"非礼"的道德失败的原因可能还和人们不能形成对"礼"的恰当的认识与感受，或者缺乏自制的品质能力相关。人虽性善，但对"理义"的喜好却是"圣人先得我心之所同然耳"。就平凡人而言，欣赏"礼"的独立价值，能够因"礼"本身的理由而"守礼"，这一过程有待于启发与教育。圣人为何会先得我心？这种启发与教育的具体内容是什么？孟子并未详论。也许正因为孟子看重"仁""义""礼""智"的道德倾向，并且将它们视作人性，"礼"与这些道德倾向之间更多地展现出一致与相互成全的关系。"礼"的修饰与表达的工具意义在孟子的"礼"中更为显著。然而，作为四种德行之一，"礼"也具有独立价值，"有礼"者因"礼"本身的理由而参与到"守礼"的活动中，能因此克制约束自己的其他非道德情欲倾向，形成自制有礼的品性。"礼"的道德理由也许有某种审美与文明的含义，而守礼者能够根据"应该"的规范或判断控制与调配自己的动机使之符合规范的要求。

第四节 "智"与"不智"

在讨论与缺乏"智"这种德行有关的道德失败之前，我们先来简单分析一下孟子如何看待"四德"之"智"。首先,"智"作为"端",也就是成就德行的起点,是人天生或本然所具有的一种倾向或能力。作为一种道德倾向和能力,必须要通过反思和反省,方能发挥作用。"仁义礼智,非由外铄我也,我固有之也,弗思耳矣。"(《孟子·告子上》)然而,从"智之端"到实现"智"的德行,除了反思,还需要进行学习。从孔子的案例来看,"学不厌,智也;教不倦,仁也。仁且智,夫子既圣矣!"(《孟子·公孙丑上》)学不厌,包含了两层含义,即学习的欲求或追求没有满足的时候,并且因为不断学习,最终获得了"智"的德行。"智之端"作为一种道德情性,可能包含了人们求知以追求"仁义"的天然倾向;另外,"智"的德行是一种结果,是长期学习历史、文化中的"礼义"的结果。相较于"仁"更依赖于家庭之亲爱,"义"更发见于君臣上下的互敬,"智"的能力更普遍存在于掌握文化与知识的贤者。[①]"仁之于父子也,义之于君臣也,礼之于宾主也,智之于贤者也,圣人之于天道也,命也,有性焉,君子不谓命也。"(《孟子·尽心下》)

一般我们会将"智"与实践智慧联系起来,然而这种联系还待进一步考察与澄清。余纪元在考察儒家的实践智慧之时,将"义"诠释为"宜"(appropriateness),并将"宜"与实践智慧联系在一起。实践智慧涉及对善的认识和如何实现善的思虑与选择,实践智慧被定义为根据总体的好生活思虑权衡得当的能力。[②] 不过,如果按照这种定义,比起"义"而言,《孟子》中的"智"更贴近于实践智慧的含义,因为"智"正是据具体情境知道并选择恰当合宜的应对能力。[③]

总体来说,"智"是一种思虑和做出合宜选择的倾向和能力。那

---

① 孟子的"礼"很大程度上依托"仁"与"义"的要求,所以"礼"的许多内容与"仁""义",特别是"义"的要求重合。

② 参见 Jiyuan Yu, *Ethics of Confucius and Aristotle*, Abingdon: Routledge, 2007。

③ 参见 Kong-Loi Shun, *Mencius and Early Chinese Thought*, Stanford: Stanford University Press 1997。

么，智者是如何做出恰当正确的判断的呢？"智"这种德行如何使得人们具有恰当运用"中"与"权"的能力，灵活地在各种情境中实现"仁""义""礼"的目标呢？通过有关"智"的失败案例的分析，可以帮助我们理解"智"如何"知是非""可道德"。

一 孟子论"智"："是非""中""权"

作为道德情性的"智之端"，也就是说人具有"求知"以求德的本然欲求，这种倾向促使人在践行仁义的道路上不断学习，获得"智"的结果，那么，学习的对象都包括哪些内容？比如，一般的认知判断，有关手段的灵活应用，还是实践目的的精确把握？

"是非之心，智之端也"，在儒家传统中，有关认知与学习都主要指向伦理的方向，那么"是非"在这里并非仅指对客观事物的"是非"的判断，更是有关伦理道德的对错好坏判断。进而，这种好坏判断是否明确区分了目的判断与手段判断呢？根据孟子的文本，虽然我们可以发现孟子有时是能够区分目的与手段的不同的。比如在周公之过的问题上，周公作为古之圣人，他始终不违背儒家伦理的"仁义"目标，但是他也会存在具体执政方式上的选择失误。但是，"智"作为一种最终的完善德行，既需要对总体伦理目标的坚持，也需要灵活得当的方法手段。如果我们将"智"理解为一种类似于实践智慧的德行，实践智慧与总体的德行目标之间有着水乳交融的密切关系。比如，孟子说："仁之实，事亲是也；义之实，从兄是也。智之实，知斯二者弗去是也。"（《孟子·离娄上》）"智"的实质被阐述为对"仁""义"的"知"和"弗去"，也就是说"智"必须以儒家伦理理想的实现为最终目标。孟子又说："始条理者，智之事也；终条理者，圣之事也。"（《孟子·万章下》）"始条理"似乎意味着在起始目标上有所把握。当然，另外，"智"也包括了具体手段的灵活多变。比如被孟子誉为智者的孔子，不仅能够因材施教，而且往往能在刻板规定之外找到最恰当的处事方式，达到"无可无不可"的境界，这些都说明"智"能够巧妙地选取最佳的手段切中目标。

所以，就孟子而言，比起单纯的认识之"知"，"智"更重在实践之"知"，"智"既需要包括对总体德行目标的把握坚持，也需要在具体手段方法上的妥当合宜，这些都是求智者需要学习领会的重要内容。

孔子作为最完善的圣人，具有"时中"之"智"，被称为圣之"时"。"智"作为孟子所论的四种德行之一，展现出"中"的特性。在先秦文本中，"中"可以作为形容词或名词，往往和"中庸"联系在一起，可解释为符合"中道"的或者运用"中道"的能力。"中"也可以理解为动词，比如在射箭的比喻中，被理解为以最佳的方式"射中"目标。圣者或君子具有"智"的德行，能够在处理事件时恰如其分地以符合"中道"的方式切中道德目标，这种能力也和"权"联系在一起。"子莫执中，执中为近之，执中无权，犹执一也。"（《孟子·尽心上》）"中"还需要结合"权"方能无所执，真正地在具体的道德情境中展现出"仁且智"的品性。"中"与"权"结合在一起，才能保证实践之"智"既能切中目标又具有灵活的应变手段。

从孟子对孔子的描述来看，"可以速而速，可以久而久，可以处而处，可以仕而仕，孔子也。……孔子，圣之时者也"（《孟子·万章下》）。伯夷、伊尹、柳下惠三位圣者都以"仁"为总体的行为准则[1]，但又都存在一定的缺陷，而孔子却能够就具体情况进退得宜，可见孔子具有某种更为优越的实践智慧。那么"智者"在实践中会展现出哪些具体的品质能力？

首先，"中"需要君子对儒家伦理的道德目标有所把握和坚持。多有学者将儒家的"中庸"和亚里士多德的"中庸"进行比对。余纪元提到亚里士多德和儒家的"中庸"具有相当类似的平行结构，

---

[1] 此处的"仁"是指更宽泛意义的"仁"，即儒家伦理的总体目标，而不仅是仁爱之"仁"。虽然仁爱之"仁"仍是其中最重要的部分，但圣王同时也总体符合"义"与"礼"的要求。

他们都同时认为"中庸"既是一种内在性格与倾向，也是一种外在的情感与行为表现，并且运用内在的"中庸"德行可以切中外在的中庸品行。① 就亚里士多德而言，当中庸的德行和实践智慧联系在一起时，德行可以确保目标准确，而实践智慧可以帮助人们更好地抵达目标。但有时，亚里士多德又认为一个人不可能在缺乏实践智慧的同时，具有德行。②

就孟子来说，"智"之所以能够运用"中"或实现"中"，首先就在于对"仁义"的持守。"仁之实，事亲是也；义之实，从兄是也。智之实，知斯二者弗去是也。"（《孟子·离娄上》）在批评杨朱与墨子的文本中，"中"也体现了对伦理目标的坚持。"杨子取为我，拔一毛而利天下，不为也。墨子兼爱，摩顶放踵利天下，为之。子莫执中，执中为近之，执中无权，犹执一也。"（《孟子·尽心上》）与杨朱之"为我"为一极端，墨子之"兼爱"为另一极端而言，有差等的"仁义"思想一方面承认自然情感的"亲亲"原则，一方面又认为必须从"亲亲"推广至对百姓的普遍关爱，是在价值理念上消除两种极端而融合为"中"的伦理目标。

但是"中"不代表恪守着表面的道德目标，而不知权衡变通，特别是在道德两难的情境中。孟子所论之德行或所认可之道德价值并不是单一的。有时候，道德价值之间也需要进行权衡取舍。比如在《孟子·离娄上》中，"嫂溺不援，是豺狼也。男女授受不亲，礼也；嫂溺援之以手者，权也"。嫂溺不援违反"仁"，男女授受违反"礼"，"权"隐含了两害相权取其轻的意义。这时"权"就要求人们要能够在道德目标发生冲突时，进行权衡取舍。

其次，除了道德的目标，孟子也在一定程度上认可人的自然情欲，认为"食色"、生死在不违反"仁义"的情况下具有追求价值。他以鱼与熊掌来比喻人们在生存价值与道德价值间的权衡摇摆。困

---

① 参见 Jiyuan Yu, *Ethics of Confucius and Aristotle*, Abingdon: Routledge, 2007。
② 参见 Jiyuan Yu, *Ethics of Confucius and Aristotle*, Abingdon: Routledge, 2007。

难的抉择除了体现道德价值的崇高性，也反映了孟子同时认可"食色"、生死具有思虑权衡的价值。这样，在各种价值之间，如何权衡轻重，便成为"权"所涉及的能力。"权，然后知轻重；度，然后知长短"（《孟子·梁惠王上》）。能够正确地行权，从而准确地在具体事件中击中最合宜的目标，也是"智"的一种体现。

再次，"时中"之"智"针对具体情境有随机应变的能力。"智"是面对繁杂的具体生活的应对能力。就孔子而言，他既不像伯夷一般不能容忍一切道德瑕疵，也不像柳下惠过于宽容独善其身，而是针对每种不同的情况和相处的对象都有不同的应对方案。在谈论先贤商汤王时，孟子提到"汤执中，立贤无方"（《孟子·离娄下》）。焦循解释道："唯贤则立，而无常法，乃申上'执中'之权。""无方"意味着在"无常"的、灵活的政治决策中隐含着"立贤"的统一原则。这时，"智"是生活的、动态的、有差异的，而不是普遍的、绝对的；但也并不是随性任意的，而是在整体道德目标下的灵活应对。

最后，"仁""义""礼""智"作为四种德行类别，它们并不是单独分别的个体。四种德行的完善需要彼此的互相成全与制约。余纪元以为，根据和亚里士多德实践智慧的比较，儒家同样认可实践智慧也是整体德行的"仁"的组成部分之一。[①] 余纪元区分了自然德行和完善德行，实践智慧对于完善德行而言不可或缺。每一种德行的完善状态都意味着所有德行的完善，而"智"就构成联结各种德行的中介。按照这种考察，尽管"智"被排在四种德行之末，这并非意味着"智"的地位相对于"仁""义""礼"较低而不被看重，相反意味着"智"被视为一种至高境界。每一种德行的真正成全，都离不开实践智慧参与其中，"智"可以帮助其他德行从自然倾向发展为完善德行。

从上述分析中我们可以看到，"智"作为四种德行之一，是由人们"求""是非"和"学""是非"的道德倾向而来，其中往往包

---

① 参见 Jiyuan Yu, *Ethics of Confucius and Aristotle*, Abingdon: Routledge, 2007。

括了"中"与"权"等重要的能力与表现密切相关。智者对儒家核心伦理价值内涵有正确理解并能坚持,能在各种价值的权衡中取舍有度,并且在具体处事之时灵活地选择最佳的手段切中行动的目标。从"四端"发展到"四德",都需要"智"的辅佐成全。

二 圣人之过与孔子的"时中"

在儒学伦理中,道德修养需从向榜样学习开始。如孔子言,贤者的道德魅力"譬如北辰,居其所而众星共之"。历史上的圣贤也如星辰引领文明前进,传扬贤者的故事则为儒者的职责,以求"举直错诸枉,能使诸枉直"(《论语·为政》)。尽管如此,在《论语》中虽常谈及先王之丰功伟绩,却少有称圣者,乃至于尧舜,也并不是完美无缺的存在。在孔子看来,尧舜虽为贤王,也是有局限的个体,所以"圣"作为最高理想目标,需要尽一生之力不断追求,故而孔子言:"圣人,吾不得而见之矣;得见君子者,斯可矣",又说:"善人,吾不得而见之矣;得见有恒者,斯可矣。亡而为有,虚而为盈,约而为泰,难乎有恒矣。"(《论语·述而》)对于"道之不行,已知之矣"(《论语·微子》)的孔子来说,不称圣,有寄希望于后世不断努力之意。

对于孟子而言,"圣"的角色与形象则丰富了起来,除了对尧、舜、禹、汤、文武、周公直称圣人,更增加了伯夷、伊尹、柳下惠、孔子这些有德之士为"圣"。圣者角色的增加,从一个侧面反映出了孟子与孔子之心态的差异。孔子一生奔波,至七十而知天命,述而不作,学不厌而教不倦,故而更注重理想道路之遥远,为勉后学不懈努力。孟子则"舍我其谁"于乱世中求担当,因而圣人更应成为被模仿学习的"现实"榜样,以勉励当世之人不断进取。圣者形象与普通人之距离被孟子有意识地缩短了。"圣"在孟子处不再显得遥不可及,不仅"圣人与我同类",而且圣人也不是完美的,也会犯错。孔子之"圣"即使尧舜亦不可及,而孟子之"圣"从王公贵族到有识之士,只要德行出众、影响深远皆可成圣。圣者形象的"平民化"使得他们成了会"犯错"且更似普通人的存在。这些"过错"一般被学者所忽略,但却是孟子伦理思想有趣的创见。孟子曰"性善",在理论上要建立成圣的普遍可能性,所以增添背景更多样,形象更生动的圣者和他的理论诉求关系密切。圣人"有过",甚至能够"过而改之",这样的成圣之路更贴近普通人学习与改进自身的道德修养过程,从这方面来说,圣者之"过"的理论意义也是十分重要的。而正是通过参考圣人的过错,关于普通人如何通过道德修养成圣的图式也显得更清晰具体了。

(一)周公"过则改之"

在《孟子·公孙丑下》中记录了关于古之圣人周公之"过错"的相关论述:

> 燕人畔。王曰:"吾甚惭于孟子。"
> 陈贾曰:"王无患焉。王自以为与周公孰仁且智?"
> 王曰:"恶!是何言也!"
> 曰:"周公使管叔监殷,管叔以殷畔;知而使之,是不仁也;不知而使之,是不智也。仁智,周公未之尽也,而况于王乎?贾请见而解之。"
> 见孟子,问曰:"周公何人也?"
> 曰:"古圣人也。"
> 曰:"使管叔监殷,管叔以殷畔也,有诸?"
> 曰:"然。"
> 曰:"周公知其将畔而使之与?"
> 曰:"不知也。"
> "然则圣人且有过与?"
> 曰:"周公,弟也;管叔,兄也。周公之过,不亦宜乎?且古之君子,过则改之;今之君子,过则顺之。古之君子,其过也,如日月之食,民皆见之;及其更也,民皆仰之。今之君子,岂徒顺之,又从为之辞。"

孟子曾劝说齐宣王退兵燕国,齐王不听劝诫,最终走到难以收拾的局面才有愧于孟子。齐宣王之臣陈贾以周公亦会犯错来安慰齐宣王。当陈贾将周公犯错之事问于孟子时,孟子一方面推周公为古之圣人,另一方面又说"古之君子,过则改之",承认了周公有过的事实。这样,作为圣人的周公会犯错,并能"过而改之"的形象就显得颇为生动而近常人了。周公犯错的缘由在孟子看来情有可原,以"宜乎"来评判。周公使管叔监管殷国,管叔造反,周公始料未及,可见周公对人和事的认知判断有局限。但孟子以为周公与管叔是兄弟关系,周公以亲亲敬长之情来对待兄长而不疑管叔是"宜"的,因为这一过错合于道德情理。周公犯错的缘由恰是孟子所看重的亲亲敬长之情①,这样的错误虽然是"过"却不影响周公之为"圣"的高尚品行。

　　孟子承认圣人之"过",故而即便是圣人也需要正视错误、改正错误。但是,孟子并不认为齐宣王能和周公相提并论,周公之过不能成为齐宣王用来开脱的借口。周公的"过"和齐宣王的"过"有着本质的不同。周公犯错的缘由是亲亲敬长之情义使得他无法预料管叔会犯下罪行,他虽然是一时判断失误,然而这失误是出于道德情感,因而也显出了一定的道德价值,并且周公知过能改,善莫大焉。而齐宣王企图吞并燕国的战争行为是出于权力的野心,他的过错一方面是对于时局把握不清的判断失误,另一方面更是动机不纯的道德失败,在孟子提醒之后,是属明知故犯,非要在情况难以收拾之时才懊悔不已,故而和周公有着本质差别。周公在发现自己对于事实的判断有误后,积极采取了补救措施,纠正了自己的"过"。齐宣王将错就错,还试图寻找理由为自己开解,视为第二次道德失败。因而这两位王的"过"尽管都与事实判断失误相关,道德性质

---

① 且这一自然情感为普通人所具备,正如:"孩提之童,无不知爱其亲者;及其长也,无不知敬其兄也。亲亲,仁也;敬长,义也。无他,达之天下也。"出于普通人皆有的自然情感而造成的认知判断的失误被认为是"宜"的,使得孟子的圣人形象更为平民化,从这一侧面也证明了人之普遍成善的可能。

却大相径庭。

在周公和齐宣王的对比中，孟子的评论展现出一些值得探究的问题。在实践中，我们会考察目的和衡量手段，在两种判断中都可能发生错误：比如"我"错误地以为某种目的为好的或值得追求的，以及"我"错误地以为某种方法是达成目的的最佳手段。何者为值得追求的？用什么方式追求？周公信任管叔是因为重视兄弟情谊，孟子以为这种亲亲敬长之"义"是值得追求的。在"周公"的过错中，周公的实践目的并未偏离道德的要求，他未曾有意损害国家与百姓的利益，也真诚尊重信任自己的亲人，因而周公所认可之善是符合儒家伦理的。也就是说周公对于什么是值得追求的判断是正确的。但是信任亲人、尊敬兄长使他对于管叔的品行之事实的判断发生了失误，而错误地使管叔监管殷国，却是在治国手段上未采取最恰当的方式，故而造成过错。[①] 而在齐宣王的过错中，齐宣王以为领土扩张和权力争夺是值得追求的，也就是孟子激烈反对的利，所以齐宣王的目的与价值判断就是错误的。而后，齐宣王又以为自己不退兵就能控制燕国的局势，最后造成燕国反抗，是在军事外交处理方式上再次犯错。齐宣王虽有愧于孟子，也仅仅是因为认识到他不退兵的处理方式不佳。所以他的臣子误以为齐宣王和周公都是在政治手段上犯错，抓住这一点来为齐宣王开脱。孟子在周公评价的问题上，有效地反驳了将齐宣王与周公的错误相提并论。由此可见，孟子能够区分两种不同的实践判断类型：目的判断和手段判断。目的判断涉及个人的道德倾向与价值认定，而手段判断涉及对事物的认知和对时局的把握，齐宣王和周公虽然都在手段判断上出错，但两者错误的道德意义大相径庭。

由于孟子并未因周公的实践判断失误而否认他的"圣"的地

[①] 但是这种类似"任人唯亲"的行为在孟子看来并不是"不义"的，因为周公并不是在明知管叔行为不端的情况下，仍然给予管叔监管职责，而是在发现问题时采取了措施。但是在当代现实中，这种信赖亲人而造成不公判断的行为能够具有道德价值是值得怀疑的。这里仅阐明孟子的立场。

位，可见认知错误与手段不当远未及实践目标偏离的性质严重。出于恰当的道德情感而产生的认识偏差，甚至被认为是"宜"的。在价值之善恶与手段之优劣的问题上，孟子更看重价值之善恶，而这种善恶又以亲亲敬长的道德情感为优先，即使由于这种情感的"遮蔽"导致认知出错，也是"宜"的"过错"。孟子的这种对于圣人"过错"的处理方式引人深思，一方面，孟子能够区分实践判断的不同类型；另一方面，孟子重视亲亲敬长的道德情感远胜于事实认知与手段判断。圣人在具体处事过程中可以存在认识局限与处理方式不当，然而却不可以偏离"仁义"的目标。虽如此，达成"仁义"的目标，恰当的方式在孟子伦理思想中仍有地位。当把孔子与另外三位圣人相比较时，由于处事方式的偏差，伯夷和柳下惠被评为"隘"与"不恭"。相较孔子的适"时"，另外三位贤者也都成了会犯错的圣人。孟子将"圣"与"智"进行区分，并将实践智慧比作射箭之"巧"，并因此将孔子从其他圣人的行列中凸显拔高出来。从孔子与伯夷、伊尹、柳下惠"三圣"之"过"的对比中，可以进一步看到孟子对于价值选择与处事方式之整体"实践智慧"的更全面的看法。

（二）伯夷、伊尹、柳下惠

亚里士多德曾将实践智慧比作射箭，实践智慧需要恰如其分地射中目标。而孟子在谈及"智"与"圣"的关系问题时，也曾用射箭作比方："智，譬则巧也；圣，譬则力也。由射于百步之外也，其至，尔力也；其中，非尔力也。"（《孟子·万章下》）孟子将"圣"与"智"区分成两对概念，将"圣"比作射于百步之外的"力"，将智比作射中的"技"，这样，想要恰如其分地射中目标则需要两方面的能力。那么，这两方面的能力应如何理解？这段有关射箭比喻的评论主要涉及孔子与另外三位圣人的比较。与评价周公的案例相似，孟子所论及的另外三位圣人伯夷、伊尹、柳下惠同样是有瑕疵的圣人，然而他们的过错在更多意义上是处事方式上的不同所产生的偏于一面。从某种意义来说，这种"偏差"的组合恰使得《孟子》中的圣人形象更为丰满,处事方式的"不同"与偏差并不影响他们总体的德行,三者都同样获得了"圣"的极高评价。

先来简单地了解一下伯夷、伊尹、柳下惠三位圣者主要的历史形象。伯夷,商纣王时期的孤竹国王子,历史上关于伯夷的记载有许多版本,较为著名的故事如下:伯夷与兄叔齐互让王位;因"辟纣"而居于东海之滨;又有"扣马而谏"劝武王勿以臣弑君,最后周定天下后因耻食周粟,饿死于首阳山。关于伊尹的出身有记载说他为奴仆或媵臣,为干求汤而成为厨子做菜,万章曾以此事求证于孟子,遭到孟子否决。孟子记录他原是田野农夫,乐尧舜之道,因汤多次派人聘请,成为商之重臣随汤开创王业,又辅佐了四任商王。《孟子》中记录他"五就汤,五就桀",总体来说与伯夷之避世不同,伊尹可作积极用世的代表。伯夷为王子"隐士",而伊尹为农夫"重臣",柳下惠则是最常见的士人阶级。据《论语》记载柳下惠为鲁国官员,三黜而不去父母之国。孟子认为柳下惠既不避世亦不随波逐流,虽无卓越功勋,却也坚守原则出淤泥而不染,又与伯夷、伊尹有所不同。这样看来,这三位圣贤,身份背景不同,政治成就悬殊,处事方式各异,那么,以这三者之"同"与"异"是否能窥见孟子对于圣人的评判标准,以及对于"圣"与"智"差异的理解。

> 孟子曰:"居下位,不以贤事不肖者,伯夷也;五就汤,五就桀者,伊尹也;不恶污君,不辞小官者,柳下惠也。三子者不同道,其趋一也。一者何也?曰,仁也。君子亦仁而已矣,何必同?"(《孟子·告子下》)

迥然相异的三位先贤之所以同能成圣,是因为他们趋于"一","趋"指趋向、奔向,表明圣者行动的方向为"一",也就是行动的大目标一致指向"仁"。"不同道,其趋一",既然行为的大方向一致,那么"不同道"则表示具体做事的方式不同,无论是"不以贤事不肖"的避世,"五就汤,五就桀"的用世,还是不卑不亢的自我坚持,都不妨碍君子成为"仁者"。根据这段,由圣者的同异来看,他们之同在于"仁",在于"圣";而他们的不同,则在于他们具体的处事方式。根据之前对"圣"与"智"的区分,我们是否可以认为"仁"是成圣的必要条件,而"仁"的实现程度则类比于"力"之大小。至此,则圣人之所以成圣的真正原因在于实践"仁"的程度,这种程度更类似于力气大小。简单说来,圣人之所以为"圣"并不在于具体处事方法的差异与优劣,而是在于对"仁"的专注与向往;而圣人不同的处事方式实际上仍然存在着一定的好坏差异,这就好比射箭的精准程度,在这一方面的能力则为"智"。成圣并不需要"智"的完美无缺,"智"的能力是指在"仁"的大方向下,对不同处事方法的恰当与否的判断。圣人在一定程度上是可以在"巧"(也就是"智")方面存在过失的,但由于他们对"仁"的坚持,使得偶然的处事瑕疵也不影响他们总体的道德成就。特别是,当孟子将三位圣者与孔子相比,孔子在"智"与"适时"方面的优势也证明了上述判断。

>孟子曰:"伯夷,目不视恶色,耳不听恶声。非其君不事,非其民不使。治则进,乱则退。横政之所出,横民之所止,不忍居也。思与乡人处,如以朝衣朝冠坐于涂炭也。当纣之时,居北海之滨,以待天下之清也。故闻伯夷之风者,顽夫廉,懦夫有立志。"

>"伊尹曰:'何事非君?何使非民?'治亦进,乱亦进,曰:'天之生斯民也,使先知觉后知,使先觉觉后觉。予,天民之先觉者也。予将以此道觉此民也。'思天下之民匹夫匹妇有不与被尧舜之泽者,若己推而内之沟中,其自任以天下之重也。"

>"柳下惠不羞污君,不辞小官;进不隐贤,必以其道;遗佚而不怨,厄穷而不悯。与乡人处,由由然不忍去也。'尔为尔,

我为我,虽袒裼裸裎于我侧,尔焉能浼我哉?'故闻柳下惠之风者,鄙夫宽,薄夫敦。"(《孟子·万章下》)

从这段文本看,伯夷、伊尹、柳下惠都为"圣",他们三人的行为方式大相径庭,然而所坚持的大方向与目标都为"仁",趋于"一"就是趋于"仁",这是他们共同成圣的理由。就不同而言,孟子亦将他们分别封为"圣之清""圣之任""圣之和"。从理想政治社会之构成来看,伯夷、伊尹、柳下惠的"清""任""和"是组成理想政治社会的各种士君子成员。在这方面,钱穆对孟子"三圣说"的解读颇有见解:

> 在政治上,必求能负责任,伊尹为之代表,故曰"圣之任"。又求能不争权位,而自守己意,有所反对,纵居少数,亦不屈从,伯夷之为代表,故曰"圣之清"。更求能和谐相处,不求积极主张,亦不严格反对,不站在正反之巅峰面,只站在全体中之宽平一体,不相分裂。孟子则特举柳下惠为之代表,而称曰"圣之和"。此如甜、酸、苦、辣、咸,各具一味,乃能调和为味。①

从德行修养来说,这三位圣者的形象似乎代表了普通人的各色迥异性格:伊尹显得进取而富有领导力,以自己之理想影响他人,改变世界;伯夷则高冷廉洁,对一切不端之行为绝不屈从妥协,宁可独善其身也不虚与蛇委;柳下惠虽然心中自有原则,但性格并不尖锐,与人为善,随遇而安。这样丰富化与人性化的圣者形象令人更觉亲切,也更适合不同人效仿学习。这是孟子"三圣说"较为显见的用心。当将三位圣人与孔子相比较时,则产生了有趣的问题,孟子以

---

① 钱穆:《钱宾四先生全集·晚学盲言下》,生活·读书·新知三联书店 2010 年版,第 800—801 页。

为"自生民以来,未有盛于孔子也",孔子胜在何处呢?

> 可以速而速,可以久而久,可以处而处,可以仕而仕,孔子也。……孔子,圣之时者也。孔子之谓集大成。集大成也者,金声而玉振之也。金声也者,始条理也;玉振之也者,终条理也。始条理者,智之事也;终条理者,圣之事也。智,譬则巧也;圣,譬则力也。由射于百步之外也,其至,尔力也;其中,非尔力也。(《孟子·万章下》)

用"可以"来表示孔子之进退应对得当,故为"圣之时","时",也常以"时中"出现,应指在具体情境下都能以最为恰当的方式行为做事之意。在射箭的比喻中,孟子将"圣"比作射中遥远目标的力气,而将"智"比作射中目标的技巧。伯夷、伊尹、柳下惠、孔子都为圣人,在于他们趋于"一"的"仁",那么圣之共同则在于"仁",也就是类似射中遥远目标的"力";而孔子优越于另外三圣之处在于能够更好地把握"可以",即在具体实践中的适时而动,那么也就是孟子所说的"非尔力",即对应"巧"的真正的内涵。

(三)"圣"与"智","力"与"巧"

将对"仁"的坚持与实践比作"力",并非唯独出现在这段文本。在《孟子·梁惠王下》,孟子同样敦促齐宣王"推恩",当齐宣王对自己的能力有所犹豫向孟子进一步询问时,孟子也以力气大小来比方齐宣王有足够能力实践仁义。

> 然则一羽之不举,为不用力焉;舆薪之不见,为不用明焉;百姓之不见保,为不用恩焉。故王之不王,不为也,非不能也。(《孟子·梁惠王上》)

如果按照一般对实践能力的看法,成就王业既需要足够的动机力量去推动行动者行动,也需要对具体实践方法的考察了解。比如

第二章 德行缺失：孟子论"不仁""不义""无礼""不智" 221

亚里士多德所举的有关实践智慧的三段推论："我"要追求健康，"我"知道吃鸡肉有利于健康，所以"我"要吃鸡肉。那么当涉及实践动机，一种可能引申出来的看法就是，如果出现相反的欲望动机，比如"我"喜好味道鲜明的食物，肥肉味道鲜美，所以"我"要吃肥肉。那么吃肥肉的结论和吃鸡肉的结论就会发生冲突，而真正的明智者不仅是能够知道"善"之目标的人，也是拥有更充足"善"之欲求动机的人，所以最终追求健康的动机力量将会足够充沛从而推动行动。在"圣"与"智"的关系中，"圣"为"仁"、为"力"，所以"圣"所需要的能力也主要是保持"仁"的充沛的动机力量。"智"与"圣"不同，在瞄准目标的同时，则是提高命中率的方法和技巧。齐宣王对于自己能力的怀疑很可能是双方面的，关爱百姓的动机不足，不懂实现王政的方法。由于孟子重视实践目标的确立，以"力"来比喻王的能力，也就是敦促王始终将"仁"作为第一驱动力。比之具体的政治措施与方法，关爱百姓的充沛动机更是孟子关心的重点。和周公之"过"的情况类似，周公作为圣人，他对兄长的亲亲敬长之情受到了孟子的肯定，周公行为的动机目标没有偏离"仁义"，在《孟子》中，也评价为"趋于一"。然而由于周公的这种倾向与情感使得他判断失误，在治国安排上错误地选派了管叔，但这并没有影响他在《孟子》中"圣"的地位。

当然，这并非意味着"智"毫不重要，因为有"智"才会应变而处事合宜，比如伯夷和柳下惠虽然也位列圣贤，但孟子并不提倡对他们的全面学习和模仿。孟子也给出过对他们处事方式不满的更多的信息，并直接以"隘"与"不恭"来评价他们的行为。

> 孟子曰："伯夷，非其君，不事；非其友，不友。不立于恶人之朝，不与恶人言；立于恶人之朝，与恶人言，如以朝衣朝冠坐于涂炭。推恶恶之心，思与乡人立，其冠不正，望望然去之，若将浼焉。是故诸侯虽有善其辞命而至者，不受也。不受也者，是亦不屑就已。柳下惠不羞污君，不卑小官；进不隐贤，

必以其道；遗佚而不怨，厄穷而不悯。故曰：'尔为尔，我为我，虽袒裼裸裎于我侧，尔焉能浼我哉？'故由由然与之偕，而不自失焉，援而止之而止。援而止之而止者，是亦不屑去已。"

孟子曰："伯夷隘，柳下惠不恭，隘与不恭，君子不由也。"（《孟子·公孙丑上》）

孟子虽将伯夷与柳下惠分别封为"圣之清"与"圣之和"，仍然认为他们的某些行为不值得君子效仿。伯夷"推恶恶之心，思与乡人立，其冠不正，望望然去之"的做法，是将"恶恶之心"推广得过于偏激，不通事情的权衡轻重，有小题大做之"隘"。[①] 而柳下惠无论君主好坏，不受时局影响，一概予以接受并泰然处之。这种做法虽与伯夷相异，但同样是对所有事情采取统一做法的态度。虽然，无论与何人相处，与何人共事，都不能玷污柳下惠的品行，但在孟子看来，这种态度为"不恭"。[②] 无论伯夷还是柳下惠，他们对于事物的处理方式往往表现出了一种无差异性的做法，一概拒绝或全盘接受，"隘"与"不恭"正是这种不加区分的处事态度的两种极端。

孔子则能够根据不同情况，做出不同的判断。《论语·阳货》中记载孔子"阳货欲见孔子，孔子不见"，不愿与不义之人交往，似伯夷；又有"公山弗扰以费畔，召，子欲往"时说到"夫召我者而岂

---

① 焦循在《孟子正义》中以《史记·伯夷列传》记录这段相关于伯夷的事迹："伯夷叔齐闻西伯昌善养老，盍往归焉。"当武王起义伐纣之时，伯夷又叩马而谏，以不仁不义来劝说武王不可弑君。后武王平乱，"伯夷叔齐耻之，义不食周粟，隐于首阳山，采薇而食之，及饿且死"。《孟子正义》，第242—243页。与伯夷不同，孟子认为伐纣是正义战争，"闻诛一夫纣矣，未闻弑君也"（《孟子·梁惠王下》）。伯夷虽认可文王之善，却也反对武王弑君，这就和孟子的看法不一致。因纣王暴虐，在孟子看来早已失去了天子的资格，武王虽发起战争伐纣，却解百姓于水火。这里，对伯夷"推恶恶之心"偏激行为的不满的真实原因也许与伯夷对周王朝的政权合法性的看法有关。

② 与柳下惠不同，孔子在做官问题上则有所取舍和选择。同样，孟子较为强调士人阶级的尊严，所以在他与诸侯王相交的过程中，多有根据王的态度与反馈，以及时局情况决定去留的不同考量。因而，孟子对柳下惠的"不恭"的评价可能与他强调贤者的德行尊严的看法相关。

徒哉，如有用我者，吾其为东周乎"，为行道而出仕，似伊尹；再有"佛肸召，子欲往"，并说，"不曰坚乎，磨而不磷；不曰白乎，涅而不缁"，能出淤泥而不染，又似柳下惠。故而孟子认为孔子乃集三圣之大成，"可以速而速，可以久而久，可以处而处，可以仕而仕，孔子也"（《孟子·万章下》）。① 孔子在进退问题上应时而动的"无可无不可"的方式体现了"权"的能力。"权"涉及在具体情境中随机应变的能力，这样做出的判断也是差异性、多样性的。孔子优越于伯夷、伊尹、柳下惠之处就在于孔子能够拥有一种更高的实践智慧，也就是不以统一的方式来实践"仁"，懂得在"仁"的大方向下，根据不同的情况，选择最恰当的方式。

由于伯夷、伊尹、柳下惠、孔子都为圣，并且他们都趋于"一"，也就是趋于"仁"。成圣的能力类似于射箭之"力"，笔者以为更类似于实践"仁"的动机的强弱程度，这在孟子看来是判断道德品行最重要的方面。所以，即使圣人在具体做事方式上存在"过失"，比如周公错误地信赖了管叔，也不影响圣人总体的道德成就。而在与三圣比较的过程中，伯夷和柳下惠因为在处事方式上的"统一"态度，缺乏应时而变的能力，被评为"隘"与"不恭"。孔子则能够汲取伊尹、伯夷、柳下惠三人的处事方式灵活变通，进退合宜。与其他圣者相异，孔子具有"时"的特征，区别于一般的"圣"，而为"智"。"智"与"巧"则构成了能够行权的实践智慧。② 对孟子而言，他并非不能区分何者值得追求及如何追求这两种实践判断命题，而是在两者之间，前者有着更为重要优先的地位。"智"不能脱

---

① 相较于三位圣者的行为方式，孔子确实都各有所取。但这里值得注意的是，孟子特别强调了孔子离开祖国的态度与离开齐国态度的不同，"孔子之去齐，接淅而行；去鲁，曰：'迟迟吾行也，去父母国之道也'"，然后再接着对于孔子之为"圣之时"的评价，可见差异性的处事态度很可能与"亲亲"之情感相关，针对具体事件应如何行事并非完全依靠认知性判断，也和孟子所看重的差异性自然情感倾向高度相关。

② 事实上，在孟子那里，这种"巧"并不等同于工具理性的手段之"巧"，由于"权"可能同时涉及多种价值之间的取舍，以及具体手段的衡量，"智"与"圣"的关系密切。如果目标是错误的，那么即使手段高明，也不能称之为"智"。

离"仁义"的目标，就如"乐""曲"，两者相和方为始终。

三 "执中"与"执一"

由于"中""权"都与"智"密切相关，我们先来看孟子中有关"执中无权"的道德失败的文本。

> 孟子曰："杨子取为我，拔一毛而利天下，不为也。墨子兼爱，摩顶放踵利天下，为之。子莫执中，执中为近之，执中无权，犹执一也。所恶执一者，为其贼道也，举一而废百也。"（《孟子·尽心上》）

为了厘清这段文本，我们需要先明确在这段文本中涉及了几种道德失败类型。"执中无权，犹执一也"，"执中无权"是一种道德失败，虽然接近"执一"，但与之并不等同，故而"执一"又是另一种。那么"执一"是何意义？"所恶执一者，为其贼道也。""贼道"，也就是损害"仁义"之道。又根据《孟子·滕文公下》：

> 杨墨之道不息，孔子之道不著，是邪说诬民，充塞仁义也。仁义充塞，则率兽食人，人将相食。吾为此惧，闲先圣之道，距杨墨，放淫辞，邪说者不得作。作于其心，害于其事；作于其事，害于其政。圣人复起，不易吾言矣。

损害"仁义"之道的正是杨朱、墨子的理念，"执一"也就再次指向杨朱、墨子。总体而言，这段文本中交代了两种道德失败类型，杨朱、墨子的"执一"与子莫的"执中无权"。

杨朱和墨子作为孟子哲学上的论辩对手，与孟子的"仁义观"存在差异。"执中"可视为一种伦理观念上的"中"，意味着调和亲疏有别的差等之爱与可扩充推广的普遍之爱，这是"仁"的特殊性所在。"仁"包含了"亲亲"的差等之爱和普遍的恻隐关爱两种向度，这就意味着，在具体情境中有权衡考量的空间。考量抉择的能力保障了作为总体伦理理想的"仁"在情境中的真正落实。可以《孟子·离娄下》禹、稷、颜回的案例作为对比。

> 禹、稷当平世，三过其门而不入，孔子贤之。颜子当乱世，居于陋巷，一箪食，一瓢饮；人不堪其忧，颜子不改其乐，孔子贤之。孟子曰："禹、稷、颜回同道。禹思天下有溺者，由己溺之也；稷思天下有饥者，由己饥之也，是以如是其急也。禹、稷、颜子易地则皆然。今有同室之人斗者，救之，虽被发缨冠而救之，可也；乡邻有斗者，被发缨冠而往救之，则惑也，虽闭户可也。"（《孟子·离娄下》）

因孟子批判杨朱与墨子为两种极端，禹、稷和颜回的案例似乎可以成为反驳孟子的证据。大禹治水，三过家门而不入，不正是舍弃小家，摩秃头顶、走破脚跟而利天下的案例吗？颜回居陋巷，为成全自我的德行而摒弃外界的干扰，不也类似杨朱吗？但是在孟子看来，这是因为禹、稷和颜回的处境不同。"仁"作为一种伦理理想观念居于"为我"与"兼爱"之"中"，就说明"仁"并不摒弃自我的幸福和他人的幸福两种维度，是为天下苍生还是成全自我？这要根据具体的道德情境而论。因为儒家伦理观的这种两面性，需要使用"权"来根据具体情境加以选择方能真正地实现"中"。

那么禹、稷、颜子是根据什么来选择具体的处事方式的？按照朱熹的诠释，"禹稷身任其职，故以为己责而救之急"[1]。虽然职责之"义"常常是造成不同判断的重要依据，但是从这段文本来看，他们的对比关系并非是所处的职责范畴的直接对照，而是"平世"与"乱世"之对比。就这种对比关系来看，天下太平之时，自我的德行不会因为"入世"而受到损害，家庭亲人的生活也有保障，有

---

[1] （南宋）朱熹：《四书章句集注》，第304页。

才能者得到真正的赏识，德配其位，故而禹可以发挥自己的才干，专注于天下苍生。乱世之时，个人的能力没有发挥的机会，且入世很可能就面临苟且与妥协并放弃道德准则的可能，因此颜回保全德行而不愿随波逐流。在杨朱的"为我"与墨子的"兼爱"之间，有德者需要就具体的情况选择偏重的方面，从而真正实现"仁"的要求。"仁"的伦理观念之所以能够兼顾差异化、具体化与普遍化，就应为"仁"本身涵盖了自我成全和他人幸福两种维度，而正因为两种维度同时存在，也就使得行动者可以区别对待不同的情况。这时产生的道德责任也是有亲疏远近差别的，同时受到个人能力范围的限制，如此在某些情况下盲目舍身忘己是不明智的选择。同室之人与乡邻之人存在着一种亲疏关系的差异。同室之人相斗，行动者更有责任阻止相救，而乡邻之人相斗则不在个人的道德义务之内，因此"虽闭户可也"。

这样看来，儒家伦理之所以具有灵活的情境适用性，正蕴含在这种执其两端而有中的伦理观里。"权"一方面需要能够就具体的情境选择最恰当的"仁"的适用范围。在具体的伦理名目之内也有这种多样性与灵活性蕴含其中。"孝"作为《孟子》中最为重要的伦理目标之一，从有关"孝"的失败的案例中，我们可以看到如何在伦理目标内部履行"权"的能力。

> 孟子曰："事孰为大？事亲为大。守孰为大？守身为大。不失其身而能事其亲者，吾闻之矣；失其身而能事其亲者，吾未之闻也。孰不为事？事亲，事之本也。孰不为守？守身，守之本也。曾子养曾皙，必有酒肉。将彻，必请所与；问'有余？'必曰'有'。曾皙死，曾元养曾子，必有酒肉。将彻，不请所与；问'有余？'曰'亡矣'。将以复进也。此所谓养口体者也。若曾子，则可谓养志也。事亲若曾子者，可也。"（《孟子·离娄上》）

在这段文本中，包含了两种衡量事情轻重关系的方式。在侍奉亲人与以义持守两方面中，守身具有一定的优先等级。然而这种优先等级却并非是从道德价值的高低来论述的，而是由于守身为事亲的先决条件。"失其身而能事其亲者，吾未之闻也"，自身操守有失、德行欠佳的人也就不能真正地践行事亲的义务，故而此时，守身具有重要的实践优先等级。而后孟子举出曾子与曾元之案例来说明这一观点。曾子事亲，不仅养口体之生理需求，而且养志；而曾元只知养曾子口体之欲。比之满足口体之欲，顺从父母的心意是"孝"的要求中更为核心、重要的内涵。因而"养志"比之"养口体"有着更高的道德价值，是更核心的伦理目标。这段案例出现在事亲与守身的论述之后，可能的解释是，孟子认为曾子更能忠于"义"的内涵，能够"守身"，所以比起曾元也就能更好地履行侍亲之事。

也就是说自身德行修养越高者越能够把握好与"仁义"相关的伦理要求的内涵，也就更能够领会道德目的的重要方面，因而也就具备了更好地行权的能力。因而，"权"的实践能力就把行动者具有良好的自我德行操守作为先决条件，并且"权"涉及对伦理目标的重要方面的内涵的较好领会。相较于曾子之"孝"，曾元的养亲人之口体可视作一种道德失败，这种道德失败与"权"有着密切关系。因为尽管曾元同样以"孝"为行动目标，却不能把握"孝"的重要方面，他对于伦理目标的理解是不够透彻的，这同样显示出了他德行上的不足。

践行"孝"有重要的方面和次要的方面，同样，"不孝"之"过"也有轻重的差异。比如孟子讨论"不孝有三"的情况如下：

孟子曰："不孝有三，无后为大。舜不告而娶，为无后也，君子以为犹告也。"（《孟子·离娄上》）

在《离娄上》中孟子提出"不孝有三"，然而这三者的具体内容未知，只知在三种"不孝"之中存在着道德过错的程度的差异，反过来说在"孝"中也就有着重要的方面与不重要的方面。舜不告而娶通常被视作行权的重要案例，正是因为舜能够把握伦理目标中更为重要的方面，才能在两难境地中有所取舍。又有关于匡章的评论：

> 孟子曰："世俗所谓不孝者五：惰其四支，不顾父母之养，一不孝也；博弈好饮酒，不顾父母之养，二不孝也；好货财，私妻子，不顾父母之养，三不孝也；从耳目之欲，以为父母戮，四不孝也；好勇斗狠，以危父母，五不孝也。章子有一于是乎？夫章子，子父责善而不相遇也。责善，朋友之道也；父子责善，贼恩之大者。夫章子，岂不欲有夫妻子母之属哉！为得罪于父，不得近，出妻屏子，终身不养焉。其设心以为不若是，是则罪之大者，是则章子已矣。"（《孟子·离娄下》）

匡章的情况又有所不同。匡章与父母不睦，国人皆以为匡章"不孝"，孟子却以为"不孝"有五个方面，但是匡章都未违反。依照"孝"的完善标准，理应如曾子一般既能侍奉陪伴在父母身边，又能顺从父母心意，过着和乐融洽的天伦生活。与曾子相比，匡章的行为是有过错的，因为"父子责善，贼恩之大者"，匡章没有选择合宜的方式和父母相处，故而造成父子关系破裂。然而匡章的行为不能算作"不孝"的范畴，他并没有违反"孝"的伦理目标的要求，而是选择了错误的方式处理父子关系。这种方式的不当，比之违反伦理原则，是程度较轻的过错。

从有关"孝"的道德失败的案例中，我们可以看到，在儒家伦理目标的内部也有不同的方面和相应的要求。这些纷杂的小目标彼此之间可能存在着两种关系。（1）某些目标的实现必须以另一些目标为条件。比如：

> 孟子曰："居下位而不获于上，民不可得而治也。获于上有道，不信于友，弗获于上矣。信于友有道，事亲弗悦，弗信于

友矣。悦亲有道：反身不诚，不悦于亲矣。诚身有道，不明乎善，不诚其身矣。"（《孟子·离娄上》）

从这段文本中可以看到，伦理目标之间互为条件、相互依赖。它们之间的优先顺序并不一定反映出价值上的轻重差异，而是由于某些目标的实现必须以另一些目标的达成为先决条件，这也应该被包括在"权"的思虑考量中。

（2）在同一种大的伦理名目内蕴含了许多具体的要求，这些具体要求中有轻重的层次之分。比如事亲中的"养志"比之"养口体"更为核心；比如"孝"中的"有后"是为"孝"之"大"者。而当目标之间冲突时，要能够根据不同的优先等级灵活考量，抓大放小，有所取舍。

事实上，从"孝"的一个方面来看，已经可以看到同一伦理名目中不同的小目标之间可能发生冲突的情况。而在不同的伦理名目下，目标与目标之间也会发生冲突。比如在嫂溺援之于手的案例中，"仁"与"礼"之间难以两全。由于"仁"是"礼"中更核心的内涵，在这种情况下选择践行"仁"可以视作行权的成功案例。①

这样，要真正地实现"中"，首先需要认同儒家的"仁义观"并有所坚持，但也要谨防"执中无权"之害，这就需要行权的能力。由于儒家伦理观本身所具有的将等差性的关系与普遍化予以融合协调的特性，使得在具体实践中，有德者更能够灵活地根据情境选择最为恰当的实践"仁"的方式。其次，"权，然后知轻重"，"权"，还涉及对不同伦理目标的优先等级和重要性的把握。最后，则需要行动者能够用更为恰当的方法达成目标。在整体目标正确的情况下，不能够随情境变化而灵活运用伦理观念的道德失败很可能陷入类似

---

① 其他伦理要求与"礼"之间发生冲突时，何时的违礼被视作合宜的，"礼"的界限在何处？这一类的问题详见第二章第三节中的"'礼'的根据与违礼的界限"这一部分。

杨朱的为我和墨子的兼爱,成为损害"仁义"的最为严重的道德失败;其次程度较浅的是不知轻重缓急,不能够以切中事情最重要的方面来履行道德责任的道德失败,比如曾元对曾子之"孝";最后是手段方法不当的道德失败,比如匡章的"父子责善"损害了家庭感情。由于"权"与"中"都是与"智"相关的能力或表现,由上述案例的分析,我们也可以了解到智者是通过对伦理目标的优先等级和重要性的方方面面的透彻领会,以及实践方法的恰当选择来获得正确的实践判断的。

四 "不知务"与"不知类"

"是非之心,智之端"也,"是非之心"是一种指向实践的判断好坏的能力和倾向。这种能力的发展首先需要行动者进行反思活动,通过反思把握伦理目标。"智之实"在于知"仁义"而弗去,相反不知"仁义"或不能守"仁义",则相当于"放失其心"的状况。"以小害大"被视作人们"放失其心"的重要的原因。

> 养其一指而失其肩背,而不知也,则为狼疾人也。饮食之人,则人贱之矣,为其养小以失大也。(《孟子·告子上》)

比如,从前述有关事亲的案例中,我们看到更好地履行"孝"以守身为先决条件。守身,即以"仁义"的要求修养道德之身,也就是养其大体。因此,能够切中更重要的伦理目标,必须以修身为前提。小人"养小以失大",造成这种道德失败的进一步原因则是由于没有运用"心之官则思"的能力。心有反思的能力,反思的对象指向"大"。这与"仁之实,事亲是也;义之实,从兄是也。智之实,知斯二者弗去是也"正相应。由于"仁义礼智根于心",作为道德情性和能力的"心"有"仁""义""礼""智",而心之"思"又必须指向道德的内容,而"智"正是以"知"和"弗去"指向"仁义"的,因此"智"也包含了这种反思的能力,指向的对象的"大体"则包括了"仁义"的道德倾向之"心"。这样,"智"获取道德目标的方式首先是通过反思和意志指向"仁义之心",从而获得对"仁义"理念的把握。

由于这种"思"由"心之官"指向其自身,这种反思不是向外寻求一种客观的道德准则,而是向内求得道德本心。就"仁""义"作为道德情性来看,它们有自然情感倾向的基础又具备道德普遍发展的潜力。"亲亲""敬长""恻隐""羞恶"都是具有动机力量的道德情性,并被孟子视作"人皆有之","不学而知,不学而能"的"良知""良能"。这些道德情感倾向从爱自身、爱家人到爱邻里天下,从敬父母兄弟到敬长、敬爵、敬贤等形成了一系列的差等性与普遍性兼具的特征。当我们反思这些道德倾向时,这些道德情感能够提供给我们原初的进行道德判断的线索,也能够为行动者提供一定的动力去实践。关注、察识、唤醒这些道德情感倾向,随着反思的深入,智者能够更加清楚地理解这些道德倾向的性质,进而做出判断和获得动机。由于孟子道德心理的这种特殊性,智者在理解、把握与"仁义"相关的观念时向"内"的察识工夫殊为重要。当智者做出判断之时,也就具有了一定的动机力去实践判断。智者并非单纯通过某种逻辑的论证或者外在的权威来获取有关伦理观念的是非判断,而是通过道德本心,于是,"智"使得判断不脱离动机的因素。如此,智者在做出恰当的判断之时,他同时能够从"仁""义""礼"等"心"之道德倾向中获取动机力量。而通过不断地思"仁义",加强"仁义之心"的力量和判断能力,一个人也就获得了更好的德行,实现了成人成德的目标,将自我更好地安放在各种情境中而安身立命。

《孟子》中同样存在"知而不行"的案例,比如齐宣王的"有疾"就妨碍了他实践自己认可的"善言"。在这种情况中,齐宣王虽然能够偶然地意识到自己的"仁义之心",但是他的"知而不行"和知之不透相联系。在齐宣王的案例中,他没有看到"仁政"和个人私欲之间并不存在必然的悖论关系,也就是说他没有真切地领会

"仁"具有的调节自我幸福和他人幸福而"中"的可能，从而致使他错误地认为"仁政"必然妨害他的个人私欲，致使他过早地放弃了进一步对"仁"体悟，而流于追逐耳目之欲和大欲。因此，他的"思"与"智"是存在问题的，他在目的之整体结构的认识上是不充分的。这种不充分本身也是由于他的动机状态不完善，他缺乏对自己本心的透彻反思和持守，他的道德动机力量十分薄弱而易受动摇。齐宣王可以看到"仁义之心"，但是却无法看到"仁义之心"真正所在的位置和分量，他不懂得以道德来统领其他目的，才能实现个人生命和历史使命的和谐完满。

"智"要能"权"，不仅需要对道德情性有所体悟，而且要在各种价值之间寻求最恰当的处理关系。智者能够在各种所求之间做最佳的判断。相较于荀子更强调道德修养中"学"的重要性，孟子更多地强调"思"，这也许和孟子所处的时代背景与对话对象相关。在与同时代权贵的对话当中，孟子多次以提示唤醒诸侯王的"仁义之心"为主要的论述目标。孟子以为在当时，从诸侯王到群臣皆有罪。五霸之盟约尚且包含有"仁"的某些基本要求，而今之诸侯大夫则多显出"仁义之心"丧失的状态，可谓乱世之至。孟子既然有如此对当时局势的描述，那么以唤醒"仁义之心"作为其论述的主要内容与他对局势的认识大抵相合。虽然与荀子相较，孟子较少谈及"学"与"法"，然而在《孟子》的文本中，当谈及"徒善不足以为政"的问题时，孟子也强调了师法的重要作用。

> 孟子曰："离娄之明、公输子之巧，不以规矩，不能成方圆；师旷之聪，不以六律，不能正五音；尧舜之道，不以仁政，不能平治天下。今有仁心仁闻而民不被其泽，不可法于后世者，不行先王之道也。故曰：徒善不足以为政，徒法不能以自行。"

> 孟子曰："规矩，方圆之至也；圣人，人伦之至也。欲为

君，尽君道；欲为臣，尽臣道。二者皆法尧舜而已矣。"（《孟子·离娄上》）

无规矩不成方圆，徒善不足以为政。"仁者"必师法先王之道。从匡章有关"孝"的案例来讲，因为没有正确的方法，徒善甚至不足以孝亲。以此看来，普通资质之人有仁心还必须从历史文化中学习"法"与"礼"的各种规范。然而，这种学习应如何进行，如何通过这种师法先王的过程掌握灵活的"智"之"中"与"权"的能力，孟子却并未详细回答。

有时，《孟子》中的君子与圣王的道德判断显示出一种类似直觉的过程。圣王的道德判断似乎是一种当下即是的反应。比如明于庶物，察于人伦的舜，习得道德知识的过程几乎是转瞬即逝的。"舜之居深山之中，与木石居，与鹿豕游，其所以异于深山之野人者几希。及其闻一善言，见一善行，若决江河，沛然莫之能御也。"（《孟子·离娄下》）圣人更多地可以直接地对道德目标有良好的把握，而这种直接把握切中伦理目标的能力，往往也和道德动机的强度密切相关，也就是圣之"力"。事实上，舜习善也并非一蹴而就。在舜习善的过程中，孟子主要强调的是一种动心忍性获取坚韧道德动机的过程。

> 孟子曰："舜发于畎亩之中，傅说举于版筑之间，胶鬲举于鱼盐之中，管夷吾举于士，孙叔敖举于海，百里奚举于市。故天将降大任于斯人也，必先苦其心志，劳其筋骨，饿其体肤，空乏其身，行拂乱其所为，所以动心忍性，曾益其所不能。"（《孟子·告子下》）

在拥有了坚韧的道德动机之后，对于伦理目标的把握自然是更加坚定清晰。可是这仍然不能解决如何才能拥有完善处事能力的问题。如何在实践中知道具体的进退取舍时机？如何能够通过学习提高实践能力？并且，在逐渐学习的过程中还要保证判断发展与情感动机的发展同步一致。如何在学习事务判断时，也同时具备处理事务的恰当动机？这还需要进一步讨论。

孟子有时认为圣人之礼法已是人伦之至，似乎无须再进一步地创新而只需继承即可，"欲为君，尽君道；欲为臣，尽臣道。二者皆法尧舜而已矣。""为政不因先王之道，可谓智乎？是以惟仁者宜在高位"，这里的"仁"和"智"并列出现，所以"仁"不宜被理解为总体伦理理想的描述，而是狭义的"四德"之"仁"。这里"不智"被描述为"不因先王之道"。就文本来看，反而可能造成一种刻板僵化的印象。似乎只需要秉持"仁"，然后按照先王之法来行事就可以实现仁政。这似乎成为孟子论"智"的一大问题，仅仅刻板地复制尧舜的方法，恐怕难以应对日新月异的时代变化与要求。这样对孟子的评价不够公正客观。孟子以为要获得完善的"智"的能力需要能够平衡各种价值目标，还需要对实践手段和方法灵活运用，这些能力如何通过向历史文化学习来获得呢？在《孟子》中还是可以寻找出一些扩充"智"的能力的方法来为孟子辩护的。

在孟子劝解齐宣王的案例中，齐宣王在看见牛害怕得发抖因此生发"恻隐之心"，孟子以此案例，提示齐宣王应同情百姓。多有学者注意到在这段论述中，孟子和齐宣王都使用了一种类比逻辑。齐宣王反思自己生发同情之时的心理状态"吾不忍其觳觫，若无罪而就死地"，孟子敦促齐宣王推恩："言举斯心加诸彼而已。故推恩足以保四海，不推恩无以保妻子。古之人所以大过人者，无他焉，善推其所为而已矣。今恩足以及禽兽，而功不至于百姓者，独何与？"（《孟子·梁惠王上》）倪德卫、黄百锐都注意到在这种"推恩"的过程中蕴含着一种类比逻辑，即牛与百姓都有无辜受罪的类同点。艾文贺将这段的诠释指向唤醒同情心本身，指出孟子的论述要点并不在于指出牛与百姓的这种相似性并让齐宣王意识到某种逻辑上的一致，而是通过唤醒同情心本身，希望让齐宣王懂得在相似的情境中再次运用这种同情心理。① 艾文贺的考察更符合文本的内容，但是无论是意识到牛与百姓都在无辜受难的类比逻辑的一致性，还是意识到牛无辜就死和百姓无辜受难的情境相似并再次唤醒同情心，这中间都存在着一定的类推关系。

在比较亚里士多德和儒家伦理的实践智慧之时，余纪元提出比之亚里士多德从大前提、小前提得出结论的目的手段的论证关系，儒家更常使用类比的类推关系。② 由此，我们可以得到启发，对于孟子来说，在情境中获得自主的道德判断能力很可能正是基于类推来获得对情境性质的认识与感受。一种案例要如何处理，可以通过类比相似的案例，找出它们的相同性与差异性，再进行具体的判断。从"四端之心"到达之天下需要类推的能力。比如如下案例中，孟子列举了一种类推的方法来获得对较为陌生的事件的道德性质的理解。

> 孟子曰："人皆有所不忍，达之于其所忍，仁也；人皆有所不为，达之于其所为，义也。人能充无欲害人之心，而仁不可胜用也；人能充无穿逾之心，而义不可胜用也；人能充无受尔汝之实，无所往而不为义也。士未可以言而言，是以言餂之也；可以言而不言，是以不言餂之也，是皆穿逾之类也。"（《孟子·尽心下》）

就常人而言，"四端"作为人之本性，总有所发和显现的情况。而其所发有时依赖于情境活灵活现的具体呈现，比如齐宣王见牛未见羊；或者依赖于人们熟悉的道德情境，比如偷盗不"义"，所以说"人皆有所不仁""人皆有所不为"。然而如何将这种"仁义之心"发挥到其他的情境中呢？这就需要对于各种道德情境的性质有所理解。这种理解涉及"充"与"达"的类推的能力。孟子于是举出了后述

---

① 参见第二章第一节"'仁'与'不仁'"。
② 参见 Jiyuan Yu, *Ethics of Confucius and Aristotle*, Abingdon: Routledge, 2007。

的案例:"士未可以言而言,是以言餂之也;可以言而不言,是以不言餂之也"。偷盗不"义",是常人所熟悉的道德情境,因而也较易理解它的不道德性质。然而,"未可以言而言"和"可以言而不言"的情况适用于何种道德要求呢?按照朱熹的诠释,这两种行为相当于"以舌取物……皆有意探取于人,是亦穿逾之类"①。孟子通过指出这种以言语取利的行为实质类似偷盗,从而指出了这种行为的"不义"性质。"以言餂之"和"不言餂之"的道德性质正是通过这种类比关系而被阐明的。

类推的能力除了要能抓住不同情境的相似性,还要能够分别它们之间的差异性,这样才能真正地实现"智"。比如如下"不知类"的道德失败的案例:

> 孟子曰:"今有无名之指屈而不信,非疾痛害事也,如有能信之者,则不远秦楚之路,为指之不若人也。指不若人,则知恶之;心不若人,则不知恶,此之谓不知类也。"(《孟子·告子上》)

由于"类"在孟子中多有出现,且都表示分类,类比之"类"的意义,这里的"类"也与类推相关联。"不知类",杨伯峻将其翻译为不知轻重,这种理解也正确,但需要进一步的解释。知轻重是与"权"相关的能力,"知类"也应视作"权"的能力。那么,在这里如何理解"类"与权衡轻重的关系?笔者以为这里的"类",同样蕴含着"类比"的推理关系,但是这种"类比"不为得出相似性,而是得出差异性。无论是"指不若人"还是"心不若人"都具有"不若人"而当"恶"的相似性,然而手指的"曲而不信"属于小体的缺陷和瑕疵,"心不若人"则指向大体的修养不佳,孰轻孰重当已明了。通过这种类推关系,揭示出了两者的差异性。当两者的差

---

① (南宋)朱熹:《四书章句集注》,第381页。

异性明确之后，它们的轻重优先等级也随之清晰。所以"心不若人，则不知恶"的道德失败者，不仅疏于体察"不若人"为"恶"，而且缺乏"心不若人"的更为强烈的羞耻心。"知类"在保有"类"原有的相似类推的含义上，更显示了差异性对待的知轻重的特性，如此，"权"也在熟练地运用"类"的能力。

就上述文本来看，这种"知类"的能力并非一种单纯的逻辑类推，也是一种情感的类推，同时不仅为恻隐之情感所独有。① "知类"的能力中蕴含着通过比较获得情境相似性和差异性认识的能力。这种能力最终都指向道德情感的推广与运用。比如，"心不若人，则不知恶，此之谓不知类也"，"知类"引导了"羞恶"和"知耻"的道德情感倾向。为何一种蕴含了逻辑关系的类推会直接作用于道德情感？笔者以为合理的解释是，孟子的类推是指向情境的，而非指向对象的。也就是说，类推所负责的是识别情境的性质，而不是识别对象的某种性质。这样就能够保证在不同的情境中，道德倾向具有情境适应性，能够根据情境的性质而有所发。

对情境的性质的正确认知可以帮助有德者唤起相应的道德动机状态。但是，正确的动机状态也会影响行动人主动搜索相应情境的突出特征。在分析"孟告之辩"时，我们曾分析：当人们嗜吃烤肉时，会忽略烤肉国别的不同，而识别出烤肉的相同属性；但是在比较长马与长者，我们会看出两者的不同，而识别出长者的属性。这是因为我们的动机状态会自动去搜寻相关的显著特征，我们会受到动机目标的影响，而改变我们对情境的认识。②

以"恻隐"之情为例，识别对象的性质意味着当人们识别出他者的苦难之时，苦难激发"恻隐"。然而就"以羊易牛"的案例来说，正确的做法并不是赦免牛，因为同一情境中还包括"义"与

---

① 比如黄百锐所提到"恻隐"之情包含有识别同情对象的苦难和幸福并普遍化为道德理由的能力，这时既能保证行动理由的普遍性，也使得行动者具有一定的情感动机。

② 参见第一章第二节"孟告之辩"。

"礼"的要求而不在于赦免牛。比之赦免牛，完成政务（比如祭祀之礼），或者拯救百姓的优先等级是较高的，那么此时就不必赦免牛。识别情境的性质意味着人们做出判断所依据的理由的进一步复杂化。

在同一个情境中，学习中的修养者需要注意到与情境相关的不同的道德要求因素。一方面，他会注意到牛的无辜受难的特征与人无辜受难类似，但是他也会同时注意到两者的差异，因而会注意到此时牛不同于人而不具有道德优先价值。同时，当修养者注意到这个情境中还涉及与传统之"礼"相关的要求，那么此时通过向更有经验的有德之人学习，他应该明白更为重要的是完成祭祀，并因此产生"恭敬之心"。如果修养者能够在祭祀之时足够恭敬，浮现在他眼前的情境的显著特征应是完成"礼"以求国泰民安，而可能不是开小差去注意牛的害怕发抖。此一情境的最显著特征在于"礼"的要求。此时，正确的判断是选择牺牲牛以完成祭祀的活动。

修养者可以通过识别情境的特征，获得关于情境与相应道德要求的正确认识，从而激发最为合宜的道德情感倾向，帮助他完成判断并获得行动力。而真正的有德者具有最恰当的动机时，他会直接产生相应的动机，通过这一动机直接搜索出情境的主要特征，以获得差异化的具体判断。

上述假设和"夏日饮水，冬日饮汤"的案例也类似，人们通过识别不同情境的主要特征结合自己的自然倾向灵活应对。冷和热、水和汤是有关喝的情境的性质，行动者在识别情境之后按照自然倾向完成喝水的恰当行为。这和艾文贺根据文本所指出的孟子对齐宣王的启发教育相吻合。孟子一方面向齐宣王指出了百姓受苦这一情境的实质；另一方面需要齐宣王注意自身的同情的道德情性，将这种道德情性运用于百姓受苦的情境中。比如，在非道德的情境中，我们可以帮助学习者认识到某种环境的危险性，然而人们仍然需要依靠自己的求生倾向去获得实践判断与动机。在道德的情境中，"知类"可以帮助人们分析情境之间的类同和差异，了解这一情境的主要性质，然后相应地唤醒人们的道德倾向。同样地，人们的恰当情欲状态能够在具体情境中更主动地帮助人们去搜索相应的情境特征，以更快、更好地完成判断。

上述过程解释了为什么"知类"在儒学中有着特殊重要的地位，因为"类"是一种具有逻辑结构的有效地唤起情感欲求的学习能力。

如果上述理解正确的话，那么事实上，通过对以往的礼法、规矩的学习，在面对新的道德情境之时，人们可以利用类推的原理来理解相应情境的性质，或唤起相应的道德情性去主动把握道德特征，动态地完成判断获得动机。

当人们能够较好地识别情境的相关特征时，人们的道德倾向应用于相应情境中，还必须能够有效地分辨"急"与"务"。"不知务"者的道德失败原因可能是由于缺乏对情境的正确认识，也可能是对于自身的道德倾向缺乏体悟领会。比如以"仁"而言，所急为亲贤，所务为百姓。当齐宣王仅因对牛偶发的"恻隐之心"而赦免牛，却没有深刻反省自身的仁爱之情的"急"与"务"时，尽管他能够明白百姓受苦的事实，却仍然无法深切体会对百姓的同情急切于对牛的"恻隐"怜悯。齐宣王既需要领会百姓受苦的事实，同时也需要在这一情境中唤醒自己的"仁心"，此时齐宣王才能全面获得对百姓更为关心爱护的正确判断与动机。

> 孟子曰："知者无不知也，当务之为急；仁者无不爱也，急亲贤之为务。尧舜之知而不遍物，急先务也；尧舜之仁不遍爱人，急亲贤也。不能三年之丧，而缌、小功之察；放饭流歠，而问无齿决，是之谓不知务。"（《孟子·尽心上》）

这种对于何事为"急"与"务"的"知"主要源于道德本心。尽管关于情境的"类推"的认识是道德判断所必需的能力，但是在掌握情境显著性道德特征的同时，行动者必须结合自己的反思，将自己的"仁义之心"运用到情境之中。仁者"急亲贤之为务"是人们内在的仁爱之心的显现，有"小功之察"而"不知务"，在能够领会情境的道德性质却不能急所务，很可能是由于人们缺乏深刻的内在之思，不能诚实面对自己的道德情性，致使道德动机缺乏力量所致。智者正是将两者完美结合而获得"守仁义"又能行权的能力。

这里还存在一个更深入的问题，倘若"智"必须通过学习掌握一定的情境规范，从而推类出另一些情境性质，这种学习与类推的活动的动力是否也在"性"中？"是非之心，智之端也"，"是非之心"之所以和"恻隐之心""羞恶之心""辞让之心"并列，就意味着求是非也是一种人性的道德情性。追求更合宜和更恰当的方式来完善伦理目标也属于人的一种本性追求。孔子就被评价为"学不厌，智也"（《孟子·公孙丑上》），既是本心使然，也是有志于此。掌握不同情境的性质，把握不同事物的实质，以最完美妥帖的方式来实现目的，从而帮助人们更好地完成伦理目标，这也是一种道德情性。智者精益求精，这种道德情性保障了人们不断学习总结，在追求德行的道路上不断前进的动力。

附论　孟子论"勇德"与"小勇"的道德失败

第二章的最后将关注《孟子》一书中与勇敢相关的德行和道德失败问题。"勇"尽管没有被孟子列为"四德"之一，但作为先秦儒学的重要德目，在《孟子》一书中仍然有重要地位，因而仍有必要在此章中进行讨论。

在儒学发展过程中，特别是在宋明以后，与"仁""义""礼""智"等伦理观念相比，"勇"作为一种原始儒家的重要德行在一定程度上似乎受到了削弱。但"勇"或"勇德"原是先秦儒家中重要的伦理观念。《论语》中"勇"与"仁""知"并列，是君子的道德理想，故孔子云："君子道者三，我无能焉：仁者不忧，知者不惑，勇者不惧。"随后，《中庸》也继承了《论语》的论述，将

第二章　德行缺失：孟子论"不仁""不义""无礼""不智"

"勇"作为三种重要的德行之一，"知、仁、勇三者，天下之达德也，所以行之者一也"。《孟子》则具体描述了"大勇"者的行为方式与相关案例。"吾尝闻大勇于夫子矣：自反而不缩，虽褐宽博，吾不惴焉；自反而缩，虽千万人，吾往矣。"（《孟子·公孙丑上》）"一人衡行于天下，武王耻之。此武王之勇也。而武王亦一怒而安天下之民。今王亦一怒而安天下之民，民惟恐王之不好勇也。"（《孟子·梁惠王下》）荀子也十分重视"勇德"，并提出了"士君子之勇"的观念，将"勇"作为一种德行做了更详尽的分析与说明。

孔子、孟子、荀子和《中庸》都将"勇"视作重要的德行，但先秦儒者同时也都意识到，单纯的"勇"不能自足为善。在许多相关的案例中，貌似勇敢的行为可能产生许多负面的影响，而先秦儒学对于这类非道德的"勇"抱有高度的警觉。比如从《论语》中我们看到孔子对子路"好勇"问题的批评指正；孟子对齐宣王"好勇"的劝诫；荀子提出"贾盗之勇"与"小人之勇"，并极力抨击"似勇而非"的"好斗"行为。一方面，"勇"是君子坚持道义、截断横流、出淤泥而不染的重要力量；另一方面，各种"小勇"之行或常见的对"勇德"的误解可能会造成灾难性的后果。因此，先秦儒学在提倡"勇德"的同时，也多有对错误的勇敢行为的批评警示。

在《孟子·公孙丑下》中，我们讨论过告子"不动心"准则的主要问题。告子"不动心"准则和他对"仁内义外"的看法密切相关。由于告子将外在的道德教条作为意志行动的标准，而忽视了注重自我反省的道德倾向，使得他丧失了对"言"的灵活正确的判断。告子虽然和孟子同样认同合"义"的行为要求，但是告子有关"义"的道德知识并非来自道德倾向，而是来自外在的权威或教旨。从而，他通过坚持某种信念或教旨，来杜绝其他影响"心"的因素，实现"不动心"。然而这种"不动心"方式使得他丧失了自我判断信念或教旨的真正依据——良心、本心，从而，"不动心"的问题最后归于"知言"的问题。除了告子之外，《孟子》中还出现了另外四位"不动心"的范例，北宫黝、孟施舍、子夏、曾子（孔子）。

这五位的"不动心"都和勇气相关,而他们的"勇"在道德价值上呈现出层级性质。和他们不同,孔子的"勇"具有完全的德行并被视作"大勇",这四人则相较而言各有瑕疵。孟子也曾经劝说齐宣王"无好小勇"而要追求"大勇"。这样,在道德价值上,具有层级性质的"勇",以"小"与"大"的方式呈现。与"大勇"相比,"小勇"都存在某种不足。在下文中,我们将集中完善"勇德"的形态,以及各种"小勇"的道德失败和产生原因。

(一)李耶理(Lee H. Yearley)论孟子的勇敢概念

李耶理在《孟子与阿奎那——美德理论与勇敢概念》一书中针对《孟子》中的勇敢概念进行了颇有启发意义的讨论。[①] 众所周知,孟子伦理学注重"仁""义""礼""智"之"四德",但未将"勇德"纳入其中。为此,李耶理首先论述了"勇德"在孟子伦理思想中的定位问题。勇敢尽管重要,然而却并未列入四种基本美德之中,这一现象的原因何在?李耶理认为,由于孟子更注重可以依靠人性发展而成的倾向性美德,而勇敢并不是由四种道德倾向,或曰"四端"发展而成的,所以"勇德"和"仁""义""礼""智"不同,而被排除在"四德"之外。其次,"四德"具有完美的德行形态,抵达"四德"的终极状态可以使人完全摆脱内心的冲突,而享受一种"乐"的境界。而"勇德"需要以反思为前提,并常常面临冲突的考验。勇敢有时要求人在有意义的诸多价值中有所取舍,因而它往往也与其他的情欲状态和"乐"的境界存在着更为复杂的关系,并受到其他伦理理想的限制。最后,正如我们之前所提到的那样,先秦儒者普遍对于错误的勇敢引发的冲突和战争有着深刻的警醒。孟子同样担心军事活动中的某些勇敢行为和冒险活动会造成灾难性的浩劫。综合以上因素,"勇德"没有在四种基本美德中取得一席之地。

然而,李耶理仍然认为勇敢在孟子所构想的理想生活中有着关

---

① 参见[美]李耶理《孟子与阿奎那——美德理论与勇敢概念》,施忠连译,中国社会科学出版社 2011 年版。

键性的作用。首先，在孟子的成德思想中，完美的德行需要勇敢地克服各种困难，并磨砺出坚韧的品质方能达成。"故天将降大任于斯人也，必先苦其心志，劳其筋骨，饿其体肤，空乏其身，行拂乱其所为，所以动心忍性，曾益其所不能。"（《孟子·告子下》）圣人之"力"是在困境中的坚持，危难中的勇气。"始条理者，智之事也；终条理者，圣之事也。智，譬则巧也；圣，譬则力也。由射于百步之外也，其至，尔力也；其中，非尔力也。"（《孟子·万章下》）对理想的追求意味着处于冲突中的人能够做出牺牲，这些无疑需要勇敢的品质。

可以这样说，"勇德"成为实现孟子伦理理想必不可缺的中介德行。虽然"勇德"不能与人性的倾向性道德基础直接关联，然而我们依然要问，是什么激发了人们的勇敢行为？正义的勇敢由什么规定？李耶理认为对勇敢的认识和自尊概念紧密相连。恰当的荣誉感和自尊感能够帮助人们克服恐惧，获得真正的美德。孟子以为天赋的"四端"是尊严的真正基础。"欲贵者，人之同心也。人人有贵于己者，弗思耳。""有天爵者，有人爵者。仁义忠信，乐善不倦，此天爵也；公卿大夫，此人爵也。古之人修其天爵，而人爵从之。今之人修其天爵，以要人爵；既得人爵，而弃其天爵，则惑之甚者也，终亦必亡而已矣。"（《孟子·告子上》）"贵"与"天爵"论述了人们对于自尊的欲望和良能的发展应该被引导向正确的方向。人们的自尊应建立在自我修养与提升德行的方面，而勇敢能够帮助人们实现这一目的。

讨论完勇敢与自尊的关系之后，李耶理开始分析孟子关于完美的"勇德"的理解。如上所述，正确的自尊在于体认和追求实现人性的美德基础。完美的"勇德"也必须追求更广泛的目标，特别是与"仁义"相符合的目标。在孟子与齐宣王的讨论中，孟子区分了"大勇"和"小勇"的观念，圣王的"大勇"体现在他们一方面阻碍了邪恶的勇敢的侵略，另一方面维护了正义，改善了人民的生活。这时，"勇德"是与仁政的目标结合在一起的。

李耶理关注到孟子对于"不动心"的案例和勇气的关系的讨论，他如此评价北宫黝、孟施舍：

> 有一个人叫北宫黝，不论是谁给他的侮辱他都予以回击；另一个人叫孟施舍，他关心的既不是胜利，也不是失败，而只是无惧。虽然方式不同，这两个人却都不能正确地表现美德的品质。他们没有智的指导；他们的回应都是由准则来支配的，并为他人所支配，甚至是由恒定的反应所支配。此外，义与仁在他们的行动中几乎没有发挥作用……①

最后，李耶理将完美的勇敢的养成和道德化的"气"的概念联系在一起。他认为北宫黝或孟施舍的勇敢并不是一种美德，因为真正的德行不同于施行准则的行动，或无差别的反应。"气"配于"义"，而人们必须在"养气"的过程中将天然倾向引导向"义"。由此，人们在遵循合"义"的行动之时会激发浩然之气。由浩然之气所充盈形成的"勇德"可以释放出更大的能量，使人们在实践道德行为时感受到宁静、信心、泰然自若的喜悦与快乐。这样的"勇"才是完美的勇敢美德。

（二）万百安有关孟子"勇"问题的分析

万百安在一篇《孟子论勇敢》的论文中详细分析了曾子、子夏、北宫黝和孟施舍的勇敢在道德价值上的层级。参考万百安的考察，有利于我们进一步开展讨论。

万百安认为即使在西方哲学传统中，勇敢也是颇具争议的概念，而许多相关的问题也同样出现在儒家伦理中。万百安首先简要介绍了西方哲学中有关勇敢的看法。（1）首先，勇敢并不指某种特定的行为，还取决于我们如何行动。比如打仗时害怕逃跑就是懦弱不勇敢的，而采用战术性撤退以诱敌深入就是勇敢的。（2）其次，真正

---

① ［美］李耶理：《孟子与阿奎那——美德理论与勇敢概念》，第179页。

的勇敢是无所畏惧，还是尽管心存恐惧却仍然勉力去做呢？这一问题也是存在争议的。(3) 最后，勇敢作为一种德行是否必须同时要求其他德行，比如实践智慧等。因为，有时勇敢也可以是恶，比如杀人犯的勇敢，比如冲动等就不能够称为真正的德行。

带着这三个问题，万百安先考察了《论语》中的勇敢概念。根据《论语》，"知者不惑，仁者不忧，勇者不惧"（《论语·子罕》），以及"君子道者三，我无能焉：仁者不忧，知者不惑，勇者不惧"（《论语·宪问》），可见至少早期儒家将勇敢视作一种德行。而关于勇敢和其他德行的关系，因为"仁者，必有勇。勇者，不必有仁"（《论语·宪问》），如果将"仁"视为完满德行的总称，那就意味着德行完善者必然勇敢，而勇敢的人却有可能存在其他德行的缺陷。勇敢也通常需要联系到"义"，"见义不为，无勇也"（《论语·为政》）。作为德行的勇敢可能需要联系到其他德行才能具有完善的道德价值。

回到《孟子》中有关北宫黝、孟施舍、子夏、曾子的勇敢的这段文本。

> 曰："不动心有道乎？"
> 曰："有。北宫黝之养勇也：不肤挠，不目逃，思以一豪挫于人，若挞之于市朝，不受于褐宽博，亦不受于万乘之君；视刺万乘之君，若刺褐夫；无严诸侯，恶声至，必反之。孟施舍之所养勇也，曰：'视不胜犹胜也；量敌而后进，虑胜而后会，是畏三军者也。舍岂能为必胜哉？能无惧而已矣。'孟施舍似曾子，北宫黝似子夏。夫二子之勇，未知其孰贤，然而孟施舍守约也。昔者曾子谓子襄曰：'子好勇乎？吾尝闻大勇于夫子矣：自反而不缩，虽褐宽博，吾不惴焉；自反而缩，虽千万人，吾往矣。'孟施舍之守气，又不如曾子之守约也。"（《孟子·公孙丑上》）

公孙丑问孟子"不动心"的方法，孟子举出了四个人的勇敢为例来说明。这段文本虽然较为详细地对孟施舍和北宫黝进行了描述，但除此之外，暂时不能获得更多对这两人的情况的了解。按照孟子所说"孟施舍似曾子，北宫黝似子夏"，而在《论语》等相关文献中，有许多关于曾子和子夏的丰富信息，所以万百安先考察了曾子与子夏，以此来进一步分析孟施舍和北宫黝。

根据《论语》记载，子夏擅文学，喜好学习，孔子的学生们普遍认为子夏非常聪慧。万百安举出《论语·颜渊》中樊迟问仁的段落，孔子提及"知人"的方法是"举直错诸枉，能使枉者直"，樊迟不解便问于子夏。由此可见，聪慧机敏是子夏的性格的优点。但同时，子夏也有明显的性格缺陷。"子谓子夏曰：'女为君子儒，无为小人儒。'"（《论语·雍也》）"子夏为莒父宰，问政。子曰：'无欲速，无见小利。欲速，则不达；见小利，则大事不成。'"（《论语·子路》）从孔子两次对子夏的告诫教育来看，子夏很可能是小聪明有余，而缺乏对事情的重要层面的把握。而曾子则与子夏相反，显得愚钝。万百安认为，"根据《论语》所说的曾子，他有着很强的成为好人的个人衷心"[①]。并且曾子善于自我反省，比如曾子所言的三省吾身："吾日三省吾身：为人谋而不忠乎？与朋友交而不信乎？传不习乎？"（《论语·学而》）所反省的是忠诚、诚信，还有实践能力。这些都是成德、成君子的重要方面。

孔子死后，曾子与子夏各领儒学一支，万百安认为孟子很有可能继承的是曾子一系，因而在子夏与曾子之间，孟子对曾子的评价更高。《孟子·滕文公上》记载了孔子去世后，子夏以为有若似孔子，便有意像侍奉孔子般侍奉有若，遭到了曾子的拒绝。由此可见，子夏注重的是表面的较为肤浅的行为方式，而曾子更能理解德行的内在操守。另外，孟子常以曾子作为孝子的典范，而"孝"又是孟

[①] Bryan W. Norden, "Mencius on Courage", *Midwest Studies in Philosophy*, Vol. 21, No. 1, 1997, p. 242.

子伦理思想中的核心观念。由此可见，根据《论语》中记载子夏机敏而不成大事，曾子愚钝但反求诸己，《孟子》中的子夏肤浅而不能把握核心道德原则，而曾子则在"孝"等核心伦理问题上有所成就。

回到北宫黝和孟施舍的问题，万百安认为两者的共同点在于，他们的勇敢都是不分情境和场合的。虽然孟子将孟施舍比作曾子，但曾子的勇敢更具有情境适应性。除了参照子夏和曾子以外，万百安又进一步提出了孟子在描述北宫黝和孟施舍时所采用的不同视角。"孟施舍强调第一人称，也就是勇气的情感方面，北宫黝强调第三人称，也就是勇气的行为方面。"① 在描述孟施舍的心理状态时，我们可以看到"无惧"的勇气情感；而在北宫黝的描述中，我们只能看到他的特定行为，却无法看到他的心理状态。

因而，北宫黝同样以一种"肤浅"的方式践行勇敢，也就是仅仅展现出勇敢的特定行为，而"孟施舍守约"，意味着他抓住了勇敢德行中更重要的一方面，即无所畏惧的情感状态。如此，"孟施舍似曾子，北宫黝似子夏"。"比起子夏所强调的礼和智力的相关活动，曾子所有的德行的种类，特别是孝，是成为善士的更为重要的部分；同样，比起仅仅以刻板的勇敢的方式行动而言，无所畏惧是勇敢的更重要的方面。"② 子夏的好学是为了战胜他人，而非以德行本身为追求目的，而北宫黝行为的目的也是战胜他人；孟施舍则是为了追求勇气本身，而曾子同样也是为了德行的自我成就。

在比较了北宫黝和孟施舍之后，孟子引用曾子所述孔子的勇敢来描述真正具有道德价值的"大勇"。与曾子的"守约"相比③，注重培养"无惧"情感的孟施舍则是"守气"。万百安认为"说孟施舍守气，孟子的意思是他控制了自己的情感。特别是，他控制了恐

---

① Bryan W. Norden, "Mencius on Courage", *Midwest Studies in Philosophy*, Vol. 21, No. 1, 1997, p. 243.

② Bryan W. Norden, "Mencius on Courage", *Midwest Studies in Philosophy*, Vol. 21, No. 1, 1997, p. 244.

③ 万百安将"守约"理解为保持了重要的方面，"约"被诠释为重要的。

惧的情感。相反，曾子守住了某些比起仅仅无所畏惧而言更为重要的部分"①。"自反而不缩，虽褐宽博，吾不惴焉；自反而缩，虽千万人，吾往矣。"(《孟子·公孙丑上》)这体现了一种对情境的辨别能力，也就是能够根据情境判断行为是否合"仁义"的反省能力。这样，真正的"大勇"就不仅需要无惧的情感，还需要正直合"仁义"的道德品行。

万百安总结到，通过这段文本的分析，我们可以看出一种有关勇敢种类的等级秩序。"最低等的勇敢是北宫黝之勇，他仅仅以一种刻板的勇敢的方式行动。孟施舍认识到勇敢的更为重要的方面：无所畏惧。但是曾子抓住了勇敢的最为重要的方面：具有德行（being virtuous）。"②

这样，回到有关于勇敢争议的三个问题，《孟子》中的"大勇"不仅涉及"勇敢"所要求的某种特定行为，并且更为重要的是勇敢的心理状态。并且"勇敢"作为一种完善的德行往往要结合其他的道德品质，也就是必须结合"仁义"。最后还遗留一个问题，那就是孟子中的"大勇"是心怀恐惧而强行控制，还是"无所畏惧"？从《论语》来看，孔子说，"知者不惑，仁者不忧，勇者不惧"，真正的"大勇"者的心理状态应该是无所畏惧的。这就和《孟子》文本中所描述的"大勇"显得有冲突和矛盾。"自反而不缩，虽褐宽博，吾不惴焉；自反而缩，虽千万人，吾往矣。"根据万百安的诠释，这句话的前半句的意思是，如果经过反思，一个人意识到自我的不正直，那么即便面对弱小卑微者，也会产生害怕的情感。如果前半句也包括在对"大勇"的描述里，那么就和"勇者不惧"的心理状态不相一致了。"大勇"者也能体会畏惧的情感。万百安认为，这句话可以包括两种诠释方式，其中一种是仅将后半句视作"大勇"的真

---

① Bryan W. Norden, "Mencius on Courage", *Midwest Studies in Philosophy*, Vol. 21, No. 1, 1997, p. 246.

② Bryan W. Norden, "Mencius on Courage", *Midwest Studies in Philosophy*, Vol. 21, No. 1, 1997, p. 246.

正含义,这样就和《论语》中"勇者不惧"的心理状态相一致了。

虽然真正的"大勇"者的心理状态是"无所畏惧"的,然而,勇者也是对情境的利弊有着清醒认识的人,他们能够认识到为了高尚的追求所牺牲的事情的价值。比如在《告子上》中,孟子谈到为"义"牺牲生命的"大勇":

> 生亦我所欲也,义亦我所欲也;二者不可得兼,舍生而取义者也。生亦我所欲,所欲有甚于生者,故不为苟得也;死亦我所恶,所恶有甚于死者,故患有所不辟也。(《孟子·告子上》)

根据这段文本,真正勇敢的人并非不在乎生命价值,相反同样珍视生命,然而在"义"面前,仍然选择牺牲生命、舍生取义。万百安认为珍视生命价值和"不惧"是不矛盾的,一个人可以既非常重视自己的生命,并为失去他而感到遗憾,却又真正地不感到害怕。另外,根据孟子关于"恻隐之心"的描述,"乍见孺子将入于井",人们都会感到"怵惕恻隐之心",那么这种"怵惕恻隐之心"是否也是一种惧怕,是否也"动心"了呢?舜曾因父母不喜爱自己而"号泣于旻天",舜的悲伤是否也是一种"动心"呢?万百安认为圣人的这种所谓的"动心"和普通人的胆小懦弱存在两方面的不同。首先,圣人所忧惧的对象并非自己的利益受损,而是出于对他人的关心爱护;其次,圣人即便在这种忧惧中,他们的动机也是处于和谐状态的,而普通人虽然认识到正确的事情,然而仍然不免为自己所牺牲的福利感到害怕担忧。普通人的动机处于冲突状态,相反,即使圣人有所忧惧,他行为的动机也指向他忧惧的对象。比如担心入井的孩童和敬爱父母,行为的动机也指向救孩童与孝双亲,这样圣人的动机仍然协调一致。

既然孟子提供了一种在道德价值上的勇敢的层级性质,那么《孟子》中是否存在有效的对此的证明?万百安认为,总体来说,

"小勇"比之"大勇"会造成意想之外的恶劣后果。比如"好勇斗狠,以危父母,五不孝也",因为错误的"小勇"而危及父母。再比如谈到齐宣王的"好勇"的问题:

> 王曰:"大哉言矣!寡人有疾,寡人好勇。"
> 对曰:"王请无好小勇。夫抚剑疾视曰,'彼恶敢当我哉!'此匹夫之勇,敌一人者也。王请大之!"(《孟子·梁惠王下》)

匹夫之勇只能抵挡一人,对于江山百姓却毫无用处,甚至统治者如果爱好"小勇",由于战争往往涉及范围较广,还会造成灾难性的后果。匹夫之勇可以类比于北宫黝,而文王之勇可以类比于曾子,这样上述文本就为勇敢的等级提供了一种证明。万百安认为上述证明还是具有一定的普遍效力的,虽然统治者的情况与普通人存在差异。然而,只要涉及合作的复杂情境,北宫黝的勇敢都会造成不利的后果。

万百安还提出了两个更进一步的哲学问题。首先,如果某个行动者既不在乎他人福利,也不在乎事业成功,那么这样的勇敢等级的证明对他还有效吗?其次,一个深谋远虑的人虽然没有任何道德的目标,但也不会冲动行事,这样的人能够算作拥有真正的勇敢吗?比如一名出色的杀手能够冷静地按照情境判断下手的恰当时机,那这名杀手是否算有"大勇"?最后,万百安认为要回答清楚这些问题,孟子必须告知我们德行倾向如何能够给我们带来更丰富而值得选择的生活,也就是回答"为什么要做一个好人"这样的问题。

(三)对李耶理、万百安论《孟子》中的勇德问题的评论补充

李耶理和万百安对于孟子有关完美的"勇德"的诠释有相近之处,他们都认同"大勇"必须以"仁义"为前提。但万百安认为完美的"勇德"所呈现的心理状态是"不惧",而李耶理认为勇敢者必须面对冲突而有所坚持。万百安关于北宫黝、孟施舍、子夏、曾子的不同勇敢类型的道德层级的分析更为详尽而富有启发性,可以

第二章　德行缺失：孟子论"不仁""不义""无礼""不智"　251

帮助我们进一步理解"小勇"的缺陷和错误。但是在万百安所描述的各种错误的勇敢类型中，没有提及错误的自尊和荣誉感对"勇德"的影响。而李耶理认为对勇敢的讨论往往需要结合正确的自尊概念并以此为基础。在接下来的讨论中，我们希望在两个方面做出评论和补充。（1）真正的勇者的心理状态是否始终无惧？（2）"小勇"的道德失败原因及其和自尊心理的联系，以及"勇德"和倾向性美德的关系。

　　首先是关于"勇者不惧"的理解问题。"勇者不惧"在《论语》中出现了两次，第一次出现在《子罕》篇："子曰：'知者不惑，仁者不忧，勇者不惧。'"第二次出现在《宪问》篇："子曰：'君子道者三，我无能焉：仁者不忧，知者不惑，勇者不惧。'子贡曰：'夫子自道也。'"正因为《论语》中"勇者不惧"的描述，万百安认为真正的勇敢者的心理状态应当是无所畏惧的，由此产生一些诠释上的问题，比如"自反而不缩，虽褐宽博，吾不惴焉"，按照万百安的翻译，有德者面对地位卑贱的人也心有惊惧，那是否与"勇者不惧"相矛盾？另外，圣人同样会因为父母双亲的不亲爱或天下百姓的疾苦等问题有所忧惧，这些都可能与"勇者不惧"相冲突。

　　为了回应西方哲学传统中有关勇敢的争议，万百安认为儒家的勇者的心理状态应是无惧而非心怀恐惧却勉励去做。然而，更确切的理解可能是无惧仅指在恰当的情境中以合适的无畏的心理状态应对事件的态度。无惧的心理状态并不必然是有德者在活生生的生活中一贯保持的常态，即便是将曾子有关"大勇"的论述仅取后半句，"自反而缩，虽千万人，吾往矣"来表现这种毫不动摇、忧惧的心理状态，然而，在面对家国天下的种种忧患时，有德者必然常常如履薄冰、小心谨慎，而非无所畏惧。比如，在谈到"劳心"的问题时，圣王理水患、治禽兽而种五谷，忧心教育，"圣人之忧民如此"，他们的心理状态因时常为民所忧而有所戒惧。再者，"孔子曰：'君子有三畏：畏天命，畏大人，畏圣人之言。小人不知天命而不畏也，狎大人，侮圣人之言。'"（《论语·季氏》）在面对崇高的道德模范之时，有德者也应有所畏惧。《孟子》中也谈到过"乐天"与"畏天"的关系。"乐天"或"畏天"受到行动者自身的身份地位的限制，"惟仁者为能以大事小，是故汤事葛，文王事昆夷；惟智者为能以小事大，故大王事獯鬻，勾践事吴。以大事小者，乐天者也；以小事大者，畏天者也。乐天者保天下，畏天者保其国"（《孟子·梁惠王下》）。"智"涉及根据情境做出恰当判断的能力，倘若本身的地位、身份是"小"，那么明智的做法应是有所畏惧，这样的畏惧恰是一种有德的体现，也不能被视作不勇敢。

作为现实活动中的德行和作为结果成就的德行存在差异，就如亚里士多德所提到过的情况类似，德行成就有运气的成分。又如李耶理所述，在成就德行的过程中，勇者必须面对冲突，因此也就很难无所畏惧。圣者的成就、地位，作为结果而论，最终会达到无事不得当，无事可忧虑的理想状态。然而在《论语》中这样的"圣"作为最高目标是君子不断努力前进的方向。在孔子、孟子所处的时代，战争不断，百姓生活在水深火热之中，这些都不是个人通过自我德行的完善就能轻易改变的现实。甚至实现了极大的政治成就的"舜"也无法改变不受个人意志控制的父母的喜好之心。那么在这种不受个人意志控制的内忧外患之下，有德者也不能实现一无所忧，一无所惧。因而，在《宪问》篇中提到"勇者不惧"时，孔子以为自己也并未达到这一理想状态。如果我们将"勇者不惧"理解为一种对终极德行成就的描述，而不是对活动中的有德者心理状态的描述，那么现实中的勇者仍可能由于身处乱世而有所畏惧。

笔者以为对"勇德"恰当的理解是勇敢者在应该勇敢的情境下无所畏惧，不惧所描述的是一种因情境而体现出的恰当的情感状态。不惧并非一贯的波澜不惊，而是一种在合宜的情境中所展现出的不多不少的勇敢状态，这一种状态被称为"不惧"。曾子所引的孔子关于"大勇"的论述正是体现了这一种情境适应性的勇敢，即通过自我反省来领会情境中的合宜选择。虽然李耶理和万百安都提及"勇德"需要实践智慧，但并未详述"智"和"勇"在道德心理上的联系。"智"与"勇"正是通过"中"以达成顺应情境的不惧的心理状态。"勇者不惧"的实现，不仅需要将勇气用于更远大的德行的目标，具体说来还必须有"时中"之"智"。《论语》与《孟子》中多次体现了孔子的这种"时中"的实践智慧："夫子时然后言，人不厌其言；乐然后笑，人不厌其笑；义然后取，人不厌其取。"（《论语·宪问》）"可以仕则仕，可以止则止，可以久则久，可以速则速，孔子也。"（《孟子·公孙丑上》）"孔子，圣之时者也。"（《孟子·万章下》）

上述对于"勇者不惧"的理解不仅能够解释《孟子》中有关"大勇"的论述，而且和《论语》中出现的君子在某些情况下应有所畏惧的文本也相吻合。总体来说，不惧不应该被理解为一贯的无所畏惧的心理状态。勇敢作为德行成就，它受制于外在的各种不受个人意志控制的条件的影响，要实现无所忧惧，不仅需要个人德行修养的自我努力，也需要天时、地利、人和等道德运气的成就。而勇敢作为一种现实活动中的德行表现，不惧所体现的是应时而动的恰当情感，可以勇则勇，不当勇则畏，能伸能屈方是真正的"大勇"。"大勇"不仅不是刻板的勇敢行为，也不是固定的无所畏惧的心理状态。也许一种心理上的协调平衡的状态才是有德者真正的"不动心"，而"勇德"正是其中的一种心理状态和外在表现。有德者所畏惧的正是他所不为的，所不畏的正是他有所为的，他的心态、动机和行动总是一致。唯其如此，结合李耶理、万百安对"勇德"的描述，我们方能得到对"大勇"更全面的理解。

提到"不动心"的问题，这里还想提及万百安关于"小勇"的理解的一些反驳和补充。万百安提到，在《孟子》中，以第三人称来描述北宫黝的勇敢，以第一人称来描述孟施舍的勇敢。因而，北宫黝似子夏，行为的目标仅是为了胜过他人，因而抓住了勇敢的不重要的方面，也就仅仅表现了刻板的勇敢的行为。而孟施舍似曾子，抓住了勇敢的更为重要的方面，"守气"，即坚守了勇敢的心理状态，但曾子的勇敢以德行修养本身为行为目标，从而实现了"大勇"。

总体来说，万百安对于这两对类比关系的理解和"大勇"的分析值得借鉴。然而，他对于北宫黝的理解似乎存在问题。首先，关于四人"勇"的层级的论述在公孙丑"不动心有道乎"的发问之后，那么四人的"勇"应该都是"不动心"的典型，而不仅仅是"不动行"。也就是说，四人的勇敢都涉及心理状态，而不仅是外在的行为表现。从孟子评论孟施舍守气来看，这里的"勇"可以看作是"气"范畴的一种体现。按照孟子所赞成的"心""气"关系，即"不得于心，勿求于气"（《孟子·公孙丑上》），"气"应当受制于"心"。由于孟子对告子的批评主要关于准则的前半部分，可见告子的"不动心"实现了"心"对"气"的制约。虽然，北宫黝和孟施舍的"勇"都在这一准则之前提及，但由于"气一则动志也。今夫蹶者趋者，是气也，而反动其心"。孟子以为为"气"所动，就成为"动心"的状况，可见"不动心"也意味着上述所举案例都是"心"制"气"的典型，而非"气动心"的案例。这样看来，北宫黝的勇气同样也由"心"激发，是一种坚定的心理状态下激发产生的"勇"，而不仅是一种外在的勇气的表现。

也就是说，上述所有"不动心"的案例，都是由一种内在的心理状态激发出勇气，最终推动勇敢行为的表现。这样，北宫黝和孟施舍的差异不再是外在刻板的勇敢行为和无惧的心理状态的差异，而是涉及意愿和动机的差异。事实上，万百安也注意到北宫黝希望战胜他人的内在心理状态，如果这种心理状态促使他产生了"小勇"，那么他同样也实现了无所畏惧。如果从内心全无害怕的情感状态而言，两者不存在差异，那么北宫黝和孟施舍的差异就并非在"勇"，而是激发出"勇"的"心"之"志"不同。换言之，"不动心"中"心"的内容不同才造成了四位"不动心"者的道德价值层级的差距。那么，北宫黝的"不动心"的"心"所指向的内容为何？是出于什么样的意愿和动机激发了北宫黝的勇敢呢？他的意愿和动机与孟施舍、子夏、曾子存在何种相似和不同？

针对北宫黝和孟施舍的行为动机，朱熹注释为："黝盖刺客之流，以必胜为主，而不动心也。……舍自言其战虽不胜，亦无所惧。若量敌虑胜而后进战，则是无勇而畏三军矣。舍盖力占之士，以无惧为主，而不动心者也。"① 按照朱熹的注释，北宫黝和孟施舍都是实现了"不动心"的范例。北宫黝是以"必胜为主"，而孟施舍"以无惧为主"。万百安以为北宫黝希望战胜他人，所以做出了勇敢的表现，这种诠释可能采纳了朱注的"以必胜为主"②。但朱熹的注释似乎有些牵强。"思"代表了对北宫黝心理状态描写的开始："思以一毫挫于人，若挞之于市朝。"（《孟子·公孙丑上》）从这段话中似乎不能直接看出北宫黝的"求胜"心理。

李耶理关于勇敢和自尊的联系也许给予我们解释的进一步线索。李耶理认为人们可以为了追求高尚的自尊，而以德行为荣辱的对象。勇敢在成德过程中不可或缺。"勇德"作为成德的必备中介德行，因成就目标的德行而被规定。这是从"勇"所指向的目标而言的。然而从道德心理来说，人的自尊心本身也能成为激发"勇德"的心理动机。

姜新艳在一篇《孟子论人性与勇敢》的论文中提到了牺牲生命而成全"仁义"者所依据的道德倾向是羞耻之心，孟子相信羞耻感也是人性的一部分，对于他来说羞耻感使得人们舍弃生命选择道德。姜新艳关于羞耻感与勇敢的联系的论述给了我们进一步考察北宫黝动机心理的线索，就北宫黝的情况来看，过激的勇气可能来源于不恰当的羞耻感，而这使他不具备君子圣人"配义与道"的勇气。③

---

① （南宋）朱熹：《四书章句集注》，第231页。

② 焦循也以为"北宫黝皆求胜于人，故似子夏知道之众。孟施舍不问能必胜与否，但专求守己之不惧，故似曾子得道之大。约之训为要，于众道之中得其大，是得其要也"（参见焦循《孟子正义》对相关段落的解读）。

③ 参见 Xinyan Jiang, "Mencius On Human Nature and Courage", *Journal of Chinese Philosophy*, Vol. 24, No. 3, 1997。

"耻"与道德倾向心理的"羞恶"存在一定关联，由此也就将"勇"与"义"的道德心理联系起来。"恻隐之心，仁之端也；羞恶之心，义之端也；辞让之心，礼之端也；是非之心，智之端也。"（《孟子·公孙丑上》）虽然"羞恶"作为一种道德情感倾向是道德本性的一部分，然而从孟子来看，"耻"却不是自足完善的。每一种道德情感倾向，如果缺乏其他德行的支持，皆可能出错。比如周公碍于亲情而在政治举措上判断失误，错误地任用了管叔而为"过"。虽然周公的错误是"宜"的，但比起具有实践智慧的孔子而言，也并非完善。另一位圣者伯夷，因推"恶恶之心"走入极端，"思与乡人立，其冠不正，望望然去之"（《孟子·公孙丑上》），被评价为"隘"，而不值得君子效仿。如果羞耻之心可以激发起人们"舍生取义"的勇气，那么当一个人的"羞恶之心"过于强烈而超出了应有的限度，是否也会激发出极端的勇气呢？①

北宫黝"思以一毫挫于人，若挞之于市朝"的心理状态更清楚地展现了一种过度羞耻的感受。"一毫挫于人"与"挞之于市朝"所应该产生的羞耻感在程度上有所差异，然而北宫黝却过分地夸大了"一毫挫于人"的羞耻感。"羞恶之心"涉及恰当的对自我地位评估的心理态度，既然是评估性心理态度，那么这种评估就可能有失准确。恰当的评估性心态会产生恰当地对于自我和他人的认识及相应的尊敬态度（"敬"可以作为"耻"的正面情感），而失衡的羞耻心忽略了自我在社会身份中的正确定位，同时也置修身之德于不顾，从而产生不恰当的羞恶感。在孟子看来，人所应该"敬"和"耻"的对象有三种，爵位身份、年龄辈分、道德品性，并且在不同的场合中所"敬"的对象有优先等级的差异。"天下有达尊三：爵一，齿一，德一。朝廷莫如爵，乡党莫如齿，辅世长民莫如德。"（《孟子·公孙丑下》）这种恰当"耻"和

---

① 也就是说当羞耻心激发出勇气时，仍然符合以"心"制"气"的"不动心"的要求。那么此时"心"之所向就是"耻"，由于"耻"而控制了"气"。

"敬"的道德情感的产生，都必须以所敬对象的合宜和优先等级的正确性为先决条件。在北宫黝过度的羞耻感中，他的自尊感所依赖的仅仅是他人行为中所透露出的些微"不敬"，因而他羞耻的对象有误。也就是说，他所"耻"，所"敬"的对象并非道德的对象。而且他不分场合地应对显贵也显示出他缺乏对不同场合中所"敬"对象的优先等级的正确认识。因而，他的"羞恶之心"指向了他人的某种外在行为表现，而缺乏对所应尊敬或羞耻的对象的认识。"羞恶"所需要评估的对象发生了错误，这才导致了他过激的反应。这种分析与后续孟子的评价也相一致："不受于褐宽博，亦不受于万乘之君；视刺万乘之君，若刺褐夫；无严诸侯，恶声至，必反之。"（《孟子·公孙丑上》）北宫黝过于维护自己的自尊，过分的"羞恶之心"使得他丧失了符合身份地位、道德要求的恰当的羞耻感与尊敬心。

万百安虽然认识到了北宫黝的勇敢是抓住了"勇"的较为不重要的方面，但是万百安以为这种不重要的方面在于北宫黝的勇敢的外在表现，并认为这种勇敢的行为表现是由好胜心激发的，但这一看法在文本中并无直接根据。事实上，由于北宫黝和孟施舍同样达成了"不动心"，因而他们同样具有无所畏惧的心理状态。万百安将北宫黝比作子夏的看法仍然是可以保留的。李耶理将完美的"勇德"与恰当的自尊联系在一起，并认为自尊引向德行的目标，但是李耶理没有更明确地指出"勇德"和自尊心在心理动机方面的联系。自尊是道德心理"敬"与"耻"的一方面，而"敬"与"耻"必须指向道德的对象。结合孟子所论的君子所"敬"的三种道德对象，我们可以更好地补充恰当的自尊感和羞耻心的来源，并更明确地知道错误的勇敢产生的原因。

北宫黝是因为过激的羞耻心激发出了无所畏惧的勇气，而这种羞耻心却没有指向正确的道德方向。北宫黝的羞耻心仅仅以别人轻微的不尊敬的行为为耻，而从未指向道德要求的"耻"的对象，所以和曾子一样，仅仅抓住了他人肤浅而表面的行为从而激发出不恰当的羞耻情绪，而产生了过激的勇敢。①

由上述讨论，笔者主要补充说明了两个方面的问题。（1）勇德的无所畏惧是一种应时而动的无畏的心理状态，勇者当勇则勇，不当勇则惧。除了李耶理、万百安所提到的勇敢必须结合"仁义"的高尚目标之外，还需配合"时中"的实践智慧，形成一种具有应变性的"勇德"。（2）勇敢往往和"耻""敬"及自尊等相关联。正确的自尊感的建立不仅为"勇德"提供了正确的发展方向，而且"耻"与"敬"也构成激发勇敢的心理动机。因而错误的勇敢的发生有时正是因为所"敬"所"耻"的对象发生了错误。因此，结合以往学者的研究成果，我们获得了更全面的关于完美的"勇德"的理解，以及进一步研究错误的勇敢的线索。在《孟子》中，除了"不动心"章节所讨论的四种勇敢类型之外，还涉及其他"小勇"的案例。在接下来的分析中，我们将进一步完善孟子有关"小勇"到"大勇"的等级的说明。

（四）冯妇、齐宣王、北宫黝、孟施舍、子夏、曾子（孔子），从"小勇"到"大勇"的完整道德层级

在一篇题为"孟子论人性与勇敢"的论文中，姜新艳将北宫黝的勇敢评为最低等级的一种，她描述道："这种勇敢不涉及自我控制，因为有着这种勇敢的人没有恐惧的情感。这样的人在情绪上不受恐惧干扰，但是他满腔热情冲动，因此也就没有获得内在的平静和不动心。"② 但就北宫黝而言，作为"不动心"的范例，他同样是不被"气"动摇心志的案例。因为"不动心"要求"不得于心，勿求于气"，相反，"动心"则意味着"气"反动其"心"。这里的"勇"如果指"勇气"，那么北宫黝的情况并非是由"勇气"动摇了

---

① 比如子夏尊敬貌似孔子的有若，他所敬的是肤浅的表面言行，而没有看到有若和孔子在德行上的真正的差距；而北宫黝仅以别人言行上的不尊重为"耻"，而没有看到不尊重行为的严重程度和性质的差异。

② Xinyan Jiang, "Mencius On Human Nature and Courage", *Journal of Chinese Philosophy*, Vol. 24, No. 3, 1997, p. 277.

"心"。与"不动心"相比，受"气"所动显示出一种不稳定性。受"气"所动的人的行为也应该呈现出相应的反复无常。虽然，北宫黝的"勇"不具备情境的适应性，但同样是一种一贯坚持的品质。受到冲动影响的人往往违背他一贯的判断和行为作风，而做出某种出人意料的行为。这种受冲动影响的人同时也缺乏自制的品质。因为自制者能够克服"气"的影响而坚持自我。从这一方面来说，不自制者往往冲动，冲动者也不够自制。北宫黝并非受到不稳定的"气"的影响的人而成为徒有勇气者。他的"心"指向了某种不健全的羞耻感，这使得他"心"有定向并实现了"不动心"，尽管他的"耻"缺乏道德性，然而他同样是以"心"制"气"的范例。

因此，也就存在着一种更低级的勇敢状态，即"暴其气"的勇敢，被一时血气之"勇"冲昏头脑，而放弃了自我一贯的判断与品行，做出鲁莽而不合常理之事。这种"气一则动志"的"愚勇"的典型更符合孟子所描述的冯妇的案例。

  齐饥。陈臻曰："国人皆以夫子将复为发棠，殆不可复。"
  孟子曰："是为冯妇也。晋人有冯妇者，善搏虎，卒为善士。则之野，有众逐虎。虎负嵎，莫之敢撄。望见冯妇，趋而迎之。冯妇攘臂下车。众皆悦之，其为士者笑之。"（《孟子·尽心下》）

齐国遭遇饥荒，国人都以为孟子会再次劝说王开粮仓救灾，陈臻以此事询问孟子，孟子举出冯妇的例子说明此事不可为。关于冯妇搏虎的动机，赵岐与朱熹有不同理解。根据赵岐的注释，冯妇以与老虎搏斗而有善士之名。老虎受到众人挑衅，负隅抵抗，十分危险，因担心有违自己的善名，"耻不如前"，所以攘臂下车与虎顽斗。而根据朱熹的注释，冯妇原先擅长搏虎，后"改行为善"，当众人"趋而迎之"的时候，放弃了自己之前的善行，下车搏虎。朱熹的诠释更符合孟子在这里举例的用意。根据文本，孟子原先劝诫过齐王，而后决定不再劝说。即便国人都认为孟子会再次进言，孟子仍然坚持了自己的判断。孟子不受众人的言行影响，相反，冯妇已然改过为善不再搏虎，却在众人哄闹之下，违背了自我坚持的原则。朱熹的诠释解释了冯妇不再坚持自我的判断，受他人影响的反复无常的行为，与孟子正好形成对比关系，更符合孟子举例的用意。再者，既然冯妇本就擅长搏虎，那么理应对虎的危险性有所了解。因而，他面对有可能危及生命的情况所展现出来的勇气缺乏基本的理性思考。冯妇不仅放弃了自己的道德判断，同时也置现实理性认识于不顾，符合受到冲动影响而丧失理智的勇敢类型。这一种"勇"是最低级的"暴其气"而危害生命的"小勇"。

齐宣王的情况与冯妇也有类似之处。齐宣王在没有情欲冲动的强烈干扰的情况之下，能够做出道德的判断，比如他会对孟子的劝说评论"善哉言乎"。然而，当其他情欲冲动出现，他很快就放弃了自己的判断，成为惯性的意志软弱者。而"好勇"的问题也与齐宣王其他的嗜好有类似性。

王曰："大哉言矣！寡人有疾，寡人好勇。"
对曰："王请无好小勇。夫抚剑疾视曰，'彼恶敢当我哉！'此匹夫之勇，敌一人者也。王请大之！《诗》云：'王赫斯怒，爰整其旅，以遏徂莒，以笃周祜，以对于天下。'此文王之勇也。文王一怒而安天下之民，民惟恐王之不好勇也。"（《孟子·梁惠王下》）

在孟子的回答中，他区分了匹夫之勇和文王之勇。匹夫之勇的出发点是个人的胜负欲，而文王之勇是为天下百姓的安危福利。因而，勇敢作为一种品行必须结合"仁义"的道德要求才能称为"大勇"。由于齐宣王将他的"好勇"视作"疾"，他的"小勇"不仅是丧失理智的一时冲动，更是一种惯性的道德失败。"有疾"之"好勇"可能也与其他情欲相联系，比如扩张土地的野心，对权力、名誉、地位的强烈渴求。与对"好色""好货""好乐"等其他情欲冲动所引发"疾"的回应类似，孟子同样是通过将"勇"和百姓之安危福利相结合，从而"大"其"小勇"，拯救了过分的情欲造成的道德失败。

因而，"小勇"的发生并非是由于勇敢本身，而是因为"心"没有指向道德的倾向，缺乏与"仁义"相关的考量造成。齐宣王的"好勇"本身并不必然造成道德失败，然而由于他缺乏对百姓安危的关心，没有出于"仁义之心"作战，如此他的勇敢偏离了"仁义"的要求，此时的"勇"才是错误的"小勇"。在北宫黝的勇敢中，尽管"心"的内容与"四端之心"中的"耻"相关，但北宫黝仅以他人言行上的某些不敬的言行为"耻"，而没有以"不义"为"耻"。"心"丧失了"仁义"的方向，使得他的"耻"肤浅而过激。孟施舍能够坚守勇敢无惧的品行本身，但他的勇敢是一种不知变通的准则，同样没有结合"仁义之心"，所以也不具有"大勇"的道德。只有曾子和孔子始终以"仁义"行动，勇气是"配义与道"的，因而成为最高等级的勇敢。

由此可见，作为一种"气"的"勇"还不是"勇德"，它本身既不能称为罪或恶，也不自足为善。勇气和其他生理性冲动类似，可以被视作"气"的一种，必须受到"心"的约束。"心"之"志"只有指向道德倾向，特别是"仁义之心"时，勇敢才能被称作一种完善的德行。"小勇"的道德失败发生的原因，往往是由于勇气没有结合"仁义"的道德要求（以各种方式而丧失"仁义"的要求）。如此，冯妇、齐宣王、北宫黝、孟施舍再到曾子（孔子）向我们揭示出完整的勇敢的道德层级，以及"小勇"类的道德失败的真正原因。

（五）结论

"勇德"广泛受到先秦儒者的重视，是儒学讨论中不可忽略的一种重要的伦理德行。在《孟子》中，尽管"勇"没有与"仁""义""礼""智"并列为四种基本之德，但仍然有着重要的地位和讨论价值。体认和发展"善性"以最终成德、实践仁政并开创儒学盛世为宗旨，这些高尚的理想目标都需要人们的"勇德"来帮助实现。"勇德"是完美的德行和美好生活必需的一种品质，完美的"勇德"必须结合"仁义"的道德目标，同时还需要"时中"的实践智慧。以勇逞能、以勇相斗、以勇抢夺等都背离"仁义"，而真正的勇者也并非总是一往无惧，而是当勇则勇，能伸能屈。错误的勇敢，或者不完善的"小勇"往往只有一腔无畏的勇气，或类似的勇敢表现，而缺乏对真正德行的认识，"小勇"者以不同的方式偏离"仁义"。总体说来，完善的德行需要"勇"，而勇者并不一定有"德"。儒学对勇敢的要求是有"勇"有"德"方成"大勇"。

第 三 章

修身不善与孟子论德行修养

第一节 "心"与修养目标偏差

孟子以为人之性善，即人有本然的对儒家伦理目标的向往与实践能力。要发展这些倾向与能力需要长期的德行修养。从《孟子》中大量的有关道德失败的案例看，这些失败的性质、种类、恶劣程度、发生原因纷繁复杂。这些失败的案例也说明人们实现善不是一蹴而就的，而有一个循序渐进的过程。在德行修养的过程中，失败是阶段性的。在某些情况下，有些失败程度较轻，相比照而言甚至可能在另一些情况下呈现积极的意义。德行修养之路是一个无穷尽的完善过程，甚至圣者也偶有瑕疵错误。因而，从修养进程看，道德失败并非就单个事件论绝对是非，而是就修养者总体的性格品质来判断他的道德层级。在这个意义上说，每一种道德失败都具有一定的相对性，在这种相对性中不断攀升，才能真正实现"四德"的完善。在讨论有关德行修养的道德失败问题上，我们先来看如何确立正确的修养目标。树立正确的道德观和增强道德倾向的动机力量对修养目标的确立至关重要。

一 "放失良心"与"以小害大"

正因为孟子论德行修养具有一种层级性质,当回到孟子论述有关"小"与"大"的文本内容时,我们也需要注意"小"与"大"有一种因情况而灵活转换的相对性。以往的学者多认为"因小失大"可以作为孟子总体的对道德失败原因的概述,比如胡适、冯友兰,这些学者也都注意到孟子在《告子上》中提到的关于"大体""小体"的论述。①

> 孟子曰:"人之于身也,兼所爱。兼所爱,则兼所养也。无尺寸之肤不爱焉,则无尺寸之肤不养也。所以考其善不善者,岂有他哉?于己取之而已矣。体有贵贱,有小大。无以小害大,无以贱害贵。养其小者为小人,养其大者为大人。今有场师,舍其梧槚,养其樲棘,则为贱场师焉。养其一指而失其肩背,而不知也,则为狼疾人也。饮食之人,则人贱之矣,为其养小以失大也。饮食之人无有失也,则口腹岂适为尺寸之肤哉?"(《孟子·告子上》)

在这段文本中,出现了"小体"与"大体"的对应。按照一般的诠释,"小体"对应饮食等感官欲求,"大体"对应"道德之心",比如朱熹的注释:"贱而小者,口腹也;贵而大者,心志也。"② 按照这种理解,道德修身之中的对立方面就在口腹之欲与"道德之心",那么成就道德理想的方法则主要是克制口腹之欲,进而培养"道德之心"。朱熹的诠释针对这段文本有参考价值,因孟子确实以"饮食"之人养小以失大为例来阐明"以小害大"。在这一案例中与道

---

① 具体关于"以小害大"的论述还可参见刘旻娇《论〈孟子〉德行修养过程中的道德失败》,《道德与文明》2016 年第 6 期。
② (南宋)朱熹:《四书章句集注》,第 341 页。

德价值相对的就是口腹之欲的非道德价值。在接下来的一段中，再次看到这种对立关系，在感官之欲与"道德之心"之间，修养者必须首先反思并意识到自己的"道德之心"，而不能盲目追求感官欲求。

> 公都子问曰："钧是人也，或为大人，或为小人，何也？"
> 孟子曰："从其大体为大人，从其小体为小人。"
> 曰："钧是人也，或从其大体，或从其小体，何也？"
> 曰："耳目之官不思，而蔽于物。物交物，则引之而已矣。心之官则思，思则得之，不思则不得也。此天之所与我者。先立乎其大者，则其小者不能夺也。此为大人而已矣。"（《孟子·告子上》）

但是，如果仅就耳目感官欲望与"道德之心"做对比来解释"放失良心"的原因，并将"放失良心"作为道德失败的总体原因，则难免面临一些理论上的困难。比如信广来就将《孟子》中有关道德失败总体描述为"放失其心"的情况，并与"以小害大"的文本结合，解释"放失其心"的原因似乎在于人们追求口腹等感官欲求。因此，信广来也就注意到了这种理解的问题。他提到许多欲求，比如对权力的欲望、对名誉的欲望并不属于口腹耳目之欲，那么因追求这些过度的欲望造成的道德失败要如何归类？另外，许多道德失败的错误同样产生自能"思"之"心"，比如《孟子》中出现的"淫辞邪说"类的道德失败者。这些伦理观念上的对手有"摩顶放踵利天下"的墨子，有"三日不食，耳无闻，目无见"的陈仲子等，他们都能够放弃自己的感官欲求，但在孟子看来仍然属于失败案例，如此也不符合因感官欲望而"以小害大"的描述。[1]

---

[1] 参见 Kong-Loi Shun, *Mencius and Early Chinese Thought*, Stanford: Stanford University Press, 1997。

这种质疑虽然合理，但并不是不能解释的。造成这种诠释疑难的原因就在于对"小体""大体"相关的这两段文本所涉及的两个层面的问题没有清晰的梳理，"小"与"大"的区别涉及价值取向，而"大体"为先则涉及修养方法。

"耳目之官不思"，而"心之官"有"思"的能力，"思"可以指向"天之所与我"的伦理道德的目标内容。感官不具备"思"的能力，因而无法获得有关道德的认识与感受。在上述文本中，大体都对应"心"，那么事实上两段文本描述了两种"以小害大"的错误原因。（1）"本心"具有更高的道德价值，所以人们应该以养"大体"为先，而人们搞错了价值上的优先等级，因此"以小害大"；（2）"心"有能力带领我们进一步地"思"，"心"的官能能够帮助我们实现"天之所与我者"，所以我们应该侧重"心"的修养发挥。但是人们因为其他欲求的诱惑干扰，放弃了"思"的能力，或者心志不坚，使得"道德之心"衰弱无力，"以小害大"。第一种就价值优先性而论，第二种就修养方法而论。上述第一段文本更强调"小"与"大"的价值优先性，"体有贵贱，有小大。无以小害大，无以贱害贵"；而第二段文本更强调造成"小人""大人"德行差异的原因，也就是从正确的修养方法而论。确立"心"之为"大"的这两个层面的意义原因能够帮助我们更好地理解"以小害大"的问题，并且也可以帮助我们理解《孟子》中其他有关德行修养的道德失败案例。

从价值层面来说，人们的道德倾向比之耳目欲求为"大"。从文本来看，孟子首先论述了修身目标中有大小、贵贱，"体有贵贱，有小大。无以小害大，无以贱害贵。养其小者为小人，养其大者为大人"。然后，孟子举出了三个案例来说明"以小害大"、以贱害贵的情况。"今有场师，舍其梧槚，养其樲棘，则为贱场师焉。养其一指而失其肩背，而不知也，则为狼疾人也。饮食之人，则人贱之矣，为其养小以失大也。"如果我们将场师、狼疾人与饮食之人都看作列举说明，那么"以小害大"的具体内涵就远不限于为求饮食口腹之欲而舍弃"道德之心"的情况,而是泛指不分主次,对重要之事物没有觉察之人。饮食之人的"因小失大"只是"以小害大"案例之一,而非"以小害大"的完全举例。颠倒了价值秩序,混乱了行动目标的优先等级才是第一段"以小害大"问题的核心。这样,在价值层面上讲,就存在着一系列的"小"与"大"的对应关系,而不限于感官欲求与道德目标的对比。也就是说,修身的关键在于明晰各个方面的价值优先等级,确定正确的修养目标,从而在修身之中能权衡轻重、抓大放小。

在《孟子》的其他文本中,举例来说,也多有各种不同类型的"大"与"小"的对立出现,往往都涉及价值评判选择的问题,而列举的情况远不止感官欲望与"道德之心"相对立的情况。如,《梁惠王下》中有关勇气的"大勇"与"小勇";《滕文公上》中有关社会工作的"大人之事"与"小人之事";《告子下》中有关对待父母过错的不同态度的"亲之过小者"与"亲之过大者";《告子下》中有关君臣关系的"大罪"与"小罪";《尽心上》中有关丧礼的"大功"与"小功";《尽心上》中有关陈仲子亡亲戚君臣上下的"大义"与"小义"等。这些"小"与"大"都涉及相关于"贵"与"贱"的价值考量,而这些价值考量并不限于非道德的感官欲望与道德价值间的抉择。因此,对于"以小害大"的正确的理解应该是,在不同的行动目标之间,获得正确的对于伦理价值秩序的理解,能够始终以"本心""仁义"为"大",树立恰当的修身目标的优先等级。这样,尽管某些道德失败并不因为行动者放纵耳目情欲产生,但是这些失败者多没有将儒家伦理中的"仁""义""礼""智"确立为最主要的价值目标,对于道德价值的权衡失序,所以致使他们流于各种"小"而失其"大"。

那么如何获得有关"大"与"小"的恰当认识?修身是履行各种伦理事务的前提,孟子认为:"事孰为大?事亲为大;守孰为大?守身为大。不失其身而能事其亲者,吾闻之矣;失其身而能事其亲者,吾未之闻也。"(《孟子·离娄上》)以"仁义"持守其身就是养其"大"者。即便在孝亲的事务中，不能修身守身也不能很好地履行"孝"的伦理义务。通过修身，人们才能在具体事物中获得何为事情最重要方面的认识。比如曾子事亲就懂得"养志"比之"养口体"更为重要。因此，要获得对各种"大"与"小"的正确认识，也得从"养大体"出发。这样，把握伦理目标又与另一个层面的问题联系在一起，目的与手段在修身问题上是重合一致的。如此，另一个对"以小害大"的意义的理解就需要从德行修养方法入手。学问之道在求其放心，"求其放心"是道德修养的首要方法。

如此，立心、立志也应有两方面的含义。一则把握正确的道德目标，二则修养关照"良心""本心"让其生长。再回到这句"心之官则思，思则得之，不思则不得也。此天之所与我者。先立乎其大者，则其小者不能夺也"（《孟子·告子上》）。对这段文本的诠释可以有两种理解方式。一则强调"心"的官能能力，那就是"心"在德行修养方面的重要作用。此时"天之所与我者"指"心"的"思"与"立"（立志）的能力。通过"心"的"思"与"志"的能力，获得并发挥道德本性，以养"大体"而不移。二则强调"心"的内容，即"心"是道德价值之所在，是要实现的目的自身。"天之所与我者"就是道德"本心"，"心"本身就是"天之所与我者"。通过反思自身的"心"的内容，如此修养发挥成就"大体"。由于孟子的"心"既有官能能力之"心"的意义，又有道德本心的"四心"之意义，结合两种诠释可以得到比较清晰的关于"小体""大体"的正确理解。

与"心之官则思，思则得之，不思则不得也。此天之所与我者。先立乎其大者，则其小者不能夺也"这段可对应的文本："恻隐之心，仁也；羞恶之心，义也；恭敬之心，礼也；是非之心，智也。仁义礼智，非由外铄我也，我固有之也，弗思耳矣。"（《孟子·告子上》）这里"思"所指向的对象就是"仁""义""礼""智"，这便也是"四心"。"心"不仅有能力，而且也有内容。"思"与"志"都是"心"的能力（也就是上述"思"与"立"），运用

"心"的能力可以把握内容,同时可以坚定意愿。成就德行必然需要"求放其心",也就包括了运用"心"的能力和发挥"心"的内容两方面。但是仅运用了"心"的能力,或部分把握了"心"的内容还是有可能沦为道德失败。"心"的完全实现是官能能力的充分运用与道德本心的全面修养。

因此,在"小体"与"大体"的问题上,一方面,孟子并非在做一穷尽地列举,而是指出于"良心""本心"的内容而言,存在着一系列在道德价值上较低的目的,以"小""大"的层级突出"良知"为本的道德价值优先性;另一方面,在修养方法上,同样,"大体"是实现道德最重要的官能,一切其他身体官能应该服从于"大体"的养护生长,这样的人才是真正实现生命价值的人,是健全美好的人。反之,无论是舍弃感官欲望还是满足感官欲望,如果"思"与"志"没有指向儒家伦理的目标,就必然还会造成道德失败;同时,仅通过舍弃感官欲求是无法真正实现"尽心"的,因为这其中还涉及对于正确价值的把握和在具体情境中运用"思"来权衡"大""小"的能力。当然,就"小人"而言,如果能够在一定程度上对感官欲求有所控制舍弃,就将是运用"心"之官而实现"养心"的一大进步,但节制欲望并不是道德实现的充分步骤。只有运用"心"的能力和修养"心"的内容两个方面,才可以真正地帮助人获得有关"大""小"价值的权衡能力。

二 "寡欲"与"养心"

人们通过反思确立自己的道德本心,获得关于道德价值目的的正确认识,然而如何能够具有更强的动机力量来加强自己的道德行动能力呢?

"寡欲"对道德修养的帮助更多体现在这种加强道德动机力量的方面。"养心莫善于寡欲。其为人也寡欲,虽有不存焉者,寡矣;其为人也多欲,虽有存焉者,寡矣。"(《孟子·尽心下》)"寡欲"之于"养心"是大概率事件,但并不是必然的。在孟子将"心"比作

"大体",而将口腹耳目比作"小体",两者都为"体"而言,似乎存在着一个此消彼长的关系。"道德之心"为什么会与耳目之欲相矛盾?这是因道德本心与自然情欲同样作为动机倾向时,有部分类似的性质。在动机中,当两者难以两全时,彼此会争夺对行动者的主导力。倘若此时道德情性较弱,而感官情欲较强,那么感官情欲很可能战胜道德情性,使行动者最终背离儒家伦理目标而产生道德失败。"养心"也需要培养道德情性的动机力量,如此降低其他情欲的影响就有积极作用。孟子谈"寡欲"从概率来讲,是就一般情况而言的。孟子所处的时代,小人横行,在这种情况下,"寡欲"适应于恣情纵意无所遏制的"小人"。但对于有一定反思控制能力的士而言,"寡欲"并不一定能够帮助他们完全实现"心"的内容和能力。他们的道德失败有着更为复杂的原因。

在"寡欲"的问题上,"欲"的内容远不止耳目感官而更为复杂多样,比如统治阶级的权力欲、战争欲,还有沽名好誉之欲,这些欲望与道德动机相比都是"小",也都可能与道德动机发生冲突。为了使道德情性获得更强的动机力量,也要适当降低人们对其他欲望对象的渴求。

总体来说,以感官欲望为代表的各种非道德情欲与仁义之道德情性相比为之"小",是从道德价值而言的,也是从德行修养方法而言的。孟子之"心"的特殊性在于,它既是认识、意愿的官能能力,也是道德本心的内容所在。"以小害大"的道德失败者不仅不能理解各种价值的轻重关系,并且这种能力的缺失和他们修养欠佳密切相关。德行修养者必须首先通过"心"之官能的运用,方能求得"心"的内容。道德情性和其他情欲之间在价值判断上有"大"与"小"的关系,而且也都具有动机效力,如此在行为者的动机上会产生力量博弈。所以"养心"者可以通过"寡欲"来削弱非道德动机因素的力量而增强道德的动机。虽然,"寡欲"是"养心"的较佳方法之一,但真正地"尽心"却并非仅通过削减其他欲望就能够实现的。完整运用"心"的"思"与"立"的能力,把握和发挥道德本心，最后帮助道德倾向生长以获得最强的动机力量，这些都需要参与到德行修养中，才是"求其放心"的完整方案。不运用"心"的"思"与"志"的能力，"思"与"志"没有指向道德目的，或者因其他情欲影响而失却"本心"的力量，仍然会发生各种道德失败。

三 "尽心"与"学"

事实上，一个人获得正确的道德判断与道德动机在《孟子》中是彼此紧密联系的。因为"四心"是认知与情感相结合的道德情性，所以从"四端"发展到"四德"不仅需要行动者密切关注自身内在的道德倾向，还需要处于情境中能够恰如其分地察识调用相应的道德情性来帮助行动者获得判断。如何识别情境的道德属性需要通过"礼"来学习。虽然孟子更强调内省与"尽心"，但是从有关"智"的道德失败案例的分析中，我们发现"思"与"养心"是德行修养的起始、必要的步骤，然而真正的完善德行还必须有"学"的能力。这种"学"并非仅指内在心理的反思与调节，而是获得有关情境性质的认识及道德情性对于道德情境的敏感性。通过"知类"与"知务"，从基础的道德案例中类推以掌握不同情境的性质属性与差异，或者由"心"而发，由道德目的之动机主动去抓取情境中的显著道德相关特征，以同时获得恰当的判断与动机。

相较于"学"而言，孟子更重视内在心理状态的调节与平衡，然而首先需要注意的是孟子所论的道德心理的合宜适中和亚里士多德所论之"中庸"存在差异。亚里士多德的实践智慧能够切中目标，"中庸"就是有伦理德行的人的情感动机也处于两种偏执之间。[1] 与亚里士多德的"中庸"不同，孟子的"中"并不总是指两种偏执的

---

[1] 对亚里士多德的"中"的经典解释，来源于亚里士多德将德行的缺陷视为德行的两种极端，或者说"偏执"。不过这种对"中"的诠释也存在争议，多有学者认为两种缺陷之间取"中"并不能找到任何德行。我们在这里采取这种有一定文本依据的有关亚里士多德的"中"的诠释，但并不排除其他诠释争议的可能。

中间状态。霍华德·库泽尔（Howard J. Curzer）在一篇比较亚里士多德与孟子的"中庸"思想的文章中提道："孟子坚持尽管孔子的行动是介于一种被提倡的立场上，这种立场处于伊尹和柳下惠的极端行为及伯夷的有瑕疵的行动之中，然而孔子的情感（passion）并不处于这些圣人的情感之中间状态。他们的情感并没有程度上的差别，而是种类上的差别。不像冲动、懦弱和勇敢；隘、不恭和不智不属于同一种类。"①

尽管库泽尔在论述伯夷、伊尹、柳下惠三位圣人所展现出的德行品质的欠缺时存在问题，比如他认为伯夷缺乏"义"，而伊尹缺乏"仁"，但根据文本，孟子却说四位圣人："三子者不同道，其趋一也。一者何也？曰：仁也。君子亦仁而已矣，何必同？"（《孟子·告子下》）可见圣人在整体伦理目标上都是成就"仁义"。但是，库泽尔对于孟子的"中庸"并非仅指情感程度适中，这一考察却是正确的。库泽尔的这种考察切中了孟子"中庸"的重要特性，就孟子而言实现"中"的方式与亚里士多德的"中庸"所论述的伦理情感的适中有相类之处，但也有所不同。在孟子看来，如果运用道德情感的情境恰当，甚至比较极端的情感表现也可以是合宜的。比如舜因为与父母不亲而"号泣于旻天"，虽然感情激烈，但却是至孝的表现。

就孟子来说，儒家的伦理目标本身就具有调和多种价值与目标的特性，而这种特性使得"智"在不同的具体情境中做出最恰当的选择和偏重成为可能。孟子之"中"更多地体现在这种具体情境的灵活协调各种价值的能力上。也就是说"中"作为一种有关伦理目标的恰当，并非仅指获得一种"适中"的情感状态，而是在合适的情境中运用与表达相应情欲状态的能力。

"智"者获得恰当判断与动机首先是通过向内的反思活动，在这种反思中，有德者清晰地认识和把握了"四心"的内容。由于"四

---

① Howard J. Cruzer, "An Aristotelian Doctrine of the Mean in the Mencius?" *Dao*, Vol. 11, No. 1, 2012, p. 61.

心"天然蕴含了动机因素的道德情性，故而通过这种反思，行动者不仅能够把握伦理的目标，同样可以获得一定的动机力量。孟子虽然没有直接阐述行动者如何通过"学"来获得完善的"智"的品行，但是孟子同样承认仅有善心是不足以应对具体社会生活的，"徒善不足以为政"，甚至就普通人而言徒有孝心也不足以事亲。从孟子其他有关的道德失败的案例中，我们分析出孟子的"学"依赖于一种情境的类推能力。

"人皆有所不忍，达之于其所忍，仁也；人皆有所不为，达之于其所为，义也"（《孟子·尽心下》），由于道德倾向为人性固有，人们总能够在某些情境下使"四端之心"有所生发。这样，我们就可以借助这些"不忍"与"不为"开启类推的可能。人们可以通过"知类"的能力，把握不同情境的相似与差异，从已有的"不忍"与"不为"的案例推广到陌生的案例中，从而获得对于各种情境的性质的确切认识。当人们理解到情境的性质之后，相应的道德情性便能有所生发。或者道德情性主动寻求情境特征，并在适当的情境中焕发获得恰当的判断的动机力量。

然而这里还遗留一个困难的问题：由于孟子始终将道德的要求放在其他要求之上，且有德者的动机状态必须和他所做出的判断和谐统一，然而仍然存在的情况是：当行动者在一定程度上能够适时感受到自己的道德本心，此时行动者的判断与动机很可能处于一种总体的不稳定状态，那么怎么从这种不稳定的状态修养到和谐统一的动机状态呢？比如齐宣王的情况，他也许能够意识到关爱百姓的必要，然而却因对权力的极大欲求而没有真正实践仁政。然而，对于真正的有德者而言，他们内在各种动机状态总是维持在一种高尚的道德境界中，即当他们反思之时，他们的道德情性总是凌驾于其他的欲求之上，并且所有倾向欲求依道德的要求呈现出稳定的和谐关系，以构成有德者的性格。

这种有德者的性格便是圣人的状态。圣人的动机心理譬如生长良好、姿态优美的大树，枝叶与树干的比例完美和谐；普通人就好比枝叶过于繁茂而枝干又过于弱小的畸形的树木，不能抵御风雨的袭击也难以长久维系。如此，即便齐宣王偶然能够进行自我反思，他内心所呈现出的也多是枝叶，迷离婆娑，遮蔽了树干。他所谓的正确的判断是不稳定的，或者是违心的，受到一点外界影响，或再一反思便走形崩塌。由于孟子的"思"反过来又十分依赖行动者自身健康的动机心理状态，这样修养不高就不能获得统一的判断与动机，但没有稳定的动机状态又会影响判断，那么怎样才是良好的道德修养呢？

事实上，道德修养并不是一蹴而就的，知、欲、行是逐渐合一的，这就形成了一种动态的逐步修炼的过程：完善稳定的判断依赖人们的动机心理，而完善的动机心理也依赖一个又一个正确的判断，德行修养作为一个过程并不能理解帮助修养者立即成圣，只有通过"集义"才能逐步抵达理想的状态。为了获得道德的动机状态，行动者在内省中需要有效调节道德情性与一切情欲的关系。总体来说，这种修养的方法涉及：（1）协调一般自然情欲与道德情性的关系，（2）克制有害的非道德情欲，（3）通过"养气"以"养心"，从而增强道德动机的实践力量。由于孟子的德行修养更偏重内省，在接下来的讨论中，我们会集中针对上述三个方面，进一步详细论述孟子有关道德失败的相关问题及克服方法。

第二节 "欲"与道德动机无力

一种常见的道德失败的原因就是道德的动机缺乏力量，而道德动机无力往往是因为道德的判断与情欲之间存在张力。这一问题反应在传统儒学中则涉及行动者自觉与自愿的辩证关系。自觉是道德判断符合"理义"的要求，自愿则涉及行动者的心理意愿和动机状态。当自愿背离自觉，道德的动机就可能遭遇挑战而被动摇。杨国荣在讨论知行问题时提到，行动或实践的过程包括"我思""我欲"

"我悦",通过三者的统一,可以将自觉与自愿在行动中的张力得到一定的化解。[1] 因此,由于"我欲"对动机的影响作用显著,"欲"也就成为讨论道德失败,特别是道德动机无力问题中的要点。

上述问题在孟子的实践哲学中更为凸显出来,"由仁义行"而"非行仁义"要求人们不能仅仅依照道德教条按部就班,还必须出于自己的真实情感和真诚意愿。如果行动者的道德动机力量不足,那么在行动时,道德的倾向就很可能被其他情欲状态所遮蔽,此时人们会出于其他的情欲冲动引发行动。又或者,即便行动者在其他情欲冲动不出现时,能够反思到自己的"道德之心",做出正确的判断,但是一旦诱惑出现,很容易就遭遇道德动机无力,成为习惯性的意志软弱者。

在这一过程中,欲望容易被认为是道德失败的罪魁祸首。由于孟子以为德行修养的关键在于"养心",而"养心莫善于寡欲",所以许多有关《孟子》的传统注释都或多或少地提及"欲"作为道德失败的重要原因,比如宋明儒者特别强调治"人欲",将"物欲""私欲"视为害"仁义"的主要心理因素。

然而也有学者认为,"人欲"并非都是"恶"的来源,消灭"人欲"将致使暴政。比如清代的戴震就反驳宋明儒者的礼欲之辩,提倡"体民之情,逐民之欲"。戴震认为圣人之欲善而常人之欲乱,"欲同也,善不善之殊致若此"[2]。既然圣人之欲为善而不同于常人之乱,那么,导致道德失败的原因很可能并不是欲望本身,而是欲望的配比与结构发生了问题。

事实上,孟子对于不同的"欲"有着不同的理解方式,并且这些"欲"对于道德修养的利弊好坏也并不相同。[3] "欲"的对象不仅有各种感官享受,也包括对"名誉""权力"等一般人们所追求

---

[1] 参见杨国荣《人类行动与实践智慧》,生活·读书·新知三联书店2013年版。
[2] (清)戴震:《孟子字义疏证》,中华书局1982年版,第18页。
[3] 这部分内容也可参见刘旻娇《孟子论"欲"与道德失败》,《思想与文化》2018年第1期。

的有价值的对象,甚至还包括了嫉恨、残暴等有害的欲望,比如"斗狠""好战"等。有些欲望并不必然致使道德失败,甚至可以通过"仁义之心"予以拯救而获得积极的意义,有些欲望却是"恶"的根源,对"心"造成莫大的"贼害"。必须谨防那些有害的"欲",而对于那些并不必然有害的欲望,寻找到他们合理的实现方式,以及以恰当的配比与结构来生养它们,才是治疗欲望的最佳方案。

如果欲望本身并不必然导致恶,而"欲"又作为常见的引发错误的原因而需要"寡",那么,"欲望"与道德失败究竟是一种什么样的关系?我们应该怎样应对"欲"所造成的道德失败问题?在接下来的讨论中,通过集中分析与"欲"有关的道德失败,可以看到孟子对"欲"与德行修养的关系的理解,也可以看到"寡欲""治欲"如何帮助人生养"道德之心",以最终实现"知""情""欲"统一的完美境界。

一 "心"好"理义"之欲

孟子以"恻隐""羞恶""辞让""是非"来描述"四端之心"。一些学者认为"四心"本身就带有诸如情感、态度、欲求等一定的动机要素。比如,黄百锐在一篇讨论孟子恻隐之情的文章中提到,孟子并没有西方哲学中关于情感与理性的截然二分的概念理解。他所论及的"恻隐"之情是包括了认知性的情感。[1] 信广来认为"敬"同样涉及态度,"'敬'是一种可以指向他人或事件的注意、肃穆和心理上的关心的一种态度"[2]。事实上,"羞恶""辞让"都可能包含评估性态度和情感,因为行动者能够凭借它们识别对象的身份、地位、德行、能力等因素,予以评价,并产生相应的情感态度。上述

---

[1] 参见 David B. Wong, "Is there a Distinction between Reason and Emotion in Mencius", *Philosophy East and West*, Vol. 41, No. 1, 1991。

[2] Kong-Loi Shun, *Mencius and Early Chinese Thought*, Stanford: Stanford University Press, 1997, p. 54.

讨论多侧重于《孟子》中的道德态度、情感、偏好。然而,《孟子》中的道德倾向是否也包含一种"欲性"?[1] 在某些时候,对"仁义"的倾向偏好也展现出与其他欲求相似的性质。

首先,孟子有时将人们对"仁义"的偏好类比于对耳目"食色"等欲求对象的偏好。

> 故曰:"口之于味也,有同耆焉;耳之于声也,有同听焉;目之于色也,有同美焉。至于心,独无所同然乎?心之所同然者何也?谓理也,义也。圣人先得我心之所同然耳。故理义之悦我心,犹刍豢之悦我口。"(《孟子·告子上》)

每个人都喜好可口的食物、悦耳的音乐、漂亮的美色,对这些可欲的对象的偏好类似"心"对于"理义"的偏好。倘若耳目"食色"之喜好可视为"欲",那么"心"的偏好不也具有"欲"的性质吗?

---

[1] 关于"四心"的心理因素的性质引起了广泛的争议与讨论。有学者将孟子的"四端"理解为一种"道德冲动(impulse)",于是这种冲动似乎就更类似于一种欲望而非情感态度(参见 Angus C. Graham, "The Background of the Mencian Theory of Human Nature", in Xiusheng Liu and Philip J. Ivanhoe, eds., *Essays on the Moral Philosophy*, Hackett Publishing Company, 2002)。也有学者区分了倾向、感受(feeling)和欲望,认为孟子的"四端"是一种倾向,但不是主观内在的感受和欲望(参见 Chad Hansen, *A Daoist Theory of Chinese Thought: A Philosophical Interpretation*, New York: Oxford University Press, 1992)。何艾克则通过分析荀子的文本指出,在先秦的古汉语使用中,"情"与"欲"的界限并非如英语中的"emotion"与"desire"一样较为分明,"情"有时也包含行动者的欲望(参见 Eric L. Hutton, "Xunzi on Moral Psychology", in Eric L. Hutton, eds, *Dao Companion to the Philosophy of Xunzi*, Dordrecht: Springer, 2016)。上述争议给我们一种提示,在先秦儒学文本中,"性""情"与"欲"往往密切联系在一起,而难以简单割裂,也很难直接等同于 emotion、desire 等词语,这也就造成一种明显差异化的、定义性的心理概念来阅读先秦文献的困难。总体来说,我们虽可以在一般意义上使用情感、欲望、态度、倾向等词汇,但需注意它们并不是绝对相区别的。使用这些现代术语有利于我们去把握行动者的动机心理因素,但不能割裂这些动机心理之间的彼此关联。从现实的心理动机来看,行动者的情感、态度可以进一步激发行动倾向或者对具体对象的欲求,反之亦然,因而,上述心理状态可以被认为是推动行为的动机力量的构成部分,但关于它们之间的清晰界定,却不是本书所期望处理的问题。

并且,"欲"通常指想要某个事物,或者希望某件事发生。如果在一般意义上,我们认为"欲"通常指向某个特定的对象,并渴求之,在获得之后会产生满足感。按此分析,"理义之悦我心,犹刍豢之悦我口","心"也有特定的对象,并指向相应行动与事件的发生,在追求实现目标时也会产生"悦"的心理情感。"心之于礼义"同样具有"欲性"。当然,尽管《孟子》中存在着这种类比关系,但是"仁义之心"毕竟不同于"食色"之性,在下述文本中,孟子阐述了两者的差异。

> 孟子曰:"口之于味也,目之于色也,耳之于声也,鼻之于臭也,四肢之于安佚也,性也,有命焉,君子不谓性也。仁之于父子也,义之于君臣也,礼之于宾主也,智之于贤者也,圣人之于天道也,命也,有性焉,君子不谓命也。"(《孟子·尽心下》)

可以结合"孟告之辩"来讨论这段文本,告子以"食色"为"性",孟子以"仁义"为"性"。两者发生冲突,这说明"食色"和"仁义"在孟子看来毕竟是不同的。关于两者的差异性,陈大齐认为孟子谈"性"只是人所固有的一部分,不是人所固有的全部。"性"指"仁""义""礼""智"为人之特性,而"命"指口、目、耳、鼻则是指一般生物性的生命属性。[①] 如果上述理解有一定的正确性,那么,耳目"食色"与"仁""义""礼""智"的差别并不明显体现在所对应的道德心理的特征差异,比如情感、欲望、理智的差异,而是一般生物性与人之特性的差异。如果从两者的这种类比关系来看,两者的差异并不否认道德情性和自然情性一样可以具有"欲性"。从"食色"之欲与"仁义"之"性"的差异来看,它们的差异也并不在对应心理能力的差异,而在一般生物性与人之特殊性的

[①] 参见陈大齐《孟子待解录》,华东师范大学出版社2012年版。

差异。所以,道德的情性在某些情况下也可能具有某种"欲"的性质。

其次,孟子论及"欲"的对象多用"好"字,比如"好货""好色""好乐""好田猎""好战""好名"等。"好""恶"多与"欲"与"不欲"相关。无论在《论语》还是《孟子》中,都出现了对道德对象的"好"。"吾未见好德如好色者。"(《论语·子罕》)"上好礼,则民莫敢不敬;上好义,则民莫敢不服;上好信,则民莫敢不用情。"(《论语·子路》)"古之贤王好善而忘势,古之贤士何独不然?乐其道而忘人之势。"(《孟子·尽心上》)"国君好仁,天下无敌焉。"(《孟子·尽心上》)"好善优于天下,而况鲁国乎?夫苟好善,则四海之内,皆将轻千里而来告之以善。"(《孟子·告子下》)既然"好"除了可以指向财富、美色等"欲"的对象,也可用于伦理道德的目标,那么道德倾向对于"仁义"的偏好很可能也可以与"欲"有相同的"欲性"。

另一段直接将对道德的偏好视为所"欲"的文本如下:

> 孟子曰:"鱼,我所欲也;熊掌,亦我所欲也。二者不可得兼,舍鱼而取熊掌者也。生,亦我所欲也;义,亦我所欲也。二者不可得兼,舍生而取义者也。生亦我所欲,所欲有甚于生者,故不为苟得也;死亦我所恶,所恶有甚于死者,故患有所不辟也。如使人之所欲莫甚于生,则凡可以得生者,何不用也?使人之所恶莫甚于死者,则凡可以辟患者,何不为也?由是则生而有不用也,由是则可以辟患而有不为也。是故所欲有甚于生者,所恶有甚于死者。非独贤者有是心也,人皆有之,贤者能勿丧耳。一箪食,一豆羹,得之则生,弗得则死。呼尔而与之,行道之人弗受;蹴尔而与之,乞人不屑也。万钟则不辨礼义而受之,万钟于我何加焉?为宫室之美,妻妾之奉,所识穷乏者得我与?乡为身死而不受,今为宫室之美为之;乡为身死而不受,今为妻妾之奉为之;乡为身死而不受,今为所识穷乏

者得我而为之。是亦不可以已乎？此之谓失其本心。(《孟子·告子上》)

"义"作为所"欲"的对象，是人心皆有此偏好，"非独贤者有是心也"。"仁义"之"欲"与求生恶死之"欲"发生冲突，类比于人在饮食之欲中对"鱼"与"熊掌"的难以取舍。这时"舍生取义"的行为就是由取义之"欲"推翻战胜了求生之"欲"，而这种对"理义"的"欲"获得动机主导的原因就在于人能不"失其本心"，这样看来"本心"至少有一定的求"义"之"欲性"。

二 "食色"与"大欲"

从广泛意义来说，人们对"理义"的偏好也可以说有"欲性"，那么孟子所说的"寡欲"中的"欲"的内涵就并非指一切人的经验性的心理欲求，而有特殊的内容。不同的"欲"在道德修养中有不同的价值，也就相应有不同的实现方式与修养方法，因而讨论欲望与道德失败的关系就有必要详细分析不同的欲望类型。"食色"之欲就是首要需要考察的对象。

追求"食色"等感官欲求一般被视作"小人"的特征："体有贵贱，有小大。无以小害大，无以贱害贵。养其小者为小人，养其大者为大人。……饮食之人无有失也，则口腹岂适为尺寸之肤哉？"(《孟子·告子上》)那么"小人"呈现这种特征的原因为何？因为"食色"情欲本身有害吗？是否因为"小人"的"食色"情欲比之"大人"更加强烈而难以遏制？人们成为"小人"的原因仅仅因为追求"食色"之欲吗？事实上，如果我们再次仔细阅读文本就会发现，"小人"追随感官情欲只是"以小害大"的事例之一，"饮食之人"并不能构成"小人"的主要特征。

> 无以小害大，无以贱害贵。养其小者为小人，养其大者为大人。今有场师，舍其梧槚，养其樲棘，则为贱场师焉。养其

一指而失其肩背，而不知也，则为狼疾人也。饮食之人，则人贱之矣，为其养小以失大也。(《孟子·告子上》)

这里为了说明"以小害大"，孟子举出了三个例子，"贱场师""狼疾人"与"饮食之人"，按照文本的逻辑，这三个例子都是"养小以失大"的案例，因而都并非"养小以失大"的定义或完整说明。"养其小者"因而也就可能包括各种"以小害大"的情况。"贱场师"和"狼疾人"还不算是与道德相关的案例，而作为"饮食之人"则直接与道德相关，但需要注意的是，在与道德相关的事例中，《孟子》中也描述了与感官欲望并不直接相关的各种"小"与"大"相比照的案例。比如《梁惠王下》中有关勇气的"大勇"与"小勇"；《滕文公上》中有关社会工作的"大人之事"与"小人之事"；《告子下》中有关对待父母过错的不同态度的"亲之过小者"与"亲之过大者"；《告子下》中有关于君臣关系的"大罪"与"小罪"；《尽心上》中有关于丧礼的"大功"与"小功"；《尽心上》中有关于陈仲子亡亲戚君臣上下的"大义"与"小义"等。可见，"饮食之人"并不等于"小人"，也就是说追求"食色"之欲并不是造成"小人"道德失败的主要原因，"食色"之欲与小人之间没有必然关联。只有当因为追求饮食而放弃"仁义之心"的修养之时，才构成"以小害大"的情况，成为道德失败的"小人"。

总之，"小人"因为无定性，所以更容易受到各种欲望的诱惑。在孟子其他论及"小人"的文本中，"小人"体现出一种易受外界影响的不稳定性，而这种不稳定性才是"小人"区别于"大人"或君子的主要特征。

上有好者，下必有甚焉者矣。君子之德，风也；小人之德，草也。草上之风，必偃。(《孟子·滕文公上》)

无恒产而有恒心者，惟士为能。若民，则无恒产，因无恒心。苟无恒心，放辟邪侈，无不为己。及陷于罪，然后从而刑

之,是罔民也。(《孟子·梁惠王上》)

从上述与"小人"相关的描述看,"小人"犯错在很大程度上受到环境的影响,居上位者如果不能保障人民的生活所需,不能提倡孝悌仁义的教育,或者不能树立良好的道德楷模,那么"小人"就会受之影响而作乱犯法。"小人"一方面指封建时代常常受到生活所迫的普通民众,另一方面也指易受外界影响而没有稳定品性之人。这两种特征结合在一起,"小人"或者是因为缺乏良好的物质生活保障,或者道德教育水平偏低,因此没有稳定的心性,更易受到外界事物影响,从而"小人"的道德失败往往呈现出无自主性的特征。① 放纵感官情欲而丢失"仁义之心"只是"小人"呈现出的道德失败的一种形态,而深层次的原因,则在于"小人"未经德行修养易随波逐流。如此,"小人"养"小体"的原因则和孟子论述的原因相符合。"耳目之官不思,而蔽于物,物交物,则引之而已矣。"(《孟子·告子上》)"小人"易被外物所蔽,被"小者"夺其心志,都是因为"小人"缺乏"心之官"的反思能力。"不思"也就无所"立",无所"立"所以心志不坚。心志不坚者不仅会受到各种"食色"之欲的诱惑,也会受到其他因素的影响,这才是"小人"道德失败的根本原因。

"食色"之欲本身并不必然与人们对"仁义"的偏好相互矛盾。当齐宣王谈到"好货""好色"之"疾"时,孟子认为如果齐宣王能够"与民同乐",将自己的私欲普遍化来关爱民众,那么此时"食色"之欲也可以拥有道德的意义价值。"与民同乐"包含了"仁"的要求。孟子通过齐宣王赦免牛的案例,提示齐宣王反思自己的"恻隐之心",并敦促王将此心扩充推广,最后实现对百姓的同情

---

① 这里根据先秦文本指出两种"小人"这一词的用法,并不是说孟子认为身份低微的普通民众就是"小人"。事实上,在《孟子》中,没有恒心而很容易被欲望诱惑动摇的往往是统治阶级。不过由于普通民众在乱世中,生活疾苦又缺乏教育,所以往往具有无恒心的"小人"特征,但是他们的错误是情有可原的。

关爱。对百姓之爱不是空泛的，而是包含了满足百姓所需的生存欲求，使百姓也能富足安乐地生活。对百姓之爱包含了"食色"之欲的内容，当"食色"之欲不止于齐宣王之私欲，而能与民同，"食色"之欲就不再造成道德失败。

总之，"小人"养"小体"是因为"不思"而无所"立志"，也就是不能对"仁义之心"有所反思和坚定修养。缺乏了"仁义之心"的调节，"食色"之欲就是完全自私的，这时的"饮食之人"才是小人。如果能够运用"心之官"的"思"的能力，"己所不欲，勿施于人"，"饮食之人"能因之也照顾体恤他人的饮食之欲，此时饮食是必要的，而非不道德的。仅仅有"思"不足以成君子。在"心"的能力里，还需要有"志"，通过不断地在各种情境中将"思"指向道德倾向，人们心有定向会拥有"志"。如此人们会持守道德倾向，并将对道德的偏好置于"食色"情欲之上，此时人们才会拥有"恒心"。有"恒心"者不再为不断浮现的各种私欲所困扰，而能够坚守"仁义"，拥有稳定的品性。

从"小人"的道德失败案例出发，我们可以看到感官情欲本身并不必然致使道德失败。作为两种所欲的对象，"食色"与"仁义"并不必然矛盾。在丧失"心之思"与"心之志"的情况下，人们才更易受外物环境的影响，无止境地追逐"食色"私欲而流于"小人"。

与身处下位并一味追逐感官享受的"小人"不同，统治阶级在"食色"之外还有一种特殊的权力欲望，这种权力欲望与道德偏好之间又存在何种关系？权力欲望是否必然会造成道德失败？在与齐宣王对话之时，孟子谈到了王之"大欲"。

> 王曰："否！吾何快于是？将以求吾所大欲也。"
> 曰："王之所大欲可得闻与？"
> 王笑而不言。
> 曰："为肥甘不足于口与，轻暖不足于体与？抑为采色不足

视于目与？声音不足听于耳与？便嬖不足使令于前与？王之诸臣皆足以供之，而王岂为是哉？"

曰："否！吾不为是也。"

曰："然则王之大欲可知已，欲辟土地，朝秦楚，莅中国而抚四夷也。以若所为求若所欲，犹缘木而求鱼也。"（《孟子·梁惠王上》）

由于齐宣王曾多次提及自己的"好货""好色""好乐"等"食色"欲望，因而孟子进一步反问王，追求"大欲"是为了肥美的食物、舒适的衣服、美好的姿色和悦耳的音乐吗？齐宣王明确回答"大欲"与这些感官享受并无关系，追求"大欲"并不是为了获得更多的物质财富和享受。因此，"大欲"是不同于"食色"之欲的另一种"欲"。

接着孟子描述到，所谓"大欲"就是想要扩张土地，接受各国的朝贡，成为天下之主，如此"大欲"就是一种追求权力的欲望。孟子认为，以齐宣王的所为来求得"大欲"相当于"缘木求鱼"，适得其反。

王曰："若是其甚与？"

曰："殆有甚焉。缘木求鱼，虽不得鱼，无后灾；以若所为求若所欲，尽心力而为之，后必有灾。"

曰："可得闻与？"

曰："邹人与楚人战，则王以为孰胜？"

曰："楚人胜。"

曰："然则小固不可以敌大，寡固不可以敌众，弱固不可以敌强。海内之地方千里者九，齐集有其一。以一服八，何以异于邹敌楚哉？盖亦反其本矣。"

"今王发政施仁，使天下仕者皆欲立于王之朝，耕者皆欲耕于王之野，商贾皆欲藏于王之市，行旅皆欲出于王之途，天下

之欲疾其君者皆欲赴愬于王。其若是，孰能御之？"（《孟子·梁惠王上》）

"缘木求鱼"，虽然方法错误，但并不会造成有害的后果，而如果不以仁政来求"大欲"，则必然招致灾难性的后果。随后，孟子督促齐宣王"反其本"来施行仁政。并认为如果施行仁政，那么齐王将仁者无敌莫之能御。从整段论述来看，孟子并未直接反对齐王对权力的欲求，而是指出只有将"大欲"与仁政结合才能真正实现。多有学者将这段理解为孟子的说服策略。[1] 这种说法有一定的启发性，从孟子对齐宣王的多次劝说来看，齐宣王有时能够体察到自己的"仁义之心"，在这种情况下，孟子的论说可能更侧重于进一步启发齐宣王来转化他，是一种德行教育的方法，而不是直接对"仁义"价值的证明论证。[2] 从德行修养的层面来说，对道德偏好的"仁义之心""好""仁"，而与其他欲求指向不同的行动方向时，两种"所欲"间会发生冲突与争夺，此时因养护"仁义之心"，其他的欲求可能被视作对立危险而需要被克制的。但是并不是在所有情况下，"仁义之心"都和其他欲求相冲突矛盾。从价值来说，道德倾向的实现具有最高优先性，这不容置疑。但是从修养方法来说，当其他欲求并不与道德情性相冲突时，打消行动者的疑虑，敦促他去进一步实践仁政，才能加强行动者对道德情性的进一步感知认识和偏好，这样才能实现道德转化的目的。

孟子的这一说服策略并不是简单的权宜之计，因为确切来说，

---

[1] 参见 Kong-Loi Shun, *Mencius and Early Chinese Thought*, Stanford: Stanford University Press, 1997。

[2] 有必要注意，在道德论说中可能存在两种方式，也就是晓之理、动之以情：前者偏重于思辨理性方面的证明，也就是说理；后者是在不违理的情况下，偏重于道德情感、欲求等动机要素的唤起，也就是动情。笔者认为，这里孟子与齐宣王对话时，并非侧重于理论证明，而是调动情欲。不可因此直接将孟子的道德理论认定为基于欲望、利益的规范性证明。

某些欲求并不必然与"好仁"相冲突。从权力欲望出发,"辟土地,朝秦楚,莅中国而抚四夷"这些目的中并没有直接损害"仁"要求的内容。实现了这种"大欲"的圣王同时也是实现"仁"的典范。①"大欲"与"好仁"没有本质冲突,这样才使得"大欲"具有被"仁"协调转化的空间,通过行动者践行"仁","大欲"同时也能够实现。孟子的论说中反应的是两种"所欲"间的可协调兼容性,而不是将仁政视作实现"大欲"的手段。

从手段来说,能够实现"大欲"的除了仁政之外还有"霸政",但是"霸政"不具有完全的道德价值。"大欲"虽不必然与仁政相冲突,但是此"欲"必须受到"仁义"的制约。"以力服人者,非心服也,力不赡也;以德服人者,中心悦而诚服也。"(《孟子·公孙丑上》)一方面,霸者虽能"以力假仁"成就大国而收获权力,但并不具有真正地成为天子的合法性;另一方面,霸者虽有政治才能,但是由于他缺乏获得至高权力地位的合法性,他的统治是僭越的"不义"之罪。当实现"大欲"以牺牲百姓为手段时,则不仅"缘木求鱼",而且还会招致灾祸。当仅以权力欲为行为的最高目标,而假借"仁义"作为手段时,虽然可能获得政治成就,但是并不能使民心悦诚服,并且也不能得到真正的"天子"的合法地位。只有以"仁义"本身作为行为的最高目标,才能成就圣王天子。"大欲"不必然与"仁义"之心相冲突,但其价值地位必须低于"仁义"本身,并且其实现方式必须受到"仁义"的制约。

三 "好战"与"斗狠"

如果我们将人们对道德的偏好也理解为一种"欲",在普通人的行为动机中,"所欲"与"所欲"间时有发生冲突而互相遏制,并

---

① 当然圣王行动的出发点并不是"大欲"而是"仁义","大欲"的实现是施行仁政的附属结果。

且争夺对行动者的主导力量。尽管许多欲求与道德的欲求并不矛盾，甚至可以被"仁义之心"协调拯救而赋予道德意义，但有一些"欲"却会损害道德本性的生长发展。这些"欲"会贼害"仁义之心"，造成人们失去自己的善性，成为"不仁"者。"好战"就是这样一种欲望。孟子曾直接批评梁惠王"不仁"，而梁惠王就是"好战"的失败者典型。

孟子曰："不仁哉梁惠王也！仁者以其所爱及其所不爱，不仁者以其所不爱及其所爱。"

公孙丑问曰："何谓也？"

"梁惠王以土地之故，糜烂其民而战之，大败，将复之，恐不能胜，故驱其所爱子弟以殉之，是之谓以其所不爱及其所爱也。"（《孟子·尽心下》）

梁惠王"好战"，为争夺土地而驱赶百姓作战，造成百姓无辜惨死。而战败后，再驱使自己喜爱的子弟作战。仁者将对亲近之人的关心爱护推广到普通民众，而梁惠王不仅无视百姓生死，甚至为求战胜，将自己亲近喜爱之人也送上战场。梁惠王的"好战"之"欲"造成了大量无辜生命的伤亡，这是最恶劣的一种"不仁"的道德失败。从梁惠王的"好战"来看，战争的欲望以牺牲人的生命为代价，此时单纯为"战"而"好战"之"欲"和"仁"的道德原则相矛盾冲突，"好战"者必然"不仁"，所以"好战"之"欲"对"仁爱之心"的伤害最为严重。

梁惠王"好战"的实质在于他对于百姓生命的轻视，在孟子与梁惠王的讨论中提到梁惠王"杀人"之罪。

梁惠王曰："寡人愿安承教。"

孟子对曰："杀人以梃与刃，有以异乎？"

曰："无以异也。"

> "以刃与政,有以异乎?"
> 曰:"无以异也。"
> 曰:"庖有肥肉,厩有肥马,民有饥色,野有饿莩,此率兽而食人也。兽相食,且人恶之;为民父母行政,不免于率兽而食人。恶在其为民父母也?仲尼曰:'始作俑者,其无后乎!'为其象人而用之也。如之何其使斯民饥而死也?"(《孟子·梁惠王上》)

以政杀人虽然是间接杀人,但孟子问梁惠王"杀人"是用棍棒还是用刀是否有性质上的区别,既然没有区别,那么梁惠王以政杀人的实质就是"率兽而食人"。孔子说"始作俑者,其无后乎!"(《孟子·梁惠王上》),轻视他人的生命被儒家视作最大的罪恶。孟子所处的年代,战争不断,战争造成千上万的百姓无辜惨死,"好战"相当于"杀人",孟子以为时代的症结就在于这种普遍的"嗜杀人"之罪。

> 今夫天下之人牧,未有不嗜杀人者也。如有不嗜杀人者,则天下之民皆引领而望之矣。诚如是也,民归之,由水之就下,沛然谁能御之?(《孟子·梁惠王上》)

战争年代,诸侯王倘若能有"仁心"而停止杀人之嗜欲,就能得到百姓的拥护。"不嗜杀人",减少战争是实现仁政的最基本的要求。由此可见为战而战的"好战"与"仁"水火不容,"好战"是一种最具危害性的"欲"。

另一种严重危害"仁义"的"欲"是"好勇斗狠"之"欲"。"勇"有积极的意义,但"好勇"的"小勇"是不值得提倡的。就君王而言,"好小勇"可能引发"不义"的战争,此时的"好勇"导致"好战"而产生可怕的灾难和后果。就普通人而言,如果不以"仁义"为前提条件,"小勇"可能会沦为盲目地嫉恨、斗争。"夫抚剑疾视曰，'彼恶敢当我哉'！此匹夫之勇，敌一人者也"（《孟子·梁惠王下》）。匹夫之勇依靠一种相斗的冲动，只能抵挡一人，而没有伦理价值。孟子以为这种"好小勇"的"斗狠"行为不仅危害自身，更有违"仁"。"仁"以"事亲"和"孝"为基础和最重要的方面，"好勇斗狠"极有可能危害双亲家人。

> 孟子曰："世俗所谓不孝者五：惰其四支，不顾父母之养，一不孝也；博弈好饮酒，不顾父母之养，二不孝也；好货财，私妻子，不顾父母之养，三不孝也；从耳目之欲，以为父母戮，四不孝也；好勇斗狠，以危父母，五不孝也。"（《孟子·离娄下》）

> 孟子曰："吾今而后知杀人亲之重也：杀人之父，人亦杀其父；杀人之兄，人亦杀其兄。然则非自杀之也，一间耳。"（《孟子·尽心下》）

因为伦理事务中最为重要的就是"事亲"，而"亲亲，仁也"。五种不孝的行为里就有"好勇斗狠"，这种行为将会使双亲置于危险的境地。何以如此？在《尽心下》中，孟子提到了因嫉恨互相争斗残杀的危害。每个人都生活在家庭关系中，杀人者则杀害了他人的父母兄弟，必然招致他人的报复行为，如此也就将自己的父母兄弟家人连累其中。如若因相斗结怨造成对家人的报复仇杀，那么等同于自己亲自杀害了亲人。如此，岂不是最为"不仁"的行为？因此，"好小勇"而"斗狠"也是一种危害"道德之心"的最严重的"欲"。

第三节 "好"与德行修养层级

在道德动机中，"仁义之心"的动机必须获得行动的主导力量，以协调其他的情欲动机，由此，当其他的情欲动机"遮蔽"或"阻碍"了"仁义之心"的生发，则产生动机失衡的道德失败。然而，除了上述情欲动机之外，孟子对一些所"好"的道德评价并不是完全一致的。从对这些所"好"的不同评价中，我们可以看到，孟子认为德行修养有一个动态的过程，其中，有修养的不同层级，而相对应的修养方法也不是一成不变的刻板规定，而是与人自身的德行能力的具体情况相适应的。因此，以不符合自己的德行能力的方式去追求一些好高骛远的目标，就可能颠倒主次，沦为道德失败。道德的修养要以清醒地自省和自知为前提，并以道德的目标为方向，才能真正有效地提高修养者的道德境界。

一 "好名"与"好为人师"

孟子对名誉之"好"的道德评价存在差异。在《告子上》与《尽心下》中出现了两段对爱好名誉者的论述，在这两段中，孟子对这些"好名"者持一定的肯定态度。

> 言饱乎仁义也，所以不愿人之膏粱之味也；令闻广誉施于身，所以不愿人之文绣也。(《孟子·告子上》)
> 好名之人能让千乘之国，苟非其人，箪食豆羹见于色。(《孟子·尽心下》)

珍惜自己名誉声望的人能舍弃私欲而行"义"举，他们的行为显然有积极的意义，但同时，获得他人认同的人并不意味着有德，比如，孟子对于"德之贼"的"乡原"就深恶痛绝：

> 万子曰："一乡皆称原人焉，无所往而不为原人，孔子以为德之贼，何哉？"
> 曰："非之无举也，刺之无刺也，同乎流俗，合乎污世，居之似忠信，行之似廉洁，众皆悦之，自以为是，而不可与入尧

舜之道，故曰'德之贼'也。"（《孟子·尽心下》）

关于这段文本中的"乡原"，朱熹解释道："人皆以外善，有似中道而实非也，故恐其乱德。"① 结合《论语》，又多有学者将"乡原"释为谄媚于世的"好好先生"类型，如杨伯峻在《论语译注》中将"乡原"视作不得罪人的"好好先生"。② 以道德失败而言，信广来则将"乡原"视为一例重要的道德失败，他说："乡原是指那种生活方式完全符合社会看法的人。他的目标是他人的好评，并且据此来调整他的生活方式，因此在他身上很难找到明显的值得批评之处。他的生活方式看起来是好的，每个人都表扬他，而且他也认为他自己活得恰如其分。但他却不是真的具备'德'。"③

综合上述诠释来看，在主观意愿上，"乡原"谄媚于世，追求世人的好评，算是"好名"之人；但从德行角度来讲，"乡原"只是在人群中"浑水摸鱼"，左右摇摆，毫无原则以求"悦众"，所以"乡原"对名誉的追求是不值得赞扬的，而成了一种道德失败。

除了对"好名"问题的评价差异外，孟子对"好为人师"的评价似乎也存在差异：

孟子曰："人之患在好为人师。"（《孟子·离娄上》）
孔子曰："圣则吾不能，我学不厌而教不倦也。"子贡曰："学不厌，智也；教不倦，仁也。仁且智，夫子既圣矣！"……曰："否。自有生民以来，未有孔子也。"（《孟子·公孙丑上》）

就这两段的比较而言，孟子一方面认为"好为人师"是人的缺陷、

---

① （南宋）朱熹：《四书章句集注》，第 384 页。
② 参见杨伯峻《孟子译注》，中华书局 2010 年版。
③ Kong-Loi Shun, *Mencius and Early Chinese Thought*, p. 178.

毛病,但另一方面孔子的"教不倦"却体现了"仁"的德行。那么"好为人师"究竟是否是一种道德失败?

通过"好名"和"好为人师"这两个道德失败案例可以发现,在德行修养过程中,善与不善,好与不好有时会应行动者的德行能力的高低而变化,因为德行修养是一个层级式的递进过程,那么,在这个过程中也就存在着相应的道德要求和标准。

(一)"好名"

人们喜好名誉的问题可以从两个方面来理解。(1)"好名"者追求名誉本身。"好名"的积极方面表现在行动者因为爱护自己的"名誉",所以能够"知耻"。行动者对名誉的爱护也表现了对自我的尊重。"好名"者自重自爱,行为知廉耻而有底线。而从消极的方面来说,"好名"者对名誉、地位、身份等与"名"相关的事物过分向往,致使行动者爱慕虚荣,为了获得"名誉"而不惜牺牲道德原则。(2)"好名"者追求"名"是为了实现其他目的,名誉只是达到其他更进一步的目的的手段。从积极的方面讲,"名"作为他人评价的体现,可以帮助行动者反省自身的德行高低,以纠偏查错,提升道德修养境界。"名"为自我修养提供了很好的参考标准。在乎别人的态度评价,人们就可以进一步认识自身的优缺点,从而提升自我。这时,"好名"是以德行修养为目的,作为有效的反思手段而具有积极价值。从消极的方面看,因为名誉、地位等往往能够带给人们更多的社会资源,于是,"好名"者通过谄媚、随大流、伪装等获取好的名声地位以方便进一步地占据其他社会资源。"好名"者通过追求名誉实现其他非道德的欲求,这时,"好名"者以"名"为手段,"窃取"社会回馈给有德者的名望财富等,这时,"不义"的目的就决定了"好名"而"实无名"的行为与盗贼无异,都是一种"不义"以取利的错误行为。

因此,究其根本,"好名"远比表面上看起来要更具复杂性,"好名"不能简单等于道德失败,我们必须深入分析"好名"者的心理动机和德行修养水平才能判定"好名"行为得当与否。

以"名"为目的，它有积极的意义和消极的意义两个方面。"名"作为人所好的对象本身也有一定的道德价值。名誉一般与自尊、廉耻等心理态度相关。孟子以为人皆有"羞恶之心"，"羞恶"的一个方面相关于行动者对于自己基本人格尊严的重视，并因此在意他人是否能以符合自身尊严的方式相待。"耻"与名誉相关，人皆有"知耻之心"，也就意味着人皆有对名誉基本的看重与追求。"人不可以无耻。无耻之耻，无耻矣。"（《孟子·尽心上》）侮辱他人的基本尊严连乞丐都会拒绝："一箪食，一豆羹，得之则生，弗得则死。呼尔而与之，行道之人弗受；蹴尔而与之，乞人不屑也。"（《孟子·告子上》）"羞恶之心"中包含了"知耻"的基本倾向。"好名"在一定程度上包含了人的基本道德倾向，人能因"耻"而践行道德行为。

"耻"尽管是人之为人的重要方面，"耻之于人大矣"，但"耻"必须有限度。《孟子》中曾谈到北宫黝之"勇"。北宫黝"思以一豪挫于人，若挞之于市朝。不受于褐宽博，亦不受于万乘之君。……无严诸侯。恶声至，必反之"（《孟子·公孙丑上》）。北宫黝的"勇"和"耻"相关，因为他不能忍受别人一丝一毫的侵犯侮辱，过分地夸大了"耻"的感受。从北宫黝失败的案例来看，尽管"耻"作为一种人皆应有的道德情性，但"耻"须以道德的目标为准并有恰当的限度。超出了应有限度的"耻"是"不义"的。"耻"的限度必须符合"义"的要求。从北宫黝的案例来看，孟子认为他无视耻辱的程度，他由"耻"激发出的过度勇气亦是一种道德失败。

合"义"的"知耻"要求个人的德行能力与身份地位相匹配。如果外在的名誉超过了"耻"的界限，那么也是可耻的。"故声闻过情，君子耻之。"（《孟子·离娄下》）这里的"情"可以被理解为情实之情，那么"声闻过情"也就是名誉超出了实质，这个实质与个人自身的德行能力，身份、地位相关。名过其实，君子也应感受到"耻"。"立乎人之本朝，而道不行，耻也。"（《孟子·万章下》）

如果身份、地位与德行能力不相匹配，特别是在臣为官却不能履行自己的职责义务，那么都应该"耻"之。"知耻"除了包含人对于自己基本人格尊严的爱护，也包括了对自身德行能力，身份、地位的恰当评价。在"知耻"的基础上"好名"，"名"就不会过实，此时"好名"就是积极的。

"名"作为外界给予的评价和人对于自身的评价性态度"耻"或对他者的评估性态度"敬"相关（或"恭""羞"与"恶"等不同表达方式的评估性态度）。但有时外界的评价和恰当合"义"的"耻"或"敬"的对象之间并不总是一致的。比如《孟子》谈论"天爵"与"人爵"的问题的文本如下：

> 孟子曰："有天爵者，有人爵者。仁义忠信，乐善不倦，此天爵也；公卿大夫，此人爵也。古之人修其天爵，而人爵从之。今之人修其天爵，以要人爵，既得人爵，而弃其天爵，则惑之甚者也，终亦必亡而已矣。"（《孟子·告子上》）

"天爵"指向"仁""义""忠""信"等道德修身的目标，而"人爵"指外在给予的身份、地位。人们应该以追求"天爵"为首要目标，而"人爵"只是追求"天爵"之后的次要结果。如果颠倒两者的关系就是"惑之甚"，最后必自取灭亡。如此我们可以看到"好名"作为目的具有的两种性质。从积极的方面来说，"好名"蕴含了人格尊严与自我评估的能力，人能"知耻"而行"义"就是"好名"的积极效果；从消极的方面来说，如果过分地在乎外在给予的"名"，执着于"人爵"，而甚至颠倒了主次，把道德修养当作获取"人爵"的手段，此时的"好名"就是错误的。这样，总体说来，当"好名"者追求的是"名副其实"之"名"，也就是在"好名"之时不忘以"仁义"要求自己，并且所"好"之"名"总是和自己的德行能力，身份、地位相匹配，此时"好名"之人能自重自爱，有所不为，"好名"就是积极的，而不会沦为道德失败。"好名"作为目的是否具有积极作用，关键是看行动者所好之名是否能有"仁义"之实。

"名"也可以作为一种手段来实现其他目的。"名"可以作为个人评价自身德行水平的标准，可以帮助人们更好地进行德行修养。此时，"好名"同样呈现出积极意义。在"天爵"与"人爵"的相关论述中，当"天爵"和"人爵"同时成为人们所欲求的对象之时，"天爵"具有更高的价值，而"人爵"只是在追求"天爵"的过程中随之实现的次要目的。但是作为方法、手段而言，"人爵"有时也能反映出人们是否真正地践行了"仁""义""忠""信"。我们在《论语》与《孟子》中常常看到在人际关系中存在着一种对德行的感应。人们对于有德者会回报以尊敬、信任与服从。人们对于德具有感应能力，以及对待他人的态度在很大程度上取决于他人的行为是否符合伦理目标的要求。这样，人们就可以根据他人的评价来反躬自省、提升自我。对于德行修养不足之人，他人的评价有时可以警醒自己反思并完善自己的德行修养。比如孟子论述国君如何提拔贤士的文本如下：

> 国君进贤，如不得已，将使卑逾尊，疏逾戚，可不慎与？左右皆曰贤，未可也；诸大夫皆曰贤，未可也。国人皆曰贤，然后察之；见贤焉，然后用之。左右皆曰不可，勿听；诸大夫皆曰不可，勿听；国人皆曰不可，然后察之；见不可焉，然后去之。左右皆曰可杀，勿听；诸大夫皆曰可杀，勿听；国人皆曰可杀，然后察之，见可杀焉，然后杀之。故曰，国人杀之也。（《孟子·梁惠王下》）

尽可能多地征求众人的意见，可以帮助人们更好地识别、选拔贤才。他人的评价对于做出正确的判断有积极的意义。然而，有时他人的评价并不完全是准确的，大多数人所认同的不一定是绝对正确的。比如，在"进贤"的问题上，国人的评价为国君提供了基本的标准和线索，但是国君仍然有必要进一步考察思虑后做出独立判断："国人皆曰贤，然后察之；见贤焉，然后用之。……国人皆曰不可，然后察之；见不可焉，然后去之。"（《孟子·梁惠王下》）尽管他人的态度、评价、反馈能够为修养者提供有效的参考，但这种参考也会出现误解与错误的可能。

> 爱人者，人恒爱之；敬人者，人恒敬之。有人于此，其待我以横逆，则君子必自反也：我必不仁也，必无礼也，此物奚宜至哉？其自反而仁矣，自反而有礼矣，其横逆由是也，君子必自反也：我必不忠。自反而忠矣，其横逆由是也，君子曰："此亦妄人也已矣。如此，则与禽兽奚择哉？于禽兽又何难焉？"是故君子有终身之忧，无一朝之患也。（《孟子·离娄下》）

孟子直接阐述了人们对于有德行为的敏感性，并能以相应的态度回馈。因此他人的恶劣评价也有可能指出了行为者本身行为出错。但是如果君子通过自我反省，仍然发现自己的行为并无"不仁""无礼"之处，此时行动者应该坚持自己的判断。他人的评价态度能为德行修养过程中的人提供有价值的参考标准，但对于德行能力水平较高者而言，最终要能够脱离他人的意见，而独立坚持善的判断。真正有德者的行为尽管不被众人理解，但他必须能够坚持自己的判断，不为讨好众人更改自己的想法行动。《孟子·尽心下》中记载了一段故事：齐国饥荒，国人都以为孟子会再次劝说齐王开仓赈灾，而孟子没有受到国人的影响，坚持了自己的判断。孟子能够不因众人的哄闹而追求他人的认同，坚持自己的最佳判断，因而区别于愚勇冲动的冯妇，是有德的表现。因此，"名"虽然可以作为德行修养者自我反省的参考标准，帮助行动者改善自身，但是对于德行修养水准较高的贤者而言也必须能够摆脱他人评价的束缚，拥有独立判断善恶对错的能力。

有时候，"名"也会成为追求其他非道德的目的的手段。拥有"名"能获取相关的各种社会资源。在良好的社会中，"名"与"实"相符，有"仁义"之"实"者也能够获得更美好的"名"，同时与之相应，也就配得更好的社会资源。但是"名""实"并不总是相符合的，特别是在乱世之中，以武力抢夺者，投机取巧者没有"实"却能获得"名"。为臣子则曲意迎奉，为君王则求胜好战，此时对荣耀名誉的向往则不再具有道德上的积极意义。如此，"名"与"实"不符正是乱世之象征体现，同时也会进一步地恶化社会风气。孟子在某些文本中谈到尊德、尊贤以更正社会风气的重要性。在"名""实"相符的问题上，也就是让"名"更好地与"德"相一致，孔子更直接地提出了"正名"的重要性。"名不正，则言不顺；言不顺，则事不成；事不成，则礼乐不兴；礼乐不兴，则刑罚不中；刑罚不中，则民无所措手足。"（《论语·子路》）当然，这里的"名"不仅限于身份名誉，但从总体来说，在一个"名正言顺"的社会中，身份、地位、荣誉会更加符合人相应的德行、能力和社会贡献，"名誉"与"德之实"互相匹配，如此"好名"者也就必"好善"。

最后让我们回到"乡原"的问题：

> 曰："其志嘐嘐然，曰：'古之人，古之人。'夷考其行，而不掩焉者也。狂者又不可得，欲得不屑不洁之士而与之，是狷也，是又其次也。孔子曰：'过我门而不入我室，我不憾焉者，其惟乡原乎！乡原，德之贼也。'"
>
> 曰："何如斯可谓之乡原矣？"
>
> 曰："何以是嘐嘐也？言不顾行，行不顾言，则曰：'古之人，古之人。行何为踽踽凉凉？生斯世也，为斯世也，善斯可矣。'阉然媚于世也者，是乡原也。"
>
> 万子曰："一乡皆称原人焉，无所往而不为原人，孔子以为德之贼，何哉？"

曰:"非之无举也,刺之无刺也,同乎流俗,合乎污世,居之似忠信,行之似廉洁,众皆悦之,自以为是,而不可与入尧舜之道,故曰'德之贼'也。孔子曰:'恶似而非者:恶莠,恐其乱苗也;恶佞,恐其乱义也;恶利口,恐其乱信也;恶郑声,恐其乱乐也;恶紫,恐其乱朱也;恶乡原,恐其乱德也。'君子反经而已矣。经正,则庶民兴;庶民兴,斯无邪慝矣。"(《孟子·尽心下》)

"乡原"的行动目标是他人的好评,也就是说"乡原"将世俗人的评价全盘接受,"同流合污",而不再以道德为动机目标。朱熹和赵岐的注释都对"乡原"错误的人生目标和行事准则做出了批判。赵岐注:"以为生斯世,当取为人所善善人,则可矣。"① 朱熹注:"人既生于此世,则但当为此世之人,使当世之人皆以为善则可矣,此乡原之志。"② 狂者有志于圣人之道,而狷者能以"仁义"守身,"乡原""不可与入尧舜之道"。狂狷者虽然行为方式不和中道,但人生目标是善良"仁义"的,因此更高尚,也更值得交往。而"乡原"的行为则完全脱离了"仁义"的目标,却收获美名,是个人的悲哀,也是"流俗污世"的不幸。

事实上,按赵、朱的诠释,"生斯世也,为斯世也,善斯可矣"的"乡原"单纯以获得世人认同为"可",在行动目标上就偏离了"仁义",因此,"乡原"的问题更有甚于一般的"好名"者。③ 因为这种流于世俗的简化原则让"乡原"放弃了人之为人的

---

① (清)焦循:《孟子正义》,中华书局1987年版,第1029页。
② (南宋)朱熹:《四书章句集注》,第384页。
③ "乡原"虽然以讨好世人、随波逐流为判断行动的准则,但是他的行为动机不明。他可能是由于爱慕荣誉,也可能秉持一种不同的处世哲学以寻求恰当的行事方法。所以,这里将"乡原"视为一种特殊的"好名"者,即尽管以追求名誉和好评为行为准则,但动机欲望并不明确的道德失败类型。

基本的自我反思能力，甚至自以为是。① 以世人的评价为行为的标准，"乡原"就放弃了一切自我反思与考察。"乡原"式的"好名"不同于"好名之人"的"知耻"，"耻"要求行动者对自身的德行和身份有评估和体察，也就需要行动者基本运用"心之官则思"的能力。通过反思，行动者才能够运用自我的"道德之心"，这是德行修养的起点，而"乡原"的行事原则缺乏反省自身的步骤，那么事实上他和极易受环境影响的"小人"也就无异了，也就是孟子所说的丧失"良心"而不知求的典型。"乡原"在同流合污的过程中，自我麻痹，此时道德生发的根基都被遗忘了，又谈何尧舜之道呢？

如果一个人仅仅追求世俗的评价，那么他自身的真情实感从何安放？他还有"信"可言，有"诚"可守吗？"乡原"的"好名"又不同于人天然的对名誉声望的喜好，是一种道德原则上的随波逐流，而孟子的伦理目标以人反思自我的善性为基础。"乡原"颠倒了道德修养的基本方法，必然与"仁义之心"相违背。对一般的"好名"者而言，因为看重外界评价而道德失败的情况时有发生，特别在乱世之时，社会风气不正，这时，"好名"者因不能明辨是非而犯错在所难免，但只要"知耻之心"尚存，"仁义之心"不死，还有改过自新的机会。而"乡原"放弃了自己的判断，断绝了修养精进

---

① 有学者认为，"乡原"被儒者拒斥的原因除了败坏社会风气之外，还在于"乡原""自以为是"的主观意愿偏离"仁义"之道。比如赵清文在一篇《"乡原"何以为"德之贼"》的文章中提到，"孔子之所以厌恶'乡原'，就在于他认为'乡原'没有教化的可能性"，作者将这归于"乡原"缺乏学习追求正道的主观意愿。参见赵文清《"乡原"何以为"德之贼"》，《安徽师范大学学报》（人文社会科学版）2018 年第 5 期。这种考察颇有参考价值，这里，通过进一步分析可以看到，主观意愿的缺乏是由于"乡原"的道德原则妨碍了"良心"能力的发挥，最后又回到了孟子对"良心"丧失的道德失败的总体分析上，与此同时，有道德价值的"好名"和"知耻"能力的正确运用也密切联系。由此可以看到，正确的道德修养是"心之官"的"思"与"志"的结合，"仁义之心"才能生发充沛，这样，关于"乡原"的道德失败案例就和孟子整体的德行修养方法联系在一起了。

的可能,也就与"自暴自弃"者无异了。

更有甚者,"乡原"没有"德"而收获了"名",虽能讨得众人欢心,实则随波逐流,愈加助长了歪风邪气的形成。"乡原"被憎恶批评的原因还不仅在他的自甘堕落、难以救赎,更在于"乡原"的社会影响。"乡原"盗取了有德的名声,使得社会进一步地名不副实。在以匡正时弊为己任的有德者看来,"乡原"是更严重的贼人害义之徒。

(二)"好为人师"

在《孟子》中,"好为人师"虽然被视作"人之患",但也有积极的意义,比如孔子"学不厌,教不倦"就是"仁且智"的表现。那么,"好为人师"的道德失败的错误在何处?在另一段有关"好为人师"者的论述中,孟子更为清晰地指出了这种道德失败的错误原因。

> 孟子曰:"言近而指远者,善言也;守约而施博者,善道也。君子之言也,不下带而道存焉。君子之守,修其身而天下平。人病舍其田而芸人之田,所求于人者重,而所以自任者轻。"(《孟子·尽心下》)

君子因先从修身做起,方有平天下之事。"好为人师"者的问题就在于缺乏对自身修养的严格要求,而在德行能力不足的情况下,盲目苛责要求他人。"好为人师"者严于律人而宽以待己。

除此之外,"好为人师"者同时也获得了他人的认同和尊重。"师"也意味着更高的评价、身份和地位。"好为人师"者可能盲目追求"师"的身份、名誉,如此便和"好名"者有着相似的道德错误。在谈到君王敬养贤者的文本时,孟子提到君王敬贤者为师是为贤德,也就是说德行能力是为师的前提条件。"师"的名誉、地位必须符合为师者的德之实。"舍其田"而不知"求",放松了对自我德行修养的要求,人们就丧失了获得"师"之"名"的资格,如此强为人师亦是名不副实的"不义"行为。

儒家伦理目标的实现有一个互为条件的优先递进关系。"获于上有道：不信于友，弗获于上矣；信于友有道：事亲弗悦，弗信于友矣；悦亲有道：反身不诚，不悦于亲矣；诚身有道：不明乎善，不诚其身矣。"（《孟子·离娄上》）在这段文本中，虽然没有直接论述师生关系，但是由于一切伦理事务的实现完成都必须以"诚其身"为先决条件。不能以"仁义"持守自身者，连侍奉双亲都难以较好地完成，"不失其身而能事其亲者，吾闻之矣；失其身而能事其亲者，吾未之闻也"（《孟子·离娄上》），修身不善者又何以能够善为人师？所以，万事以修身为本，不修身则不具备为人师的能力和资格。

因而，孔子的"教不倦"也以"学不厌"为前提。荀子也说："君子之学也，以美其身。"（《荀子·劝学》）儒家之"学"的目标始终在于完善自身的德行，"学不厌"方能"教不倦"，孔子能够"教不倦"的前提正在于他不断追求自我完善的品质。除了修身成德以获得与为师相匹配的德行能力，并更好地践行师的伦理事务之外，"好为人师"本身也需要有限度。

在《孟子》中，"言"（有翻译为 teaching）和教育之"言"相关。从孟子论"进言"的要求来看，师者以"言"教育他人必须受到以下限制。（1）要以尧舜之道育人，尧舜之道规定了教育的主要目标和具体内容。孟子作为贤者为当代诸侯"进言"时，"非尧舜之道，不敢以陈于王前"（《孟子·公孙丑下》）。君王与贤士之间有师生、君臣两重身份关系，以"仁义"言是真正地敬重君王，不以尧舜之道教育、辅佐君王无异于"不义""无礼"。"事君无义，进退无礼，言则非先王之道者，犹沓沓也。故曰：责难于君谓之恭，陈善闭邪谓之敬，吾君不能谓之贼。"（《孟子·离娄上》）（2）教育他人必须要应场合环境进退有度。贤臣为王提供建议，如果王一再不听取意见，此时也要适可而止，因为继续进言不仅无益还可能祸及自身。"有言责者，不得其言则去。"（《孟子·公孙丑下》）（3）只有当人们有修身之追求时，或者有被感化的可能时，才可以与之教育谈论。"不仁者可与言哉？安其危而利其灾，乐其所以亡者。不仁而可与言，则何亡国败家之有？"（《孟子·离娄上》）"自暴者，不可与有言也；自弃者，不可与有为也。"（《孟子·离娄上》）"不仁者"与自暴自弃者都不应与之"言"。（4）第二点和第三点都和教育方法的有效性相关，善为师者还需要灵活地掌握不同的教育方法。孔子提到教育学生的方法："不愤不启，不悱不发。举一隅不以三隅反，则不复也。"（《论语·述而》）当学生苦苦思索努力而不得时，"自发式"教育是最有效果的。有些时候，孟子认为"不言"才是更好的教育方法，"不言"不是彻底放弃，"不言"其实也是为了使得"言"更有效的一种教育方法。"教亦多术矣，予不屑之教诲也者，是亦教诲之而已矣。"（《孟子·告子下》）

如此看来，善为师者除了要自身德行出众，教育行为本身还要受到各种条件的限制。为师者必须不背离尧舜之道，而且在不当"言"之时要能够及时退与止。"师"与"教"合乎"仁义"且进退有度才是有德的行为表现。自身德行修养不够不仅不具备师的资格，不能真正地传授尧舜之道，而且盲目地"好为人师"还可能因缺乏方法造成教育效果欠佳，甚至因进退不当招致祸患。因此，无德者的"好为人师"实在是一祸患。

二 德行修养的层级性质

由上述分析来看，《孟子》一书中描述了不同的"欲"和"好"，而孟子对于这些"欲"和"好"的道德性质评价并不总是相同的。如何从整体的德行修养层面理解这些"欲"和"好"？只有将孟子的德行修养理解为一种内含层级的发展过程，才能帮助我们更好地理解欲求嗜好和道德失败的关系。

人们对道德的偏好本身也包含"欲性"，因此，在"欲"和

"欲"之间可能会发生冲突而互相遏制。① 因为对道德的偏好也有动机性,所以和其他欲求之间可能会发生较量,而争夺对行动的主导权。这种争夺不仅会影响行动本身,也会影响人们形成恰当的道德知识和正确的道德判断。因此,让道德的动机焕发活力对于孟子来说至关重要。因此,成全道德修养的方法之一就是克制其他的欲求,而生养道德的欲求,使得道德的欲求获得更强的对行动的主导力量。但是,"寡欲"并不是必然和唯一的成就德行的方法。除了对道德的偏好之"欲",其他不同的"欲"与"仁义之心"的关系并不相同。有些"欲"并不必然与"仁义之心"相违背冲突,比如感官"食色"之欲虽然被视作"小人"之"好",但"小人"的道德失败的主要原因并不在感官食色之欲本身,而在于他们没有运用"心"之"思"与"心"之"志"。缺乏对道德情性的体察反思和坚持,这才是造成"小人"放纵耳目之欲的根本原因。如果统治阶级能够将自私的"食色"之欲与"仁义之心"结合起来,将自私之感官情欲普遍化,那么此时"食色"之欲也可以有积极的价值。

除了"食色"之欲,统治者的"大欲"所指向的对权力的渴望本身也不必然与"仁义之心"相背,但是仁政并不是实现"大欲"的手段。"大欲"必须受到"仁义"的限制才可被允许。求"大欲"者的残暴不仁将招致灾祸,适得其反;倘若以"大欲"为唯一目标

---

① 杨泽波在《孟子性善论研究》中提出了研究道德哲学的新方法,也就是"三分方法"。杨泽波认为:"所谓'三分方法',是在坚持人是整全的基础上,把人划分为欲性、智性、仁性三个层面。欲性负责人物质生活的层面,智性是通过学习和认知而成就道德的层面,仁性则是孔子仁的思想,也就是我所说的'伦理心境'。"(杨泽波:《孟子性善论研究》,中国人民大学出版社2010年版,前言,第4—5页)根据杨泽波的论述,"欲性"主要涉及物质生活层面的问题,有其独特的定义。在这里,我们说《孟子》一书中所描述的对于"仁义"之偏好有"欲性",是根据《孟子》文本对于"欲"和"好"所涉及的内容与动机心理性质而言的,不能简单等同于杨泽波在"三分方法"中所定义的"欲性"。孟子经常将人们对于"仁义"的偏好与对"食色"的偏好相类比,并使用"好""恶"等词汇描述这类心理倾向,因而在动机上对"仁义"的偏好也具有一定的"欲"的性质,和"三分方法"中所使用的"欲性"含义不同。这里需要特别补充说明。

成为"以力假仁"者所不能,那么这样的统治者将不能让百姓心悦诚服,孟子认为"霸者"尽管政治成就卓著也不具备"天子"的合法地位,因此,倘若"霸者"一味追求自己的权力野心,就会走向僭越之罪。

两种最为严重危害"仁义之心"的"欲"是"好战"与"好勇斗狠"。"好战"者滥杀无辜,完全走向"仁"的相反方向,沦为"不仁"。"好勇斗狠"者的匹夫之勇不仅没有意义价值,同时可能危及双亲、家人而"不孝",从而也就违反了"仁"最重要的方面。

在《孟子》中,"欲"是多样的,"欲"与道德失败的关系也非常复杂。孟子提倡"寡欲"以"养心",一方面,所寡之"欲"有具体的内涵;另一方面,"寡欲"于"养心"之所以有效,在于"道德之心"的发挥也具有动机性效力,也可以视为一种"欲",而与其他"欲"存在交互影响与"力"的较量。

从第一方面来说,人们的悦"理义"与"好""仁义"之情欲不仅不当"寡",而应该"养",以使得"仁义之心"获得最大的动机力量。"食色"之欲与权力之欲并不必然致使道德失败,但需要"寡",以使得它们低于道德动机,而从属于道德动机,受到道德力量的支配。对于单纯的"好战"和"斗狠"这类置亲人和爱人于危难之中或置百姓于水火中的"欲",则不存在"寡"的问题,而应该予以更彻底的更正与防范,以免造成祸害"仁义"的灾难性后果。

从第二方面来说,由于我们认为"道德之心"直接具有动机性力量,所以对于"道德之心"的生长与培养也就不能仅仅通过理性认知与知识传授,而需要像锻炼身体一般,去进行精心养护和有意识的训练。传统的儒家学者早已注意到道德修养需要进入精神修炼、身体践行与日常生活的演练中,因而提出诸如"养气""三省吾身""调息静坐""从人情事变"等生养道德动机的实践修炼方法。当代学者也注重到中国哲学的身心修炼问题。比如一篇《儒家传统的身心修炼及其治疗意义——以古希腊罗马哲学传统为参照》的文章指出,"儒家修身传统的实践,即'变化气质'、学习成为君子并最终达到圣贤境界，就恰恰可以说是一种精神修炼与欲望治疗"①。文章同时引入介绍了当代西方哲学关于欲望治疗的一种思潮及其领军人物纽思浜（Martha Nussbaum）的观点，"认为哲学更多地应当深入反思人们的欲望、情感的维度而不仅仅局限于狭隘的理性"②。事实上，与其说理性是"狭隘的"，不如说如果我们对问题更全面的考察有利于推动道德实践。杨国荣通过分析儒家传统提出，在实践中人们应该化"口耳之知"为"身心之知"以克服与道德动机相关的实践问题。"身心之知"强调培养人们的意欲、情感以配合"理义"的道德要求，因此，则有必要采取一种综合的考虑而不是"单一的理性视域考察"。"如果综合考虑了相关的各种情况，包括客观上多重可能的趋向及主观上不同意欲之间各自的强度等，则可能形成与单向的理性考虑不同的行动选择，后者往往更合乎一定的行动情境。这里的综合考虑，可以视为认知、意向、态度、欲望、情感等的交融……通过扬弃意识活动的单向性，以避免引发意志软弱。"③ 意志软弱是道德失败的一种常见现象，杨国荣提出"身心之知"的看法也启迪我们关注主体身心方面的情欲状态，扩充了以往仅关注理性的研究视角，使我们能够更全面地看待道德实践并促进德行修养。

就当代儒学研究而言，理性传统仍然具有重要的地位与意义，并且也受到学者们的普遍关注，但是对于欲望，以及相应产生的各种实践问题的了解还不够充分。如果还停留在笼统的对"寡欲"的理解，将"欲"认为是"在外者"而不予以重视，显然已经不能满足于现代道德实践的要求。从《孟子》的文本来看，有关欲望的种类是十分丰富的，而"欲"和道德失败的关系也是有不同层次的。

---

① 彭国翔：《儒家传统的身心修炼及其治疗意义——以古希腊罗马哲学传统为参照》，载杨儒宾、祝平次编《儒学的气论与功夫论》，华东师范大学出版社2008年版，第9页。

② 彭国翔：《儒家传统的身心修炼及其治疗意义——以古希腊罗马哲学传统为参照》，载杨儒宾、祝平次编《儒学的气论与功夫论》，第7页。

③ 杨国荣：《人类行动与实践智慧》，第130页。

因此，欲望并不是道德失败的唯一原因，也不可能完全剔除。当人的"心"灵偏离了"仁义"的要求时，"欲"可能以各种方式呈现出失调才是道德失败的真正原因。通过更全面的对"欲"的认识，努力培养更为协调优美的欲望配比与结构以克服道德失败，才能让我们真正拥有善良美好的心灵。

而从孟子论"好名"与"好为人师"相关的道德失败案例来看，更能够清晰地看到，简单地将孟子的道德失败归为欲望的影响，将是比较片面的。"欲"的种类繁杂，随着人们的道德修养，"欲""好"与"仁义之心"有可能有不同的结合方式，由此在整个修养过程中，许多"欲"可以得到拯救，从而拥有积极意义，并有可能在"仁义之心"的指导下更协调地发展。而"好名"与"好为人师"的案例更清楚地展现了孟子所论的德行修养是一个逐步提升的层级过程，难以通过静态地指向某种固定的标准达成。自我修养者随着不断提升完善的过程，所"好"的对象的道德价值与意义也呈现出差异性。某些行为的好坏对错并不是绝对的，而是由行动者本身的德行能力决定的。当相应的所"好"和行为与修养者本身的德行之实相匹配时，这些所"好"与"行"就是积极正面的，反之则沦为道德失败。

"好名"与"好为人师"都与行动者自身的德行能力及所应获得的身份、地位密切相关，但两者的积极意义呈现在修养者的不同层级中。"好名"本身作为人追求的目的时，与人们"知耻"的道德情性相关。人们因为"知耻"而有所不为，此时"好名"具有积极意义。同时，"好名"者如果能够通过反思自身，去追求"天爵"所要求的"仁""义""忠""信"的道德目标，在提升自我的同时也可能同时收获外在给予的名誉、身份，即"人爵"。当"人爵"与"天爵"相匹配时，"好名"者因自身德行配得"人爵"，"好名"则无可厚非。但是如果"人爵"超过了德之实，行动者应"耻"之。如果以"人爵"为最终目标，而将修"天爵"仅仅当作获取名誉、地位的手段，并最终抛弃"天爵"所要求的伦理目标，那行动者将名不副实，不仅可能沦为"不义"的道德失败，而且还有可能为自身招来灾祸。

"名誉"由于是外在给予的，所以它的获得也有赖于他人的评价。他人的评价可以作为修身者反省、评估自我的手段方法。德行能力不足的人可以参考众人的评价，帮助自己做出恰当判断。此时，他人的评价是督促自己进步的衡量标准。但是，他人的评价未必正确无误。特别是在乱世之时，社会风气不佳，此时众人的评价很可能是错误的。修养水平较高者要能够在他人的评价之外，获得自己独立的判断，并且不受外界影响，坚守自己所认可之善行。有德之人要能够于浑浊之世，出淤泥而不染，匡正时弊，改正社会风气。此时，有较高德行修养之人必须舍弃对"名誉"的盲目追求，即便不被众人理解，也要力排众议，实践"仁义"。如果，仅以他人的评价为唯一行为准则，那么自我反思、反省将成为不可能，与世人同流合污，助长不良风气，成为"德之贼"的"乡原"。

由此看来，"好名"对于德行修养较低者还是有积极帮助的，但随着修养水平的提升，人们应该冲破对"名"的渴望，打破"名"对人的束缚而追求更有价值的"仁义"等伦理目标。"好为人师"的道德性质则正相反。普通人失却自己的"仁义之心"而不知求，反而对他人求全责备，严于律人而宽以待己，此时的"好为人师"呈现负面意义，是一种道德失败。

"好为人师"者可能也有追求"师"的身份、名誉的欲求，而如果自身的德行能力并不满足为师的资格，那么强为人师则相当于一种僭越，也是一种"不义"的行为。对儒家伦理来说，不同的道德目标之间有优先秩序而能相互成全。一切伦理事务都需要行动者能"守身""修身"。"修身"不善者不可能践行教育他人的义务。所以，只有当行动者本身的德行修养水平较高时，愿意帮助与教育他人才是有积极意义的。只有孔子的德行，"学不厌，教不倦"才是"仁且智"的表现。具体来说，对他人的教育受到许多方面的限制。"师"者必须以尧舜之道育人，并且还要在恰当的场合、针对合适的人才能实施教育劝说。"师"者必须以儒家伦理目标要求自己并言"仁义"之道,还要注重方法、手段才能使得教育有成效。总体来说,对于无德者,"好为人师"不仅背离"仁义"的要求,无法真正履行教的活动,同时还可能陷自己于"不义"或者为自己招致灾祸。无德者的"好为人师"实为祸患。只有有德者的"教不倦"才具有积极正面的意义。

由此可见,针对不同修养层级的人,孟子能够以不同的标准和要求来评价他们。某些"好"与"行"是否"善",是否有道德价值要根据行动者的"有德"还是"无德"来具体判断。事实上,许多欲求是否可以追求、是否正当,这些也与行动者的德行能力相关。有德之人在道德的目标下,修养自身,不仅不会任由"欲"妨碍"仁义",反而可以出于"仁义之心"协调安排各种欲求。这时,有德者之"欲"不仅不是错误的,反而因能推而广之,让更多的人受惠,从而推动社会生活走向美好和谐。"寡欲"虽然对于德行修养有积极的作用,但是更为正确的方法是以"仁义之心",或者道德的目标去治欲,最终美化自我的动机状态,并成就社会整体的美好生活。

第四节 "气"与德行修养方法

一 孟子论"养气"

"气论"是中国哲学中一个复杂的、核心的问题,我们大致可以将先秦时期出现的"气"分为三类:物质元素之气,生理活动之气,精神修养之气。物质元素之气,比如云气、烟气、构成世界万物的阴阳之气。生理活动之气,比如血气、正气、"气一则志动"之"气"。精神修养之气,诸如浩然正气、勇气、夜气等。[①] 在先秦思

[①] 多有学者对先秦时期的"气"的含义做过分类研究,以上分类可参见朱伯崑《先秦伦理学概论》,北京大学出版社1984年版;翟廷晋《孟子思想评析与探源》,上海社会科学院出版社1992年版。

想中，物质世界，特别是生理活动与精神活动之间的区分并非泾渭分明。在《孟子》中谈论"气"之时，人的生理活动之能量往往与精神修养境界联系在一起，使得内在的德行修养能够"有诸内必形诸外"。总体而言，孟子所论之"气"集中在后面两种类别。因此"气论"也主要关注道德修养工夫的问题。通过整理孟子的文本，我们主要分析"气"的性质，并由此结合讨论相应的道德失败和修养方法。

"气"首先联系到勇气。

> 孟施舍之所养勇也，曰："视不胜犹胜也。量敌而后进，虑胜而后会，是畏三军者也。舍岂能为必胜哉？能无惧而已矣。"……昔者曾子谓子襄曰："子好勇乎？吾尝闻大勇于夫子矣：自反而不缩，虽褐宽博，吾不惴焉；自反而缩，虽千万人，吾往矣。"孟施舍之守气，又不如曾子之守约也。(《孟子·公孙丑上》)

"约"，要也。守约可以被理解为守住关键重要的方面，也可以理解为方法的简要易行。孟施舍守气，从文本来看，孟施舍无论敌情如何都能够勇敢会战。如此，守气的含义可以被理解为守住勇气本身，不论外在情境如何，都鼓足勇气应对。比之孟施舍对情境的忽视，曾子的勇气是根据反思而来，反思自己的行为是否合于"仁义"，所以此时的"气"以"仁义"为准，"气"受到"仁义"要求的制约。因此，将"约"理解为简要易行还不能完全表达孟子关于"气"的含义，行为是否合"仁义"是"大勇"前提，因此曾子的守约应理解为守住了事情更重要的方面。

在《孟子》中，曾子是守身的代表人物，那么曾子自反的内容必然指向儒家伦理理想，也就是"仁义之心"，以曾子所守的"仁义之心"与"气"相比照看，"气"与"仁义之心"有不同层面的意义。"心"有"官能之心"的意义，也含有道德的"内容之心"

的意义。"官能之心""能思"且"有志"。

"思"指向反思，也就是反思"心"的内容之道德情性，在"思"的过程中就涉及注意力的转移集中。"思"有定向，那么"思"与"志"存在何种差异呢？如果只有"思"就能帮助人们实现道德倾向，那么齐宣王这种偶然能够反思到自己的"仁义之心"的人的意志软弱现象要如何解释？比之"思"而言，"志"有更强的稳定性，并在一段时间中持续，因为"志"涉及"守""持"，就是更坚定地将"心"指向"仁义"的要求的内容。因此，"心之官则思"是人们摆脱"小人"状态，体察道德情性的第一步。"志"稳固地将"心"的方向指向"仁义"，并持续保持以逐渐加强道德情性的动机力量。这种稳固持守的能力应该也是"心"的能力，而不是"气"的能力。

> 告子曰："不得于言，勿求于心；不得于心，勿求于气。"不得于心，勿求于气，可；不得于言，勿求于心，不可。夫志，气之帅也；气，体之充也。夫志至焉，气次焉。故曰："持其志，无暴其气。"（《孟子·公孙丑上》）

孟子以"心""志"连用提示了"志"的这种稳固持守的能力属于"心"。在讨论"心"与"气"的关系时，孟子总体上承认"不得于心，勿求于气"，也就是肯定了"心"对"气"的制约关系。"心"通过什么能力来制约"气"呢？即通过"心志"。这样，"志"与"气"形成对照。"心"有"志"，而"气"应该受到"志"的制约。"志"虽然不能等同于西方哲学中"意志"的概念，但是"志"和反思又有所不同，"志"在将心的注意力稳固指向"仁义之心"的道德情性的内容的同时，还能够向外控制管理"气"，使得"气"以配合"仁义"的方式生养。"志"能够拥有稳固地守身的能力的原因不仅在于规定了反思之"心"的方向，同时也能够掌控住"气"，使得"气"能够始终听命于"心"，让"气"能够"配义与道"。

因而，从官能来说，"气"与"心"有差异，"心"能"思"有"志"，而"气"不能够反思感受"仁义"的道德情性，也不能够持守控制行为。这样看来，"气"更类似于一种生理的冲动感受，而"心"区别于"气"具有思考控制的能力。"夫志，气之帅也；气，体之充也。"（《孟子·公孙丑上》）"气"，充满体内，包括人一切生理活动的机能；"志"统帅这些机能，相当于头脑管理身体。"志"除了能够对生理机能有所控制外，还表现出稳定性，"志"一般用来描述人长远的目标和总体的行动方向。"流水之为物也，不盈科不行；君子之志于道也，不成章不达。"（《孟子·尽心上》）"君子之事君也，务引其君以当道，志于仁而已。"（《孟子·告子下》）

因此，"志"虽然能够控制"气"，并且指向长远的目标和总体的行动方向。"志"对于人当下的心理状态和行为表现的控制并不是绝对的，"志"和"行"之间会出现偏差。比如狂者虽然也有志于古人之道，并且将道德修身作为自己行为的总体目标，但他们的行动跟不上他们的志向，使得他们总是呈现出言行不一的道德失败状态。如果我们将"气"视作人生理活动的机能力量，那么比之"志"而言，"气"更直接地参与到行动的动机当中。"志"与"行"的背离在很大程度上与"志"对"气"的失控相关联。"志"作为总体的行动方向，实现与否受到"气"的状态的制约。

> 既曰"志至焉，气次焉"，又曰"持其志无暴其气"者，何也？
> 曰："志壹则动气，气壹则动志也，今夫蹶者趋者，是气也，而反动其心。"（《孟子·公孙丑上》）

"气"能够"反动其心"，孟子举出奔跑者跌倒的案例来说明。如果我们以身体与"心"的控制能力为例来看，比如健身者虽然有强健体魄的总体目标，但在具体健身锻炼的过程中，能否完成训练则受到身体力量条件的限制。一个初步进行训练的人，必然无法举起超出肌肉负荷能力的重量，也无法完成马拉松比赛。这并不是因为训练者缺乏志向，而是身体条件尚不允许。孟子常将道德情性与各种心理情欲也都比作"体"，那么这些"体"是否也受到某种自然性力量的限制？笔者以为这种诠释是很有可能的：孟子认为各种心理活动的能量机制与"气"相关联，"心志"虽然能够在一定程度上指导心理活动，但是这些心理活动能量的构成和强弱却需要长期的训练培养。通过长期的训练培养，道德的情性将获得更强的动机力量，而其他心理活动与情欲倾向都会以符合"仁义"要求的方式呈现最合宜的、协调的状态。因此，"心志"通过长远目标的训练改造了人的性格与心理状态，此时有志于"仁义"者也就能更简单直接地实现对"气"的支配，真正实现"志"与"行"的统一。

如果这样理解"心"与"气"在官能意义上的关系，即"气"应该受到"心"的制约，那么"气"和"仁义"之性的关系是什么？一种常见的看法是，"气"与外物交接，易受到外物影响；而"仁义之心"的内容是人之本性，是道之所在。"气"蔽于物，而"性"全善，两者之间是对立关系。另一种看法是，"气"实现人性的"情"与"才"，"气"与"仁义之心"本是相配的。其实，两种看法都有一定的合理性。"气"受到"心"的制约，包含两层含义：一层是从官能来说，"心"必须实现对"气"的控制管理；另一层是从道德来说，"心"中才有"仁义"的根据和基础，"气"必须合"仁义"才具有道德价值。"气"是一种心理活动的能量，那么对"仁义"的偏好是否也属于心理活动的一种，"仁义之心"的能量是否也是一种"气"？

孟子曰："牛山之木尝美矣，以其郊于大国也，斧斤伐之，可以为美乎？是其日夜之所息，雨露之所润，非无萌蘖之生焉，牛羊又从而牧之，是以若彼濯濯也。人见其濯濯也，以为未尝有材焉，此岂山之性也哉？虽存乎人者，岂无仁义之心哉？其所以放其良心者，亦犹斧斤之于木也，旦旦而伐之，可以为美乎？其日夜之所息，平旦之气，其好恶与人相近也者几希，则其旦昼之所为，有梏亡之矣。梏之反覆，则其夜气不足以存；夜气不足以存，则其违禽兽不远矣。人见其禽兽也，而以为未尝有才焉者，是岂人之情也哉？故苟得其养，无物不长；苟失其养，无物不消。孔子曰：'操则存，舍则亡；出入无时，莫知其乡。'惟心之谓与？"（《孟子·告子上》）

人之性善，就如"牛山之木尝美矣"，放其"良心"的过程就如人们日夜砍伐糟蹋，人们所作所为并非去除善性本身，而是遏制了善性的生长。在这一过程中，孟子谈到了"夜气"，"其日夜之所息，平旦之气，其好恶与人相近也者几希，则其旦昼之所为，有梏亡之矣。梏之反覆，则其夜气不足以存；夜气不足以存，则其违禽兽不远矣"。砍伐树木并不将树连根拔起，而是将树木的枝叶损害去除。"夜气"和"善性"的关系也可以被理解为树木与根系的关系。因此，伴随"仁义之心"的必有"气"。"气"由"性"的生长状态呈现出来，成为成善之"才"。如此看来，"仁义之心"中有"性"，但它的生长发展伴随着相应的"气"的壮大。"仁义之心"也有与其相配的"气"。

事实上，从动机的角度看，人们的道德情性也有情欲的成分，道德情性也是一种动机要素。动机作为推动人们行动的心理活动有强弱能量的差异。这种强弱能量是"气"。"气"作为一切心理活动的机制能量，也有相配于道德情性的能量。由于孟子将"道德之心"也视作"体"的一部分，也就是"大体"，而持守"仁义"被视作守身。如此，"仁义之心"也应被视作"身"与"体"的一部分。"气"涉及所有的生命能量，那么作为"身"与"体"的一部分的"仁义之心"也是有"气"的能量在其中的。"气"不仅可以推动躯体，而且参与到心理活动中，构成一切生命活动的能量。人们要践行道德，就需要通过"气"增强道德动机的力量，如此可以构成一种由道德动机力量主导的整个心理动机结构。在这个心理动机结构中，道德之"气"远胜于其他活动之"气"，于是此时，"心"在控制"气"时便很容易使得行为匹配、满足道德的需要。"气"并不是全善的，每一种活动都配合有相应的"气"，"气"本身无所谓善恶。但是不由"志"控制的"气"就丧失了修养的方向。"气"可以为道德情性提供力量，也会因其他情欲冲动产生，甚至受身体状况的影响。

"敢问何谓浩然之气？"
曰："难言也。其为气也，至大至刚，以直养而无害，则塞于天地之间。其为气也，配义与道；无是，馁也。是集义所生者，非义袭而取之也。行有不慊于心，则馁矣。"（《孟子·公孙丑上》）

"浩然之气"是一种"气"，它是"配义与道"的结果，必须通过长期的践行"仁义"才能养成。只有由"志"长期指导"气"，"气"才会相应于道德的要求而呈现出和谐受控的状态。道德情性在长期修养中获得最强的动力力量，此时就会形成"浩然之气"。"浩然之气"是长期积习的结果，也是有德者对于自己的道德信心。譬如只有经过艰苦训练的体操运动员才有自信能够完成高难度的翻腾跳跃的动作。普通人即便有志于此，缺乏长期的重复训练也不可能有能力和勇气挑战体操。天才虽然存在，但是有德并不是要求每个人都成为道德的体操冠军，而是尽己所能以"仁义"为主导要求自己。只要达到了自己的动机的最佳状态，就已是成人成德。每一次合"义"的行动都增强了道德动机的力量，同时也给予行动者进一步挑战自我的勇气和信心。而每一次的懈怠和失败也都会减弱"仁义之心"的力量，行动者同时也会丧失再次尝试努力的信心，也就是"行有不慊于心"而气馁的情况。因而，道德修养的关键内容之一，就是要培养自己的"浩然之气"，总体来说就是培养道德倾向的动机力量和实践道德的信心。在常年的积习中，人们才能更好地以"仁义之心"来要求自己,实现"心"对"气"的有效控制。

二 "自暴自弃""一曝十寒""揠苗助长"

除了反思自己的"仁义之心"之外,人们"求"本心的过程也包括了"养气"的重要步骤。不反思、培养自己的"仁义之心"的人被称为"自暴自弃"者;不能坚持不懈地"养气"者视为"一曝十寒"者;"气"有自然的生长规律,缺乏耐心而急于求成的人成为"揠苗助长"者。"自暴自弃""一曝十寒""揠苗助长"是三种"养气"过程中的道德失败。

> 必有事焉,而勿正,心勿忘,勿助长也。无若宋人然:宋人有闵其苗之不长而揠之者,芒芒然归,谓其人曰:"今日病矣,予助苗长矣。"其子趋而往视之,苗则槁矣。天下之不助苗长者寡矣。以为无益而舍之者,不耘苗者也;助之长者,揠苗者也。非徒无益,而又害之。(《孟子·公孙丑上》)

在阐述了"浩然之气"的含义与培养方法后,孟子谈到与"养气"相关的方法:"勿正""勿忘""勿助长"。关于"正"的理解存在诠释上的争议。杨伯峻分析了三种诠释。第一种是朱熹的诠释,以为"正,预期也";第二种是王夫之的诠释,以为"正者,征也,的也,指物以为征准使必然也";第三种"正"犹止,"勿正"的意思是"勿止",此解释也通。杨伯峻以为朱熹的诠释的证据落空,不值得采纳,而采取了第二种解释,意思是培养"心"的时候不要怀有特定的目的。[①] 但是,从这段文本来看,并未提到道德修养是否可以掺杂其他目的的描述。

孟子将道德修养的过程比作耕种禾苗,然后提到了三种错误的耕种方式:不助苗长者,以为无益而舍之者,"揠苗助长"者。按照

---

① 参见杨伯峻《孟子译注》,中华书局2010年版。

文本的逻辑来看，比喻中的三种错误的耕种方式应和论述开始的三种"勿"行为互相对应。"不助苗长者"相当于"忘"，"揠苗"者"助长"，这样对应下来，"以为无益而舍之者"则就对应"勿正"的情况了。孟子提到的三种错误的耕种禾苗的方式对应三种错误的修养方法。"勿正"更接近于"勿预期"和"勿止"的结合意思，不要因为有所期待（却暂时没有获益）而停止道德修养，道德修养应该坚持不懈。① 与孟子养浩然正气"集义所生"的正确方法相比较，就形成了三种错误的修养方式：放弃道德修养（"忘"）、半途而废（"因期而止"）及急于求成（"揠苗助长"）。而这三种错误的修养方式都和"养气"的正确方法相关。

虽然，孟子认为"天下之不助苗长者寡矣"，但是在道德修养方面，放失其心而不知求者却很多。

　　孟子曰："仁，人心也；义，人路也。舍其路而弗由，放其心而不知求，哀哉！人有鸡犬放，则知求之；有放心而不知求。"（《孟子·告子上》）

　　孟子曰："拱把之桐梓，人苟欲生之，皆知所以养之者。至于身，而不知所以养之者，岂爱身不若桐梓哉？弗思甚也。"（《孟子·告子上》）

不知修身而放失其心，忘记舍弃了"仁义之心"的基本能力和内容，这时的人与"不思"的"小人"无异。这种情况孟子也称之为"自暴自弃"。

---

① 黄俊杰将这里的"必有事焉"的诸多可能的解释分为两类：第一，"事"作"福"解，强调道德修养的实际效果；第二，"事"作"集义"解，强调道德修养的不间断（参见黄俊杰《中国孟学诠释史论》，社会科学文献出版社 2004 年版）。笔者以为黄俊杰先生的分析有理，上述两种对"事"的理解放在这里都是可能的。总体来说，这里强调道德修养不可半途而废，需要时时坚持。

孟子曰："自暴者，不可与有言也；自弃者，不可与有为也。言非礼义，谓之自暴也；吾身不能居仁由义，谓之自弃也。仁，人之安宅也；义，人之正路也。旷安宅而弗居，舍正路而不由，哀哉！"（《孟子·离娄上》）

"不可与有言"者有两类，一类是"自暴自弃"者，一类是"不仁"者。"自暴自弃"者为何不可与之言？"自暴自弃"者虽然也是放失其心的人的一种，但是他们对"仁义"的舍弃还不仅是"忘"与"失"，更是一种自觉选择。主动舍弃"仁义之心"培养的人，与"不仁"者性质无异，呈现出难以转化挽救的特性。总体来说，道德修养的起始要从人们求放心、思"仁义"开始，主动放弃"仁义"之路的人，呈现出最难转化改善的特质，与"不仁"者的恶劣程度类似，是"不可与有言"的对象。

人们停止自我修养的原因就更为复杂了一些。"以为无益而舍之者，不耘苗者也"，将德行修养视作实现其他目的手段，此时当修养无益于其他目标的实现时，人们会放弃德行修养。比如在论述"天爵"与"人爵"的问题时，孟子提到"今之人修其天爵，以要人爵；既得人爵，而弃其天爵，则惑之甚者也，终亦必亡而已矣"（《孟子·告子上》）。当今的人修养"仁""义""忠""信"是为了追求"人爵"，而得到"人爵"之后，便以为"天爵"不再重要，故而舍弃之。修"天爵"成为追求"人爵"的手段，当手段不再有益于目的时，手段便可以被抛弃。因为其他目的而舍弃自我修养，可以被视作人们停止道德修养的原因之一。

从"养气"的过程来看，人们要真正达到较高的自我修养水平，需要经过漫长的努力。德行修养过程中难免出现各种坎坷和困难，当无法达到理想状态时，人们可能以为修养本身无益于目标，而提早放弃。这种心理状态，有时会体现在人们对于自己道德能力的质疑上。比如，齐宣王虽然偶然能够体察到自己的"恻隐之心"，但他对自己能力的怀疑也可能会妨碍了他进一步去实践仁政。孟子坚信人们有成就德行的基本倾向和能力，因为怀疑自己不具备成善的才能而停止德行修养被孟子视作"自贼"者。"有是四端而自谓不能者，自贼者也"（《孟子公孙丑上》），人有"四端"，就说明从才能来说，人们都有修养成德的潜质。除了坚定"仁义"的目标，拥有完善的性格需要"养气"，"气"的培养又是长期积习的结果。所以德行修养者除了要坚定自己的志向，不要自我怀疑，同时还需要专心致志，坚持不懈。

> 孟子曰："无或乎王之不智也。虽有天下易生之物也，一日暴之，十日寒之，未有能生者也。……今夫弈之为数，小数也；不专心致志，则不得也。弈秋，通国之善弈者也。使弈秋诲二人弈，其一人专心致志，惟弈秋之为听。一人虽听之，一心以为有鸿鹄将至，思援弓缴而射之，虽与之俱学，弗若之矣。为是其智弗若与？曰：非然也。"（《孟子·告子上》）

"一曝十寒"，"未有能生者"。与"夜气"的相关段落类似，孟子再次使用"生"形容德行修养的过程，"生"的基础是"性"，"生"的结果则是浩然正气。在"养气"以成完善性格的过程中，德行修养者必须专心致志，不可以因为受到其他事务的影响分心而动摇自己的修养之"志"，持之以恒，方能成德。

在修养过程中，与道德情性相配的"气"力量不足，于是在动机心理中，人们会发现道德与不道德的动机常常会相互博弈。人们没有践行仁义而流于道德失败，不是因为人们没有善性，也不是因为缺乏修身成德的材质能力，最重要的是，不可以因为暂时的道德失败现象而自我放弃。理解道德失败从某种程度来说也是成人成善的必要步骤，在许多情况下，"不仁"偶尔战胜"仁"是正常现象。但是只要坚持，"仁"战胜"不仁"则是大势所趋。人们不可因为道德修养暂时没有成果而怀疑自我，放弃修养。

孟子曰："仁之胜不仁也，犹水胜火。今之为仁者，犹以一杯水救一车薪之火也；不熄，则谓之水不胜火，此又与于不仁之甚者也。亦终必亡而已矣。"（《孟子·告子上》）

只要坚持修养的路途，孟子以为道德情性必然会战胜"不仁"的其他倾向，也许在孟子看来，这种必然性也涵盖在"人之性善"的内容里。但是，在修养的过程中，可能由于各种其他因素，"仁义之心"已经受到严重的损害，此时刚刚萌发出的道德动机力量便不足以对抗其他非道德的动机力量，倘若因此以为人们必然会走向"不仁"的恶途，则无异于"自贼"者，提前放弃了自我实现的可能，终至道德本心的丢失。

"仁义之心"中有善性，人皆如此。人会受到坏的积习的影响，但"善性"本身并不会彻底消失。善性总会在某个不受其他因素干扰的情况下，比如"夜气"萌发时有所体现。要继续生发保养"仁义之心"，就必须养此合"仁义"而生的"夜气"之"苗"。但是"气"作为一种生命能力有自然性质，也就是说"养气"的过程有自然规律在其中。孟子将"仁义之心"也比作"大体"，既然身体之养要符合自然规律，那么"大体"之养也同样不可操之过急。"揠苗助长"者的错误在于急于求成，违反了"苗"自然生长的规律，"揠苗"反而造成了对"苗"的损害。孟子将人的心理修养过程类同于自然事物的生长过程。那么"揠苗助长"者的错误不难理解。身体羸弱的人如果强行要求自己举起百斤的树木，必然导致对身体的损害。德行修养不足者要求自己负担自己德行才能之外的伦理事务，也会将自己置于困境，并挫伤信心。是以，孟子以为人有志于为君子，应先从小的伦理事务做起，简单说来即从修身、事亲做起。超越自己的德行、才能居于高位，很可能就会犯下僭越、失职等"不义"之罪，妨碍自己进一步修身的实现，还有可能事与愿违，招来灾祸。

三 "无恒心"与环境的影响

外在环境也会影响"气",也就进一步影响到人们的道德修养水平和成就,这是无可否认的重要因素。因此,孟子更强调个人在道德修身中的主动性而非被动性。要想成为君子,要拥有能够对抗恶劣局势,出淤泥而不染的品质。也就是说,成为君子并不是一蹴而就的,在修身的过程中,行动者必须能够积极地充分认识环境影响的重要性,并主动做出选择与改变,以使得环境能够尽可能地配合帮助自己修身进步。但是在修身已有一些进展之际,行动者也应该能够超越环境,接受考验,最终磨炼出稳定的心性品格。

> 孟子自范之齐,望见齐王之子,喟然叹曰:"居移气,养移体,大哉居乎!夫非尽人之子与?"
> 孟子曰:"王子宫室、车马、衣服多与人同,而王子若彼者,其居使之然也。况居天下之广居者乎?鲁君之宋,呼于垤泽之门。守者曰:'此非吾君也,何其声之似我君也?'此无他,居相似也。"(《孟子·尽心上》)

孟子见到齐王的儿子,感叹周围环境对人的影响,"居移气,养移体",这种环境的影响主要还不是因为耳目感官等物质供养的差别,而是居住环境的差别。简单说来,人所处社会风气等周围环境会对人产生影响,这种影响与"气"和"体"相关。孟子在许多其他文本中也提到过环境因素对人们道德水平的影响。

> 孟子曰:"富岁,子弟多赖;凶岁,子弟多暴,非天之降才尔殊也,其所以陷溺其心者然也。今夫麰麦,播种而耰之,其地同,树之时又同,浡然而生,至于日至之时,皆熟矣。虽有不同,则地有肥硗,雨露之养,人事之不齐也。"(《孟子·告子上》)

孟子再次将人们道德材质的发挥完善比作植物的生长，由此看来，环境影响和"夜气"不存的案例密切相关。在"夜气"的相关文本中，人们由于自己的行为而砍伐伤害了与"仁义之心"相配的"气"的生发。而在这段文本中，是由于环境的影响，而妨碍了人的道德心理的健康成长。环境会妨碍"仁义之心"的实现，也就是说会妨碍道德动机的养成。

暴政使得人民流离失所、妻离子散，无力供养双亲，此时将致使人们丧失道德本性，无恶不作。"民之为道也，有恒产者有恒心，无恒产者无恒心。苟无恒心，放辟邪侈，无不为己。"（《孟子·滕文公上》）缺乏庠序之学和优美风俗的教化，人们纵使有心为善，也难以成君子。君子择善而居，因而君子的修养成善也依赖于周围人的好的影响。

> 曰："一齐人傅之，众楚人咻之，虽日挞而求其齐也，不可得矣；引而置之庄岳之间数年，虽日挞而求其楚，亦不可得矣。子谓薛居州，善士也。使之居于王所。在于王所者，长幼卑尊皆薛居州也，王谁与为不善？在王所者，长幼卑尊，皆非薛居州也，王谁与为善？一薛居州，独如宋王何？"（《孟子·滕文公下》）

孟子曾和戴不胜论述如何帮助君王成善，并举例，如果想要学习齐国语言，那么是找一位齐国老师却有众楚国人干扰，还是居住在齐国，天天和齐人打交道有效？孟子接着论述到，当周围都是善人时，王必定也会受到善人的影响。周围人的不好影响也属恶劣的环境，也是有害德行修养的因素。

虽然孟子强调环境的影响对于德行修养的重要意义，但是"有恒心"者却能出淤泥而不染，坚定自己的"仁义之心"，甚至能感化周围的人，影响伦理风气，成为道德楷模。柯雄文曾注意到环境影响的两面性：一方面来说，孟子认为应该尽量为修养者提供良好的环境；另一方面，孟子又认为，有德者必须经历考验，在恶劣环境的影响下磨炼心志。①

> 孟子曰："舜发于畎亩之中，傅说举于版筑之间，胶鬲举于鱼盐之中，管夷吾举于士，孙叔敖举于海，百里奚举于市。故天将降大任于斯人也，必先苦其心志，劳其筋骨，饿其体肤，空乏其身，行拂乱其所为，所以动心忍性，曾益其所不能。人恒过，然后能改；困于心，衡于虑，而后作；征于色，发于声，而后喻。入则无法家拂士，出则无敌国外患者，国恒亡。然后知生于忧患而死于安乐也。"（《孟子·告子下》）

将这一问题放在孟子道德修养的层级性质中就不难理解。孟子认为，德行修养者不可"揠苗助长"，其实也就是在说因为修养中涉及"养气"，"气"的生成有自然的规律。比如对于一个未经训练，手无缚鸡之力的人而言，将他丢入虎穴之中，那将不是训练，而是残杀。对于修养水平较高的人而言，将他置于困境，是对他能力的考验并将激发他的潜能，进一步提高他的能力。在"动心忍性"的案例中，孟子所列举的人物都是历代风流贤士，他们能够通过"苦其心志，劳其筋骨，饿其体肤，空乏其身"的考验，一方面说明他们的天资之高、心志之坚、能力之强；另一方面，正因为他们的德行能力或者才华优越于普通人许多，这样的考验才有助于他们的德行能力提升。普通人修养自身的过程，还是要在保障自己基本生命安全和生活资料较充足的基础上，不断积习，集义而生"浩然之气"。

就普通人而言，虽然不像先贤一样，将自己置于极端环境中生

---

① 参见 A. S. Cau, "Xin and Moral Failure: 'Reflections on Mencius' Moral Psychology", *Dao*, Vol. 1, No. 1, 2001。

养"心志",但经过一段时间的学习和修养之后,也要能够对抗不良环境的干扰。孟子也提出了一些更为可行的对抗环境影响的修养方法。比如在孟子见齐王之子的案例中,孟子就提到比之环境之居而言,如果人们能够以"仁义"道德为居,那么更能成就不一样的气质德行。"居恶在?仁是也;路恶在?义是也。居仁由义,大人之事备矣。"(《孟子·尽心上》)"仁义之心"内在于人自身之中,如果人们想要尽量摒除外在环境的影响,就要经常反思自己的"仁义之心",通过反思持守自身的道德倾向,就可以尽量杜绝外在的干扰,与乱世中不失其身。

结　　语

　　正如标题所表明的那样，本书讨论的核心问题是《孟子》一书中有关道德失败的案例或现象。"道德失败"虽然是一个引入的外来词，但其所指之内容毋宁说是每一位研究孟子伦理思想的学者所不能不面对的问题。

　　但说起道德失败，人们可能更容易联想到一个人的外在的行为举止有违于道德的规范要求，所以，本书在一开始时便已经指明，孟子无疑反对一个人的行为违反"仁""义""礼""智"的规范，但作为一个动机论者，相比于仅仅关注行为的结果而言，孟子更在意行为者的动机。换言之，一个人的行动虽然在表面上符合儒家伦理的要求，但如果行动者的动机并非出于善（"良心""本心"）的意愿和心态，那么，其行为仍然不能算作一个善的行为。一个真正合乎道德的行为必须出于"心"（"良心"），践于行，布乎四体才得圆满。如此看来，当我们说一个人行善或行不善时，都不仅仅只就其单独所表现的外在的行为而言，而且还涉及行动者的心理状态和意愿动机。从这个角度来看，"性善何以行不善"可以说是在讨论整个德行理想的实践问题。因此，在《孟子》一书中出现的道德失败现象与案例，不仅包括行为不当，还包括行动者的情感、欲求、意愿、态度等动机状态不符合"仁""义""礼""智"之"四德"的要求。孟子有时将"仁"或"义"作为总体的伦理理想观念，基于这一理由，我们也可以将孟子中的道德失败简述为有违"仁义"要求的人与事。① 再者，由于相对于列举出各种事件的具体做法而言，孟子更在乎培养君子之德，因而在讨论"行不善"与道德失败的案例之中，我们更关注行动者的德行缺失与相应的修养对治方法。

基于上述思考，本书在"导论"中讨论了本选题的意义、孟子伦理学的理论形态及本书的思路之后，从第二章开始具体讨论道德失败。作为结束语，我们将分三个部分来概述以下内容，此即本书的"纲纬线索""理论启示"及"反思与反思之外"。

(一) 纲纬线索

作为结束语的一部分，人们常常将论题最具指向性的问题提出来，这是通常的做法，也是很有必要的做法。可是，假如以提要式的方式对论文的纲纬和线索进行回顾和某种意义上的凸显，人或以为是次序颠倒，或以为是多此一举，不过，这种做法仍具有其特殊的意义，舒朗地表示出每一章的核心，将理论问题醒目地加以提示，无疑有助于把握问题的实质，古人有谓作文之法，绵密有绵密的厚

---

① 有一种常见的看法认为，道德失败类似一种道德上的意志软弱，即行动者有意愿行善，但最终事与愿违，并未成善。特别是在以行动为中心的视角下，按照一般意志软弱的定义，意志软弱者知行不一，知道什么是好的，但是却不去做；那么，相对应地，道德失败就是有行善的意愿，却最终没有做出善行。然而，孟子伦理学却有特殊之处：一来，孟子所强调的善良意志，是从一念为善至终身求善的整个生命进程；二来，孟子认为善的最终结果是善的德行品质，不是一两件好事，是诸多"义"行的集成。因此，孟子是动机论者，但同时，从德行论的角度来说，又是以行动者为中心者。更重要的是，孟子理想中的君子从产生道德意愿到做出道德判断，最终有充足的动机去做，这整个过程是合一的。动机和意愿影响了判断，反过来说，判断本身就带有动机效力。因此，在考察孟子的道德失败模型时，不能完全用知行不一或事与愿违来解释。就德行发展过程而言，孟子又认为，人皆性善，也就是都有善根，或多或少都有善良的意愿，如讨论"夜气"时，孟子提到，就算是日日砍伐伤害善根的人，在夜晚没有干扰之际，也会滋生出或多或少的善意，正如水之就下，凡人皆有成善的意愿，只看是否能存养和推扩而已。由此，由于"性善论"这一前提，我们又可以将孟子中所有未成德的状态，称为一种道德失败现象，也就是"性善何以行不善"的论题。因而，将有违"仁义"之事统称为"道德失败"，就孟子思想而言是较为恰当的，当然，这也就意味着这种道德失败的定义并不一定适合所有伦理学说。

重，舒朗有舒朗的高致。

我们首先讨论的道德失败是从孟子所谓的"淫词邪说"开始的。孟子曰"天下之言，不归杨，则归墨"(《孟子·滕文公下》)。在孟子看来，各种错误的言论主要可以归结为杨朱和墨子两种类型，并呈现出系统性的特征。孟子与杨墨的争论主要集中在"仁"与"爱"相关的问题上，"仁"处在一种自然私情与普遍之爱之间，既兼顾"情"亦包含"理"。因而，两种典型的错误，也就是偏向于某一极端，或将"情""理"相分别的道德理念。一方面，孟子认为道德的理想需要有情实的基础；另一方面，孟子也认为真正达到了道德的境界，充分发展了人们的道德倾向，人们可以从自己的"良心"出发获得正确的道德知识。道德的判断与人的道德心理和相应的修养水平相互配适，人们逐渐在环境交互中获得道德的成长。由此，杨朱的错误在于仅仅看到自然私欲的一面，而没有看到人们的情性本身具有的道德的基础，"为我"恰恰也是非自然而有害的。墨子的错误则在于抽离了人之情性的基础，片面强调一种外在的普遍法则，并诉诸权威或鬼神等其他手段来充当人们的道德动机，使得道德动机与道德原则相背离，这是"二本"。陈仲子的错误在于过于看重自我的道德节操，而忽略了道德必须在一种君臣上下、亲人友朋的伦理关系中才可能的现实情理。他的道德洁癖一方面犯有一种类似杨朱过于自爱的错误，另一方面也压抑了自己真实的道德倾向的实现。许行的错误在于缺乏对事物之情实的全面考察。一方面，许行缺乏对不同劳动性质的区分与理解，忽略了"劳心"者的劳动消耗与价值，造成他不能理解贤者阶级的存在符合社会发展的情实；另一方面，他缺乏对物品质量与数量的区分与理解，忽略物品质量，所以破坏了市场秩序。许行言论的问题和墨学十分相似，都是否认儒家所看重的"人之情"和"物之情"的差等关系而偏向于"执一"，其实质也就是割裂"情"与"理"，致使"理"不能合于情而开展，造成情理相害的结果。

"情""理"相分，不仅体现在对人的自然情欲与道德理由的分离，更体现在现象世界与义理世界之间的割裂，因而自然规律、人性基础、社会规则也被置于道德理由的世界之外，如此则使得白圭之"言"违反自然和社会规律而酿成危害。宋牼的问题则在于他仅仅考虑到行动和政策的后果，而没有考虑到当一种"政绩效果论"和等级式的社会秩序相结合时，统治阶层的行为动机将不被列入需要约束的考察范围内，造成政绩效果与统治者的野心相结合，最后在民众间造成错误解读，上行下效，败坏社会风气。孟子对于宋牼问题的批评具有很强的现实性。由于在孟子看来，一种君臣上下的等级秩序是最符合情理之实的，也就相应地必须有与这种等级秩序相适合的政策理论。宋牼的效果论事实上也是"情""理"相分的一种形态，他一方面忽略了统治者和普通百姓的心理动机之实情，另一方面也忽略了既有社会形态的特点，因而他的言论也会造成对社会秩序的反噬，引发祸患。

"孟告之辩"历来是孟子研究的核心，许多枝节不再赘述。但在"孟告之辩"中，需要把握以下两点核心问题。首先，在"仁内义外"的问题上，需要看到孟子批评告子的核心在于强调"仁义"作为道德的整体，具有内在性的价值和基础，在这一层面上，"仁义"不可区分。由孟子对于其他言论错误的分析来看，孟子之道德理想必须同时建立在现实可能性及道德之可普遍化的要求之上。孟子认为，"仁义"作为道德，可以从人性的道德情性出发，由和环境的交互作用，内发习得。这就意味着，道德教义一定是可以发自相同的动机心理，而无须从其他方式去激发而成为履行教义的补充工具。也就是说，一个人必然是既可以自发认识到道德教义的正确性，同时也完全出于相同的理由和倾向拥有这样的动机去行动。在这一双重意义上，道德的根源在内，而道德发生的主要诱因也在内。这是孟子对告子"仁内义外"进行批评的要点。

其次，在"不动心"的方法上，告子对于道德根源与道德发生的错误理解，也和他的修养方法的错误相一致。一些传统注释将告子理解为道家，可能存在着一些误解。事实上，告子的"不动心"

原则更适于被理解为一种墨家修身原则的引申，即以道德教条或某种"义"为先，然后以"志"约束自己的心，以配合"义"的要求。而在孟子看来，"仁义"本来就建立在道德倾向之上，有人性的内在基础，通过修养逐渐提高，人们从自己的善心出发而从善言、行善事。或者也可以说，此"心"是活泼泼的"良心""本心"，不是剥离情欲的抽象的理性之"心"，再与情欲相匹配。这中间难以区分出先后顺序与优先等级，而是一个活动过程。人们只有逐步在认识中提高，在提高中实践，在实践中"集义"，最终又返回到认识，才能获得对"言"的把握。这整个过程，"良心"不是静态的，而是与"气"共同生长的，因而，"知言"与"养气"不相离。不是"知言"在先，而"养气"在后。告子的错误则在于以为脱离"良心"、脱离"养气"的工夫，可以先在地把握某种"言"，并以此"言"为标准，来收敛自己的"心"。如此，告子的"不动心"则真不动，丧失了"良心"活泼生动的本质，最终也使得他对"言"的把握不再具有灵活性，变成对教条的刻板遵守。由此，"知言"时刻不离活动的"心"，不离动态的现实情实，而错误的发生则往往源于"言"背离人心现实。"言论"认识的错误最后在个人方面回到了德行，具有德行才能帮助行动者真正具有"知言"的能力。

  本书的第三章主要以"仁""义""礼""智"的德行条目为线索，来分别探讨相应的道德心理或成德的倾向能力，并围绕相关的道德失败案例来探讨每一种德行缺失的原因，以及相应的修养方法的要点。首先，以"仁"的道德心理的研究为对象，分析何以"仁"的道德情性既具有自然属性，同时也具有道德性质而能够普遍推广。在《梁惠王上》中出现了齐宣王偶然发动"恻隐之心""以羊易牛"的案例，通过对学者的相关争论的分析，可以看到，在孟子对齐宣王的道德劝说中，孟子并不是试图向齐宣王揭示一种逻辑的一致关系，并非完全以逻辑上的相类来达成"恻隐之心"的普遍推广。相反，孟子更看重"恻隐"或同情的道德心理本身所具有的特殊性质。"恻隐"之情的发用存在一种"由近及远"的自然性质，然而同时，也是通过"恻隐"和同情，我们将他人的苦难或幸福纳入自身的意识考量中。他人的苦难与幸福与自我的道德情感相关联，使我们产生对他人的关爱与怜悯。孟子试图通过启发式劝说的方式使齐宣王认识并感受到自己的"良心""本心"，而这是一切道德转化的前提。"良心"本身的发用，既包括一种差等性的等级之爱，又包括普遍性向度。如果通过抽象提取普遍特征，而剥离同情心的自然性质，将只能推出平等之爱、普遍之爱，而遗失"亲亲"的自然特征。如此，在孟子看来，也就丧失了良知的灵活性与权变性。因而，对于孟子来说，"良心"本身既是道德的根据，为道德判断提供理由，也是道德的动机，为道德行动提供动力，两者不相分离，如此，行动者才能既获得关于道德所必需的某种普遍考量，同时也保存同情心本身的活泼本质，而具有充沛的动机力量。

然而，基于同情心的情感发用来获得道德理由与动机的方式，对于德行修养不佳者，存在应用上的困难，这恰恰成了齐宣王和梁惠王的道德失败的原因之一。对于齐宣王来说，虽然他偶然能够感知到自己的"良心"，然而感性性质的"良心"会和其他欲求进行动机力量的较量。也就是说，同样作为动机的要素，它们彼此在人的经验心理中呈现一种流动的、此起彼伏的状态。倘若对于"良心"的感受力不强，"仁心"不是所有场合中的首要考量因素，那么行动者很可能在其他情欲出现时被诱惑。"良心"的力量被其他情欲遮蔽或驱赶，造成在面对强烈的非道德欲求诱惑的情境时，"良心"不再发挥主人翁的作用，造成一种惯性的意志软弱现象。而如果"良心"长期受到压抑，它的感性力量也会逐渐弱化，甚至被行动者"遗忘"，以至于坠入"不仁"的境地。此时，通过单纯的言语激发，已经难以使得"不仁"者意识到自己的道德情感倾向，因此，此时必须通过其他的方式警醒行动者进行反思，才可能予以转化。因此，在面对梁惠王等"不仁"的道德失败案例时，孟子的教化方式改为以政治危害来警醒，甚至采取"不言"以反向激励的措施。孟子对这些道德失败案例的处理方式与孟子对道德情理的理解密切关联。

"义"的问题相较于"仁"更为复杂。首先需要注意的是，作为狭义的"四德"之一的"义"对应"羞恶""知耻"或正面的"敬"的道德心理。这类道德心理都涉及一种由评估而产生的心理态度，而评估的对象更为广泛。评估也就相应地要求将某种标准对照或应用于对象。如此，"义"的对象既可能涉及人，也可能会涉及事，既包括自我，也包括他者。一方面，"义"落实在一个既定的社会关系中，特别是孟子所认可的等级式社会秩序中，形成对他人、对职能或对相应事件的评估；另一方面，"义"也关涉自我反思时，产生对自我行为的综合评价。这样，事实上，个体的德行、社会关系、普遍之道都会进入评估者的视野，如此，综合地说，"义"行显示出"宜"的特性。然而，参照孟子对于"不义"事件的相关分析，可以看到，不仅"义"行所关联的对象不是单一的，评估标准也不是单一的。换句话说，德只是评估的标准之一，而非全部。就《孟子》文本给出的线索看，"义"所涉及的评估标准至少包括"敬爵""敬长""敬德"三个方面。"敬长"还可延伸为对于资历和德行的看重，"敬德"也同时依赖于道德的至高标准——道。如此，可以说，在评估的标准中，包括了对德行的评估、对社会秩序的遵守（包括履行相应身份职能的责任），以及对于最高道德原则的敬畏三个方面。综合"义"的评估对象和评估标准，修养"义"德恰恰需要个人扩展自己的反思视野，不仅要对自我进行评价，还要将自我纳入社会秩序、天道之情理中去反思考量。在孟子看来，这样一种反思评估的能力，恰恰也和人们的道德情性相匹配，具有人性的基础，这就是"羞恶之心"。

因而，"义"的德行的达成，不仅需要行动者能够运用自我的"羞恶之心"，同时行动者的"耻"与"恶"，或者"敬"与"畏"都有特定的方向，标准之间还有正确的等级秩序。恰当的"敬"与"耻"必须指向道德所要求的方向，并按照不同标准应用于不同的对象而有适用范围和等级，从而产生合宜的心理反应。"不义"的行为，除了不能以德行不佳为"耻"之外，还包括不能够在社会中正确识别自己和他人的社会身份及履行相应的社会职责，以及欠缺对道的"敬畏之心"。然而，尽管"义"行需要行动者以某些标准为导向，结合不同的对象进行恰当评估以产生正确的态度，孟子却始终坚持这样一种"知耻"心理有着天然的基础。从孩童之"良知"开始培养，通过"良知"与环境交互作用，人们会产生完整的、合"义"的动机心理。

由于孟子的一贯立场是将人们道德情性的自然方面与道德所要求的某种普适性相结合，于是"义"也必须和人们的道德动机心理紧密联系。如此，在"义"与利的问题上，孟子对统治阶级追求政治利益的诉求存在一种现实的担心。对于统治者来说，政治诉求虽然包含公利的方面，然而也和诸侯王的权力欲望相一致。于是，以利为说服策略至多只是一种道德劝说中的权宜之计，孟子似乎偶尔在迫使统治者反思时也使用这种策略，然而，他坚持这种劝说方式对于统治者的道德心理的培养可能会产生严重的反作用。当合"义"的动机力量被追求"大欲"的动机力量所压倒时，统治者很可能表面履行一种合宜的行为，却没有生发自己的"良心""本心"。在不断的政治获利中，权力之"大欲"愈加增长，最后丧失遗忘自己的"良心""本心"。因此，孟子反对以利言政，这从另一个侧面也反映了孟子认为德行的根源与发生都高度依赖于行动者动机心理的良性发展。

相较于"仁"与"义"而言，"礼"的地位在《孟子》中更模糊一些。从道德心理来说，"礼"有时对应"恭敬"，有时则对应"辞让"。"恭敬"在很大程度上与"义"的要求相重合。事实上，就"义"所涉及的对象和标准的广泛性而言，"义"的要求也包括"礼"在其中。所以，孟子有时也以"仁""义"为"礼"和"智"所守和所知的内涵。因而，我们可以说，"不仁"或"不义"的行为也同时是"无礼"的。但是特别需要注意的是，"礼"一方面指代外在的行为规范，另一方面也指内在德行。如此，违反"礼"就可能存在违反"礼"的外在规范和内在要求两个方面，因此也就出现了"非礼"的状况,即部分符合"礼"而仍然违"礼"的状况。当然对于孟子而言,"礼"的实质比起外在的规范更为重要,这一点毋庸置疑。然而针对违反外在的"礼"的规范而行权是否正当的问题,孟子有严格的要求。从文本来看,只有德行至高,同时又具有一定权力、地位的圣王才有行权的资格。而对于普通人,甚至于孟子本人,都需要将自我约束在"礼"的范围内行事。如此,"礼"事实上需要人能够在一定程度上将他人或某种事业置于自身之上,而这也就与"辞让"所要求的道德心理相符合。

在讨论"礼"这种德行时,还有必要说明,"礼"作为"四德"之一的德目,其自身也有独立的伦理价值。通过文本的讨论,可以发现,"礼"中包含人对于文明秩序的追求,这种追求在人的道德倾向中有所体现。即使在满足其他德目要求的情况下,以"礼"行事仍然须慎重对待,行权乃针对特殊情况的权宜之策。由此,"无礼"或"非礼"在大多数情况下,都被归为道德失败。

"智"的要求首先体现在对"仁""义"和"礼"有所知,可以说,"智"是连接"仁""义""礼"的一个中心环节,因而"智者"必须对于儒家伦理的目标有所坚持。在讨论《孟子》一书中的各个圣人形象的差异之时,可以发现,孟子认为守住"良心""本心",也就是保持对"仁义"的坚定信念是成圣的必要条件。除此之外,"智"不仅要求"一",还要能够应对"多",因此,"智"可以说是一个更高的伦理要求。在《孟子》中,能够完全达成"仁"且"智"的圣人只有孔子一位,而孔子的行事风格的最大特征就是"时中",就是针对不同的具体的道德情境有相适应的最为恰当的处理方法,故而被评为"圣之时"。达成"时中"之"智",要求行动者能有所权变,能够在不熟悉的道德情境中,灵活地发动"道德之心"恰当地作用于道德情境中。

这样一种能力的养成,在孟子看来,主要不是通过将某种道德法则在情境中进行逻辑推演,而是通过一种"知类"的能力。"不智"的道德失败的一种主要形态就是"不知类"和"不知务"。"知类"要求对某种普遍特征有识别的能力，除了对这种与道德相关的特征的把握，行动者还要"知务"，也就是能够在相关道德要素中直接把握更为重要的方面。根据《孟子》，这种"知类"与"知务"的能力的获得和道德动机力量的强弱密切相关，也就是说，在任何情境下，道德情性所形成的动机力量都首先要有与情境交互作用的心理因素。以此为前提，"知类"和"知务"更多的是通过对情境之特征的把握来发挥作用的。比如在孝亲的案例中，敬爱双亲的动机倾向作用于情境，并且把握住奉养双亲之志是事亲更为重要的方面，而在情境中通过询问双亲的意愿，才能更好地履行事亲的道德事宜。

"知类"和"知务"被格外看重的原因，正在于对情境特征的把握能够更好地和道德情性相结合。通过识别出情境（而非对象）的主要特征，行动者能够更好地直接发挥道德感知的倾向，从而做出正确的判断。在这一过程中，认知与动机相辅相成，道德的动机设定道德目标，当动机力量足够强时，会去主动抓取情境中的相关特征，并给予行动理由；相应地，如果行动者对情境的道德性质缺乏认识，可以通过类比将陌生情境转化为熟知情境。当行动者意识到某一陌生情境具有和熟悉情境相似或相异的特征时，将自觉激发相应的道德情感。比如，在讨论以言论欺骗或迷惑他人这类事件的道德行为时，孟子以盗取他人物品为类推的熟知案例。当行动者能够意识到两者的相似性时，就会因厌恶偷盗的行为而厌恶以言论蛊惑他人的行为，将恶的道德情感推广出去。从有关"智"的道德失败的相关案例中，我们又可以进一步地发现，在孟子的伦理体系中，道德"良心"或相应的道德情感在情境判断与动机激发中的重要地位。

事实上，通过第一章对"言论"问题的分析，我们可以看到，孟子认为正确的思想理念或者对于言教的正确认识，是通过在"集义"过程中不断丰富的活动的"良心""本心"中得到的；而通过第二章的分析，不难进一步理解，孟子所说的"良心""本心"的内涵是十分丰富的。人们的道德情性——也就是通常所说的道德情感或道德的倾向能力不是一种单一的情感,而是由多方面组成的。"仁"所对应的"恻隐之心"仅仅是成就德行的一个方面。"四端"中还包括"义"所对应的评估性心理态度"知耻"或"恭敬";"礼"所对应的可以将他人或事件置于自己之上而具有优先等级的"辞让"之心;"智"所对应的灵活把握情境特征以同时获得恰当判断与动机的"是非"之心,所有的这些方面综合起来,才构成了"良心""本心"的丰富内涵。如此,当孟子认为,人们应该生发"良知""良能"之时,既需要培养这些道德倾向,增强它们的力量,同时也需要它们彼此合作、互相协调,如此才能帮助行动者拥有全面的德行能力。

　　本书的第三章集中探讨与德行修养直接相关的道德失败问题。其中,关于具体道德失败原因的分析,也同时向我们指出了正确的德行修养的目标和方向。首先,许多学者都曾注意到孟子将"良心"的丧失作为道德失败的主要原因来论述,然而,根据我们的分析,不难发现,丧失"良心"固然会引发道德失败,但却无法为所有道德失败提供合理的解释。反过来说,"良心"的发现是成德的基础,而非成德的保障。因而,"放失其心"仅仅是道德失败的一种总体性和基础性的原因。

　　"良心"的"放失"存在程度上的不同,造成偶尔在一些事件中缺乏感知和应用的道德失败,或者经常性地被放弃或遗忘,甚至几乎完全丧失感知的道德失败。造成"放失良心"的原因一般被认为是追求耳目感官欲求,这种理解其实存在偏差。尽管孟子提到"小体"与"大体"的区别,并将道德失败描述为"以小害大",然而,耳目感官欲求只是"小体"的案例之一。在《孟子》中,存在一系列的"小"与"大"的对照,也就是说,在道德的抉择中,总是有着不同的参照对象,而出现"小"与"大"的对应关系。道德失败的问题难以简单归因到耳目感官之欲的方面。事实上,在诸多道德失败的案例中,耳目感官欲求所引发的道德失败的性质往往比较"小",而有更多甚于耳目之欲所诱发的道德失败类型。

由于"良心""本心"也具有动机因素的性质,具有动机效力,因此在动机中,就经常需要与其他欲求进行力量博弈,此时一切其他非道德的考量都可以成为诱使人们偏离道德目标的因素。于是,我们在"'欲'与道德动机无力"一节中详细分析了不同的欲求对道德失败的影响,其间的内容清晰地展示了并非所有的欲望都有害于道德的目标,"欲"本身并不因其经验的性质而与道德相对立。特别对于孟子来说,他甚至常常使用带有欲求性质的词汇来描述人们对于道德的喜好倾向,甚至可以说,人们的悦理义之"心"也具有欲望的性质。由此看来,片面强调欲求对于道德的破坏不但不能帮助人们成德,甚至可能造成人们修养道德的心理障碍。在齐宣王的案例中,事实上,正可能是因为他错误地理解了儒家伦理要求和个人私欲之间的关联,才造成他过早地放弃了道德情感的培养,而成为惯性意志软弱者。许多欲求和道德情性之间可以互相协调,在以"仁义"为核心的修养目标中,人们的大多数欲求仍有可能实现,并呈现出合理协调的发展趋势。但是有些欲求在孟子看来是必然与"仁义"要求相对立的,这其中就包括单纯的"好战"与"好斗"等残暴性欲求。

德行的养成既需要"四心"的诸多能力的互相辅佐协调、和谐发展,又需要处理道德要求和各种人之情欲的合理关系。因此,道德失败的原因是多元而复杂的,德行修养也相应地是一个复杂的过程。为道德失败寻求直接归因的理论难以全面地展现从性善到成德的动态过程。由于成德是一个过程,因而,道德失败也呈现出层级的性质。在不同情境下,不同个体的相似行为所表现的道德品质可能是相异的。对事件的道德评价要考虑到行动者本身的德行能力和修养层级,在某些情境下,当注重行动者的进步时,某些行为虽然不完善,但仍然有积极意义;相反,如果行动者德行能力不佳,而盲目追求更高的道德目标,也可能造成"过犹不及"的道德失败。这也就可以合理解释,在《孟子》中,为何会对类似事件出现不同的道德评价。

总之，德行修养是一个逐渐完善的过程，道德情感的生发具有自然性质，故而道德动机的培养和修养身体之"气"具有类似性，必须循序渐进，持之以恒。在这一进程中，不可"自暴自弃"，也不可"揠苗助长""一曝十寒"，同时如果可以根据自己的德行修养水平选择适于成德的环境，将帮助自我修养的达成。

（二）理论启示

在对《孟子》一书中各种有关道德失败的现象与原理进行较为全面和系统的分析之后，让我们回到在本书开篇中所提到的诸多有关孟子研究，以及德行伦理思想的讨论中，综合分析我们的研究将如何回应当代孟子伦理学和德行伦理学中所存在的一些问题，并借此反思孟子伦理思想的利弊及展望未来的可能发展愿景。

首先，我们希望简单说明我们的研究对于当代孟子伦理思想有哪些参考价值。近年来，有关孟子研究的成果颇丰，然而，诚如在"导论"中所述，孟子研究也面对诸多争议。一个非常重要的理论难题在于，孟子虽然认为"人之性善"，也就是人们可以在"良心""本心"中寻找到道德的根据和发生的基础，然而，面对现实的诸多行为不善的问题，少有学者进行过全面而有效的专门讨论。这其中，更为重要的是，如何从"四端之心"出发完善发展出"四德"，这一过程中的道德失败究竟是如何产生的呢？比起对于"四端"的全面探讨，以往的研究往往更加偏重于将"仁"作为一种核心的道德基础，延伸出一整套孟子道德形上学的论证。然而，事实上，以"仁"对应的道德情性而言，如果仅仅侧重于"恻隐"的层面，那么，面对复杂而困难的诸多伦理情境，"仁"学本身颇难应对。因而从道德失败之反向考察中，我们不难发现，只有综合"仁""义""礼""智"四个方面，才能帮助我们更好地建立一套完整的道德理论体系，并且也更加有助于道德实践。

在以往的诠释与研究中，虽然学者们普遍认同，在理论上，从

"良心""本心"出发，可以发展出完善的关于儒家伦理要求的证明理论，同时通过"良心""本心"的修养，人们能够拥有完整的道德心理，也就如孟子所论，道德无他，"求放心"而已。然而"良心""本心"的内容究竟如何？却还缺乏进一步的系统说明。本书通过对大量道德失败案例的反复探讨，我们可以看到"良心"丰富的内容。"亲亲"与"恻隐"虽然包括了从人们的自然情感之爱亲敬兄，到"老吾老，以及人之老"的普遍关爱，将他人的幸福或苦难纳入个人的道德考量之中，并以此建立一种更为普遍地互相关爱的社会伦理观念。然而，除此之外，我们仍然必须注意到，为了应付复杂的伦理情境，孟子还提供了包括"羞恶""知耻""恭敬""辞让""是非""知类""有权"等丰富的关于人类道德心理之倾向与基础的论述。这些道德心理或者说人性倾向的提出并非偶然的、可有可无的，而有其现实性和必要性，无疑，对这些道德心理或人性倾向也很难以一个"仁"字全面概括。以"四端之心"的"羞恶"或"知耻"而言，由于涉及评估性的心理态度，使得行动者在产生"耻"的心理过程中，必然将自身与社会既有秩序，以及普遍天道之间进行反复的对照。在此，个人不再是孤零零的一个单体的个人，而是要将自身放入各种关系中考虑"安身立命"的问题。"耻"的心理远比看上去的样子要复杂与精细得多，恰当的"知耻"所需要的思虑维度是十分宽泛的，甚至在其中蕴含着某些仅由"仁"难以直接展开的多重伦理标准。再比如，在面对情境时，"智"如何发挥作用？通过"不知类"与"不知务"的相关道德失败现象的研究使得我们看到，孟子是如何通过一种"推类"的能力，来获得对于陌生情境的判断，并激发人们的道德倾向，直接获得道德的判断与动机。上述这些论述丰富了对孟子道德心理的研究，帮助我们更好地落实孟子"性善说"的理论承诺，丰富了孟子伦理的实践应用的意义。

其次，本书的一些结论对于当代孟子伦理学的一些争议问题，也可能给出一些补充材料和相关建议。比如，通过分析孟子与论辩对手的争议，可以更系统地看到孟子反对的言论的错误原因。孟子反对将道德理由与道德情性相割裂，道德动机并非是一种辅佐于某种先在的道德理由的一种工具性情感状态。相反，孟子认为，这两者是一致的、同步的。"良心"是活泼的，因为"良心"的内容中本身就包含了不同的、相异的端点，在这些端点中寻求平衡，才是寻找伦理价值论证的更合理的方式。因此，不是理由在先，而动机在后，相反，孟子认为好的道德理由需要兼顾两方面的诉求，以达成一种真正的"一"而无所"执"的状态。因此，从孟子关于伦理观念的进一步论证来说，道德失败现象的研究更多地为我们打开了问题讨论的视域，使得许多关于孟子伦理思想的证明都具有可能性。这样一种寻求平衡、寻求适中的追求，值得在进一步的孟子研究的规范性证明中得到重视。

最后，通过本书的研究，一方面突出了孟子关于道德失败现象的说明；另一方面也提示出工夫修养理论的复杂。通过本书论述不难发现，对于孟子来说，直接的、单一的道德失败的归因，将面临严重的困难，因为，针对相似的事件，在不同的个体、不同的情境中，道德的评价并不类似。这说明，很大程度上，作为整个修养过程而言，道德的评价标准存在着有差别的层级的性质。虽然德行修养有一个明确的方向，然而，在修养过程中，行动者有进步的阶梯。某些行为对于相应的行动者具有积极意义，因为这体现出他在道德心理上的进一步成熟完善。而在另一情况下，只有行动者具有了更为完善的德行，选择某些行动才是恰当的。因此，道德失败的归因必须结合行动主体当下的心理状态、所面对的情境特征，以及其整体的行动目标。这时，个人的德行、社会身份职责，以及总体的生活目标都需要进入评估者的视野，只有这样，才能对其行动的性质做出准确的评价。就德行修养而言，行动者反思时，也不是通过直接地对应某种法则和标准，而是通过一种整体的反思，来成就自身独特的君子之路。

在"导论"中，我们引入了"境界形上学""道德感知理论"

及当代德行伦理学的一些理论来作为我们研究孟子的一个背景。通过讨论，我们认为上述引入是较为符合孟子伦理思想的全貌的，尽管这些理论本身也面对不少争议，比如陈来在《仁学本体论》一书中对冯友兰的"境界形上学"提出了一些批评，认为"境界形上学"无法对儒家伦理的最高价值给出肯定，"容易仅仅成为一种神秘主义的境界"①，这一批评是有合理性的。从德行论视角来看，"境界形上学"的问题和麦克道威尔的德行论、感知理论所面对的问题具有类似性，就是理想的境界或者说有德之人的心理状态太过类似于某种道德直觉，显得神秘而难以把握。无论是"天人合一"的道德境界，还是"从心所欲不逾矩"的圣人心理状态，都无法绕开对于道德情感的恰当说明和培养理论。从这一方面来说，本书的讨论对于《孟子》中所涉及的道德情感的详细分析为孟子德行论提供了更为丰富的内容，加强了德行修养的可操作性。"境界形上学"与"道德感知理论"都将理想的德行状态描述为一种令人神往的、有美感而又发于内心的心理状态，但是这样一种心理状态如何达到，从孟子道德失败现象的研究中，我们可以得到不少启示。

相比于描述理想状态而言，孟子的"四端之心"在各种案例的展开中呈现出丰富的内容。道德情感不再是一个高高在上的，只有圣人才具备的心理状态，而是对应于我们每个人心中的"恻隐""羞恶""辞让""是非"之中。诚如孟子所说，每个人如果对于自己的过往经历和心理历程加以反思，都不难找到一些类似这种心理发动的线索，由此，我们不难意识到这些基础的道德情感。我们所要寻找的道德情感不是单一的，有时候也不是直接的，德性修养不是通过一件事、一次性地感知就能够直接完成的。由于道德情感的多元性，使得完善道德情感的发展过程需要各种具有道德倾向的心

---

① 陈来：《仁学本体论》，生活·读书·新知三联书店 2014 年版，第 8 页。陈来的"仁学本体论"更看重在价值本体上对儒学的推进，本书不涉及这一方面的问题。从德行论和德行心理方面来说，"境界说"也可能出现类似问题，即理想境界有神秘主义倾向，而难以把握。

理能力的综合作用。有些心理能力负责关爱、同情；有些心理能力负责反思、评估；有些心理能力帮助我们掌握情境特征；还有一些心理能力帮助我们聚焦于某些特定的问题并自我克制。只有通过"四端之心"的综合协调，人们才能达成复杂的对于道德情境的应对能力。从某种程度来说，这和从事复杂的体育运动的运动员的训练具有类似性，或者说和从事艺术创作也类似。不是跑得快跳得高，或者善于观察、情感丰富的人就可以成为优秀的足球运动员，或者绘画大师，而必须通过一种综合的训练。因为具有"四心"，虽然"四心俱足"，但彼此的协调对于最终的道德养成影响巨大。所以，孟子常将"四端"比作四肢，将"道德之心"或道德倾向的修养比作修养身体（"养体"或"修身"），这显然具有一定的合理性和启发性。

现代德行伦理研究更关注人类学和心理学的知识，和上述成德理论具有关联。当前关于道德情感或道德心理学的研究成果已经十分丰富，难以一一举例。但是，从孟子研究出发，对这方面的研究仍然有许多有价值的参考信息值得深入挖掘。

然而，我们如何理解"性善何以行不善"的问题，为何人性本善，而成善又必须经过漫长的修养过程？通过上述分析则不难解答。通过对"性"的透悟，孟子从中可以得出儒家伦理的根据，证明儒家伦理规范，这点我们可以深信不疑。虽然可以肯定"性善论"无法离开孟子之德行境界，也离不开他在时代之境况中挣扎搏斗的体悟。但是从"性"的经验性内容来看，"性善"仅仅说明了人们开启道德所必要的心理基础，通过对这些基础心理的运用，面对情境的变化而变化以增强力量，最后整个心理动机状态变得和谐完善，这需要一个漫长的生命过程，也就是孟子所说的"集义"。"不集义"难成"浩然正气"。"浩然正气"作为人们活动的力量，是凝聚所有道德心理，并协调行动的必然条件，也是成德之后，人们达成的道德信心的基石。因此，要从"四端"到"四心"，最后具有"浩然正气"而成德，离开现实情境、离开社会生活、离开历史背景，是不可能真正达成的。正是基于此一观察，我们认为，孟子伦理思想具有人性的基础，同时又是过程论与情境论的统一。

（三）反思与反思之外

如果说以往的孟子研究偏重于道德形上学的理论思考和建构的话，本书的重点毋宁说是落在孟子伦理思想的实践之中。正如论题所表明的那样，道德失败本身便是修身实践不可回避的问题，然而，造成道德失败的内在机理，其复杂性似乎远远超出我们的想象。

如果允许我们直言的话，孟子的伦理理论虽然深邃绵密、魅力巨大，不过，紧扣我们的论题而言，孟子对于道德失败问题的思考也并非全面而无遗漏的。为此，我们可以通过以下两个方面的问题稍作进一步的反思。必须说明，这些看法只是基于一孔之观察，或许也是一叶障目，所以提出来请求学者批评。

首先，通过本书的讨论可以发现，孟子对于"智"的考察存在某些欠缺。

先说"智"的问题。在孟子论述"四德"之时，"智"作为最后一种德行，似乎更多被看作一种终极的德行。之所以这样说是因为，在整部《孟子》文本中，明确符合"智"的要求的似乎只有孔子一位。虽然在能够行权的案例中，尧舜圣王、伊尹圣士，还有孟子本人有时也呈现出"智"的特征，然而"智"总体来说限制在具有很高社会身份及德行能力的君王"贤士"阶层上。对于德行能力较差的管理者及普通百姓而言，相比于动用自己的"智"而言，遵从以往的圣王之道是更妥帖的方式。比如，当孟子向齐宣王提出"是心足以王矣"时，他的意思似乎是，齐宣王只要具备"仁心"就足够了。而面对具体政治活动应该如何去决断的问题，孟子似乎认为应该更多求助于"先王礼法"，或者如孟子一样的贤士。对于普通百姓而言，则更是只要做好生产劳动，以及具备"孝悌"知识。如此，"智"虽然并列为"四德"之一，但在很多情况下似乎显得并不必要。推究其中原因，自然不是三言两语可以清楚说明的，但大体上与儒家注重权威及自身的精英意识具有密切的关系。

除此之外，虽然在"不知类"与"不知务"的道德失败现象中，也可以发现一些获得"智"的能力的线索，但孟子的论述却并不是充分的。我们能够找到的"智德"的相关线索，更多在孟子不得不向他人做出解释而阐明道德理由时看到，甚至在孟子对各个统治管理者的教育规劝中，也难以看到对有关获得"智德"的方法的系统介绍。虽然孟子提倡对普通百姓也要进行道德教育，但是教育的内容多限制在宗族范围之内，也就是"亲亲""敬兄"。普通民众更多是按照自己的社会身份，敬守自己的本分。孟子几乎不太提倡对普通百姓进行"知类""知务""行权"等有关"智"的教育。也可能正是由于将"智"作为某种特殊社会阶层所独有的、有更高要求的德行能力，因而，在整个孟子伦理思想中，"智"的地位显得不够突出。而事实上，如果现当代的伦理学希望培养出全面的、具有独立道德判断能力的人，"智"的能力和相关的培养理论必须进一步被挖掘讨论。

其次，孟子对于"礼"的讨论也存在不足。"礼"的道德心理，在很大程度上与"义"相重合，但是比"义"要狭隘，表现为"恭敬"。"恭敬"更多是在正面意义上承认既定秩序或某种社会身份、地位。"辞让"则涉及一种将自我放低，而将他者置于自我之上的道德品性。因而"辞让之心"可以引申出意识聚焦的能力，通过聚集"他者"并将"他者"在意识中摆在自我前面。从某种程度来说，这种道德心理，使得个人能够暂时忽略自己的所欲所求、有所克制，而对既有的秩序规范，或者在高者的地位予以认可并服从。而在讨论到一些民众普遍需要遵守的"礼"的问题时，孟子更多的是从对于文明行为的基本认可之上出发进行论证的。比如不可以随意放任自己的食欲和情欲，而要考虑在一定的社会秩序和文化中实现"食色"情欲。这种论述，不难使人获得心理上的理解，因为我们不是动物，而是生活在文明社会的人。但这种论述很难帮助民众充分认识"礼"的合理性。在"辞让之心"的作用下，对"礼"的遵从总难免将自我放低，甚至暂时忽略自我。当然，对孟子而言，"辞让之心"也是人性所本有的一种心理能力，因此，此时压制的自我只是部分的自我，而不是人们遵守"礼"完全没有内发的心理动机。但这也可能导致片面地看重"恭敬"和"辞让"，妨碍了人的整体情性和理智的发用。孟子对于这一方面的论述还是有所欠缺的，值得学者进一步挖掘。

作为一种儒家伦理社会秩序的外化表现而言，"礼"的论证在《孟子》一书中是较薄弱的，仅仅通过"恭敬"和"辞让"，似乎行动者只能获得"礼"的某种片面动机。然而，如何获得对"礼"的全面的发于"四心"的认同和理解，孟子似乎并没有足够的说明。"礼"如何能够帮助人获得完整丰沛而和谐的生命体验，如何帮助人们成就"四德"？对这些问题，孟子的"礼论"还大有进一步讨论研究的空间。特别是在有关"礼"的道德失败的相关案例中，我们可以看到对于大多数人而言，不论出于什么样的理由或意愿，违"礼"都是不值得提倡的行为。甚至说，和我们一般所认识的孟子的"斗士"形象并不相同，孟子本人在对自我行为进行解释时，都小心保持在不违"礼"的限度内。以权变礼似乎更像是某些阶级的特权，而没有深入普遍的社会生活与普通民众之中。

上述两方面的问题如果要获得进一步的解决，使得孟子的理论在当今社会有更深远的影响并发挥重要作用，可能仅通过对"仁"一个面向的关注是远远不够的。但是，笔者仍然对孟子伦理思想抱有积极的心态。孟子的理论本身仍有很大的诠释空间，可以帮助平衡上述两方面论述的缺陷。事实上，在"义"的讨论中可以找到孟子的理论进一步发展的空间。

我们前面已经指出，孟子对于"义"的看重不亚于"仁"。孟子经常以"仁""义"并举来指称他的伦理理想。"义"和"仁"一样，也经常独立作为总体的伦理目标。在讨论圣者时，孟子描述圣者是趋于"一"的，而这个"一"在有些文本中指代为"仁"，而在另一些文本中则直接指"义"。由此可见"义"的重要地位。

孟子论述伦理理想时认为，儒家的"一"不仅需要考虑自然之情实，同时也需要考虑道德所需要的普遍内涵。"仁"虽然是一完美案例，可以用来论述儒家伦理的优越性，体现在既承认人们有偏于自爱的"亲亲"之差等之爱，又有"泛爱众"的普遍平等的面向，但是"义"同样是兼具差等性与普遍性的伦理理想。比如在和陈仲子及许行的论辩中可以看到，"义"表现为一种社会伦理秩序，而这种伦理秩序的合理性就在于既兼顾社会现实的差等情实，也兼顾普遍理想的正当。"义"不仅重要，而且也是完美体现儒家伦理之优越性的典范。

除此之外，从"义"所对应的道德心理的层面来看，"义"作为儒家伦理核心的优越性更为明显。如果说"仁"更偏向于说明爱的合理性，那么，在道德情感维度上就有所局限，而且也可能仅仅涉及道德对象的亲疏远近问题。而"义德"的成全需要评估性的道德心理，这就使得评估对象与评估标准同时被纳入道德心理的视域。"义"所涉及的评估对象不仅包括自我与他人，还包括既有社会秩序、社会身份、社会职责，以及一切事务，"义"包括了人与事。更重要的是，通过对"不义"的道德失败的分析，我们还可以看到更为明晰的儒家道德标准在其中。"德"、"爵"、道等被纳入评估的标准中，"德"的标准涉及自我和他人的评估比较，"爵"或"齿"需要个人将道德问题纳入既有的社会秩序，而道更指向广泛地思考人类社会、自然与普遍的天道之间的关系。通过"义"，才可能使得上述所言的"境界形上学"的理论落实下来。在反思评估中，个人真正将自我的视域拓宽，和自己对话、和社会交互，到自然及普遍之理中去考察，于是整体目的结构得以呈现，敞开了有关孟子伦理思想的合理性和客观性的讨论空间。

"义"与"礼"之最大不同在于，如果有时孟子仅仅将"恭敬"描述为人们行"礼"时的道德心理，"义"便不仅包括了正面的"敬"的情感态度，还包括了负面的"知耻"与"羞恶"。无论"耻"还是"恶"，当负面的评估性心理产生，都包含了行动者对现状不满的心理状态,并进一步将敦促行动者寻求改变和创造。"义德"不仅使得人们能够顺从伦理的要求,更能够提出改变的诉求。与"礼"相关的案例不同,在《孟子》中,行"义"者多能在伦理事务中拥有独立判断,并能够突破现有不合理的规范秩序,主动寻求改变和创造的道德行为。比如伯夷的隐世,比如古代圣王选拔人才带领百姓创立文明的举动,都多属于"义"行。

当我们更多地聚焦于"义"时,孟子所提出的伦理标准及相应的社会秩序则进入讨论的视野,更多具体而现实的材料可以被采纳以丰富孟子伦理思想。孟子所言的"敬德""敬爵""敬天道"是合理的吗?这些标准的内涵和社会情实如何相切合?通过这些标准是否能够帮助人们成德?我们应该如何拥有正确的羞耻感?如何对为恶之事坚决地表示抵抗并诉求改变?如何寻求进步而不是刻板遵守?我们认为,面对上述问题,通过对"义德"的更多的考察,也许有望弥补孟子论"智"与"礼"的理论缺失。

上述问题的提出,无疑是源自我们在讨论孟子相关思想时不能不面对的,而这些问题之所以构成某种程度的"问题性",又基于我们现时代的观察角度。我们认为,赋予传统经典以生命力,即是让传统经典能够应对我们现时代所遭逢的问题,经由我们的追问、制作和创造,提供对现实的可引导性,这样,《孟子》才不会因为它是历史的,而仅仅成为历史。

参考文献

一　中文著作

中文典籍

（西汉）司马迁：《史记》，中华书局2006年版。

（东汉）赵岐注，（宋）孙奭疏：《孟子注疏》，上海古籍出版社1990年版。

（北宋）张载：《张载集》，中华书局1978年版。

（北宋）程颢、程颐：《二程集》，中华书局2004年版。

（南宋）张九成：《孟子传》，《钦定四库全书荟要》，吉林出版集团有限责任公司2005年版。

（南宋）余允文：《尊孟辨》，《丛书集成初编》，商务印书馆1937年版。

（南宋）朱熹：《四书章句集注》，中华书局2012年版。

（南宋）朱熹：《四书或问》，上海古籍出版社、安徽教育出版社2001年版。

（南宋）陆九渊：《陆九渊集》，中华书局1980年版。

（南宋）黎靖德：《朱子语类》，中华书局1986年版。

（南宋）张栻：《张栻集》，中华书局2015年版。

（明）王守仁：《王阳明全集》，上海古籍出版社1992年版。

（明清）王夫之：《读四书大全说》，中华书局1975年版。

（清）黄宗羲：《孟子师说》，《黄宗羲全集》，浙江古籍出版社2005年版。

（清）戴震：《孟子字义疏证》，中华书局1982年版。
（清）孙希旦：《礼记集解》，中华书局1989年版。
（清）焦循：《孟子正义》，中华书局1987年版。
（清）王先谦：《荀子集解》，中华书局1988年版。

中文著作

蔡家和：《王船山读孟子大全说研究》，台北：台湾学生书局2013年版。
蔡仁厚：《孔孟荀哲学》，台北：台湾学生书局1984版。
陈大齐：《孟子的名理思想及其辩说实况》，台北：台湾商务印书馆1968年版。
陈大齐：《孔孟荀学说》，台北：台湾商务印书馆1987年版。
陈大齐：《孟子待解录》，华东师范大学出版社2012年版。
陈鼓应：《老子今注今译》，商务印书馆2003年版。
陈鼓应：《庄子今注今译》，中华书局2009年版。
康有为：《孟子微》，中华书局1987年版。
陈来：《古代思想文化的世界：春秋时代的宗教、伦理与社会思想》，生活·读书·新知三联书店2009年版。
陈来：《古代宗教与伦理：儒家思想的根源》，生活·读书·新知三联书店2009年版。
陈来：《现代中国哲学的追寻：新理学与新心学》，生活·读书·新知三联书店2010年版。
陈来：《仁学本体论》，生活·读书·新知三联书店2014年版。
东方朔：《合理性之寻求：荀子思想研究论集》，台北：台湾大学出版社2011年版。
东方朔：《刘蕺山哲学研究》，上海人民出版社1997年版。
戴兆国：《心性与德性：孟子伦理思想的现代阐释》，安徽人民出版社2005年版。
董洪利：《孟子研究》，江苏古籍出版社1997年版。
杜维明：《思想·文献·历史：思孟学派新探》，北京大学出版社

2008年版。

方东美：《中国人生哲学概要》，中华书局2012年版。

冯契：《中国古代哲学的逻辑发展》，东方出版中心2009年版。

冯友兰：《中国哲学史新编》，人民出版社2001年版。

冯友兰：《三松堂自序》，东方出版中心2016年版。

傅佩荣：《傅佩荣解读孟子》，线装书局2006年版。

胡适：《中国哲学史大纲》，北京大学出版社2013年版。

胡毓寰：《孟子本义》，台北：正中书局1940年版。

黄慧英：《儒家伦理：体与用》，上海三联书店2005年版。

黄俊杰：《中国孟学诠释史论》，社会科学文献出版社2004年版。

劳思光：《新编中国哲学史》，广西师范大学出版社2005年版。

李景林：《教养的本原：哲学突破时期的儒家心性论》，北京大学出版社2009年版。

李峻岫：《汉唐孟子学述论》，齐鲁书社2010年版。

李凯：《孟子诠释思想研究》，人民出版社2015年版。

李明辉：《孟子重探》，台北：联经出版事业股份有限公司2001年版。

李明辉：《儒家与康德》，台北：联经出版事业股份有限公司1997年版。

李明辉：《四端与七情：关于道德哲学情感的比较哲学探讨》，华东师范大学出版社2008年版。

李泽厚：《中国古代思想史论》，人民出版社1985年版。

梁启超：《儒家哲学》，上海人民出版社2009年版。

梁启雄：《荀子简释》，中华书局1983年版。

梁涛：《郭店竹简与思孟学派》，中国人民大学出版社2008年版。

林远泽：《儒家后习俗责任伦理学的理念》，台北：联经出版事业股份有限公司2017年版。

刘鄂培：《孟子大传》，清华大学出版社1998年版。

刘瑾辉：《清代〈孟子〉学研究》，社会科学文献出版社2007年版。

楼宇烈：《老子道德经注校释》，中华书局 2008 年版。
罗根泽：《孟子评传》，商务印书馆 1932 年版。
吕思勉：《先秦史》，江苏人民出版社 2015 年版。
蒙培元：《蒙培元讲孟子》，北京大学出版社 2006 年版。
蒙培元：《心灵超越与境界》，人民出版社 1998 年版。
牟宗三：《历史哲学》，吉林出版集团有限责任公司 2010 年版。
牟宗三：《心体与性体》，吉林出版集团有限责任公司 2013 年版。
牟宗三：《圆善论》，吉林出版集团有限责任公司 2010 年版。
牟宗三：《中国哲学的特质》，吉林出版集团有限责任公司 2010 年版。
牟宗三：《中国哲学十九讲》，吉林出版集团有限责任公司 2010 年版。
钱穆：《国史大纲》，商务印书馆 2010 年版。
钱穆：《钱宾四先生全集·四书释义》，九州出版社 2017 年版。
钱穆：《晚学盲言》，生活·读书·新知三联书店 2010 年版。
任继愈：《中国哲学发展史》，人民出版社 1983 年版。
唐君毅：《中国哲学原论·原道篇》，中国社会科学出版社 2006 年版。
唐君毅：《中国哲学原论·原教篇》，中国社会科学出版社 2006 年版。
唐君毅：《中国哲学原论·原性篇》，中国社会科学出版社 2005 年版。
万光军：《孟子仁义思想研究》，山东大学出版社 2009 年版。
吴康：《孟子思想研究论集》，台北：黎明文化事业公司 1982 年版。
夏长朴：《李觏的非孟思想》，台北：大安出版社 1989 年版。
萧公权：《中国政治思想史》，商务印书馆 2011 年版。
谢祥浩：《孟子思想研究》，山东大学出版社 1986 年版。
徐复观：《中国人性论史·先秦篇》，九州出版社 2014 年版。
徐复观：《中国思想史论集》，台北：台湾学生书局 1975 年版。

杨伯峻：《论语译注》，中华书局2009年版。
杨伯峻：《孟子译注》，中华书局2010年版。
杨国荣：《成己与成物——意义世界的生成》，北京大学出版社2011年版。
杨国荣：《孟子的哲学思想》，华东师范大学出版社2009年版。
杨国荣：《人类行动与实践智慧》，生活·读书·新知三联书店2013年版。
杨泽波：《孟子性善论研究》，中国人民大学出版社2010年版。
袁保新：《孟子三辨之学的历史省察与现代诠释》，台北：文津出版社1992年版。
翟廷晋：《孟子思想评析与探源》，上海社会科学院出版社1992年版。
张岱年：《中国古典哲学概念范畴要论》，中华书局2017年版。
张岱年：《中国哲学大纲》，商务印书馆2015年版。
张奇伟：《亚圣精蕴：孟子哲学真谛》，人民出版社1997年版。
郑淑媛：《先秦儒家的精神修养》，人民出版社2006年版。
周淑萍：《两宋孟子研究》，人民出版社2007年版。
周天玮：《法治理想国：苏格拉底与孟子的虚拟对话》，商务印书馆2002年版。
朱伯崑：《先秦伦理学概论》，北京大学出版社1984版。

二　译著

苗力田等编译：《亚里士多德全集》，中国人民大学出版社2012年版。
［德］康德：《道德形而上学原理》，苗力田译，上海世纪出版社2012年版。
［德］康德：《实践理性批判：注释本》，李秋零译注，中国人民大学出版社2011年版。
［德］罗哲海：《轴心时期的儒家伦理》，陈咏明、翟德瑜译，大象

出版社2009年版。

[古希腊] 亚里士多德：《尼各马可伦理学·注释导读本》，邓安庆译，人民出版社2010年版。

[美] 科尔斯戈德：《规范性的来源》，杨顺利译，上海译文出版社2010年版。

[美] 李耶理：《孟子与阿奎那——美德理论与勇敢概念》，施忠连译，中国社会科学出版社2011年版。

[美] 麦克道威尔：《心灵与世界》，韩林合译，中国人民大学出版社2014年版。

[美] 内格尔：《利他主义的可能性》，应奇等译，上海译文出版社2015年版。

[美] 史华慈：《古代中国的思想世界》，程钢译，江苏人民出版社2013年版。

[美] 田浩：《功利主义儒家·陈亮对朱熹的挑战》，姜长苏译，江苏人民出版社2012年版。

[英] 黑尔：《道德语言》，万俊人译，商务印书馆1999年版。

[英] 麦金太尔：《伦理学简史》，龚群译，商务印书馆2003年版。

[英] 摩尔：《伦理学原理》，陈德中译，商务印书馆2017年版。

[英] 休谟：《人性论》，关文运译，商务印书馆1980年版。

三 学位论文、论文集与电子资源

戴兆国：《孟子德行伦理思想研究》，博士学位论文，华东师范大学，2002年。

董祥勇：《孟子中道思想研究》，博士学位论文，华东师范大学，2009年。

刘单平：《〈孟子〉三种英译本比较研究》，博士学位论文，山东大学，2011年。

李世平：《孟子良心思想研究》，博士学位论文，复旦大学，2012年。

苏森森：《成就美德——从德行伦理视角比较亚里士多德和孟子》，博士学位论文，华东师范大学，2012年。

李明辉编：《孟子思想的哲学探讨》，台北："中央研究院中国文哲研究所"1995年版。

杨儒宾、祝平次编著：《儒学的气论与功夫论》，华东师范大学出版社2008年版。

四　中文期刊论文

蔡祥元：《孟子"不动心"的根源——"集义生气"之"生"义辨析》，《道德与文明》2013年第2期。

崔宜明：《孟子义利学说辨证》，《道德与文明》2014年第1期。

陈卫平：《人道与理性：先秦儒学的基本特征》，《学术月刊》2010年第11期。

陈卫平：《论儒家之"道"的哲学品格》，《哲学研究》2017年第7期。

邓习议：《论孟子义利观的困境和出路》，《船山学刊》2006年第1期。

丁文祥：《告子的生之谓性及其意义》，《文史哲》2009年第6期。

丁文祥：《孟子如何道"性善"》，《哲学研究》2012年第12期。

东方朔：《"真知必能行"何以可能？——朱子论"真知"的理论特征及其动机效力》，《哲学研究》2017年第3期。

东方朔：《德性论与儒家伦理》，《天津社会科学》2004年第5期。

范学德：《漫论"何必曰利"》，《孔子研究》1991年第3期。

郭齐勇：《郭店儒家简与孟子心性论》，《武汉大学学报》（哲学社会科学版）1995年第5期。

郭齐勇：《孔孟儒学的人格境界论》，《华中师范大学学报》（哲学社会科学版）2006年第6期。

高化平：《农家源流与楚国的农家学者》，《船山学刊》2013年第3期。

郭美华：《境界的整体性及其展开——孟子"不动心"的意蕴重析》，《中国哲学史》2011年第3期。

黄朴民：《败家子梁惠王》，《光明日报》2002年7月30日。

李春青：《论"中"在儒家思想中的重要地位》，《北京师范大学学报》（哲学社会科学版）1996年第2期。

梁涛：《"以生言性"的传统与孟子性善论》，《哲学研究》2007年第7期。

梁涛：《杨海文.20世纪以来的孟学史研究》，《文史哲》2012年第6期。

李景林：《孟子的"辟杨墨"与儒家仁爱观念的理论内涵》，《哲学研究》2009年第2期。

李景林：《伦理原则与心性本体——儒家"仁内义外"与"仁义内在"说的内在一致性》，《中国哲学史》2006年第4期。

李明辉：《儒家、康德与德行伦理学》，《哲学研究》2012年第10期。

李善明：《许行和孟轲关于价值问题的思想》，《四川大学学报》（哲学社会科学版）1980年第4期。

林榕杰：《从孟子论伯夷、柳下惠等圣贤看其进退观》，《黑龙江社会科学》2011年第3期。

刘旻娇：《论〈孟子〉德行修养过程中的道德失败》，《道德与文明》2016年第6期。

刘旻娇：《明智何以能行——对亚里士多德不自制问题的一个反向考察》，《道德与文明》2016年第6期。

刘旻娇：《孟子论"欲"与道德失败》，《思想与文化》2018年第1期。

刘旻娇：《孟子评"淫辞邪说"新解——以"辟杨墨"为中心》，《哲学动态》2018年第8期。

刘能杰：《孟子"劳力劳心"论新辩》，《齐鲁学刊》1990年第3期。

刘小红：《孟子"权"思想解析》，《孔子研究》2015年第5期。

陆建华:《告子辨析》,《孔子研究》2008年第2期。

宋洪兵:《孟子、韩非的伊尹之辩》,《光明日报》2005年11月8日。

王博:《论"仁内义外"》,《中国哲学史》2004年第2期。

王磊:《孟子义利思想辨析》,《齐鲁学刊》2005年第5期。

王正:《重思先秦儒家的王霸之辩》,《中国哲学史》2016年第3期。

萧仕平:《孟子"不动心"思想探析》,《齐鲁学刊》1995年第3期。

许抗生:《〈性自命出〉〈中庸〉〈孟子〉思想的比较研究》,《孔子研究》2002年第1期。

杨海文:《略论孟子的义利之辩与德福一致》,《中国哲学史》1996年第1期。

杨海文:《有一种人生智慧叫权变——孟子经权之辨的生存哲学阐释》,《现代哲学》2008年第1期。

战化军:《田仲子与战国农家考论》,《管子学刊》2008年第1期。

张奇伟:《孟子"浩然正气"辩证》,《中国哲学史》2001年第2期。

张汝伦:《义利之辩的若干问题》,《复旦学报》(社会科学版)2010年第3期。

张宗舜:《孔子何以数称柳下惠》,《齐鲁学刊》1994年第2期。

郑晨寅:《论程朱之"权中"观》,《中国哲学史》2016年第3期。

钟家栋:《远近之间辨义利——孟子与梁惠王之争新识》,《探索与争鸣》1994年第2期。

朱承:《儒家的"如何是好"》,《中国哲学史》2010年第4期

五 英文文献

Bryan W. Van Norden, *Mengzi: With Selections from Traditional Commentaries*, Indianapolis: Hackett, 2008.

Bryan W. Van Norden, *Virtue Ethics and Consequentialism in Early Chinese Philosophy*, Cambridge: Cambridge University Express, 2007.

Chad Hansen, *A Daoist Theory of Chinese Thought: A Philosophical Inter-

pretation, New York: Oxford University Press, 1992.

D. C. Lau, *Mencius*, London: Penguin, 1970.

David S. Nivison, *The Ways of Confucianism: Investigations in Chinese Philosophy*, edited with an introduction by Bryan W. Van Norden, Open Court Printing, 1996.

James Legge, *The Works of Mencius. 2d*, Oxford: Clarendon Press, 1895.

Jiyuan Yu, *Ethics of Confucius and Aristotle*, Abingdon: Routledge, 2007.

Kong-Loi Shun, *Mencius and Early Chinese Thought*, Stanford: Stanford University Press, 1997.

Philip J. Ivanhoe, Bryan W. Van Norden, *Readings in Classical Chinese Philosophy*, Indianapolis: Hackett Pubulishing Company, 2001.

Timothy Chappell, eds., *Values and Virtues: Aristotelianism in Contemporary Ethics*, Oxford: Clarendon Press; New York: Oxford University Press, 2006.

XiuSheng Liu and Philip J. Ivanhoe, eds., *Essays on the Moral Philosophy*, Hackett Publishing Company, 2002.

Amit Chaturved, "Mencius and Dewey on Moral Perception, Deliberation, and Imagination", *Dao*, Vol. 11, No. 2, 2012.

A. S. Cau, "Xin and Moral Failure: 'Reflections on Mencius' Moral Psychology", *Dao*, Vol. 1, No. 1, 2001.

Benjamin I. Huff, "Eduaimonism in Mencius: Fulfilling the Heart", *Dao*, Vol. 14, No. 3, 2015.

Brian Bruya, SEOK, Bongrae, "Embodied Moral Psychology and Confucian Philosophy", *Dao*, Vol. 13, No. 4, 2014.

Bryan W. Norden, "Mencius on Courage", *Midwest Studies in Philosophy*, Vol. 21, No. 1, 1997.

David B. Wong, "Early Chinese Philosophy and the Development of Compassion", *Dao*, Vol. 14, No. 2, 2015.

David B. Wong, "Is there a Distinction between Reason and Emotion in Mencius", *Philosophy East and West*, Vol. 41, No. 1, 1991.

Eeward Slingerland, "Crafting Bowls, Cultivating Sprouts: Unavoidable Tensions in Early Chinese Confucianism", *Dao*, Vol. 14, No. 2, 2015.

Howard J. Cruzer, "An Aristotelian Doctrine of the Mean in the Mencius?" *Dao*, Vol. 11, No. 1, 2012.

John Mcdowell, "Virtue and Reason", *The Monist*, Vol. 62, No. 3, 1979.

Kong-Loi Shun, "Moral Reason In Confucian Ethics", *Journal of Chinese Philosophy*, Vol. 16, No. 3 –4, 1989.

Kong-Loi Shun, "Studying Confucian Thought from the Inside Out", *Dao*, Vol. 15, Issue 4, December 2016.

Luo Shirong, "Setting the Record Straight: Confucius' Notion of Ren", *Dao*, Vol. 11, No. 1, 2012.

Myong-Seok Kim, "Respect in Mengzi as a Concern-based Construal: How Is It Different from Desire and Behavioral Disposition", *Dao*, Vol. 13, No. 2, 2014.

Nicholaos Jones, "Correlative Reasoning About Water In Mengzi 6A2", *Dao*, Vol. 15, No. 2, 2016.

Ryan Nichols, "Early Confucianism Is a System for Social-Functional Influence and Probably Does Not Represent a Normative Ethical Theory", *Dao*, Vol. 14, No. 4, 2015.

Winnie Sung, "Xiang Yuan (Village Worthies): The Appearance-only Hypocrite", *Dao*, Vol. 15, No. 2, 2016.

Xinyan Jiang, "Mencius On Human Nature and Courage", *Journal of Chinese Philosophy*, Vol. 24, No. 3, 1997.

索 引

A

爱人 193,239,296,304

B

不动心 67,82,98—100,102,103,106,108,109,115—121,241,242,244—246,253—259,327,328

C

恻隐 3,7,14,33,42—43,46—48,59,60,73,74,81,111,117,122—125,127,129,131—133,136,139—141,144—146,148,151,154,156,183,186,224,231,234,237,239,240,249,256,268,276,282,317,328,329,334,336,337,339

辞让 3,7,81,183,184,186—188,195,202,206,240,256,276,331,332,334,337,339,342,343

D

大体 142,151,230,236,264—266,268—270,313,319,334,342

大勇 30,172,241—243,245,247—254,258,260—262,267,281,309

大禹 58,179,225

道德动机 5,21,33,47,66,76,96,98,117,120,128,138—140,144,145,147,174,181,206,232,233,237,240,269—271,274,275,289,304,305,313,314,319,321,326,331,333,335,336,338

道德理由 45,46,48,68,82,133,206,237,326,327,329,338,342

道德情感 8,13,15—21,24,25,32,34,45,46,96,116,123,124,127—131,133,134,136—141,144,146,149—151,154—157,159,164,171,198,204,205,214,216,231,237,238,256,257,272,285,329,333—

336,339,340,344

道德失败　1—10,17,25,26,30—41,49,53,61,63,67,76,82,100,109,112—115,120,123,124,132,141,142,145—149,151—153,155,158,161,164,167,169—173,183,184,187,188,193—196,202—206,214,224,227—230,236,237,239,240,242,251,260,261,263—267,269—271,273—276,280—283,287,290—294,298—300,302—307,309,311,315,318,324—326,328,329,332—339,341—344

德行　1,2,5—7,10,15,19,21—23,26—32,35—38,41,50,60,65,98,99,104,112,122—124,135,139,141,144,147,148,150,153—158,162,164—170,172—174,177,181—185,187,191,193,194,198,199,201—204,206—212,217,222,225—227,231,240—248,250,252,253,255—258,261,262,266,269,271,272,276,285,290—297,299—303,306—308,318,319,322—325,328,330—332,334—336,338—342

德行修养　8,10,17,23—25,29,30,33,36—38,82,99,106—108,115,117,119,121,124,138,140,141,155,181,182,219,227,253,263,264,266,268,270,271,274—276,282,285,289,290,292,295,296,299,300,302,305—309,317—319,321,322,329,334—336,338,339

G

告子　1,3,4,6,7,15,30,38,40,62—64,67—73,75—95,97—111,115,121,142,151,152,156,159,161,162,174,178,187,192,199,205,207,217,230,233,236,241,243,249,254,264,265,267,268,272,277,278,279,280—282,290,293,294,302,310,311,313,316—320,322,327,328

功利主义　65,68,176,180,181

恭敬　3,73,156,184,186—189,191,193,195,202,206,238,268,331,334,337,342—344

H

浩然之气　30,113—115,119,244,314,315,322

恒心　33,34,281—283,320,321

J

兼爱　39—42,44—48,53,106,107,181,210,224—226,230

境界　10—17,19,21,22,24,25,42,119,121,186,208,211,242,273,276,290,292,305,309,326,338—340,344

君臣　52,53,57,59,62,64,66,69,

73—75,154,158—162,166—170,
173,188—193,200,207,267,278,
281,301,326,327

君子 6,7,10,11,14,24,30,36,62,
73,98,99,126,127,138,141,171,
184,185,191—193,197,207,209,
212—214,217—219,222,227,233,
240,241,245,246,251—253,255—
257,272,278,281,283,293,296,
298,300,301,304,311,319—321,
325,338

K

孔子 19,39,41,58,75,105,122,
123,153,161,173,177,184,185,
191,196,198,207—209,211,212,
216,218—220,222—225,240—
242,246—248,251—253,256,258,
261,272,288,290—292,297,298,
299,300—303,307,313,332,341

L

良能 43,95,99,164,231,243,334

良心 5,112,152,171,241,264,265,
268,269,299,312,313,324,326,
328,329,331—338

良知 2,5,6,43,95,98,99,108,111,
164,166,231,269,329,331,334

M

美德 27,28,30,31,242—244,251

美德伦理学 25—31

Q

亲亲 36,42—48,52,53,59,60,69,
73,74,92,95,111,122—124,130,
132,148,154,156,164,210,214—
216,221,223,224,231,289,329,
337,342,344

R

仁内义外 38,67—72,82—85,89,
92,93,97—99,102—105,107,108,
110,115,153,165,241,327

S

生之谓性 15,76,77,80—82,103,
104

圣人 24,39,41,57,58,73,99,101,
171,179,180,195,201,205—209,
212—214,216—221,223,224,
232—234,243,249,251,255,272,
273,275,277,278,298,332,339

是非 3,7,9,65,73,81,89,156,184,
186,208,211,230,231,240,256,
263,268,276,299,326,334,337,
339

四端 3,4,7,30,42,47,81,97—99,
114,118,127,140,179,180,184,
186,202,212,235,242,243,261,
271,273,276,277,318,334,336,
337,339,340

四心　3,4,7,30,41,179,184,201,268,271,272,276,277,335,340,343

T

天命　173,179,212,251

X

小人　38,56,151,152,181,191,197,230,241,246,251,264—267,269,270,280—283,299,303,310,316

小体　142,147,236,264—266,268—270,282,283,334

性善　1—4,6—9,26,30—32,76,77,79,81,82,97—99,114,115,144,151,152,206,213,263,303,313,319,324,325,335—337,340

羞恶　3,7,73,74,81,154—156,166,171,183,186,231,237,240,256,257,268,276,293,330,337,339,344

Y

颜回　50,51,105,179,225,226

夷之　38—40,44

义利　27,63,65,146,176—178,180—182

义务论　5,27—29,68,179,180

有疾　33,142,143,146,147,150,151,231,250,260

Z

知类　230,236—239,271,273,332,333,337,342

执一　29,41,43,54,61,209,210,224,326

执中　29,41,209—211,224,229

后　　记

　　攻读博士学位的过程有许多艰辛，但是真正完成了这本书，却发现千言万语无从诉说，太多的感恩与鸣谢难以表述，因而，这篇致谢只能简短，而真正的感激将化作未来的动力，支持我在学术道路上坚定地走下去，千难万险也在所不辞。

　　首先需要感激我的博士学位论文的指导教师——林宏星老师。这本书从题目确立、参考文献的选择，到最后成书的修改，一字一句都包含了老师的心血。林宏星老师总是在我难以坚持时，给予我适时的鼓励，让我能够鼓足勇气，攻克难关；在我取得一些微不足道的成绩而沾沾自喜时，又让我意识到自己的不足，让我提起对学问的敬畏之心，踏实下来，慢慢前进。最重要的是，老师以自己治学严谨、学养深厚的榜样力量，一直让我既能走好脚下的路，也不忘远方的宏图大志。

　　然后还要感谢复旦大学从事伦理学研究的所有老师。感谢邓安庆老师，在我还只是怀揣着稚嫩的学术理想时，看到了我的决心和潜力，力荐我成为复旦大学哲学系的博士研究生，给予我走上学术道路的机遇。感谢孙小玲、罗亚玲、冯平、王国豫、王凤才老师，在我攻读博士学位期间，无论是在课堂上，还是在博士学位论文开题、预答辩中都提出了宝贵的建议。复旦大学的徐洪兴、白彤东老师，还有华东师范大学的陈卫平、杨国荣老师，谢谢各位老师在答辩时为我的博士学位论文提出了有关孟子研究的重要意见。有了这些老师的帮助，才使得这本以伦理学来理解经典文本的论著最终能够成为一本合格的博士学士论文。

要特别感激犹他大学的何艾克（Eric Hutton）老师。我在美国犹他大学访学期间，何艾克教授仔细帮助修改过我的博士学位论文的许多重要章节，修改意见从总体的文本框架到具体的细节论证不一而足。何艾克教授对于我将许多近代英美伦理学的成果，以及海外汉学的研究纳入讨论，做出了关键的指导，使得这项有关孟子论道德失败的研究真正能够具有学术前沿性和研究视野的新颖性。

最后感激我的家人，我的父母刘国发先生与雷淑君女士，没有父母无条件的支持，将不会有我勇敢地转换专业方向，用八年的时间攻读哲学硕士和博士学位的决定。感激我的爱人张舜敏先生，谢谢他用行动支持我，在本书写作期间，帮我分担家中琐事，使我能够专心学术。家人的支持始终是我最重要的前行动力，正如儒家所言，家和方有成人，我会永远将他们的爱牢记心间，潜心前行。

本书第三章部分内容以"孟子论'欲'与道德失败"为题，于《思想与文化》第 23 辑在 2018 年 6 月发表。根据本书的研究成果，重新撰写了论文《孟子评"淫辞邪说"新解——以"辟杨墨"为中心》，并于《哲学动态》2019 年第 8 期发表；以及论文《请"礼"让位合理吗？——孟子论"礼"的双重内涵》，并于《哲学研究》2020 年第 3 期发表。有兴趣的读者也可参照阅读。

刘旻娇
2020 年 2 月 19 日